O DEUS
DE ISRAEL

Landon Jones

O DEUS DE ISRAEL

Na teologia do Antigo Testamento

© 2015 por Landon Jones

Revisão
Josemar de Souza Pinto

Capa
Maquinaria Studio

Diagramação
Felipe Marques

1ª edição - Julho de 2015

Editor
Juan Carlos Martinez

Coordenador de produção
Mauro W. Terrengui

Impressão e acabamento
Imprensa da Fé

Todos os direitos desta edição reservados para:
Editora Hagnos Ltda.
Av. Jacinto Júlio, 27
04815-160 - São Paulo - SP - Tel (11) 5668-5668
hagnos@hagnos.com.br - www.hagnos.com.br

Dados Internacionais de Catalogação na Publicação (CIP)
(Angélica Ilacqua CRB-8/7057)

Jones, Landon
  O Deus de Israel : na teologia do Antigo Testamento / Landon Jones. – São Paulo : Hagnos, 2015. 360 p.

Bibliografia
ISBN 978-85-7742-151-0

1. Bíblia – A.T. - Teologia 2. Deus 3.Israel 4. Santidade 5. Criação (Doutrina bíblica) I. Título

14-0866   CDD 230.0411

Índices para catálogo sistemático:

1. Bíblia – A.T. - Teologia

Editora associada à:

SUMÁRIO

Prefácio	9
1. Introdução	15
A natureza da TAT	15
Uma definição de TAT	22
A metodologia teológica	25
A autoridade do AT para a igreja	32
2. O Deus que se fez conhecer	37
O conhecimento de Deus e sua autorrevelação	40
3. O único Deus vivo	61
O único Deus	62
O Deus vivo	70
Excurso: o Deus vivo e os antropomorfismos no AT	72
4. O Deus santo e presente	75
A terminologia	76
A santidade no AT	76
O paradoxo da santidade	84
5. O Deus que fez os céus e a terra	89
A criação na literatura do Oriente Médio antigo	90
O AT e a criação: passagens-chave	93
A criação como confissão	100
Excurso: A criação e a aliança, a ciência e a ecologia	103
6. O Deus que fez homem e mulher	109
A natureza do homem e da mulher que Deus criou: a terminologia antropológica do AT	111
Passagens-chave	120
Algumas afirmações à luz do texto	125

7. O Deus que abençoa — 131

A terminologia de bênção — 132
Passagens-chave — 132
A bênção de Israel e a Igreja — 140

8. O Deus que salva — 143

A terminologia de salvação no AT — 144
A salvação e o êxodo — 146
A salvação e os profetas — 149
A salvação em Salmos — 154
A esperança de salvação no AT — 155
Salvação, arrependimento, fé e regeneração no AT — 157

9. O Deus que escolheu e fez alianças — 163

A eleição no AT — 163
Alianças no AT — 168
A aliança e a história do Israel antigo — 173

10. O Deus que reina — 185

As origens da teocracia em Israel — 186
A teocracia e a conquista de Canaã — 188
A teocracia e o estabelecimento da monarquia — 190
A teologia real — 193
Os profetas e a monarquia — 195
"O Senhor reina": Deus como Rei em Salmos — 198
O futuro do Reino e o Reino do futuro — 204
"O reino de Deus está próximo" — 213

11. O Deus que ama e julga — 217

A terminologia do amor no AT — 218
Hesed como expressão do amor do Senhor — 220
A natureza do amor de Deus no AT — 222
O Deus que julga — 228

12. O Deus que perdoa: a necessidade de perdão — 233

A terminologia do pecado no AT — 234
Como o AT descreve o pecado — 236
As consequências do pecado — 244
A questão do pecado original e multigeracional no AT — 249

13. O Deus que perdoa: expiação no AT — 253

A terminologia de expiação no AT — 254
Expiação e o sistema sacrificial — 256

O sistema sacrificial e o arrependimento	261
O sistema sacrificial e a salvação	266

14. O Deus que é digno de louvor: o culto no AT — 269

A terminologia de culto no AT	270
Aspectos históricos do culto no AT	274
Salmos e o culto no AT	285
O culto no AT e a Igreja	293

15. O Deus que declara ser bom: a ética e a moralidade no AT — 295

A ética e a vida moral no AT	296
As características básicas de uma ética hebraica	297
A ética à luz da Torá	300
A ética nos Profetas	305
A ética à luz de Salmos	306
A ética em Provérbios	310
A ética no AT e a Igreja	315

16. O Deus que dá sabedoria: teologia na literatura sapiencial — 319

Sabedoria no Oriente Médio antigo	320
A sabedoria do AT	323
A literatura sapiencial do AT	327
Teologia na literatura sapiencial do AT	335

17. Epílogo: do AT para o NT — 341

Bibliografia	347

LISTA DE ABREVIATURAS

a.C. = Antes de Cristo

apud = citado em

ARA = Almeida Revista e Atualizada

ARC = Almeida Revista e Corrigida

BJ = Bíblia de Jerusalém

cf. = conforme

et al. = e outros

ibid. = mesma obra

id. = mesmo autor

In = em

NVI = Nova Versão Internacional

op. cit. = Obra citada

passim = em diversas passagens

TANAK = *Tanak*: The Holy Scriptures

V. = ver, veja

v. = versículo, ver

v. tb. = ver também

VR =Versão Revisada da Imprensa Bíblica Brasileira, de acordo com os melhores textos em hebraico e grego

PREFÁCIO

A ideia deste livro nasceu na mente do autor há mais de vinte anos, e levou todo este tempo para ser realizada. Quando cheguei ao Brasil, há mais de trinta anos, havia poucas teologias do AT em português. Logo, senti uma deficiência na área da teologia bíblica e a necessidade de ver mais obras dessa natureza em português para ajudar na preparação de líderes para as igrejas. Infelizmente, na época eu não tinha nem tempo nem experiência para escrever uma obra que atendesse a esses requisitos.

O processo de dar forma à matéria que viria a ser este livro começou quando assumi em 1982 a responsabilidade de ministrar aulas de TAT[1] no Seminário Teológico Batista do Sul do Brasil, no Rio de Janeiro, onde iniciei a minha carreira missionária como professor. No início, como é o caso de muitos professores novatos, para me preparar para as aulas, tinha de depender dos livros e dos pensamentos de outros mestres e especialistas da área, além de apontamentos pessoais que trazia comigo dos meus estudos teológicos.

Comecei os meus estudos bíblicos e teológicos nos Estados Unidos quando me matriculei no Seminário Teológico Batista do Sudoeste dos Estados Unidos, em Fort Worth, Texas. Antes de chegar ao seminário, nunca havia estudado a Bíblia ou as disciplinas teológicas, pelo menos em termos acadêmicos. Fui orientado por mestres com anos de experiência em lidar com "neófitos" teológicos como eu. A minha primeira experiência com a TAT foi ministrada pelo doutor Ralph L. Smith, que me aceitou como aluno no curso de doutorado e supervisionou a minha tese. Sua influência pode ser detectada em um ou outro ponto neste trabalho. O meu único "pesar" é que não fui um aluno que tenha se esmerado mais. Os erros e falhas que porventura sejam encontrados neste texto são totalmente da minha responsabilidade e autoria.

---

[1] Abreviatura que adotei para Teologia do Antigo Testamento e que será utilizada ao longo deste trabalho.

O impulso para começar a escrever um livro sobre o tema veio quando um dos meus alunos, Marcelo de Lara Peixoto, me apresentou uma transcrição de aulas sobre TAT que ministrei na Faculdade Teológica Batista de São Paulo em 2001. Ele, por conta própria, transcreveu o conteúdo das minhas aulas na base de gravações feitas na sala (sem que eu soubesse!). Os resultados me surpreenderam porque, além do tamanho da tarefa, da paciência e do tempo necessário para fazer a transcrição, o material cru indicava a necessidade premente de se organizar melhor o conteúdo e incluir as devidas referências bibliográficas que normalmente os professores nem sempre fornecem no processo de dar aulas expositivas. Dei início a tamanha empreitada partindo das transcrições que me foram "cedidas" pelo meu aluno.

Mesmo imaginando a possibilidade de dar uma pequena contribuição ao debate sobre o significado teológico do AT, não escrevi este livro pensando principalmente no debate acadêmico, mas nas necessidades dos meus alunos. A maioria vive em uma cultura em que o AT é visto de duas formas principais: ou é geralmente desprezado ou, no mínimo, mal compreendido; sendo, portanto, relegado a uma posição inferior ao NT ou, como bem expressou certo pastor batista, o AT é lido não "como a revelação proposicional de Deus, mas como um livro de experiências religiosas [...] que podem ser repetidas nos mesmos moldes, nos dias atuais".[2]

A pergunta que permanece quando a igreja abre o AT é esta: Existe uma maneira de levar a sério o AT como revelação verdadeira de Deus sem cair na tentação de alegorizar ou "espiritualizar" seu conteúdo, casos em que sua mensagem original é perdida na busca de uma compreensão contemporânea? O AT só vale como "depósito" de histórias para escolas bíblicas e ilustrações de experiências religiosas antigas? Espero que neste trabalho seja possível ver que o AT não consiste em um arquivo antiquado e ultrapassado de narrativas de povos antigos, mas, sim, a Palavra de Deus para um mundo que precisa conhecê-lo.

O propósito deste livro e dos estudos aqui apresentados visa mostrar, entre outras coisas, como as palavras que os escritores do AT registraram nos dão uma visão verdadeira da natureza do Deus que se revelou durante a história de Israel. Se o AT nos dá uma visão verdadeira sobre Deus, e certamente dá, a Igreja tem a responsabilidade de levar a sério o que foi escrito. Aliás, a própria Igreja reconheceu e ainda reconhece o valor intrínseco do AT porque faz parte da Bíblia.

---

[2] COELHO FILHO, Isaltino Gomes. *O uso do Antigo Testamento na pregação contemporânea*: Parte um: uma visão equivocada. Disponível em: <http://www.isaltino.com.br/2008/04/o-uso-do-antigo-testamento-na-pregacao-contemporanea-parte-um-uma-visao-equivocada/>. Acesso em: 27 ago. 2013.

A grande questão não é se a Igreja deve usar o AT, mas de que maneira deve fazê-lo. Por meio deste trabalho, pretendo indicar algumas linhas mestras para o leitor entender melhor não somente o conteúdo teológico do AT, como também seu valor intrínseco como parte da revelação de Deus à humanidade — que tanto necessita conhecer a verdade sobre esse Deus que se deu a si mesmo com o objetivo de resgatar homens e mulheres perdidos em um mundo em que a verdade é muitas vezes torcida.

Este material é um material "vivo", fruto de vinte anos de magistério, resultante da elaboração de sala de aula, do contato com alunos e das minhas inquietações. Na tentativa de satisfazer as exigências e os anelos acadêmicos, incluí referências bibliográficas de obras que consultei ao longo do processo de escrita. Procurei trazer ao leitor brasileiro o pensamento de alguns autores, talvez não tão conhecidos, que escreveram nas últimas décadas sobre as questões aqui abordadas. Espero que sirvam de pontos de partida para realizar outros estudos do mesmo gênero.

O trabalho reflete, tanto quanto possível, uma metodologia teológica que eu considero válida para uma obra deste tipo. A fonte primária é o conteúdo do AT como se encontra no cânon hebraico. Portanto, o procedimento metodológico exclui os livros conhecidos como "deuterocanônicos" e o NT. O motivo parece óbvio: é a minha intenção apresentar o que os textos dizem sobre a natureza do Deus de Israel na época histórica registrada nesses livros. As esparsas referências ao NT foram incluídas somente quando julguei necessário esclarecer pontos de vista que apontam para um cumprimento além da história de Israel e do AT.

O texto está organizado por temas importantes no AT. Em outras palavras, houve um recorte no processo de seleção entre os muitos assuntos que podem ser incluídos, o que, por sua vez, indica que alguns temas receberam mais atenção que outros. Certamente, haverá leitores que estarão de acordo com a seleção feita e seu tratamento, e outros não. É impossível evitar tais críticas. Cada um tem uma noção pessoal da maneira segundo a qual uma obra como esta deveria ser elaborada.

A ordem da apresentação reflete basicamente a ordem da apresentação na sala de aula. Procurei fugir de uma ordem sistemática, mas cedi à tentação de colocar o capítulo sobre revelação logo após a introdução. Quando julguei que dois capítulos falam de aspectos de um mesmo tema, a criação, o pecado e a expiação, por exemplo, coloquei ambos juntos. Como qualquer teologia que segue uma organização temática, está sujeita à crítica de que não existe coerência entre um tema e o que se segue. Admito que não busquei criar vínculos mais

12 O DEUS DE ISRAEL

claros entre os capítulos. Espero que o leitor, por meio da reflexão e do estudo acadêmico, comece a estabelecer pontos e contrapontos dos vários elementos que fazem parte deste trabalho.

Os leitores que já têm um conhecimento da disciplina de TAT notarão a falta de preocupação do autor no que se refere à questão do centro teológico do AT. Por isso, não houve a tentativa de organizar o conteúdo em torno de um tema central. Para este autor, a questão do centro teológico seria mais uma preocupação dos teólogos contemporâneos, não dos escritores bíblicos. Se houver um ponto "central" em torno do qual este trabalho gira, talvez seja simplesmente a noção de que os escritores conheciam Deus e sua natureza, andavam em sua presença, aprendiam seus caminhos, falavam de suas ações na história, exortavam seus contemporâneos e conterrâneos a que obedecessem a ele, e falavam dos benefícios futuros que esperam todo aquele que guarda fielmente sua aliança. Se o AT tem um centro, talvez seja possível encontrá-lo em tudo isso e nas demais coisas que os escritores escreveram.

Em vários pontos no trabalho, cito textos bíblicos, normalmente da Almeida 21.[3] O propósito é demonstrar claramente que as formulações teológicas nesta obra têm uma base textual. Tais referências não devem ser entendidas como "textos-prova", mas indicações de como os escritores do AT entenderam a natureza e as ações de seu Deus. A inclusão desses textos não é o substituto da leitura do próprio texto bíblico, especialmente no contexto mais amplo das passagens citadas. Somente tendo acesso ao texto como um todo é que o leitor chegará a uma compreensão maior do texto.

A publicação de um livro é sempre uma tarefa de equipe; não se trata de uma obra que o autor produz sozinho. Passa por várias "mãos" antes de sair da gráfica. Por isso, agradeço imensamente o apoio que recebi para que o livro saísse do mundo virtual e tomasse a forma de livro. Primeiro, agradeço pela ajuda e pela orientação sábia da Editora Hagnos e especialmente de Juan Carlos Martinez Pinto que aceitaram o desafio de publicar este trabalho. Segundo, a obra não teria sido possível sem a oportunidade de ter ensinado este conteúdo que várias entidades da Convenção Batista Brasileira e da Convenção Batista do Estado de São Paulo me deram. As aulas sobre o AT ministradas em várias instituições teológicas dessas entidades forneceram o "laboratório prático" em que o conteúdo foi lapidado. O meu grande abraço e a minha profunda gratidão vão para o doutor Lourenço Stelio Rega, atual diretor da Faculdade Teológica Batista de São Paulo, que sempre me apoiou

---

[3] A *Nova Versão Internacional*, publicada no Brasil pela Sociedade Bíblica Internacional, São Paulo, também aparece ao longo deste trabalho.

e encorajou e fez o primeiro contato com a Editora Hagnos. Foi ele que pôs a "bola no campo" no meu nome. Além disso, agradeço aos meus alunos, que contribuíram de forma direta e indireta neste trabalho. Algumas turmas leram os primeiros manuscritos dos capítulos e ofereceram observações sobre conteúdo e estilo. Outros, por meio de perguntas e comentários em sala de aula, encorajaram-me a considerar como contextualizar melhor o ensino de Teologia do AT.

Finalmente, sem o apoio e o encorajamento da minha querida esposa, Nelda, este trabalho ainda seria um sonho. Ela me encorajou ao longo do processo, especialmente quando estava a ponto de abandoná-lo. Nelda entendeu as horas que dediquei lendo e escrevendo, às vezes deixando de participar de outros eventos por causa da necessidade de terminar este trabalho. Eu não podia ter uma companheira melhor. Para ela, todo o meu amor.

LANDON JONES
São Paulo, 2015

1.

INTRODUÇÃO

A NATUREZA DA TAT

O estudo teológico do AT começa pela consideração da natureza da disciplina. Do nosso ponto de vista, a TAT é uma disciplina *bíblica, histórica* e *teológica*. É *bíblica* porque tem como objeto de estudo uma coletânea de literatura considerada sagrada pelas comunidades cristãs e judaicas. Por isso, apresenta pressuposições quanto a sua origem e uso. Para tais comunidades, tal coletânea tem uma origem divina e é a autoridade para definir suas doutrinas e práticas. Assim, o melhor ponto de vista para o estudo teológico dessa literatura é a perspectiva da fé. Além disso, a TAT é uma disciplina *histórica*. Tal característica implica dois aspectos. Primeiro, trata-se de uma literatura produzida e transmitida ao longo de séculos por um povo histórico que viveu épocas históricas específicas. É considerada a fonte primária para a reconstrução da história do Israel antigo desde sua formação até o período conhecido como a restauração pós-exílica. Segundo, a disciplina da TAT tem sua própria história. Apresenta um ponto de início como disciplina e tem um desenvolvimento histórico. Um estudo da TAT mostra como a disciplina se modificou ao longo de sua história. Finalmente, trata-se de uma disciplina *teológica*. Abrange o conteúdo teológico do AT e procura expor esse conteúdo de maneira clara e organizada. Em palavras sucintas, consiste no que o AT diz sobre Deus.[4]

A TAT faz parte de um campo de pesquisas mais amplo conhecido como teologia bíblica.[5] Desde a separação da teologia bíblica da teologia dogmática

---

[4] Cf. WESTERMANN, Claus. *What Does the Old Testament Say About God?* Atlanta: John Knox, 1979.

[5] Este trabalho não pretende apresentar uma história detalhada da disciplina, que pode ser encontrada em outras obras como: HASEL, Gerhard F. *Teologia do Antigo e Novo Testamento: questões básicas no debate atual*. Trad. Luís M. Sander e Jussara P. S. Arias. São Paulo: Academia Cristã/ Loyola, 2008. p. 29-45; SMITH, Ralph L. *Teologia do AT: história, método e mensagem*. Trad. Hans Udo Fuchs e Lucy Yamakami. São Paulo: Vida Nova, 2001. p. 21-66.

proposta pelo racionalista alemão Johann Philipp Gabler (1753-1826),[6] a disciplina da teologia bíblica ganhou vida própria e desenvolveu-se principalmente como disciplina histórica e descritiva. No campo do AT, a TAT foi considerada originalmente como disciplina que descreve os elementos particulares da religião de Israel. Essa característica pode ser vista claramente nas primeiras teologias do AT.[7]

O caráter histórico e descritivo da TAT tem sido um ponto de debate durante toda a história da disciplina. Em seu artigo seminal sobre a teologia bíblica, o americano Krister Stendahl destacou a tarefa descritiva da disciplina.[8] Para Stendahl a tarefa descritiva imergiu principalmente dos resultados dos estudos da *religionsgeschichtliche Schule* (a escola da história das religiões). Essa linha de pensamento, que surgiu na Europa como uma das consequências do movimento da crítica histórica da Bíblia, deu ênfase à descrição dos aspectos históricos da religião de Israel. De acordo com Stendahl, esses estudos abriram o caminho para um estudo ainda mais profundo do significado da religião de Israel, e não simplesmente para uma reconstrução dos fatos da história de Israel. Ao mesmo tempo, os resultados do estudo da história das religiões abriram ainda mais a distância entre o mundo antigo da Bíblia e o mundo do leitor moderno. Nas palavras de Stendahl:

> Desse modo um estágio novo e radical foi estabelecido para a interpretação bíblica. A questão do sentido foi dividida em dois tempos: "O que *significava?*" e " O que *significa?*"[9]

Para Stendahl, quando se fala do AT, a questão da tensão entre esses dois tempos é ainda mais destacada. Ele citou dois motivos principais para isso. Primeiro, o AT trata de literatura produzida durante séculos de vida israelita. Para o intérprete descobrir o sentido dessa literatura, uma das questões fundamentais é determinar para quem o material foi dirigido originalmente e o contexto histórico em que o material foi produzido. Segundo, existe uma

---

[6] "A teologia bíblica possui um caráter histórico e transmite o que os autores sagrados pensavam sobre questões divinas; já a teologia dogmática possui, pelo contrário, um caráter didático e ensina o que um teólogo em particular filosofa sobre questões divinas de acordo com sua capacidade, tempo, idade, lugar, seita ou escola e outras coisas semelhantes." (Apud HASEL, *Teologia...*, p. 34).

[7] Hasel cita a obra de George Lorenz BAUER, *Theologie des Alten Testaments* (Leipzig, 1796) como a primeira teologia do AT. (Apud HASEL, *Teologia...*, p. 35-36).

[8] Biblical Theology, Contemporary. In: BUTTRICK, George Arthur et al. (Eds.). *The Interpreter's Dictionary of the Bible*. Nashville: Abingdon, 1962. v. 1, p. 418. Daqui por diante, a obra será citada pela abreviatura *IDB*.

[9] *IDB*, p. 419 (tradução nossa).

diferença de opinião sobre a interpretação do AT entre as duas comunidades religiosas que reconhecem a autoridade dessa literatura, o judaísmo e o cristianismo. A Igreja entendeu as profecias e promessas messiânicas como centro do AT enquanto os judeus deram ênfase à lei e à eleição de Israel. De acordo com Stendahl, a Igreja nasceu dessa diferença de interpretação. Por isso, "qualquer escritor no campo da teologia do AT deve ser consciente desse resultado duplo da interpretação contínua do AT".[10]

O artigo de Stendahl destaca o que o leitor cristão informado de hoje já reconhece, isto é, que existe uma tensão entre o conteúdo religioso do AT e a Igreja e suas práticas. Essa tensão se destaca ainda mais quando a Igreja tenta usar o AT como literatura cristã. Em termos gerais, a Igreja reconhece a autoridade do AT para a formulação de doutrinas e, até certo ponto, na determinação de sua prática. Ao mesmo tempo, reconhece que a literatura do AT foi produzida numa época *pré*-cristã e foi dirigida originalmente a ouvintes e leitores *pré*-cristãos. A diferença de tempo, cultura e religião entre o texto antigo e o leitor moderno aumenta a tensão.

A tensão entre o que o AT significava e significa é evidente nas teologias do AT produzidas no século XX.[11] Para alguns teólogos, a única maneira de resolver essa tensão é fazer um apelo à unidade teológica das Escrituras.[12] Tal unidade pode ser apresentada de várias maneiras. O teólogo francês Edmund Jacob entendeu a TAT como uma tarefa descritiva quando declarou que "a teologia do AT é uma disciplina histórica".[13] Ele reconheceu também a necessidade de fazer uma TAT de maneira que destacasse a unidade dos dois Testamentos. Para Jacob, essa unidade se encontrou na cristologia. Ele disse:

> Uma teologia do AT que não se fundamenta em certos versículos isolados, mas no AT como um todo, só pode ser uma cristologia, porque o que foi revelado sob a aliança antiga, em eventos, pessoas e instituições, é, em Cristo, reunido e levado à perfeição [...] A não ser que ela [TAT] se baseie no princípio da unidade dos dois Testamentos, e *a fortiori* na unidade interna do próprio AT, não é possível falar de uma teologia do AT.[14]

---

[10] *IDB*, p. 419 (tradução nossa).

[11] Não há no escopo do presente trabalho o objetivo de dar uma visão completa das muitas obras produzidas no século XX. São oferecidos somente alguns exemplos para ilustrar o problema.

[12] Stendahl argumentou que "o tratamento da Bíblia como uma unidade está além da tarefa da teologia bíblica descritiva" (*IDB*, p. 424, tradução nossa).

[13] *Théologie de L'ancien Testament*. Neuchâtel, Suíça: Delachaux & Niestlé, 1955. p. 11.

[14] Ibid., p. 12-13. V. a tradução em SMITH, *Teologia...*, p. 416.

18   O DEUS DE ISRAEL

Uma posição semelhante foi proposta pelo teólogo alemão Walther Eichrodt. De acordo com Eichrodt, o problema da TAT é construir "uma imagem completa da fé veterotestamentaria".[15] Para Eichrodt o ponto focal da TAT é o próprio AT em seu contexto histórico. Ele entendeu que a tarefa de fazer uma TAT envolve dois aspectos. O primeiro é o estudo comparativo das religiões. Eichrodt afirmou que uma apresentação da TAT não pode ser feita sem "referência constante" ao mundo religioso do Oriente Médio. Assim, a TAT tem um caráter histórico. O segundo aspecto da tarefa é o movimento histórico da fé do AT para o NT. O que vincula o AT ao NT são a chegada e o estabelecimento do reino de Deus no mundo. Para Eichrodt, o problema que confronta o teólogo do AT é este: a elaboração do mundo da fé do AT só se completa em Cristo.[16]

A questão da unidade teológica do AT é fundamental na teologia de George A. F. Knight.[17] Como o título de sua obra sugere, uma TAT deve ser escrita por "aquele que aceita que a igreja crê que o AT é a Palavra de Deus". Assim, "o AT é um livro que deve ser lido dentro das paredes da Igreja cristã, porque 'a igreja recebeu o AT da mão de Jesus'."[18] Dizer que o AT é a Palavra de Deus para a Igreja não é, ao mesmo tempo, dizer que o AT deve ser interpretado como cristologia. O desafio é "descobrir a visão "inteira" do sentido do AT".[19] Para Knight, a "visão inteira" encontra-se na tentativa de apresentar o AT como a revelação de Deus no mesmo sentido que o NT é a revelação de Deus. É o mesmo Deus que se revela, tanto no AT como no NT.

Para Claus Westermann, a tarefa da TAT é apresentar o que o AT — como conjunto e em todas as suas partes — diz sobre Deus.[20] Essa tarefa tem aspectos tanto históricos como sistemáticos. De acordo com Westermann, se o AT apresenta o que Deus disse em forma de narrativa, a "primeira configuração" de uma TAT deve ser baseada em eventos, não em ideias.[21] Para ele, a tarefa histórica "consiste no fato de Deus, no AT, se ter vinculado à história de um povo igual a todos os outros e, portanto, sujeito às mudanças e

---

[15] *Teologia do Antigo Testamento*. Trad. Cláudio J. A. Rodrigues. São Paulo: Hagnos, 2004. p. 11.

[16] Ibid., p. 12-13.

[17] *A Christian Theology of the Old Testament*. Richmond, VA: John Knox, 1959.

[18] Ibid., p. 7 (tradução nossa).

[19] Ibid., p. 9.

[20] "O conceito 'Deus' [...] deverá ser consequência da visão de conjunto do Antigo Testamento, que nos revelará o que se afirma sobre Deus em cada uma de suas páginas, em cada um de seus livros, quer em separado, quer em sua totalidade." Cf. WESTERMANN, Claus. *Fundamentos da teologia do Antigo Testamento*. Trad. Frederico Dattler. São Paulo: Academia Cristã, 2005. p. 15.

[21] Ibid.

INTRODUÇÃO 19

contingências históricas".[22] O aspecto histórico não é o único fator que deve ser usado para definir sua natureza porque a TAT também tem um aspecto sistemático. Esse aspecto se encontra na interação recíproca entre Deus e sua criação e, especificamente, seu povo. Essa interação recíproca é o que "perpassa todo o AT" e forma a base da sua unidade.[23]

No centro do debate sobre a natureza da TAT estão as obras de Gerhard von Rad. Para ele, a questão da história e como essa história deveria ser lida e compreendida é fundamental à teologia do AT. Von Rad não se interessou principalmente pela questão histórica do texto bíblico no sentido moderno. Em seu comentário sobre o livro de Gênesis, o autor abandonou a ideia de que suas narrativas apresentaram "história" no sentido moderno.[24] Ele explicou que essas narrativas foram formadas e estruturadas pela fé ao longo da história de Israel. Então, em vez de investigar a história da literatura como os críticos do século XIX fizeram, Von Rad achou melhor investigar o texto em sua forma atual, isto é, "devemos fazer a pergunta do significado que veio a ser associado às narrativas", não da história por trás das narrativas.[25] Em outras palavras, Von Rad se interessou principalmente pelo significado teológico das narrativas, em detrimento dos eventos históricos de que as narrativas falam. Von Rad disse que, se fosse obrigado a escolher entre a metodologia crítica ou teológica, escolheria a metodologia teológica. Somente essa metodologia seria capaz de descobrir a intenção querigmática do texto bíblico. Von Rad investigou a intenção querigmática em sua *Teologia do Antigo Testamento*.[26]

Para Von Rad a tarefa principal do teólogo do AT é descobrir a "intenção querigmática específica" de seus documentos. Ele disse:

> O teólogo deve ocupar-se, antes de tudo, dos testemunhos imediatos sobre o que o próprio Israel pensava de Deus, começando por aprender a colocar, melhor do que no passado, a questão da intenção querigmática de cada um dos documentos.[27]

---

[22] Ibid., p. 19.

[23] Ibid.

[24] *Genesis: A Commentary*. Ed. rev. Trad. John H. Marks. Philadelphia: Westminster, 1972 (The Old Testament Library).

[25] Ibid., p. 13.

[26] *Teologia do Antigo Testamento*. 2. ed. Trad. Francisco Catão. São Paulo: Aste: Targumim, 2006. 2 v.

[27] Ibid., p. 108.

20 O DEUS DE ISRAEL

Tal intenção querigmática específica se encontrou, disse Von Rad, nas declarações que Israel fez sobre Deus, bem como no relacionamento com seu povo, e se expressou historicamente em suas recitações históricas. Ele escreveu que:

> [...] os testemunhos israelitas limitam-se a descrever a relação entre Javé, Israel e o mundo unicamente do ponto de vista de uma ação divina contínua através da história. A fé de Israel está inteiramente baseada numa teologia da história, tem consciência de que seus fundamentos são os fatos da história e de que os acontecimentos nos quais vê a mão de Javé é que a modelam e a transformam.[28]

Enquanto Von Rad deu ênfase ao *kerygma* do texto do AT, Walter Brueggemann destacou o aspecto do testemunho.[29] Para ele, o elemento primário de uma teologia do AT é Deus. Citando a obra de Samuel Terrien, Brueggemann afirmou que o texto do AT apresenta apenas algumas "sugestões, vestígios, fragmentos e vinhetas" sem nenhuma sugestão de que todos os elementos possam se encaixar. Uma teologia do AT que só trata do *theos* da teologia é parcial. Além disso, existe o *logos* da tarefa. Então, para Brueggemann, o assunto adequado de uma teologia do AT é *a palavra sobre Deus*.[30] O que é decisivo para uma teologia do AT é o testemunho de Israel sobre Deus. Brueggemann desenvolveu a teologia dele em volta de três metáforas jurídicas: testemunho, contenda e advocacia. Para ele, as três categorias fornecem uma estrutura melhor para entender a "substância teológica" do AT.[31] Ele apelou à metáfora do tribunal como a "arena" em que as declarações de Israel sobre Deus foram apresentadas. No contexto do tribunal, testemunhas são convidadas a testemunhar sobre a verdade como entenderam. Assim, o AT contém uma variedade de "testemunhos" e "testemunhas", e tudo contribui para a visão da realidade sobre Deus. Uma vez que o tribunal não tem acesso aos eventos, e sim ao testemunho, a tarefa do "tribunal" é chegar a uma conclusão quanto à verdade apresentada unicamente pelo que disseram as testemunhas.[32]

A esta altura deve ser óbvio que a tarefa da TAT como é compreendida pelos teólogos contemporâneos é complexa. Pelo menos duas questões emergem

---

[28] Ibid.

[29] *Theology of the Old Testament: Testimony, Dispute, Advocacy.* Minneapolis: Fortress, 1997.

[30] Ibid., p. 117.

[31] Ibid., p. xvi-xvii.

[32] Ibid., p. 120-122.

desta breve revisão das tendências contemporâneas. A primeira é que é evidente que o papel da história é importante na tarefa teológica. Stendahl, Jacob e Westermann deram destaque aos aspectos históricos porque entenderam que, para ler o AT teologicamente, é preciso levar em conta os aspectos históricos do texto. Para o leitor atual do AT, esses aspectos históricos se destacam logo no início da leitura. Narrativas históricas e genealogias predominam na primeira parte do texto. O leitor encontra nomes, lugares geográficos e eventos que faziam parte da história do Israel antigo no contexto da história mundial. Costumes estranhos, práticas culturais e rituais religiosos específicos salpicam o texto, acrescentando cores e texturas às narrativas históricas. Tudo isso exige uma consideração séria tanto do mundo de que o texto fala como do contexto em que o texto foi produzido. Negligenciar ou subestimar a importância da história em que Deus se revelou é correr o risco de deixar as proposições teológicas sem contexto histórico.

A segunda questão é a necessidade de ouvir o AT como a Palavra de Deus. Para as pessoas e comunidades religiosas que usam a Bíblia como orientação espiritual, talvez a questão seja pacífica. Para elas, ler a Bíblia é "ouvir" a voz de Deus dirigida ao ser humano. Não há dúvida de que, na história da transmissão e do uso do texto bíblico, essa é a maneira mais aceita de usar a Bíblia. Ainda não existe, porém, consenso quanto à maneira de fazer isso. A própria questão nos leva para o campo da hermenêutica bíblica e, especificamente, para a hermenêutica do AT. Uma resposta oferecida em meados do século XX foi apresentada por James D. Smart, que se interessou pela questão da "restauração do diálogo" na interpretação bíblica. Para fazer isso, sugeriu que o leitor entrasse "em diálogo" com o texto do AT. Para ele, o AT deve ser lido como a Palavra de Deus e, como tal, "é Deus dirigindo-se ao homem por meio da palavra".[33] Smart disse que nesse encontro com a Palavra de Deus "nenhum homem pode ficar passivo ou calado".[34] Esse diálogo com o AT nos dias de hoje é possível porque "a história de Israel é a nossa história e [...] a peregrinação de Israel é a nossa peregrinação".[35] A necessidade de ouvir o texto bíblico, ou por meio de um diálogo ou por outros meios, tem o apoio de outros escritores modernos. Para Von Rad, a mensagem do AT deve ser recebida mais em termos de proclamação. Para "ouvir" essa mensagem, o leitor precisa identificar a "intenção querigmática específica" do texto. Brevard S. Childs disse que a "tarefa da teologia do Antigo

---

[33] *The Old Testament in Dialogue With Modern Man*. Philadelphia: Westminster, 1964. p. 11-12 (tradução nossa).

[34] Ibid.

[35] Ibid., p. 13.

Testamento é [...] ouvir seu próprio testemunho teológico".[36] Walter Brueggemann chegou à mesma conclusão quando disse que a tarefa é ouvir o AT como uma "testemunha".[37]

Estas duas questões podem parecer somente um assunto para debate entre teólogos e historiadores. Entretanto, as duas têm uma aplicação muito importante até para o leitor ocasional do AT. Tais questões apontam para a necessidade de abrir o AT tanto com noções do contexto histórico em que o texto foi produzido e transmitido quanto com "ouvidos afinados" à mensagem. O intérprete que pretende extrair uma mensagem bíblica e atual do AT, seja pastor, seja professor ou obreiro, precisa basear sua mensagem sobre o texto dentro de seu contexto apropriado. Isso implica a necessidade de conhecer algo da história, da cultura e das línguas bíblicas. Deus se revelou e comunicou sua vontade a um povo que vivia num mundo de ideias e costumes diferentes dos nossos. As formulações religiosas e teológicas levam a marca dessa história e cultura. Cabe ao leitor atual do texto reconhecer o impacto dessa história nas formulações teológicas contemporâneas.

Pisar nas "areias da história" e mergulhar na "tinta do passado" é somente o primeiro passo para uma compreensão do texto do AT e sua teologia. Também precisamos "ouvir" o texto. Fazer isso talvez seja mais uma tarefa hermenêutica do que teológica, mas, do ponto de vista deste autor, não há como evitar a questão. O papel da hermenêutica na elaboração de uma TAT se torna evidente quando chegamos ao ponto de definir mais precisamente a tarefa dessa teologia. Concluir que o texto fala de Deus de uma maneira real implica, ao mesmo tempo, a necessidade de ouvir a mensagem do texto de uma forma dinâmica e atual que preserva sua função original. Em termos gerais, a finalidade do texto, tanto em sua forma original quanto na forma que temos hoje, é levar o povo de Deus a obedecer ao Deus que fala por meio do texto. Eu espero que este trabalho nos ajude na tarefa de "afinar os ouvidos" à voz de Deus.

UMA DEFINIÇÃO DE TAT

À luz do debate sobre a natureza da TAT, é possível escrever uma definição de TAT? Atualmente, não há consenso quanto a uma definição. Existem várias definições feitas por teólogos, cada uma destacando os vários elementos e aspectos da tarefa. Apresentaremos aqui algumas definições a fim de entender melhor tanto o problema quanto a importância da questão.

---

[36] *Old Testament Theology in a Canonical Context*. Philadelphia: Fortress, 1985. p. 9.

[37] BRUEGGEMANN, *Theology...*, p. 119.

A história do desenvolvimento da TAT nos mostra a dificuldade em definir essa disciplina. No início da história da disciplina, a tarefa foi vista como uma tarefa sistemática.[38] Assim, a TAT foi considerada uma espécie de teologia sistemática do AT. Mesmo tendo elementos que podem ser chamados "sistemáticos", a TAT, porém, é diferente de uma teologia sistemática, principalmente pela linguagem religiosa histórica que tipicamente é usada nas teologias do AT. A combinação de linguagem religiosa histórica e linguagem teológica sistemática apresenta o desafio principal da formulação de uma definição da disciplina. Exemplos de definições recentes mostram como escritores modernos lidaram e estão lidando com este desafio. Vamos considerar alguns exemplos.

Para Edmund Jacob, a "TAT é uma exposição sistemática das noções religiosas específicas que se acham em toda parte do AT e que constituem a sua unidade profunda".[39] Nesta definição, Jacob abordou vários aspectos da tarefa. O primeiro é o aspecto sistemático. Para ele, a disciplina da TAT tem que ter um "sistema" ou uma "ordem". Jacob argumentou que é a natureza de uma disciplina possuir uma forma organizada. Segundo, são as "noções religiosas" que devem ser organizadas. Ele não explicou, porém, de onde vem tais "noções", se do próprio texto do AT ou da imaginação do teólogo. Uma leitura de sua teologia mostra que essas "noções" são "vestidas" principalmente de trajes históricos do Israel antigo e representam os elementos históricos desse povo. Assim, os elementos históricos e descritivos têm um papel importante na teologia de Jacob. Terceiro, Jacob procurou demonstrar que o AT possui uma "unidade profunda". Assim, uma teologia do AT tem que mostrar a coerência destas "noções religiosas".

O teólogo americano Otto Baab destacou também a necessidade de mostrar a unidade teológica no AT. Ele disse que a tarefa da TAT:

> [...] é tentar preservar a qualidade vital e orgânica das ideias bíblicas, enxergando-as constantemente em seu contexto histórico e buscando descrevê-las do ponto de vista dos homens que as aceitaram, com a esperança de permitir que o próprio AT declare sua fé ao leitor moderno.[40]

Para Baab a tarefa de uma TAT envolve a identificação das "ideias bíblicas" dentro de seu contexto histórico e a preservação do significado dessas

---

[38] Hasel citou especificamente a *Theologie des Alten Testaments*, de George Lorenz BAUER, que organizou seu trabalho em três partes: a teologia, a antropologia e a cristologia. Cf. HASEL, *Teologia...*, p. 35-36.

[39] JACOB, *Théologie...*, p. 10.

[40] *The Theology of the Old Testament*. Nashville: Abingdon, 1949. p. 22 (tradução nossa).

"ideias" para o leitor atual. É tarefa do estudante teológico organizar tais ideias de maneira coerente. Para cumprir tal tarefa, Baab diz que o estudante deve "aplicar princípios lógicos derivados de sua própria preparação científica". A finalidade dessa organização "lógica" é uma expressão "significativa" do conteúdo teológico do AT.[41]

Os aspectos sistemáticos e históricos da TAT são evidentes na definição oferecida por A. R. Crabtree. Crabtree definiu a TAT da seguinte forma: "A TAT é o estudo dos atributos de Deus e o propósito de suas atividades na história e na vida do povo de Israel de acordo com a doutrina da revelação divina nos livros sagrados deste povo".[42] Essa definição destaca-se pelo interesse que indica tanto pelos aspectos sistemáticos quanto pelos aspectos históricos. Os aspectos sistemáticos são vistos principalmente na apresentação dos atributos de Deus no AT. Tais atributos podem ser vistos "de acordo com a doutrina da revelação divina" na literatura do AT. O autor declarou que "a Bíblia não sistematiza seus ensinos, mas a ciência teológica trata das doutrinas distintivas e persistentes das Escrituras na ordem lógica ou teológica que se julga mais conveniente".[43] Para Crabtree, a ordem "lógica" ou "teológica" são as categorias da teologia sistemática.

Uma das questões mais importantes na definição da disciplina é a da organização. Nos exemplos apresentados a esta altura, podemos ver que todos falam da necessidade de um "sistema" para elaborar uma TAT. Às vezes o sistema segue a organização da teologia sistemática, outras vezes uma estrutura "híbrida" que combina as categorias da teologia sistemática e da bíblica. Outra ideia foi sugerida por Walther Eichrodt. Eichrodt rejeitou a sugestão de que uma TAT pode seguir uma estrutura que vem da teologia sistemática, dizendo que um "esquema dogmático" é estranho ao conteúdo do AT. Por isso, Eichrodt afirmou que é impossível usar um sistema que vem de uma base totalmente diferente do pensamento veterotestamentário. Quando o teólogo tenta aplicar uma estrutura sistemática ao conteúdo teológico do AT, corre o risco de introduzir "ideias alienígenas" ao processo e, assim, impedir a compreensão. No lugar de uma estrutura derivada da teologia sistemática, Eichrodt sugeriu uma organização que segue as linhas da "dialética do próprio AT".[44]

Nessas definições podemos ver que, na história da disciplina, existem várias colunas que apoiam as teologias do AT do século XX. Uma dessas

---

[41] Ibid.

[42] *Teologia do Velho Testamento*. Rio de Janeiro: JUERP, 1980. p. 32.

[43] Ibid.

[44] Eichrodt, *Teologia...*, p. 18-19.

colunas é a *história*. Para alguns, a tarefa de fazer uma TAT deve ser feita à luz do contexto histórico de Israel. Nas palavras de Jacob: "Não existe história sem teologia e não há teologia sem história".[45] Uma segunda coluna é a *unidade*. Alguns escritores sentiram a necessidade de demonstrar que o AT possui uma unidade teológica. Mesmo reconhecendo a diversidade de conteúdo histórico e literário, o teólogo preocupa-se com a tarefa de descobrir o fio ou fios que unem o AT e que podem ser vistos em toda a extensão do AT. Uma terceira coluna é a *organização*. Toda TAT tem uma estrutura que o próprio teólogo entende que explica melhor o conteúdo teológico do AT. A organização sistemática talvez seja a preferida pela maioria, mas não é necessariamente a melhor maneira. Finalmente, há uma coluna *contemporânea*. Existe a necessidade de transmitir a mensagem teológica do AT para os leitores atuais em uma linguagem inteligente e contemporânea. Essa transmissão precisa ter uma organização que dará sentido ao conteúdo teológico do AT para o leitor moderno e, ao mesmo tempo, manterá a integridade desse conteúdo.

O presente trabalho reconhece a importância da história da disciplina na elaboração de uma TAT atual. Reconhece a necessidade de ir além dessas definições e incluir elementos contemporâneos nas definições mais recentes. Assim, vamos considerar a seguinte definição: *A TAT é uma disciplina que visa expor de maneira clara e organizada o que o AT diz sobre a natureza do relacionamento entre Deus e sua criação, que preserva o significado da mensagem original e que permite que a mensagem seja ouvida e compreendida pelo leitor atual.*

Essa definição leva-nos a considerar a próxima questão na elaboração de uma TAT: a metodologia. A metodologia teológica serve para orientar o teólogo na elaboração de sua teologia. Nesta obra, a descrição da metodologia será feita à luz da natureza e da definição da disciplina, sobre a qual passamos a tratar.

A METODOLOGIA TEOLÓGICA

Como se faz uma TAT? A pergunta é simples, mas a resposta não é, porque, em termos gerais, não há consenso entre os teólogos quanto a metodologia. Em sua introdução à disciplina da TAT, Gerhard Hasel identificou vários métodos usados nas teologias do AT produzidas no século XX e destacou a incerteza que existe ainda na disciplina.[46] À luz da apresentação de Hasel, podemos dizer que não existe apenas uma maneira de fazer a TAT. Neste

---

[45] JACOB, *Théologie...*, p. 24.
[46] HASEL, *Teologia...* p. 47-123. V. tb. a discussão de SMITH, *Teologia...*, p. 72-74.

trabalho, a decisão quanto à metodologia será baseada principalmente na natureza e na definição da disciplina.

Conforme a definição apresentada aqui, a TAT começa pela exposição clara do conteúdo teológico do AT que visa a uma compreensão contemporânea. Existem várias implicações nesta metodologia. Em primeiro lugar, existe a questão do limite desse estudo. Nesta obra, a matéria-prima de uma TAT são os livros incluídos no cânon hebraico. A literatura desse cânon contém as declarações e os relatos em diversas formas literárias que revelam como seus autores pensavam sobre Deus, sobre o ser humano e sobre temas importantes à vida e à fé. Encontramos narrativas históricas que registraram eventos e, às vezes, seu significado; encontramos poesias de salmistas e músicos que, em momentos de angústia pessoal ou exaltação sublime, escreveram declarações sobre Deus e sobre seu relacionamento com ele, com a nação e com a humanidade; lemos oráculos de profetas que falaram ao povo numa época específica e histórica a respeito dos requerimentos de Deus, das consequências da desobediência e das glórias do futuro. Cada declaração tem um contexto histórico e literário que forma a moldura da mensagem. O significado dessas mensagens não pode ser compreendido sem considerar esse contexto. Assim, o NT não é uma fonte primária para a elaboração de uma TAT. Entendemos que as referências ao NT e a seu conteúdo teológico podem ser utilizadas para facilitar a compreensão canônica da TAT, mas as formulações teológicas do NT não devem definir o conteúdo teológico do AT.

Uma segunda implicação é o conteúdo das declarações. Neste trabalho, procuramos esclarecer o que os autores do AT disseram sobre Deus e sobre seu relacionamento com sua criação. Implica a possibilidade de Deus se comunicar com a criação e que esta comunicação possa ser entendida. Implica também a possibilidade de encontrar no AT uma revelação histórica e confiável de Deus a seu povo Israel e a possibilidade de descobrir no AT evidências claras da maneira pela qual Deus foi conhecido por Israel.

Terceira, uma TAT começa com as declarações dos próprios autores do AT, mas não termina com essas declarações. Não é suficiente fazer uma paráfrase do texto bíblico e chamar os resultados de uma TAT, porque sabemos que existem muitos textos no AT que simplesmente não podem ser lidos na igreja sem uma explicação coerente do texto. Um dos objetivos de uma TAT deve ser explicar o conteúdo dessas declarações numa linguagem contemporânea que faz sentido na cultura atual. Tal etapa é necessária se vamos descobrir o que o texto *significa*. Essa parte da tarefa muitas vezes é chamada de *contextualização* da mensagem do texto.

Contudo, reconhecer a necessidade de contextualizar a mensagem do texto não nos dá a liberdade de mudar a mensagem conforme as necessidades ou os desejos da cultura atual. Uma TAT tem que descobrir o que o texto *significava*. Por isso, o conhecimento dos aspectos históricos da religião de Israel é essencial para a elaboração de uma TAT. Reconhecer esses aspectos históricos não quer dizer que estamos interessados principalmente na reconstrução da história da religião de Israel, embora esse aspecto também faça parte da nossa tarefa. O nosso interesse está na reconstrução do significado do texto para os leitores e ouvintes originais como base de uma contextualização contemporânea. As declarações históricas da fé de Israel devem servir de "correção" para uma interpretação que não esteja de acordo com a intenção do escritor original.

Finalmente, uma TAT deve levar o leitor a compreender melhor o que o texto do AT diz sobre Deus e sobre seu relacionamento com sua criação. Uma das pressuposições da presente TAT é que o AT é capaz de transmitir algo verdadeiro sobre Deus e sua natureza. Entre outras coisas, trata-se de uma natureza *dinâmica*. Essa compreensão não deve ser meramente acadêmica. Nós não lemos o AT meramente para aumentar a informação que temos sobre assuntos religiosos. Uma TAT deve levar o leitor a um encontro real com o Deus de Israel que é o Pai do Senhor Jesus Cristo. Portanto, a posição do leitor do AT deve ser a de ouvinte das coisas que Deus diz e a de praticante das coisas que Deus pede.

Estas considerações devem nos ajudar a esboçar uma metodologia apropriada ao conteúdo teológico do AT. O reconhecimento da natureza histórica e literária do AT implica a necessidade de uma metodologia exegética, histórica e literária. Análises gramaticais, históricas e literárias devem preceder a avaliação teológica. As formulações teológicas do AT estão contidas em formas gramaticais, históricas e literárias, e quaisquer tentativas de resgatar o sentido teológico deve começar pelo próprio texto em seu contexto. O teólogo precisa conhecer o que o texto *diz* em termos históricos, gramaticais e literários antes de chegar a uma conclusão sobre o que o texto *quer dizer* em termos teológicos.

O resgate da mensagem teológica do AT pode ser beneficiado ou prejudicado pela maneira em que o conteúdo e a mensagem são apresentados. O leitor de uma TAT espera uma apresentação inteligível e coerente que faça sentido em seu contexto contemporâneo. Por isso, a estrutura de uma TAT é importante. Em termos gerais, podemos dizer que, tanto quanto possível, uma TAT deve ser elaborada usando estruturas e temas que se originam no próprio texto do AT. O teólogo não deve impor uma estrutura que modifique ou oculte a mensagem do texto. A questão da estrutura é problemática porque o próprio AT não se apresenta como "teologia", com uma estrutura teológica aparente. Assim, a estrutura de uma TAT depende tanto da "imaginação" do teólogo como da estrutura do próprio texto. Por isso, a natureza da estrutura que deve ser adotada gera debate.

À luz da história da disciplina, é possível identificar algumas tendências na literatura teológica quanto à estrutura de uma TAT. Uma tendência é a *sistemática*. A característica principal de uma estrutura sistemática é sua conformidade com as teologias sistemáticas. Em termos gerais, as categorias de uma teologia sistemática são teologia, antropologia e soteriologia. Como já mencionamos, essa estrutura foi uma característica das primeiras teologias do AT. É essa estrutura que o alemão Ludwig Köhler adotou em sua *Theologie des Alten Testaments*.[47] Ele defendeu essa estrutura, dizendo que é simples e possível "colocar tudo no devido lugar e designar a ele a devida importância".[48] A crítica principal da estrutura sistemática é que ela não vem da própria Bíblia, mas de uma disciplina que não visa desenvolver o conteúdo teológico do AT. Trata-se de uma estrutura imposta sobre o AT como maneira de resolver as questões teológicas. A vantagem dessa ordem é que ela é clara, inteligível e responde às perguntas mais profundas da humanidade: Quem é Deus? Quem é o ser humano? E o que é necessário para a salvação?

Uma estrutura *sui generis* foi desenvolvida por Gerhard von Rad.[49] Von Rad entendeu a história de Israel como a história da salvação, isto é, o registro dos atos de Deus para beneficiar seu povo. Ele entendeu os "atos de Deus" como os atos que Israel reconheceu pela fé; por exemplo, a chamada dos patriarcas, o êxodo e a conquista de Canaã. De acordo com Von Rad, esses "atos de Deus" não podiam ser reconstruídos pela investigação científica empregada pelos críticos literários porque essa metodologia é incapaz de investigar adequadamente as declarações de fé. Tal posição criou um dilema para Von Rad porque ele aceitou as conclusões da crítica bíblica. O dilema foi produzido pelos dois retratos da história de Israel, um retrato científico feito pelos críticos históricos e literários modernos e um retrato "querigmático" produzido pela fé de Israel. Para Von Rad, o

---

[47] Publicada por Tübingen: J.C.B. Mohr, 1935. Todas as referências à obra de Köhler serão feitas pela tradução em inglês: *Old Testament Theology*. Trad. A. S. Todd. Philadelphia: Westminster, 1957.

[48] Ibid., Prefácio.

[49] Hasel classificou a teologia de Von Rad como "diacrônica" porque tentou traçar o desenvolvimento das tradições históricas e proféticas. Cf. HASEL, *Teologia...*, p. 85-92.

AT nos apresenta um retrato da história de Israel escrita pela fé, não pela metodologia histórica do século XIX.

A posição de Von Rad gerou uma segunda pergunta: Como "desdobrar" o significado querigmático do AT? Se a metodologia histórica não é adequada, qual é a metodologia mais apropriada? Para o autor, a melhor maneira de descobrir o significado das narrativas do AT fora tentar desdobrar as narrativas como Israel as preservara originalmente. De acordo com Von Rad a metodologia que Israel usou para reconstruir sua história foi "converter" as várias narrativas históricas num *kerygma* unificado. Essa conversão envolveu um processo de reflexão teológica contínua sobre o significado de suas tradições históricas por parte de cada nova geração de israelitas. Tal reflexão visava a um único alvo: a manutenção da unidade do povo de Israel.[50]

De acordo com Von Rad os escritores bíblicos tinham esse alvo em mente quando proclamaram seu *kerygma*. Esses escritores, todos escrevendo de um ponto específico na história de Israel, reconheceram a necessidade de cada geração de israelitas se sentir parte da história das gerações anteriores. No esquema de Von Rad, a atualização das tradições de cada geração foi feita pelos escritores dos documentos do AT. Cada nova geração apresentava demandas teológicas novas, e cada escritor sentia a necessidade de reformar as tradições anteriores para suprir as necessidades de sua geração sem mexer com os documentos de seus predecessores. Assim, cada escritor colocou seu documento ao lado do documento anterior, criando uma base de tradições históricas cada vez maior.

Uma terceira tendência histórica é usar uma estrutura *temática*. Essa estrutura visa expor o conteúdo do AT à luz de temas. Uma estrutura temática pode focalizar um tema central, em torno do qual toda a teologia é apresentada, ou uma série de temas que reflete o conteúdo variado do AT. O problema da metodologia temática é: Qual o tema, ou temas, que abrange todo o AT? Um exemplo do primeiro tipo é a teologia muito conceituada de Walther Eichrodt.[51] Ele escolheu o tema *aliança* como o ponto central do AT e a âncora de sua teologia. Outro exemplo desse tipo de estrutura é a TAT de Walter Kaiser. Kaiser usou o eixo *promessa* como tema do AT e escreveu sua teologia à luz dessa palavra. A crítica principal dessas estruturas é a

---

[50] Von RAD, *Teologia...*, 1:127.

[51] Hasel classificou a metodologia teológica de Eichrodt como o método "seção transversal". É transversal no sentido de usar "um princípio de seleção" e "um princípio de congenialidade". Esse processo procura "entender o âmbito da fé veterotestamentária em sua unidade estrutural [...] [e] iluminar seu sentido mais profundo". Cf. HASEL, *Teologia...*, p. 65.

seguinte: Será possível reduzir o conteúdo teológico do AT a um só princípio ou palavra? Hasel fez a pergunta desta maneira: "Será o AT um universo de pensamento ou crença que possa ser sistematizado dessa maneira? Ou perde-se a perspectiva abrangente da história com a compartimentalização de perspectivas temáticas singulares sob um único denominador comum?"[52] Nos dois casos citados, podemos perguntar: Existem aspectos do AT que não se encaixam no princípio da aliança ou da promessa? Se a resposta for positiva, então o tema não é suficientemente abrangente para encaixar todo o conteúdo teológico do AT. Quem adota uma estrutura temática tem que encontrar um meio de relacionar aquelas partes do AT que não se encaixam no tema central.

Outros escritores apelaram para uma estrutura de diversos temas. Exemplos desse tipo de estrutura são as obras de H. H. Rowley[53] e Ralph Smith. Uma das dificuldades dessa estrutura é o risco de não estabelecer uma coesão entre os temas. Se estudar o AT por meio de temas, o leitor corre o risco de não ver a unidade profunda que deve constar nas Escrituras. O estudo temático pode ocultar a noção de que existe uma coesão inata no AT. O estudo de um tema só aproxima essa coesão, mas no caso de se fazer a escolha errada ou inadequada do tema corre-se o risco de deixar algumas partes de lado ou distorcer outras que não estejam exatamente dentro do tema escolhido.

Em defesa de uma estrutura temática, podemos dizer que o teólogo tem certa liberdade na escolha do tema ou dos temas. Ele pode analisar o conteúdo do texto e determinar à luz de seus propósitos e de sua compreensão do texto qual é a melhor maneira de apresentar esse conteúdo. Uma estrutura sistemática pode ser adotada, mas não há nenhuma obrigação de seguir essa estrutura. A esperança é que a estrutura sempre reflita e comunique adequadamente o conteúdo teológico do AT.

Uma metodologia relativamente nova que surgiu no final do século XX é a *canônica*. A metodologia canônica é principalmente o fruto do trabalho do teólogo americano Brevard Childs.[54] De acordo com Childs, no centro de uma teologia canônica está a "convicção de que a revelação divina não pode ser abstraída ou removida da forma de testemunho que a comunidade histórica de Israel a deu".[55] Por isso, a tarefa de fazer uma TAT envolve tanto aspectos

---

[52] Ibid., p. 67.

[53] *A fé em Israel*. Trad. Alexandre Macintyre. São Paulo: Teológica, 2003.

[54] Exemplos de algumas de suas obras são: *Introduction to the Old Testament as Scripture* (Philadelphia: Fortress, 1979) e *Old Testament Theology in Canonical Context* (Philadelphia: Fortress, 1985).

[55] Childs, *Old Testament...*, p. 12.

"descritivos" como "construtivos". Os aspectos descritivos encontram-se no testemunho histórico da fé de Israel. Os aspectos construtivos, por sua vez, encontram-se na capacidade do intérprete atual de "traduzir" os aspectos histórico-descritivos para seu contexto moderno. Childs esboçou sua teologia de maneira que sugere uma estrutura temática, começando pela revelação e terminando pela vida sob a promessa. O elemento especificamente canônico se encontra principalmente na maneira pela qual as antigas tradições são interpretadas e a "flexibilidade" no processo de atualização. Tal flexibilidade oferece também uma "dinâmica nova" que possibilita uma variedade de "combinações teológicas".[56]

Uma variação da metodologia canônica foi oferecida recentemente pelo americano Paul House.[57] O esboço de House é extremamente simples. Ele apresentou o conteúdo teológico de cada livro do AT em ordem do cânon hebraico. Conforme House, seu propósito é mostrar a coerência do AT "por meio de conexões intertextuais".[58] Ele ofereceu uma oportunidade excelente de ler e entender o conteúdo teológico de cada livro em seu contexto canônico. Uma crítica a sua estrutura é que, às vezes, é repetitiva porque os temas teológicos que ele achou nos livros individuais se repetem em outros livros. O Deus que liberta no livro de Êxodo salva no livro de Isaías. Em outros casos, um livro é reduzido a um só tema. Por exemplo, o livro de Gênesis trata do Deus que cria. Sabemos que no livro de Gênesis o Deus criador também faz promessas e estabelece alianças.

É importante para a igreja conhecer como outros fazem a teologia do AT? À primeira vista, o leitor ocasional pode responder que não é necessário. O argumento pode ser que, no final das contas, os propósitos da Igreja não são ampliados por meio de uma discussão acadêmica de metodologias teológicas. Talvez essa discussão tenha lugar na sala de aula, mas é estranha no ambiente das igrejas.

Certamente essa visão é limitada quando consideramos como a Igreja contemporânea normalmente usa o AT. O conhecimento das construções teológicas do AT é importante para a Igreja de hoje principalmente quando envolve o processo de saber como sair de "lá" para "cá" e o que vamos trazer de "lá" para "cá". A escolha de uma metodologia e estrutura pode facilitar ou prejudicar não somente um conhecimento adequado do conteúdo teológico do AT,

---

[56] Ibid., p. 13.

[57] *Teologia do Antigo Testamento*. Trad. Márcio Redondo e Sueli Saraiva. São Paulo: Vida, 2005. Tradução da obra original em inglês: *Old Testament Theology*. Downers Grove, Il: InterVarsity, 1998.

[58] Ibid., p. 8.

mas também o processo de contextualização. Se estudarmos o AT principalmente do aspecto histórico, isto é, como documentos históricos escritos por hebreus há muitos séculos que descrevem situações passadas e uma religião que nem mais a comunidade judaica pratica em sua integridade, será mais difícil ainda sugerir uma aplicação para a Igreja. Às vezes, fala-se mais do "antigo" que do "testamento", ou seja, tudo aquilo é ultrapassado e deixou de ter validade. A função de uma TAT é tentar resgatar as expressões históricas da religião de Israel como se encontram no AT e fazer sentido dessas expressões no contexto da igreja hoje.

Neste trabalho, vamos usar uma metodologia que tenta combinar os aspectos temáticos e canônicos. Isto é, vamos tentar identificar os temas mais predominantes do AT dentro do contexto canônico e histórico. Cada tema será elaborado à luz das passagens-chave bíblicas em que o tema se encontra. Os aspectos históricos, gramaticais e literários das passagens-chave receberão destaque, visando à identificação dos elementos que podem servir na elaboração de uma teologia.

A AUTORIDADE DO AT PARA A IGREJA

Uma das questões mais difíceis que o leitor do AT enfrenta é a questão da natureza da autoridade do AT para a Igreja. Esta questão é complexa e não pode ser resolvida em poucas palavras. Vamos considerar algumas pressuposições básicas que a Igreja precisa entender antes de lidar com esta questão. Em *primeiro* lugar, deve entender que a Escritura do AT é literatura *pré*-cristã. O estudo do AT e sua teologia dentro do contexto da Igreja não anula o fato de que essa literatura reflete uma época antes da fundação da Igreja. As construções teológicas baseadas no AT devem refletir essa realidade. Em *segundo* lugar, uma vez que o AT é literatura *pré*-cristã, deve reconhecer que a revelação apresentada no AT, mesmo sendo verdadeira e confiável, é parcial. Não se pode definir a TAT à luz de uma revelação ainda não concedida. A revelação registrada no AT aponta para uma revelação ainda maior. A tarefa de uma TAT é esboçar e apresentar o conteúdo da revelação antes do primeiro advento. Em *terceiro* lugar, devemos reconhecer o contexto em que a teologia será feita. Se a disciplina da TAT é, como Childs sugeriu,[59] fundamentalmente cristã, deve ocupar uma posição ao lado de uma teologia do NT quanto a sua importância para a Igreja. Reconhecemos que o AT é uma parte integral das Escrituras Sagradas que a Igreja cristã

---

[59] Childs, *Old Testament...*, p. 8.

INTRODUÇÃO 33

aceita. O propósito geral dessa teologia é fortalecer a Igreja por meio de uma consideração séria do conteúdo teológico do AT, reconhecendo que o AT é uma autoridade para a Igreja e tem valor na elaboração da doutrina e prática da Igreja e na formação de sua liderança.

A autoridade do AT para a Igreja baseia-se em vários elementos. Talvez o elemento mais óbvio seja o papel do próprio cânon. Por meio do processo de canonização, as comunidades religiosas que aceitam o AT como Escritura reconheceram o valor dos livros do AT para a fé e o estabelecimento da prática religiosa. No processo da canonização, vários critérios foram usados, mas o critério fundamental foi o de inspiração. Os judeus e os cristãos aceitam o valor intrínseco dos livros do AT porque essas comunidades acreditam que, ao serem lidos esses livros, elas "ouv[em] a voz de Deus".[60]

Infelizmente, a capacidade de "ouvir a voz de Deus" nos livros do AT não resolve completamente a questão da autoridade do AT. Para a Igreja, a questão é altamente prática. A Igreja deve guardar *tudo* que se encontra no AT? Se não tudo, deve fazer uma distinção entre as porções que ainda têm "valor" e as que estão "ultrapassadas"? Para muitos leitores do AT, a resposta é relativamente fácil: com a chegada de Jesus e o NT, a Igreja deve guardar tudo aquilo que combina com o NT e com os ensinamentos de Jesus, e o restante do AT é praticamente dispensável.

A dificuldade é que essa atitude é contrária à orientação que encontramos no próprio NT. O NT testifica de várias maneiras a aceitação do AT como autoridade para a Igreja. *Primeiro*, encontramos citações nos Evangelhos de trechos específicos do AT. Os evangelistas citaram o AT para mostrar que Jesus era o Messias prometido (Mt 1.22,23; 2.5,6,17,18; 12.17-21) e para mostrar que a mensagem do AT continuou na pessoa de Jesus (Mc 1.2,3; Lc 3.4-6). *Segundo*, Jesus citou passagens do AT em defesa de seu ministério e de sua mensagem (Mt 13.13-15; 22.44; Lc 4.18,19). Ele ensinou a seus discípulos que o AT, em termos gerais, se cumpriu nele (Mt 5.17-20; Lc 24.44,45). *Terceiro*, o apóstolo Paulo afirmou a autoridade do AT em 2Timóteo 3.16,17. Em muitos sentidos, essa passagem é o ponto focal da questão para a Igreja. Além de afirmar a origem divina das Escrituras do AT, Paulo formulou a questão da autoridade no contexto da Igreja e sua tarefa de fazer e ensinar discípulos. Nessa mesma carta, Paulo indicou que faz parte da responsabilidade do obreiro conhecer como usar as Escrituras em seu ministério (2Tm 2.15). Finalmente, o fato de que o AT faz parte do cânon cristão testifica em favor de

---

[60] V. discussão sobre inspiração e canonização em LASOR, William S. et al. *Introdução ao Antigo Testamento*. Trad. Lucy Yamakami. São Paulo: Vida Nova, 2002. p. 644-659.

sua importância para a Igreja. A Igreja preservou o AT e o NT como Escritura porque reconheceu o valor intrínseco dos dois Testamentos como testemunho íntegro sobre Deus e sobre a fidelidade de Deus a suas promessas.

Ainda temos que resolver a questão de como aplicar o conteúdo do AT na vida da igreja. Essa questão é importante principalmente por causa da natureza da TAT. De acordo com Smith, quando se fala de "teologia", normalmente pensamos em algo normativo.[61] Quando consideremos a implicação da palavra "normativo" à luz do AT, uma pergunta surgirá: o AT é, de fato, normativo para a Igreja? Se respondermos "sim", de que forma o AT é normativo para a Igreja? Como ela deve se apropriar do conteúdo do AT na elaboração de fé e prática?

Uma solução foi proposta por John Bright.[62] Em sua obra sobre a questão da autoridade, John Bright sugeriu que a questão da autoridade do AT para a Igreja faz parte da questão de autoridade religiosa em geral. Essa questão, conforme Bright, é a seguinte: Existe uma autoridade suprema que governa a fé e a prática cristãs, e, se existe, o que é?[63] Para Bright, essa autoridade é o próprio Deus. Ele disse que o Deus da Bíblia é a autoridade máxima para o cristão em todos os sentidos da palavra.[64]

Bright apelou à teologia do AT como maneira de resolver o problema da autoridade do AT para a Igreja. De acordo com Bright, uma das tarefas da teologia bíblica é identificar as *normas teológicas* das quais o texto dá testemunho. São as normas teológicas que servem para a Igreja aproveitar o conteúdo do AT, não os aspectos especificamente históricos de Israel. Como Bright afirmou: "No Antigo Testamento, o que é normativo para nós como cristãos reside precisamente em sua teologia — não nos detalhes da história de Israel ou nas formas historicamente condicionadas em que a fé de Israel se expressou".[65] Bright continuou dizendo que o estudo da história de Israel deve fazer parte da tarefa teológica. Aliás, é o estudo dessa história que dá à teologia base para extrair uma norma teológica que ultrapassa a particularidade histórica da nação de Israel. É a teologia, não a história de Israel, que serve de norma para a Igreja.

Concordamos com a posição de Bright, mesmo consciente dos problemas que essa metodologia apresenta. Nem sempre é possível identificar facilmente a norma teológica embutida na forma histórica e, mesmo quando

---

[61] Smith, *Teologia...*, p. 68-69.

[62] *The Authority of the Old Testament*. Baker: Grand Rapids, 1975.

[63] Ibid., p. 19.

[64] Ibid., p. 31.

[65] Ibid., p. 147 (tradução nossa).

identificada, nem sempre é fácil aplicar a norma à vida da Igreja. À luz de outras possibilidades (a alegoria, entre outras), a sugestão de Bright merece a nossa consideração. A tarefa de descobrir o sentido do AT e aplicar seus ensinamentos na vida da Igreja é uma tarefa que não somente vale a pena fazer, mas é essencial se a igreja contemporânea for fiel à missão de proclamar a verdade sobre Deus a um mundo que necessita ouvir claramente a proclamação da verdade.

2.

O DEUS QUE SE FEZ CONHECER

> Eu não venho ao Antigo Testamento para aprender a respeito de um Deus de alguém, mas sobre o Deus que nós confessamos, que se fez conhecer a Israel, a Abraão, a Isaque e a Jacó.
>
> BREVARD CHILDS[66]

> *Manifestou os seus caminhos a Moisés, os seus feitos, aos filhos de Israel.*
>
> SALMO 103.7

No início deste século, saiu na revista *Veja* um artigo sobre religião no Brasil.[67] O artigo citou uma pesquisa realizada pelo instituto Vox Populi que registrou que 99% dos entrevistados disseram "sim" em resposta à pergunta: "Você acredita em Deus?" Os resultados não devem surpreender, pois o Brasil é considerado o maior país católico do mundo. Conforme a pesquisa, mais de 80% dos brasileiros disseram que são católicos.[68] O resto da população diz que é evangélico ou espírita, ou que não tem religião nenhuma.

De onde veio tanta crença em Deus? A pesquisa não revelou isso, mas certamente as várias tradições religiosas presentes na sociedade exercem um papel importante na formação do pensamento religioso da população em geral. À luz disso, podemos dizer que acreditar em Deus também significa conhecer Deus e seus propósitos?

Uma das pressuposições desta TAT é que podemos conhecer algo verdadeiro de Deus quando lemos o AT. Esse conhecimento é possível porque o Deus de Israel escolheu se manifestar. As declarações dos escritores do AT

---

[66] CHILDS, *Old Testament...*, p. 28.
[67] KLINTOWITZ, Jaime. Um povo que acredita. *Veja*, São Paulo, n. 1.731, p. 124-129, 19 dez. 2001.
[68] Ibid., p. 128-129.

indicam que Deus, em épocas diferentes e em circunstâncias diversas, entrou na história humana com a intenção de se revelar e de comunicar sua vontade. Essa revelação não implica principalmente adquirir informações sobre Deus, mas em conhecê-lo na experiência da vida. Do ponto de vista dos escritores do AT, crer na existência de Deus certamente não é a mesma coisa que conhecê-lo. Os escritores do AT sempre falaram do conhecimento de Deus no contexto do compromisso da aliança.

O que significa conhecer Deus do ponto de vista do AT? Em palavras sucintas, conhecer Deus é assumir um compromisso sério de obedecer-lhe. Para compreender melhor o que é conhecer Deus, comecemos pela terminologia. O nosso ponto de partida será o verbo hebraico *yada'* normalmente traduzido por "conhecer" em português. No contexto do AT, esse verbo refere-se ao ato de conhecer que vai muito além de algo meramente intelectual ou informativo. Descreve um tipo de conhecimento que vem por meio da experiência pessoal. Por exemplo, pode se referir ao relacionamento entre marido e esposa, um conhecimento de natureza íntima e pessoal. O texto de Gênesis 4.1 diz que Adão *conheceu* Eva, e ela concebeu e deu à luz um filho. Pode se referir também ao conhecimento que o patrão tem do trabalho de seu empregado (Gn 30.29). *yada'* descreve a falta de conhecimento do faraó a respeito do Deus de Israel (Êx 5.2). O faraó não conheceu o Deus de Israel porque nunca teve uma experiência com ele. Para o hebreu, "conhecer" envolvia algo pessoal, íntimo e experimental e implica dois aspectos principais: relacionamento individual com esse Deus e compromisso de aprender de Deus e viver de acordo com esse conhecimento. Então, conhecer Deus no AT não é ter somente um relacionamento com ele, mas também viver conforme sua orientação. O profeta Jeremias expressou esse aspecto quando disse que o conhecimento implica a prática de lealdade, justiça e retidão:

> Assim diz o SENHOR: Não se glorie o sábio na sua sabedoria, nem o forte na sua força, nem o rico nas suas riquezas. Mas quem se gloriar, glorie-se nisto: em me entender e me conhecer, pois eu sou o SENHOR, que pratico a fidelidade, o direito e a justiça na terra, porque me agrado dessas coisas, diz o SENHOR (Jr 9.23,24).

À luz disso, podemos dizer que o conhecimento de Deus torna-se a base tanto para a *fé* de Israel quanto para sua *prática*.

Porque o Senhor é um Deus que se relaciona com sua criação, sempre esperava intercâmbio e comunhão com seu povo. Por isso, buscava estabelecer um relacionamento com o ser humano.[69] Podemos ver isso no aparecimento de Deus a Abraão.[70] A revelação de Deus a Abraão visou ao estabelecimento de um relacionamento pessoal com ele, como base para Deus realizar seus propósitos não somente na vida de Abraão, mas na história. Deus comunicou seu propósito a Abraão em palavras diretas e sem ambiguidade. O conhecimento que Deus ofereceu a Abraão exigiu deste o compromisso de andar segundo a vontade daquele (Gn 17.1). A implicação resultante é que qualquer conhecimento de Deus traz a obrigação da obediência.

Uma das críticas mais severas que se encontra no AT é a acusação de que o povo de Israel não conheceu seu Deus. A seriedade dessa acusação brota do fato de que o povo aceitou a aliança com todas as obrigações implícitas, comprometendo-se a guardar as obrigações do pacto. Quando isso não aconteceu, a palavra do Senhor foi dura:

> *Ouvi, ó céus, e dá ouvidos, ó terra, porque o Senhor disse: Criei filhos e os fiz crescer, mas eles se rebelaram contra mim. O boi conhece o seu proprietário, e o jumento, o cocho posto pelo dono; mas Israel não tem conhecimento, o meu povo não entende* (Is 1.2,3).

Aqui o profeta declara que pelo menos o jumento podia voltar à manjedoura para comer, e o boi conhece seu dono. Ao falar do conhecimento de Deus, o profeta disse que Israel não tinha o conhecimento que esses animais demonstravam ter.

A importância do conhecimento de Deus para a fé e prática de Israel pode ser vista claramente na pregação do profeta Oseias. Na ausência do conhecimento, o que a sociedade podia esperar? Do ponto de vista profético, só podia esperar a sua autodegeneração. Ele lamentou as condições da sociedade da época, marcada pela falta de fidelidade, amor e conhecimento de Deus. Quando essas qualidades não existiam, as evidências podiam ser vistas plenamente na sociedade:

> *Israelitas, ouvi a palavra do Senhor; pois o Senhor tem uma acusação contra os habitantes da terra; porque não há verdade, nem bondade, nem conhecimento de Deus na terra. Só prevalecem maldição, mentira, assassinato, furto e adultério; há violências e homicídios sobre homicídios. Por isso a terra se lamenta, e todos os seus habitantes desfalecem, juntamente com os animais do campo e com as aves do céu, e até os peixes do mar morrem* (Os 4.1-3).

---

[69] Fretheim, Terence E. *The Pentateuch: Interpreting Biblical Texts*. Nashville: Abingdon, 1996. p. 51-52.

[70] V., p. ex., Gênesis 12.1-3 e 15.1-19.

A mensagem do profeta quanto ao conhecimento de Deus foi clara. Existe um vínculo direto entre o caráter de um povo e a qualidade da sociedade. Do ponto de vista de Oseias, a responsabilidade de viver em comunidade incluiu a responsabilidade de demonstrar qualidades essenciais como fidelidade, amor e *conhecimento de Deus*.

O que podemos dizer do conhecimento de Deus por parte dos habitantes da terra hoje em dia? No Brasil, por exemplo, há símbolos de religião por toda parte. A pergunta que se deve fazer é a seguinte: a presença de símbolos religiosos na cultura é a medida do nível do conhecimento verdadeiro de Deus? Segundo o AT, o conhecimento verdadeiro de Deus deve ser evidente pelas ações e atitudes das pessoas que compõem a sociedade. Esse conhecimento visa produzir, entre outras coisas, uma vida justa, ética e moral, o fruto da comunhão com Deus. À luz do AT, uma pessoa não pode declarar que conhece Deus sem, ao mesmo tempo, dar evidências de um compromisso de vida moral e ética e dependência do poder de Deus. Os escritores do AT, especialmente os profetas, aceitaram tanto a possibilidade de conhecer este Deus como a necessidade de viver uma vida ética e moral na presença dele. Tal conhecimento, que visa à possibilidade de viver conforme a vontade de Deus, foi possível por meio de sua autorrevelação.

O CONHECIMENTO DE DEUS E SUA AUTORREVELAÇÃO

Uma das pressuposições desta teologia é que Deus tem que se revelar antes de ser conhecido. Nesta parte vamos investigar como o AT apresenta a auto-manifestação divina. Para começar, reconhecemos que a tarefa principal dos escritores bíblicos não foi apresentar provas da existência de Deus nem noções religiosas sobre Deus e sua natureza. Os escritores do AT aceitaram a exis-tência de um Deus invisível, todo-poderoso, criador dos céus e da terra e que se fez conhecer. Entenderam que seu Deus foi capaz de agir na história para tornar-se conhecido. Quando lemos o AT, encontramos narrativas e relatos de eventos que aconteceram sob a direção de Deus. Esses relatos tratam dos atos de Deus ao longo da história, tanto para beneficiar seu povo como para julgá-lo. Em Salmos, lemos as expressões pessoais de poetas que conheceram o Deus de Israel na intimidade, especialmente nas lamentações que descrevem as tristezas e angústias da vida; os profetas falaram das consequências quando não havia conhecimento de Deus. A capacidade e a vontade de Deus de se manifestar foram aceitas por esses escritores.

Do ponto de vista do AT, a pessoa que nega a existência de Deus é insen-sata. Este foi o sentimento do salmista quando escreveu:

*O insensato diz no seu coração: Deus não existe. Todos se corrompem e praticam abomina-
ções; não há quem faça o bem. Todos se desviaram e juntos se corromperam; não há quem
faça o bem, não há um sequer* (Sl 14.1,3).

O insensato desse salmo foi aquele que viveu como se Deus não existis-
se. Ele não negou a existência de Deus em si, mas, sim, a possibilidade de
Deus intervir no mundo para julgar as ações dos homens. Para os escritores
do AT, Deus não apenas existia, como também tinha a capacidade de se manifestar aos homens e de agir na história.

Esse aspecto histórico foi um dos elementos que se destacou na fé de
Israel. No AT, Deus sempre se manifestou no contexto da vida. A automanifestação de Deus não se deu para satisfazer a curiosidade do ser humano
quanto à natureza de Deus; sempre se deu no contexto do estabelecimento
de um relacionamento ou de uma aliança. Podemos ver isso claramente na
história da revelação de JAVÉ ao povo. É esse relacionamento entre história
e fé que examinaremos agora.

História, historiografia e o conhecimento de Deus

Uma premissa básica da fé no AT é que a revelação de Deus aconteceu na
história humana. Até mesmo uma leitura superficial da Bíblia mostra que as
narrativas bíblicas relatam vários eventos específicos em que Deus se revelou
e comunicou algo a seu povo. Como devemos entender o vínculo entre os
eventos registrados na Bíblia e o conhecimento de Deus?

G. E. Wright, em seu livro *O Deus que age*,[71] tratou da questão do papel da
história na revelação. Para Wright, a revelação de Deus aconteceu numa série
de eventos históricos interligados, e não de maneira esporádica. Essa série de
eventos pode ser entendida como revelação progressiva, ou seja, existe um
vínculo entre cada revelação histórica. Por exemplo, quando Deus se revelou
a Moisés, ele se identificou como o "Deus de Abraão, Isaque e Jacó", estabelecendo um vínculo com a revelação aos patriarcas no passado.[72] Em cada revelação, o propósito foi o de tornar Deus cada vez mais conhecido pelo seu povo.

Os eventos históricos do AT foram registrados, transmitidos e interpreta-
dos à luz dos propósitos de Deus para cada nova geração de israelitas. Assim,
toda nova geração "participava" dos eventos do passado, como se esses eventos
fossem sua própria história. Como se fossem arquivos, essas histórias podiam
ser reabertas a cada nova geração para trazer de volta as memórias significativas

---

[71] São Paulo: Aste, 1967.

[72] V. tb. Êxodo 3.6 e 6.3.

42   O DEUS DE ISRAEL

do passado. A recitação desses eventos fazia parte das confissões de fé e das renovações da aliança ao longo da história de Israel. As confissões de fé que encontramos no AT muitas vezes incluíram recitações históricas dos grandes atos de Deus. Uma dessas confissões se encontra em Deuteronômio 26.5-9:

> O meu pai era arameu errante. Ele desceu ao Egito com pouca gente e ali viveu e se tornou uma grande nação, poderosa e numerosa. Mas os egípcios nos maltrataram e nos oprimiram, sujeitando-nos a trabalhos forçados. Então clamamos ao SENHOR, o Deus dos nossos antepassados, e o SENHOR ouviu a nossa voz e viu o nosso sofrimento, a nossa fadiga e a opressão que sofríamos. Por isso o SENHOR nos tirou do Egito com mão poderosa e braço forte, com feitos temíveis e com sinais e maravilhas. Ele nos trouxe a este lugar e nos deu esta terra, terra onde manam leite e mel (NVI).

Para Wright, a recitação dos atos de Deus foi a forma mais pura da teologia no AT. Mais tarde, Gerhard von Rad ecoou essa posição quando escreveu: "A forma mais legítima de qualquer exposição teológica sobre o Antigo Testamento continua sendo a repetição em forma narrativa".[73] Em tais recitações, Israel declarou sua fé no Deus capaz de fazer maravilhas como meio de realizar seus propósitos na vida de seu povo.

Wright e Von Rad nos mostraram a natureza confessional do AT. Em muitos textos, o leitor contemporâneo encontra não somente um registro dos eventos que aconteceram no passado, mas também uma interpretação do significado desses eventos, até mesmo por implicação. Essa característica do texto do AT levou Smith a perguntar: "A revelação dever ser encontrada em eventos ou em palavras?"[74] Smith chegou à conclusão de que a revelação envolveu tanto o evento quanto o relato escrito do evento. Tal posição está de acordo com as evidências no texto do AT. Consideremos o caso de Êxodo 14.29-31:

> Mas os israelitas caminharam em terra seca, pelo meio do mar, tendo as águas como um muro à direita e à esquerda deles. Assim, naquele dia, o SENHOR salvou Israel da mão dos egípcios, e Israel viu os egípcios mortos na praia do mar. Israel viu a grande obra que o SENHOR havia realizado contra os egípcios, de modo que o povo temeu o SENHOR e creu no SENHOR e em Moisés, seu servo.

Neste trecho, podemos ver a história e a historiografia "em cooperação". O primeiro aspecto, a história, são os fatos em evidência: egípcios

---

[73] Von RAD, Teologia..., p. 122.
[74] SMITH, Teologia..., p. 108.

mortos na praia e israelitas que não se encontram mais no Egito. Qual a conclusão a que se podia chegar olhando os corpos mortos na praia? Como sabemos que foi a mão de Deus que agiu nesse acontecimento? Pelo relato que o escritor forneceu ao leitor, que é o segundo aspecto: a historiografia, ou o registro da história. A narrativa atribuiu o evento ao Senhor que "salvou Israel das mãos dos egípcios". Ele escreveu que até os próprios egípcios entenderam que era o Senhor que estava lutando contra eles (Êx 14.25). As pessoas que mais tarde ouviram a história ou leram o texto não foram testemunhas oculares do evento em si; apenas conheceram a tradição histórica e aceitaram-na pela fé.

O propósito histórico-teológico do AT é narrar a história do povo de Israel, do ponto de vista dos desígnios de Deus para o povo que ele mesmo criou. Os aspectos históricos do AT estão inseparavelmente entrelaçados com seu propósito religioso, de maneira que a própria história pode ser considerada uma expressão teológica do povo hebraico. O Deus de Israel é o Deus que cria e destrói (Gn 1.1; 7.23), que chama e preserva (Gn 12.2,3; 45.7), que liberta e guia (Êx 3.7,8,12), que faz alianças (Gn 15.8; Êx 24.8) e que deu sua lei ao povo para orientá-lo e preservá-lo como um povo santo na terra (Lv 20.22-24; Dt 4.40). Portanto, as narrativas do AT têm uma função tanto *teológica* como histórica. São revelados não somente os atos de Deus, mas seu propósito e caráter. Tanto a história como a historiografia são indispensáveis para o conhecimento de Deus. O vínculo entre a história e a historiografia pode ser demonstrado nos eventos do êxodo. Vamos considerar o que podemos aprender de Deus à luz desse evento tão importante.

O êxodo e o conhecimento de Deus

Êxodo 3

A teofania[75] de Êxodo 3 é um dos eventos singulares em que o relacionamento entre a revelação e o conhecimento de Deus pode ser visto. Quando Deus se manifestou a Moisés no deserto do Sinai, foi para um propósito específico na vida do povo. Esta manifestação da teofania não é a primeira aparição visual de Deus registrada no AT, mas talvez seja a mais importante até então.

---

[75] Neste trabalho, a palavra "teofania" será usada para identificar manifestações divinas acompanhadas por sinais visuais e sonoros. A palavra "epifania" será usada para se referir a visitações e outras manifestações sem sinais. Para uma discussão da diferença, v. Terrien, Samuel. *The Elusive Presence: The Heart of Biblical Theology*. San Francisco: Harper & Row, 1978. p. 68-67; Smith, *Teologia...*, p. 103.

A importância dessa manifestação encontra-se tanto pelo meio de revelação como pelo propósito revelado. Êxodo 3 relata que foi o anjo do Senhor[76] que apareceu na sarça no deserto na península do Sinai. Não era a primeira vez que Deus aparecera por intermédio de seu anjo. Também apareceu a Agar (Gn 16.7,9,10,11) e a Abraão (Gn 22.11,15). No contexto de Êxodo 3, o aparecimento de Deus foi motivado pela condição do povo no Egito e pelo propósito divino de enviar Moisés como intermediário na libertação do povo do Egito. Deus declarou:

> [...] *Tenho visto a opressão sobre o meu povo, que está no Egito, e tenho ouvido o seu clamor por causa dos seus opressores; conheço os seus sofrimentos. Eu desci para livrá-lo dos egípcios e levá-lo daquela terra para uma terra boa e espaçosa* (Êx 3.7,8a).

Nesta fala, Deus revelou seu interesse em libertar o povo da escravidão, bem como o propósito de levá-lo a outra parte. A linguagem antropomórfica do texto comunica de maneira clara a capacidade de Deus de intervir e participar de forma pessoal e ativa na história do homem. Ele "vira" a opressão do povo e "escutara" seu clamor, declarando que conhecia seu sofrimento. Motivado pela compaixão, Deus tomou a iniciativa de entrar na história e "descer" com o propósito de libertar o povo e levá-lo para uma "terra boa e espaçosa". Para fazer isso, preparou e orientou Moisés como seu representante na libertação dos israelitas.

Um dos aspectos extraordinários desta teofania é o papel que a revelação do nome JAVÉ tem na preparação de Moisés para voltar ao Egito. Em resposta à pergunta de Moisés sobre seu nome, Deus disse uma das frases mais expressivas de todo o AT: *EU SOU O QUE SOU* (Êx 3.14).[77] No contexto da passagem, percebemos que a resposta não foi o que Moisés esperava. Podemos indagar se Deus realmente respondeu à pergunta de Moisés ou se apenas manifestou com uma sua liberdade de responder, ou não, à pergunta. Christopher Seitz concluiu que essa resposta não é um nome próprio no sentido normal, mas uma revelação de propósito concedida no contexto da comunicação dos planos de Deus em libertar o povo do Egito.[78]

---

[76] No original, *malak*, JAVÉ. A questão do anjo do Senhor será tratada mais adiante.

[77] No original, *ehyeh 'asher 'ehyeh*. Outras traduções sugeridas incluem: "EU SEREI QUEM SEREI" e "EU SOU QUEM SOU".

[78] Seitz, Christopher R. *Word Without End: The Old Testament as Abiding Theological Witness*. Grand Rapids: Eerdmans, 1998. p. 239.

Hoje, acredita-se que o nome JAVÉ (יהוה) tem como raiz uma forma do verbo "ser" ou "haver".[79] É claro que os escritores do AT não tinham interesse na etimologia da palavra, porque não existe uma explicação clara e detalhada do significado do nome.[80] Walther Zimmerli entendeu que o nome JAVÉ não deve ser interpretado somente na base do verbo "ser" (*hayâh*) isolado de seu contexto. Para ele, o nome recebe seu significado maior na frase "Eu sou o que sou". Nessa frase, a liberdade soberana de JAVÉ ressoa. Ele tem a liberdade de se revelar ou de ficar oculto.[81] Ele é o Deus que é, que será e que garantiu sua presença com Moisés durante todo o processo de libertação (Êx 3.12). Ele não é um Deus totalmente desconhecido, porque já se revelou a *Abraão, a Isaque e a Jacó como o Deus todo-poderoso* (Êx 6.3). Ele é o Deus que já agiu, está agindo e ainda agirá.

Nesta teofania, podemos ver vários aspectos da natureza da revelação de Deus no AT e o conhecimento que vem por meio da revelação. Primeiro e talvez o aspecto mais óbvio seja o fato de a automanifestação de Deus ser possível dentro do contexto da história humana. Para o hebreu, Deus não somente foi *capaz* de se revelar; ele também *se revelou*. Segundo, uma vez que Deus se revelou por seu nome, entendemos que JAVÉ é um Deus *pessoal* que se distingue das demais deidades adoradas da época.

No contexto da teofania de Êxodo 3, aliado à revelação, veio o convite de participar pessoalmente no diálogo que a revelação proporcionou. JAVÉ não foi somente um Deus que se fez conhecer. Ele chamou pelo nome uma pessoa para dialogar com ele. Esse diálogo, porém, foi de natureza mais unilateral que bilateral. Moisés participou no diálogo sem a possibilidade de modificar o propósito principal do discurso. No contexto do discurso, Deus revelou não somente seus propósitos para libertar o povo do Egito, como também indicou o motivo: *O clamor dos israelitas chegou a mim; e também tenho visto a opressão com que os egípcios os oprimem* (Êx 3.9). Claramente, o escritor entendeu JAVÉ não somente como um Deus compassivo e misericordioso, mas também como um Deus capaz de agir em favor de seu povo de maneiras específicas. Sua decisão de entrar na história, de libertar e de revelar seu nome foram eventos

---

[79] Patrick Miller citou evidência de que o nome JAVÉ deriva-se de uma forma causativa do verbo "ser" e significa "ele causa a ser" ou "ele cria". Uma vez que um objeto como *seba'ôt* (hostes, exércitos) às vezes segue o nome, o autor entendeu que o significado podia ser "ele cria as hostes" no sentido das hostes celestiais que marcham em frente quando JAVÉ saía para lutar contra os inimigos de Israel. Cf. MILLER, Patrick. *The Religion of Ancient Israel*. Nashville: Westminster John Knox, 2000. p. 2.

[80] Cf. EICHRODT, *Teologia...*, p. 153-161.

[81] ZIMMERLI, Walther. *Old Testament Theology in Outline*. Trad. David E. Green. Atlanta: John Knox, 1978. p. 20.

46   O DEUS DE ISRAEL

que ele mesmo controlou. Deus não tinha nenhuma obrigação pactual de fazer tal coisa;[82] foi o clamor do povo que o moveu.

Êxodo 5.22—6.13

De acordo com Christopher Wright, o diálogo registrado nestes versículos "é um texto fulcral" na história da automanifestação de JAVÉ no AT.[83] O texto narra o diálogo entre Moisés e JAVÉ depois do primeiro encontro entre Moisés, Arão e o faraó. Essa primeira tentativa não somente não produziu os resultados desejados, como também agravou a situação para os israelitas. Em sua frustração, Moisés clamou ao SENHOR, dizendo: *Por que maltrataste este povo? Por que me enviaste?* (Êx 5.22). A resposta de JAVÉ foi uma reiteração da promessa que já havia dado a Moisés em 3.20 de estender a mão para ferir os egípcios. Ele anunciou sua intenção de criar um povo particular e estabelecer uma aliança com esse povo a fim de mostrar ao povo que o SENHOR é seu Deus e somente ele. A sequência de sinais a seguir serve para indicar o cumprimento da promessa de livrar o povo e também para afirmou que o SENHOR é o Soberano Deus sobre toda a terra.

Êxodo 5—12

As narrativas que relatam os sinais que JAVÉ operou no Egito podem ser consideradas o âmago da história do êxodo. Por meio desses sinais, Deus convenceu o faraó de deixar o povo hebreu sair do Egito. O refrão que se repete em todo o processo indica o propósito principal dessa "contenda" entre o Deus JAVÉ e os deuses dos egípcios: *E os egípcios saberão que eu sou o SENHOR* (Êx 7.5,17;10.2; 14.4,18). A lição não foi somente para os egípcios, mas também designada para ensinar os hebreus sobre o poder de JAVÉ (8.22; 11.7).

Êxodo 15.1-18

Conhecida como o "Cântico de Moisés", esta poesia celebrou a vitória de JAVÉ sobre os egípcios no mar. É uma das declarações de fé mais antigas que temos no AT. O cântico destaca-se tanto por sua beleza literária como por suas claras declarações sobre a natureza do SENHOR. A poesia começa exaltando JAVÉ por sua vitória sobre "o cavalo e o seu cavaleiro". JAVÉ é retratado como um guerreiro poderoso que despedaçou o inimigo pelo poder de sua mão direita e salvou o povo. A vitória demonstrou que JAVÉ era incomparável e não havia

---

[82] Cf. Gênesis 15.16; 50.24.

[83] WRIGHT, Christopher J. H. *The Mission of God: Unlocking the Bible's Grand Narrative*. Downers Grove, Il: IVP Academic, 2006. p. 75.

nenhum deus que pudesse igualar-se a ele. Sua vitória no mar seria conhecida pelas nações que o temeriam. JAVÉ guiou seu povo em segurança até a terra que ele escolhera e; aí seria o rei deles eternamente.

Deus falou

A teofania de Êxodo 3 destaca outro aspecto da autorrevelação de Deus, isto é, no AT Deus também falou. A palavra mais usada para indicar a fala de Deus é "dizer"(no hebraico, *amar*), e a forma mais frequentemente usada no AT é "disse". Devido à variedade dos contextos em que esse verbo se encontra, é difícil saber em todos os casos que tipo de comunicação é indicado. Esse é o verbo que se encontra em Gênesis 1.3 quando Deus disse *Haja luz*, ao falar a Abraão em Gênesis 12.1 e ao comissionar o profeta Isaías (Is 6.9). Além desse verbo, os escritores do AT também usaram outra palavra normalmente traduzida por "falar" ou "dizer" (*dabar*). Em alguns contextos, as duas palavras parecem sinônimos. Um exemplo do uso paralelo dessas formas pode ser visto em Êxodo 20. Ao apresentar os Dez Mandamentos, Deus "disse" (o verbo *dabar*) a Moisés. Depois de entregar os mandamentos, Deus "disse" (o verbo *amar*) a Moisés que ele deveria falar ao povo. *Então o Senhor disse a Moisés: Assim dirás aos israelitas: Vistes que vos falei desde o céu* (Êx 20.22). A implicação é que essa comunicação foi audível por parte do povo reunido. Esse aspecto audível da fala de Deus destaca-se na declaração de Moisés no livro de Deuteronômio:

> *Então vos aproximastes e ficastes perto do monte; e o monte ardia em fogo até o meio do céu, e havia trevas, nuvens e escuridão. E o Senhor vos falou do meio do fogo. Ouvistes o som de palavras, mas não vistes forma alguma; somente ouvistes uma voz* (4.11-12).

O contexto dessa fala foi o estabelecimento da aliança no deserto do Sinai. Houve alguns sinais visíveis como fumaça, nuvens e escuridão. O Senhor falou do meio do fogo, e o texto diz que o povo ouviu sua voz, mas não viu forma alguma. Evidentemente essa comunicação divina foi entendida claramente pelo povo. Quando o AT fala do conhecimento de Deus e sua autorrevelação, não há dúvida sobre quem está falando ou o que está sendo comunicado.

A esta altura, talvez seja bom perguntar se o conhecimento de Deus no AT é mais por meio de *proposições* ou por meio de eventos e atos históricos.[84] Nos exemplos apresentados aqui, parece que o conhecimento de Deus advindo da

---

[84] V. discussão de Smith, *Teologia...*, p. 104. Para uma posição sistemática, v. Erickson, Millard J. *Introdução à teologia sistemática*. Trad. Lucy Yamakami. São Paulo: Vida Nova, 2008. p. 63-65.

teofania no Sinai incluiu tanto a revelação por meio de proposições como por um ato histórico de revelação. Nesses textos, é impossível separar nitidamente o ato em que Deus se revelou do ato de falar a Moisés e ao povo. Nesse evento, Deus *se revelou* e *comunicou* suas leis e sua vontade.

De acordo com J. N. Sanders, no AT a palavra é o "meio característico pelo qual Deus faz conhecer sua vontade aos homens".[85] No texto do AT é comum ler que "a palavra de JAVÉ veio" a uma pessoa. Assim, a revelação por meio de uma palavra divina foi um evento específico na história. A primeira ocorrência da frase está em Gênesis 15.1 quando JAVÉ comunicou-se com Abrão. Por meio dessa comunicação, Abrão entendeu que Eliezer, o servo que ele escolhera, não seria seu herdeiro, mas seu próprio filho teria este direito. Além disso, Deus disse a Abrão que faria uma aliança com ele — que seus descendentes passariam muito tempo fora da terra de Canaã, mas, depois de um período de quatrocentos anos, voltariam àquela terra, conforme os desígnios dele. Nessa comunicação, algo até então desconhecido foi revelado a Abrão, e ele se tornou conhecedor de alguns aspectos dos planos divinos não somente para ele, mas para seus descendentes também.

Do ponto de vista dos escritores do AT, antes de conhecer a palavra de Deus, esta tem que ser revelada. Podemos ver a ação reveladora de Deus claramente na comunicação de Deus aos profetas. Até o momento em que Deus fala com Samuel, ele *ainda não conhecia o SENHOR, e a palavra do SENHOR ainda não lhe havia sido revelada* (1Sm 3.7). Amós declarou: *Certamente o SENHOR Deus não fará coisa alguma sem a revelar aos seus servos, os profetas* (3.7). Uma das frases mais comuns nos livros de Jeremias e Ezequiel é: *Veio a mim a palavra do SENHOR.*[86]

O papel do profeta como instrumento divino na revelação da vontade de Deus foi reconhecido pelos escritores bíblicos desde as primeiras referências às atividades conhecidas como "proféticas". Abraão, a primeira pessoa chamada "profeta", recebeu um chamado específico por parte de Deus (Gn 12.1), e seu "ministério" incluiu a intercessão (Gn 20.7). Na ocasião do encontro entre Moisés, Arão e o faraó, podemos ver o que pode ser chamado de o papel "básico" de profeta:

> Então o SENHOR disse a Moisés: Eu te constituí como Deus para o faraó, e Arão, teu irmão, será o teu profeta. Falarás tudo o que eu mandar; e Arão, teu irmão, dirá ao faraó que deixe os israelitas saírem de sua terra (Êx 7.1,2).

---

[85] SANDERS, J. N. *The Word.* In: *IDB*, v. 4, p. 868.

[86] V., p. ex., Jeremias 1.4,11,13 e Ezequiel 3.16; 6.1; 7.1.

O profeta como "porta-voz" de Deus também foi enfatizado nas orientações que Moisés deu ao povo antes de entrar na terra de Canaã. Para garantir a continuidade da comunicação da palavra de Deus na terra e dissuadir a procura de adivinhos pagãos, foi anunciado que JAVÉ providenciaria um meio legítimo de que a voz de Deus fosse escutada. Deus levantaria um profeta segundo o tipo de Moisés (Dt 18.14-22). Duas características podem ser identificadas nessa passagem no que diz respeito ao ministério profético como meio de revelação divina. A primeira é que o profeta verdadeiro receberia um chamado específico de Deus. Em Israel, profetas não "se levantavam", mas eram chamados. A segunda marca distintiva dos profetas legítimos seria a origem de sua palavra: *porei na boca as minhas palavras, e ele lhes falará tudo o que eu lhe ordenar* (Dt 18.18). Essas duas características podem ser vistas nos chamados dos profetas designados os profetas "clássicos" (Jr 1.4-10; Ez 2.3-7; Am 7.15).

O conteúdo da revelação que veio por meio da palavra, principalmente nos livros proféticos, foi a vontade de Deus. As palavras do SENHOR foram consideradas poderosas em seu efeito e sempre cumpriram a tarefa para a qual foram enviadas. A palavra do SENHOR não retornou vazia, mas cumpriu seu propósito (Is 55.11; Jr 1.12). A palavra de Deus, saindo de sua boca, não seria revogada (Is 45.23). O critério foi usado para determinar se a palavra do profeta era verdadeira ou não em sua eficácia (Dt 18.14-22). Tudo isso mostra o grau de confiança na veracidade e no poder da palavra do SENHOR por parte dos escritores e proclamadores da palavra. É pela palavra do SENHOR que o jovem guarda seu caminho e evita o pecado (Sl 119.9,11,133). Pela palavra de Deus o indivíduo se torna sábio (Sl 119.169). Não há outra nação que recebeu diretamente de Deus sua palavra (Sl 147.19,20).

"Os céus proclamam"

O AT não fala muito a respeito de revelação por meio da criação, mas a importância da criação na revelação pode ser vista pelo fato de que a criação foi um evento histórico em que Deus agiu e tudo aconteceu pela palavra dele. Quando se fala da criação e revelação, normalmente aponta-se para o Salmo 19. Podemos considerar a seguinte declaração:

> *Os céus proclamam a glória de Deus, e o firmamento anuncia as obras das suas mãos.*
> *Um dia declara isso a outro dia, e uma noite revela conhecimento a outra noite.*
> *Sem discurso, nem palavras; não se ouve a sua voz.*

50 O DEUS DE ISRAEL

Mas sua voz se faz ouvir por toda a terra, e suas palavras, até os confins do mundo (Sl 19.1-4).

Os verbos nessa passagem apontam o papel da criação como a revelação verdadeira de Deus. O salmo descreve um universo que "declara", "proclama", "fala" e "revela". Os verbos "declarar" e "proclamar", particípio presente do imperfeito no hebraico, descrevem ação contínua. A implicação é que os céus ainda estão proclamando a glória de Deus.

A revelação contínua da criação é o destaque do versículo 2, que pode ser traduzido por: "dia a dia derrama elocução; noite a noite declara conhecimento". O propósito dessa revelação é o "conhecimento". O salmista não explicou a natureza do "conhecimento", mas, à luz do contexto, pode ser uma preparação para o leitor entender a descrição da lei de Deus nos versículos 7-11. De acordo com Clinton McCann, o Salmo 19 nos ensina que a "lei [*torá*] do SENHOR" (v. 7) procede da própria criação e baseia-se na obra criadora de Deus.[87]

O versículo 3 indica que, nessa revelação, não há "discurso, nem palavras". Lutero e Calvino entenderam o significado de tal declaração assim: "não há língua ou idioma em que sua voz não seja ouvida". Se essa é a melhor tradução, indica que a revelação por meio da criação é universal. O versículo 4 destaca também a mesma ideia: *por toda a terra* [...] *até os confins do mundo*. Não há lugar onde essa proclamação não seja ouvida. Do ponto de vista do AT, a atuação de Deus na criação é tão óbvia como o dia e a noite, porque até esse ciclo diário é parte da proclamação que ele faz por meio da criação.

Finalmente, a passagem fala do "objeto" da comunicação que é a "glória de Deus". Podemos entender isso como referência à sua presença e ao seu poder. A presença de Deus é ativa, demonstrada pelas obras da criação. Quando o AT trata do conhecimento de Deus em termos universais, faz isso por meio das obras da criação. Essa revelação, a presença que os céus proclamam e que as obras anunciam, é universal em sua extensão.

À luz deste salmo, podemos fazer três afirmações sobre o papel da criação e a autorrevelação de Deus no AT. A primeira é que essa autorrevelação é *contínua*. Como o Deus que se revela por meio da sua obra é eterno, sua revelação continua de um dia para outro dia, de uma geração para outra geração. Não há geração que será privada de um meio de conhecer algo sobre Deus. Segunda, essa revelação é *universal*. A comunicação que vem por meio da criação não

---

[87] MCCANN, J. Clinton. *A Theological Introduction to the Book of Psalms: The Psalms as Torah*. Nashville: Abingdon, 1993. p. 28.

exclui nenhuma parte da criação. A implicação é que o que se pode conhecer de Deus por meio da criação é disponível a toda a criação. Terceira, essa revelação é *eficaz*. Ela cumpre seu propósito no universo, que é disseminar conhecimento.

A esta altura, talvez seja importante destacar que falar da revelação de Deus por meio da criação não se trata de uma tentativa de "descobrir" um Deus escondido na natureza ou de fazer apelo às coisas criadas como meio de entendê-lo melhor. Em momento nenhum os escritores do AT pensavam em qualquer tipo de panteísmo. A natureza não é divina, e Deus não habita nas coisas criadas. O AT apresenta Deus como aquele que pode atuar em sua criação, mas que é distinto dela. Falaremos mais sobre esse aspecto da fé de Israel quando tratarmos da questão de Deus como criador.

O anjo do Senhor

Às vezes a automanifestação de Deus assumiu uma forma mais imanente, isto é, uma forma usada por Deus para manifestar-se visivelmente e comunicar-se diretamente com uma pessoa. O aparecimento do anjo do Senhor é um exemplo desse tipo de revelação. Em termos gerais, o aparecimento do anjo do Senhor foi um meio pelo qual Deus se manifestou pessoalmente de forma visível e audível e que destacou sua presença na história. Na opinião de Von Rad, ele "é o próprio Deus em forma humana".[88] Nem sempre é possível saber claramente a identidade do anjo, mas em vários contextos é claro que foi o próprio JAVÉ que esteve presente. Uma dessas aparições está registrada na história de Gideão:

> *Quando Gideão viu que era o anjo do Senhor, disse: Ai de mim, Senhor Deus! Eu vi o anjo do Senhor face a face. Porém o Senhor lhe disse: Paz seja contigo! Não temas; não morrerás. Então Gideão edificou ali um altar ao Senhor e o chamou O Senhor é Paz (Jz 6.22-24).*

Fica claro pelo texto que o anjo do Senhor e o Senhor (JAVÉ) para Gideão eram a mesma pessoa. A aparição do anjo a Moisés na sarça ardente é ainda mais clara:

> *E o anjo do Senhor apareceu-lhe em uma chama de fogo numa sarça. Moisés olhou e viu que a sarça estava em chamas, mas não se consumia.*

---

[88] Von Rad, *Genesis*, p. 193 (tradução nossa).

> *Então disse: Vou me aproximar para ver essa coisa espantosa. Por que a sarça não se consome?*
>
> *E, vendo o Senhor que ele se aproximava para ver, chamou-o do meio da sarça: Moisés, Moisés! E ele respondeu: Estou aqui* (Êx 3.2-4).

Essas passagens identificaram claramente o anjo do Senhor como JAVÉ. O anjo foi reconhecido como manifestação de JAVÉ tanto pelo próprio texto quanto pelo tom de respeito, adoração e honra demonstrado pelos falantes — ações normalmente reservadas só para Deus. No caso de Êxodo 3, o próprio anjo se identificou como "o Deus de seu pai". Nesses exemplos, é evidente que o propósito do aparecimento do anjo foi especificamente para chamar um indivíduo para uma tarefa especial.

A tarefa benéfica do mensageiro de JAVÉ pode ser observada no aparecimento de Deus na narrativa em que Agar foge da casa de Abrão (Gn 16.1-16). Nesse relato, depois de fugir de Sara, Agar foi encontrada no deserto pelo anjo do Senhor. O anjo confortou Agar e disse que ela teria um filho. Tudo isso aconteceu *pois o Senhor ouviu tua aflição* (Gn 16.11b). A linguagem do texto indica que o anjo que apareceu foi o próprio JAVÉ.

Von Rad citou vários exemplos[89] em que o anjo do Senhor veio para guiar ou ajudar e concluiu que o anjo aparece "como instrumento do relacionamento gracioso de JAVÉ com Israel; ele é a ajuda personificada de Deus em favor de seu povo".[90] Como mensageiro oficial de JAVÉ, ou sendo o próprio Deus em forma visível e audível, o anjo tinha a função de agir em favor do povo. Eichrodt concluiu que as aparições do anjo do Senhor foram um meio pelo qual JAVÉ entrou diretamente na história para ajudar o povo e, ao mesmo tempo, manter sua transcendência. Ele escreveu: "Com frequência, o mensageiro pode encarnar-se em uma figura quase humana para assegurar aos seus sua presença imediata".[91] Assim, concluímos que JAVÉ é um Deus tanto transcendente como imanente e é capaz de — e está disposto a — entrar na história, pessoalmente ou por meio de seu mensageiro autorizado, para salvar, guiar e orientar.

Sonhos e visões

Talvez sonhos e visões não sejam os meios mais importantes na revelação do conhecimento de Deus no AT, mas certamente têm sua função pelo conteúdo

---

[89] Como Êxodo 14.19; 23.20; 1Reis 19.7; 2Reis 19.35.

[90] "[O anjo] appears as an instrument of Yahweh's gracious relationship to Israel; he is God's personified help for his people." Von Rad, *Genesis*, p. 193.

[91] Eichrodt, *Teologia...*, p. 492.

que revelam. O papel de sonhos e visões na revelação da pessoa e dos propósitos de Deus no AT pode ser demonstrado pelas várias ocasiões em que Deus usou desses meios para se tornar conhecido. Não há época na história de Israel em que sonhos e visões não tenham sido utilizados como meios pelos quais Deus se manifestou. Patriarcas, profetas e reis são alguns dos que receberam comunicações divinas por meio de sonhos e visões.

Uma palavra usada frequentemente para se referir a sonho é *halom*. Essa palavra pode significar um sonho "comum",[92] inclusive "pesadelos"[93] ou meio de revelação.[94] Em alguns casos, o AT descreve sonhos "ativos", isto é, um sonho em que há uma conversa entre Deus e a pessoa que sonhou. Um exemplo desse tipo é o sonho de Abimeleque, em que Deus informou ao rei que a mulher que ele tomara era a esposa de Abraão (Gn 20.3-7). Nesse sonho Abimeleque conversou com Deus a respeito do caso. O texto diz que o sonho aconteceu durante a noite, indicando que o sonho evidentemente aconteceu quando Abimeleque estava dormindo. Salomão teve o mesmo tipo de sonho quando Deus apareceu a ele em Gibeão (1Rs 3.5-15). Outros sonhos podem ser chamados "passivos" porque não há evidência de uma conversa entre Deus e a pessoa. Exemplos desse tipo de sonho são o de Jacó (Gn 28.11-16), os de José (Gn 37.5-10) e os de Nabucodonosor (Dn 2.1-45). Alguns sonhos incluíram símbolos para comunicar a mensagem. A interpretação de sonhos em que símbolos aparecem normalmente exigiu a presença de uma pessoa capaz de dar a interpretação. O intérprete podia ser a própria pessoa que tivera o sonho, como no caso de José, ou, como no caso dos sonhos do faraó e de Nabucodonosor, outra pessoa dava a interpretação.

Além disso, Deus se revelou no AT por meio de experiências visionárias. O primeiro texto em que uma visão aparece como meio de revelação é Gênesis 15. Nesse texto, Deus apareceu a Abrão numa visão com o propósito de formalizar uma aliança com ele. A palavra usada neste texto só aparece seis vezes no AT[95] e pode significar uma visão de Deus (Gn 15.1; Nm 24.4,16) ou uma visão falsa (Ez 13.7). O texto em Gênesis 15 é o mais completo em termos dos detalhes. Durante a experiência, Abrão ouviu a voz de Deus e conversou com ele sobre a sua descendência. Evidentemente, Abrão estava

---

[92] Salmo 73.21.

[93] Jó 7.14.

[94] I[saac] Mendelsohn identificou dois tipos de sonhos bíblicos, o *sonho simples*, em que pronunciamentos foram entregues em linguagem clara, como no caso de Abimeleque em Gênesis 20.3, e o *sonho simbólico*, em que intérpretes profissionais foram convidados para dar o sentido do sonho, como no caso de José. Cf. o artigo "Dream", *IDB*, v. 1, p. 868-869.

[95] *mahazeh*, do verbo *hazah*, "ver" ou "olhar". Cf. Gênesis 15.1; Números 24.4,16; 1Reis 7.4,5; Ezequiel 13.7.

totalmente cônscio porque Deus o levou para fora para ver as estrelas. Depois, Abrão recolheu e preparou os animais para o sacrifício. Só no fim do dia ele caiu num sono profundo.

São nas experiências dos profetas em que o papel das visões se destacou. No caso das visões recebidas pelos profetas, alguns casos são de natureza "ativa" em que eles participaram ativamente numa conversa com Deus durante a experiência. No caso das visões de Amós, o texto diz que Deus "mostrou"[96] ao profeta algumas imagens e perguntou a ele sobre o que viu (Am 7.1,4,7; 8.1). Depois de ouvir a resposta do profeta, Deus explicou o significado da imagem. Outro exemplo de diálogo durante uma visão pode ser visto na passagem em que Moisés pediu uma manifestação de Deus no monte Sinai (Êx 33.12-23). Nos dois casos, o verbo usado no texto indica que foi Deus que levou o profeta a "ver".

No caso do diálogo entre Deus e o profeta em Isaías 6, sabemos que a experiência é uma visão somente por implicação. Nesse relato, o profeta indicou que ele "viu"[97] o Senhor Deus assentado num trono. A natureza e o conteúdo do relato nos levam a classificar a experiência como uma visão. Nessa experiência, o profeta não somente dialogou com Deus, mas teve uma visão parcial de seu trono. A experiência influenciou o profeta profundamente, até o ponto de confessar seus pecados e os de seu povo. No fim do encontro, Isaías apresentou-se a Deus incondicionalmente como servo e recebeu uma comissão por parte de Deus.

Nem todos os relatos de experiências visionárias incluem diálogos com Deus. Talvez o diálogo seja implícito na vida do profeta, mas o texto não nos fornece mais informações. No caso de Eliseu, o profeta somente relatou o que recebera de Deus (2Rs 8.13). Jeremias teve a experiência de um diálogo com Deus no início do ministério (Jr 1.4-19), mas nas outras experiências não há evidências de uma conversa (Jr 24.1; 38.21).

O que podemos dizer sobre a natureza de sonhos e visões como meios de revelação? Primeiramente, podemos concluir que não existe um padrão explícito nos relatos de sonhos e visões. Portanto, não podemos concluir que os hebreus tinham uma "doutrina" estabelecida quanto ao conteúdo ou à maneira pela qual um sonho ou visão eram utilizados. Basta dizer que aceitavam os dois como meios legítimos de revelação divina. Segundo, Deus foi visto como o "originador" de sonhos e visões em que houve revelação. O profeta que ousasse falar em nome de Deus sem ter recebido uma visão

---

[96] Do verbo *ra'ah*, "ver", "olhar" ou "examinar".

[97] Do verbo *ra'ah* , "ver", "olhar", ou "examinar".

"legítima" seria considerado mentiroso (Jr 23.26; Ez 13.9; 22.28) e poderia ser morto (Dt 13.1-9).

Os sonhos e visões registrados no AT tinham várias funções como meios de revelação. Primeiro, em pelo menos um caso, Deus se revelou a um indivíduo para cumprir um propósito específico. Durante o sonho que Jacó teve em Betel (Gn 28.10-22), JAVÉ apareceu a ele no topo de uma escada que subia até os céus com o propósito de confirmar sua aliança com Jacó. Segundo, em vários casos, Deus *avisou* um indivíduo das consequências de suas ações. Esse foi o caso de Abimeleque, quando tomou Sara para si (Gn 20.3). Por meio de um sonho, Deus avisou Labão de não agir contra Jacó (Gn 31.24). Na maioria dos casos, os sonhos e visões serviram para *prever* um evento ou julgamento futuro. Os sonhos de José funcionaram como previsões de sua ascensão no governo egípcio, assim como os sonhos do padeiro e do copeiro anunciaram o futuro de cada um. O sonho dos midianitas previu a vitória de Gideão (Jz 7.13), e os sonhos de Nabucodonosor comunicaram informações não somente sobre o futuro de seu reinado, como também sobre o futuro dos reinos que o seguiram (Dn 2.28).

Num mundo em que os aspectos invisíveis e espirituais foram reconhecidos como elementos naturais da vida, não devemos achar estranho ler no AT que Deus usou sonhos e visões como meios de autorrevelação. Em termos gerais, as populações do Oriente Médio antigo entenderam os sonhos e visões como mensagens que tinham origem em poderes sobrenaturais. No AT a diferença entre as visões legítimas e as falsas se achou tanto na fonte da experiência como no propósito. Sonhos e visões falsos tinham sua origem na imaginação do próprio indivíduo. As manifestações verdadeiras originavam-se no Deus verdadeiro e tinham o propósito de beneficiar seu povo.

Quando Deus se esconde

Uma das curiosidades do estudo sobre o conhecimento de Deus no AT é que, de vez em quando, encontramos uma expressão que aparentemente contradiz o que o restante do AT diz a respeito de Deus. Uma delas é que, de vez em quando, Deus "se escondeu" de seu povo. Veja o seguinte exemplo: *Verdadeiramente, tu és um Deus que te escondes, ó Deus de Israel, o Salvador* (Is 45.15).

No contexto, o profeta se dirigiu a Jerusalém, dizendo que a prosperidade do Egito fluiria para os habitantes da cidade, e que os comerciantes de lá reconheceriam que o Deus de Israel era o único Deus. Ao ouvir isso, o profeta ficou perplexo pela situação descrita por Deus e reconheceu que o SENHOR era realmente um Deus misterioso, capaz de esconder seus propósitos quando queria.

56   O DEUS DE ISRAEL

Ao que parece, o profeta estava falando da vergonha e do constrangimento que cairiam sobre todos aqueles que adoravam ídolos. Deus se escondeu dessas pessoas, porque se revelou a Israel para salvá-la. Por isso, Israel jamais seria envergonhado ou decepcionados (Is 45.17). Comentando sobre esta passagem, E. J. Young disse que o profeta viu esse mistério como uma "maravilha estranha". O profeta não sabia explicar como todas as coisas previstas no versículo anterior podiam acontecer, a não ser por meio de uma ação misteriosa por parte de Deus. Young concluiu que essa declaração reforçou uma verdade que se repete em outras partes do AT: nada se pode saber de Deus sem um ato de autorrevelação.[98] Escrevendo sobre essa característica de Deus, Young disse: "A verdade profunda é que Deus não pode ser conhecido senão por meio da revelação; suas veredas são ocultas aos olhos do homem, até que Deus mesmo as esclareça".[99]

Várias frases são utilizadas para descrever essa ação por parte de Deus, mas uma das mais comuns é "esconder o rosto". Alguns escritores afirmaram que Deus escondeu o rosto por causa da iniquidade do povo. O deuteronomista testificou:

> Então, naquele dia, a minha ira se acenderá contra ele, e eu o abandonarei, e dele esconderei o meu rosto, e ele será devorado. Tantos males e angústias o alcançarão que, naquele dia, ele dirá: Será que essas desgraças me aconteceram porque o meu Deus não está comigo? Esconderei totalmente o meu rosto naquele dia, por causa de todo o mal que este povo houver feito, por ter se voltado para outros deuses (Dt 31.17,18).

O pecado do povo como motivo de Deus esconder o rosto é um tema que se repete várias vezes nos livros proféticos. Miqueias declarou à geração de seu tempo: *Ele esconderá seu rosto deles naquele tempo, por causa da maldade que eles têm cometido* (Mq 3.4). Jeremias ecoou essa advertência em Jr 33.5 quando disse: *Ocultarei desta cidade o meu rosto por causa de toda a sua iniquidade* (NVI). Mais tarde, o profeta Ezequiel explicou que Deus escondeu seu rosto do povo durante o exílio, mas prometeu derramar o Espírito sobre eles e voltar a considerá-los após o exílio (Ez 39.23,29). Foi a iniquidade do povo que levou outro profeta a declarar:

> A mão do Senhor não está encolhida para que não possa salvar; nem o seu ouvido está surdo, para que não possa ouvir; mas as vossas maldades fazem separação entre vós e

---

[98] V. Isaías 55.9; Provérbios 25.2.

[99] Young, Edward J. *The Book of Isaiah*. In: *The New International Commentary of the Old Testament*. Grand Rapids: Eerdmans, 1972. v. 3, p. 209 (tradução nossa).

o vosso Deus; e os vossos pecados esconderam o seu rosto de vós, de modo que não vos ouve (Is 59.1,2).

Nem sempre os escritores bíblicos entenderam o motivo da ausência aparente de Deus na vida do povo.[100] Na base de algumas lamentações, Samuel Balentine argumentou:

> Por falta de referências ao pecado e das frequentes perguntas em forma de lamentação e protestos de inocência, pode-se sugerir que, para o salmista, o fato de Deus esconder o seu rosto foi entendido como uma experiência inexplicável, pelo menos em algumas ocasiões.[101]

Podemos considerar o Salmo 13 como exemplo:

> *Até quando, Senhor? Tu te esquecerás de mim para sempre? Até quando esconderás o rosto de mim?*
>
> *Até quando relutarei dia após dia, com tristeza em meu coração? Até quando o meu inimigo se exaltará sobre mim?*
>
> *Atenta para mim, ó Senhor, meu Deus, e responde-me. Ilumina meus olhos para que eu não durma o sono da morte,*
>
> *para que meu inimigo não diga: Prevaleci contra ele, e meus adversários não se alegrem com a minha derrota.*
>
> *Mas eu confio na tua misericórdia; meu coração se alegra na tua salvação.*
>
> *Cantarei ao Senhor, porque ele me tem feito muito bem.*

Nessa lamentação, o salmista expressou a ausência aparente de Deus diante das ameaças de um inimigo não identificado. Ele se queixou da falta de uma resposta a suas súplicas, mas confessou sua confiança no poder de Deus de salvá-lo do perigo. O motivo da ausência percebida pelo salmista não foi expresso, mas a implicação é que a falta de ação por parte de Deus foi evidência de sua própria ausência.

O Salmo 102 expressa ideia semelhante:

> *Ó Senhor, ouve minha oração, e chegue a ti o meu clamor.*
>
> *Não escondas de mim o rosto, quando estou angustiado; inclina os ouvidos para mim; quando eu clamar, ouve-me depressa* (v. 1,2).

---

[100] Cf. BALENTINE, Samuel E. *The Hidden God: The Hiding of the Face of God in the OT.* London: Oxford, 1983.

[101] Ibid., p. 56.

A angústia do salmista foi gerada pela falta aparente da compaixão de Deus quanto à condição da cidade de Jerusalém. Sua confiança, porém, ainda estava no Senhor, que voltaria a mostrar sua misericórdia à cidade (Sl 102.13). Nesse caso, a ausência que o poeta sentiu serviu para reforçar sua confiança no poder divino e sua crença na vontade dele em agir em seu favor. O salmista dirigiu-se às futuras gerações, dizendo que o Senhor ainda ouviria as orações do povo, quando este se reunisse no templo para adorá-lo (Sl 102.18-22).

Mesmo não podendo descobrir em todos os momentos os motivos que levaram o criador a esconder o rosto, Balentine disse que podemos saber as consequências.[102] Por exemplo, no Salmo 143, foi a ameaça de morte que gerou o sentimento de alienação e separação: *Senhor, responde-me depressa; o meu espírito desfalece! Não escondas de mim o teu rosto, para que eu não fique como os que descem à cova* (v. 7).

Quando Deus escondeu seu rosto, houve interrupção de comunicação entre Deus e o povo (Sl 10.11), sentimento de derrota (Sl 13.4) e ausência no culto (Sl 27.9).

Nem sempre a expressão "escondeu seu rosto" tem um sentido negativo. Houve momentos em que os escritores bíblicos até desejaram que Deus escondesse seu rosto. No Salmo 51, Davi pediu: *Esconde teu rosto dos meus pecados e apaga todas as minhas iniquidades* (Sl 51.9). Aqui, a frase é uma metáfora que expressou o desejo por parte de Davi de receber expiação de seu pecado. Samuel Terrien entendeu essa ausência como um convite para esperar. Ele disse: "A presença que se esconde não é a ausência".[103] O Deus capaz de se esconder continua vivo e ativo na história. A única esperança para Israel se encontrava em JAVÉ: *Guarda o testemunho, sela a lei entre os meus discípulos. Esperarei no Senhor, que esconde o seu rosto da linhagem de Jacó, e o aguardarei* (Is 8.16,17).

O Deus que ainda pode ser conhecido

Hoje, a Igreja aceita a posição do AT de que JAVÉ, o Deus de Israel e o Pai do Senhor Jesus Cristo, é o Deus que se fez conhecer. O autor da carta de Hebreus declarou:

> No passado, por meio dos profetas, Deus falou aos pais muitas vezes e de muitas maneiras; nestes últimos dias, porém, ele nos falou pelo Filho, a quem designou herdeiro de todas as coisas e por meio de quem também fez o universo (1.1,2).

---

[102] Balentine, *The Hidden God...*, p. 56-71.

[103] Terrien, *Elusive Presence*, p. 251 (tradução nossa).

O autor dessa carta entendeu que a revelação continuou até a vinda de Jesus Cristo. Tal revelação continua até hoje?

A questão da revelação contínua de Deus é complexa, mas podemos dizer que a revelação do ponto de vista da Bíblia e da Igreja é algo que *já* aconteceu. Os eventos em que Deus se revelou não se repetem. O que chega a nós hoje são as Escrituras, que preservam fielmente o que Deus fez e disse ao longo da história de sua revelação, principalmente ao povo de Israel.

A Igreja cristã aceitou as Escrituras hebraicas, e hoje essa literatura forma parte da Bíblia. A confiabilidade das Escrituras é atestada pela inspiração. Entendemos que a inspiração foi o processo pelo qual Deus, por meio de seu Espírito agindo nos escritores humanos, assegurou o conteúdo da revelação nos registros escriturísticos e garantiu a preservação e transmissão desse conteúdo ao longo dos séculos. Assim, hoje o nosso acesso à revelação de Deus é por meio desses registros, a que chamamos Bíblia. Por meio dela, temos o suficiente para qualquer um que queira conhecer o único Deus vivo não somente em termos acadêmicos, mas também pessoais. O mesmo Deus que se fez conhecer no passado, salvando e libertando seu povo, pode ser conhecido hoje. O que podemos conhecer dele hoje se acha na Bíblia. Assim, a Igreja pode usá-la com confiança *para ensinar, para repreender, para corrigir, para instruir em justiça; a fim de que o homem de Deus tenha capacidade e pleno preparo para realizar toda boa obra* (2Tm 3.16b,17).

3.

O ÚNICO DEUS VIVO

Como Deus é brasileiro [...] faz com que as coisas deem certo.
LUIZ INÁCIO LULA DA SILVA[104]

Ônibus lotado, povo apertado
Será que na vida tudo é passageiro
Um calor danado, povo sem dinheiro
Tenho lá minhas dúvidas se Deus é brasileiro.

RENAN RIBEIRO[105]

Hoje em dia, as noções que as pessoas têm sobre Deus são variadas e às vezes contradizentes. Para muitos, ou não existe um referencial para afirmar algo sobre Deus, ou existem tantos que todos são igualmente válidos. Nesta teologia já definimos que a autoridade ou base para fazer uma teologia é o AT. Partindo desse pressuposto, trataremos de algumas das expressões que se encontram no AT que descrevem o Deus de Israel.

Como é que o AT fala do Deus de Israel? Certamente não há no texto bíblico uma teologia sistemática nitidamente elaborada. Além disso existem poucas referências bíblicas que contêm uma descrição teológica de Deus nos moldes da teologia bíblica contemporânea.[106] Conforme a definição da disciplina, é da

---

[104] Discurso a metalúrgicos em Niterói. Disponível em: <http://www.biblioteca.presidencia. gov.br/ex-presidentes/luiz-inacio-lula-da-silva/discursos/1o-mandato/2005/2o-semestre/10-10-2005-discurso-do-presidente-da-republica-luiz-inacio-lula-da-silva-na-cerimonia-de-lancamento-do-programa-de-modernizacao-e-expansao-da-frota-nacional-de-petroleiros-da-petrobras-transporte-s-a-transpetro/view?searchterm=10-10-2005>. Acesso em: 13 dez. 2013).

[105] RIBEIRO, Renan. *Deus é brasileiro*. Intérprete: Terra Samba. In: *Deus é brasileiro*. RGE, 1996. Faixa 1. Disponível em: <http://www.radio.uol.com.br/#/letras-e-musicas/terra-samba/deus-e-brasileiro/783753>. Acesso em: 5 mar. 2014.

[106] Algumas referências que podem ser citadas são Êxodo 15.11 e Salmo 89.5-8.

62   O DEUS DE ISRAEL

competência do teólogo bíblico propor uma estrutura que expõe o conteúdo teológico do AT à luz do conteúdo do próprio texto. Neste capítulo, serão
apresentadas algumas das formulações bíblicas que se encontram no texto e
que podem nos ajudar a resgatar, tanto quanto possível, o pensamento dos
escritores hebraicos. Comecemos pela declaração de que JAVÉ, o Deus de Israel, é o único Deus vivo.

O ÚNICO DEUS

Não há dúvida de que o AT apresenta JAVÉ como o único Deus. O profeta
Isaías declara em seu livro: *Eu sou o Senhor, e não há outro; além de mim não há*
Deus (45.5). Deuteronômio declara que a soberania de JAVÉ estende-se da
terra até os céus. Assim, não há outro além de JAVÉ: *Por isso, hoje deveis saber*
e considerar no coração que só o Senhor é Deus, em cima no céu e embaixo na terra; não
há nenhum outro. (Dt 4.39). Essas declarações não são o fruto de especulação
filosófica nem teológica, mas, sim, o resultado da longa convivência entre
Israel e JAVÉ.

Tal revelação foi feita a um povo que vivia num mundo em que religiões
e crenças politeístas predominavam. A influência dessas religiões na cultura e na prática religiosas de Israel pode ser vista ao longo da história de
Israel. As advertências contra a idolatria se encontram em todas as épocas
de sua história. Logo após o estabelecimento da aliança no Sinai, o povo
foi induzido a fazer um ídolo de ouro. Quando Moisés viu como o povo
se corrompera, desabafou: *Esse povo cometeu um grande pecado, fazendo para si*
um deus de ouro (Êx 32.31). Após a conquista, na ocasião da renovação da
aliança, Josué exortou o povo, dizendo: *Agora, então, joguem fora os deuses es-*
trangeiros que estão com vocês e voltem-se de coração para o Senhor, o Deus de Israel
(Js 24.23, *NVI*). Quando o profeta Elias confrontou o povo sobre sua inde-
cisão quanto à fé, perguntou-lhe: *Até quando titubeareis entre dois pensamentos?*
Se o Senhor é Deus, segui-o; mas se Baal é Deus, segui-o. (1Rs 18.21). Idolatria
e sincretismo são citados como o motivo principal pela queda do reino do
norte (2Rs 17.7).

Essas poucas referências mostram que a ameaça de sincretismo e idolatria perseguiu Israel ao longo da sua história. A liderança que Deus provi-
denciou para Israel exortou, advertiu e ameaçou o povo de várias maneiras
para que eles se mantivessem fiéis às obrigações da aliança. Algumas vezes, o povo deu ouvidos a essas advertências. Determinar historicamente
quando os israelitas entenderam que JAVÉ é o único Deus, excluindo os
demais deuses, é uma tarefa difícil. O que podemos notar é que houve uma

progressão da confiança em JAVÉ como único Deus por parte do povo que acompanhou a progressão da revelação de Deus a Israel. Deus acompanhou o crescimento espiritual de seu povo, mostrando ao longo da história sua singularidade e superioridade sobre os demais deuses. Duas posições podem ser observadas. Em primeiro lugar, podemos ver nítidas declarações feitas ao longo da história de que existe um só Deus e de que esse Deus é JAVÉ. Em segundo lugar, o povo nem sempre demonstrou um compromisso sem reserva com JAVÉ como o único Deus. A seguir, traçaremos esta história brevemente.

O Deus dos patriarcas[107]

Nas narrativas patriarcais Abraão é apresentado como um homem que deixou definitivamente uma religião politeísta e adotou uma crença monoteísta. De acordo com o texto bíblico, ele foi chamado de Ur dos caldeus, local em que, conforme a recitação confessional de Josué 24, sua família cultuava outros deuses:

> Então Josué disse a todo o povo: Assim diz o SENHOR, Deus de Israel: Antigamente vossos pais, Terá, pai de Abraão e de Naor, habitavam além do Rio e cultuavam a outros deuses. Eu, porém, tomei a vosso pai Abraão de além do Rio, o conduzi por toda a terra de Canaã e também multipliquei a sua descendência (v. 2,3).

Do ponto de vista das tradições do AT, não há nenhuma dúvida de que Abraão adotou e abraçou de coração o Deus que lhe apareceu. Em termos práticos, o Deus que o chamou para uma nova vida em terra distante era o único Deus na vida de Abraão. A clara intenção das narrativas em Gênesis é mostrar que Abraão abandonou suas crenças tradicionais e se dedicou a esse Deus. A esse respeito, podem ser vistas pelo menos duas indicações nas narrativas patriarcais. Na epifania registrada em Gênesis 18, Abraão dialogou

---

[107] Foi Albrecht Alt que recebeu o crédito pelo reconhecimento nas narrativas patriarcais do "Deus paterno".
Cf. ALT, Albrecht. Der Gott der Vater (1929). In: *Kleine Schriften zur Geschichte des Volkes Israel.* Muenchen, 1953. Publicado em português como *O Deus paterno.* In: GERSTENBERGER, Erhard (Org.). *Deus no Antigo Testamento.* São Paulo: Aste, 1981. p. 30-71. V. tb. CROSS JR., Frank Moore. *Yahweh and the God of Patriarchs. Harvard Theological Review,* 55:225-259 (1962). Publicado em português como *Javé e os deuses dos patriarcas.* In: GERSTENBERGER, Erhard (Org.). *Deus no Antigo Testamento.* São Paulo: ASTE, 1981. p. 72-102. Uma avaliação dos principais pontos de vista que incluiu outra sugestão se encontra em WENHAM, Gordon J. *The Religion of the Patriarchs.* In: MILLARD, A. R.; WISEMAN, D. J. *Essays on the Patriarchal Narratives.* Winona Lake, IN: Eisenbrauns, 1983. p. 161-195. Para um estudo mais recente, v. SMITH, Mark S. *The Origin of Biblical Monotheism: Israel's Polytheistic Background and the Ugaritic Texts.* Oxford: New York, 2001.

O DEUS DE ISRAEL

com JAVÉ a respeito da decisão divina de destruir as cidades de Sodoma e Gomorra. Quando Abraão tentou convencer JAVÉ de não destruir os justos com os ímpios da cidade, fez uma pergunta retórica:

> *Exterminarás o justo com o ímpio? E se houver cinquenta justos na cidade? Ainda a destruirás e não pouparás o lugar por amor aos cinquenta justos que nele estão? Longe de ti fazer tal coisa: matar o justo com o ímpio, tratando o justo e o ímpio da mesma maneira. Longe de ti! Não agirá com justiça o Juiz de toda a terra?* (Gn 18.23-25, NVI)

Do ponto de vista do texto, Abraão entendeu que o Deus que o acompanhava era mais que um Deus meramente regional ou tribal. Sua autoridade se estendia sobre toda a terra. Outra indicação dessa verdade está em Gênesis 22, texto em que Abraão, ao responder à pergunta de Isaque, seu filho, quanto ao cordeiro para o sacrifício, disse: *Deus mesmo proverá o cordeiro para o holocausto* (22.8a). Pelo contexto, Abraão não dependia de nenhum outro Deus.

As narrativas patriarcais não explicam especificamente como o conhecimento de JAVÉ foi transmitido de geração a geração.[108] Normalmente a transmissão é atribuída ao processo oral. O êxito desse processo é demonstrado pelas referências ao Deus de Abraão, Isaque e Jacó que se encontram espalhadas pelas narrativas. Quando JAVÉ apareceu a Isaque, identificou-se como: *Eu sou o Deus de teu pai Abraão* (Gn 26.24). Ao aparecer a Jacó, como: *Eu sou o SENHOR, o Deus de teu pai Abraão e o Deus de Isaque* (Gn 28.13). Mais tarde, a narrativa indica que Jacó entendeu esse Deus como o próprio JAVÉ, ao orar dizendo: *Ó Deus de meu pai Abraão, Deus de meu pai Isaque* (Gn 32.9).

A revelação de JAVÉ aos patriarcas como o "Deus dos pais" não somente criou um vínculo entre os eventos do passado e os que ainda estavam por vir, como também demonstrou a vontade de JAVÉ de acompanhar a família de Abraão até que ele cumprisse seus propósitos (Gn 50.24). O Deus que ia libertar o povo de Israel do Egito foi o mesmo Deus de Abraão, Isaque e Jacó. Esse Deus do passado estava agindo, estabelecendo uma família e conduzindo-a a um futuro que só ele conhecia totalmente.

O período de Moisés

Nas narrativas que relatam a história do período do êxodo, podemos ver duas tendências na maneira pela qual JAVÉ se revelou. Primeiro, podemos ver a continuidade das tradições patriarcais no que diz respeito à identidade de

---

[108] Sobre o uso do nome JAVÉ no livro de Gênesis, v. WENHAM, *Essays...*, p. 183-195.

JAVÉ. Na teofania em Êxodo 3, uma conexão histórica e temática foi estabelecida quando JAVÉ falou com Moisés. Ao apresentar-se a Moisés, JAVÉ identificou-se da seguinte forma: *Eu sou o Deus de teu pai, o Deus de Abraão, o Deus de Isaque e o Deus de Jacó* (v. 6). O Deus que se manifestou aos patriarcas e os abençoou também fez promessas de levar os descendentes dos patriarcas de volta à terra de Canaã.

Segundo, no contexto da libertação do povo de Israel do Egito, JAVÉ revelou seu propósito a Moisés. Disse que enviaria Moisés de volta ao Egito com o propósito de preparar o povo para sair daquela terra. JAVÉ faria tudo isso por meio de seu poder, operando sinais no Egito, a fim de demonstrar tanto aos israelitas quanto aos egípcios quem é Deus na terra: *E os egípcios saberão que eu sou o Senhor, quando eu estender a minha mão contra o Egito e tirar de lá os israelitas* (Êx 7.5, NVI).

Os sinais que JAVÉ operou serviram para mostrar que ele era capaz de "vencer" os deuses dos egípcios, estabelecendo uma base para, mais tarde, mostrar que era o único e suficiente Deus para Israel. No cântico de Moisés, a suficiência de JAVÉ sobre os deuses dos egípcios foi declarada de maneira clara: *Quem entre os deuses é como tu, ó Senhor? Quem é como tu, poderoso em santidade, admirável em louvores, capaz de maravilhas?* (Êx 15.11)

Apesar da linguagem empregada no cântico, a passagem não deve ser interpretada como prova da existência de outros deuses, mas, sim, como o reconhecimento da soberania de JAVÉ. Como Deus soberano, JAVÉ cumpriu todos os propósitos que havia estabelecido. Ele estendeu a mão, e os egípcios foram derrotados (Êx 15.12). Ele conduziu o povo rumo à terra de Canaã, e as demais nações estremeceram (v. 14). As forças dos inimigos se tornaram como pedra, e o terror de JAVÉ caiu sobre todos os inimigos (v. 15,16). JAVÉ se mostrou superior aos deuses das nações conquistadas e, por isso, reina eternamente (v. 18). Mais tarde, quando Deus entregou os Dez Mandamentos a Moisés, foi sua soberania que formou a base de sua autoridade: *Eu sou o Senhor, o teu Deus, que te tirou do Egito, da terra da escravidão. Não terás outros deuses além de mim* (20.2,3, NVI).

Quando o AT fala de Deus e de sua superioridade e singularidade, essas declarações são feitas principalmente à luz daquilo que ele é capaz de fazer em contraste com os demais deuses. Alguns chamam a isso "monoteísmo prático",[109] isto é, monoteísmo baseado na experiência, não na contemplação teológica ou filosófica. O povo foi levado a entender a natureza de Deus como Deus único em razão de sua experiência pessoal e coletiva com esse Deus.

---

[109] V., p. ex., discussão em Hill, Andrew E.; Walton, J. H. *Panorama do Antigo Testamento*. Trad. Lailah de Noronha. São Paulo: Vida, 2006. p. 84; Bright, John, *História de Israel*, p. 199-200.

O Shema'

A singularidade de JAVÉ recebeu destaque na passagem que é conhecida como o *Shema'* — Deuteronômio 6.4. O título, *Shema'*, vem do verbo hebraico *sh^ema'*, que se encontra no início do versículo e é normalmente traduzido por "ouve" ou "ouça": *Ouça, ó Israel: O Senhor é nosso Deus, o Senhor é um*.[110]

Essa frase serve de ponto focal para entender a natureza exclusivista da fé de Israel no AT. À primeira vista, é uma frase sem complicações, mas as traduções contemporâneas nem sempre refletem bem a estrutura gramatical da declaração. A declaração não é de tradução difícil, mas existem pelo menos três maneiras sugeridas para entender a frase. Uma tradução literal do texto hebraico seria a seguinte: "JAVÉ, nosso Deus, JAVÉ um". Uma vez que não há verbo principal depois do verbo "ouvir", as traduções contemporâneas suprimem o verbo de conexão. A questão é: onde colocar o verbo para que a frase faça sentido?

A tradução geralmente aceita é: "O Senhor, nosso Deus, é o único Senhor".[111] Do nosso ponto de vista, esta tradução é problemática por causa da incoerência quanto à tradução do nome de Deus, JAVÉ. Na tradução "tradicional", no início da frase, a palavra "JAVÉ" é entendida como nome próprio, "O Senhor". Na segunda frase, porém, o nome sagrado é "traduzido" como se fosse o substantivo "Senhor". Tal dificuldade é anulada se o versículo é traduzido por "JAVÉ é nosso Deus, JAVÉ é um", em que o nome JAVÉ aparece como nome próprio nas duas ocorrências.

Outra dificuldade se encontra na tradução da palavra "um" (*'ehad*). Existem três possibilidades de tradução. Primeira, pode ser traduzida por numeral, isto é, o número "um". Segunda, pode ser traduzida por "somente", sendo uma expressão de singularidade ou exclusividade. Terceira, e mais interessante, pode se referir à unidade, como aparece no livro de Gênesis: *Portanto, o homem deixará seu pai e sua mãe e se unirá à sua mulher, e eles serão uma só carne* (Gn 2.24).

A palavra traduzida por "uma" nesse versículo é *'ehad*. No contexto de Gênesis 2.24, ao que parece a palavra "uma" significa "unidade".[112] Então, vemos a possibilidade de entender a frase "JAVÉ, nosso Deus, JAVÉ um"

---

[110] Tradução nossa.

[111] Algumas Bíblias em português que adotam esta tradução incluem a *NVI*, da Sociedade Bíblica Internacional, a *Revisada*, da Imprensa Bíblica Brasileira, a edição *Revista e Atualizada*, da Sociedade Bíblica do Brasil, e *Almeida Século 21*, da Vida Nova/Hagnos. *A Bíblia de Jerusalém*, da Paulinas, adotou uma tradução semelhante: *Iahweh nosso Deus é o único Iahweh*.

[112] V. discussão em Botterweck, G. Johannes; Ringgren, Helmer. *Theological Dictionary of the Old Testament*. Trad. John T. Willis. Grand Rapids: William B. Eerdmans, 1974. v. 1, p. 198-199. Daqui por diante, citado como *TDOT*.

no sentido de o Deus JAVÉ ser o único Deus. A única outra ocorrência da mesma frase se encontra em Zacarias 14.9: *O Senhor será rei sobre toda a terra; naquele dia haverá um só Senhor, e o seu nome será único.* A intenção dos escritores bíblicos certamente foi destacar que, para Israel, não havia outro Deus além de JAVÉ como objeto de adoração. Em Deuteronômio 6.4, a singularidade e a unicidade de JAVÉ são as bases da exortação para que Israel amasse JAVÉ única e completamente. Como JAVÉ era um para com Israel, Israel deveria viver em unidade para com JAVÉ. Não existiam áreas da vida humana em que JAVÉ não teria um papel.

O período dos profetas

Podemos ver que a questão do monoteísmo no AT não é uma questão filosófica, nem especulativa, mas, sim, uma questão prática. Os hebreus chegaram a conhecer JAVÉ como o único Deus por meio da experiência. Essa certeza foi reforçada tanto nas pregações como nos atos dos profetas.

A definição da natureza de JAVÉ como o único Deus foi realçada com clareza na história do confronto entre os verdadeiros profetas de Israel e a cultura popular em Canaã. Há uma distinção notável entre a fé dos profetas e as demais expressões religiosas da época. Essa distinção pode ser vista na narrativa sobre Elias e seu encontro com os profetas de Baal. Essa passagem destaca-se pelo contraste gráfico da fé de Elias e pelas ações dos profetas populares. Para entendermos melhor tal encontro, precisamos conhecer algo acerca da natureza do baalismo.[113]

As referências a Ba'al no AT são várias. Infelizmente, não existe uma "teologia sistemática" do baalismo. A própria palavra *ba'al* é um tipo de nome genérico que quer dizer "senhor" e estava associada a várias divindades locais e regionais.[114] Várias referências aos *ba'alim*[115] indicam que poderiam ter sido várias deidades com esse nome.[116] Cada cidade ou região onde o baalismo era praticado tinha suas próprias características ou expressões quanto à natureza de Baal.

---

[113] V. artigo de John Gray, "Ba'al", em *IDB*, v. 1, p. 328-329. Uma descrição da religião dos cananeus se encontra em Unger, Merril F. *Arqueologia do Velho Testamento*. Trad. Yolanda M. Krievin. São Paulo: Imprensa Batista Regular, 1980. p. 85-89.

[114] V., p. ex., referências a Baal-Peor (Nm 25.3), Baal-Hermom (Jz 3.3) e Baal-Hazor (2Sm 13.23).

[115] O plural da palavra *Ba'al* em hebraico.

[116] V., p. ex., Juízes 3.7; 8.33; 10.10; 1Samuel 7.4; 12.10; 1Reis 18.18.

O deus conhecido como Baal fazia parte de um panteão. Apesar da dificuldade em descrever precisamente a natureza da religião, podemos identificar alguns dos deuses principais no panteão do baalismo. El, cujo nome é uma palavra genérica que quer dizer "deus", era o deus principal. El era caracterizado por sua distância com respeito a questões cotidianas do panteão. Como deus principal, era o pai dos demais deuses, e Baal era considerado filho de El e deus da natureza ou da tempestade, responsável pela chuva. Anate era deusa-cônjuge e irmã de Baal. Outros deuses do panteão eram Yam, deus do mar, e Mot, deus da morte.

Em várias versões das lendas e contos mitológicos do Ba'alismo, Yam e Mot travaram lutas mortais com Ba'al. Se Baal vencesse a luta, a terra daria frutos e haveria produção agrícola em abundância, porque Ba'al era considerado o deus da natureza. Se Yam ou Mot vencessem, a terra entraria num período de esterilidade e morte, não havendo produção agrícola. O povo, então, não somente deveria satisfazer as necessidades de Baal, como também torcer por sua vitória.

Num desses contos, Mot conseguiu vencer e enviou Ba'al ao submundo. Com a derrota de Ba'al, o inverno chegou à terra, e a produção agrícola cessou. Anate lutou contra o inimigo mortal de seu cônjuge-irmão e venceu. Ao vencer Mot, Anate moeu o corpo dele e o espalhou sobre a face da terra. Como resultado, Ba'al retornou do submundo, chegou a primavera, e a terra começou a dar seus frutos. Esse ciclo de Ba'al se repete a cada ano.

A influência dessa lenda pode ser vista no sincretismo que invadiu a fé bíblica de Israel. Em alguns momentos, JAVÉ foi visto como um tipo de deus El que libertou o povo do Egito e o guiou à terra prometida. No tocante à realização de uma boa produção agrícola, porém, o responsável era Ba'al. Assim os hebreus integraram o Ba'alismo em sua religião, misturando elementos da fé histórica de Moisés e o Ba'alismo predominante na terra de Canaã. À luz desse sincretismo, a necessidade de lutar a favor de uma fé verdadeira contra o Ba'alismo se tornou indispensável. A seriedade da situação que existia se destaca na pergunta que Elias fez ao povo: *Até quando titubeareis entre dois pensamentos? Se o SENHOR é Deus, segui-o; mas se Ba'al é Deus, segui-o. O povo, porém, não lhe respondeu nada* (1Rs 18.21).

A posição de Elias foi demonstrada por uma espécie de dramatização que mostrou ao povo quem é Deus, como bem aponta a fala do profeta: *Responde-me, ó SENHOR, responde-me para que este povo reconheça que tu, ó SENHOR, és Deus e que fizeste voltar o seu coração para ti* (1Rs 18.37). O que podemos ver nessa passagem é a diferença teológica em termos práticos entre o profeta e o povo.

O povo se acomodara a uma religião sincrética, e a função do profeta era confrontar o povo com a questão da singularidade de JAVÉ como o Deus de Israel e levar o povo de volta a uma fé tradicional baseada na revelação que JAVÉ havia transmitido ao povo por meio de Moisés.

As declarações mais claras da singularidade de Deus foram oferecidas pelos profetas clássicos. Na batalha contra a idolatria que perseguiu Israel até o exílio, os profetas zombavam dos ídolos e daqueles que fabricavam imagens. Veja a crítica aguda de Jeremias:

> Assim diz o Senhor: *Não aprendais o caminho das nações, nem vos espanteis com os sinais do céu; porque com eles espantam-se as nações. Pois as práticas religiosas dos povos são inutilidade; corta-se do bosque um pedaço de pau, que é trabalhado com o machado pelas mãos do artífice. Eles o revestem com prata e ouro, firmam-no com pregos e martelos, para que não caia. São como um espantalho num pepinal, não podem falar e precisam de quem os carregue, pois não podem andar. Não tenhais medo deles, pois não podem fazer nem mal nem bem* (10.2-5).

A crítica de Jeremias baseia-se em sua experiência e conhecimento pessoal da natureza de JAVÉ. Ele havia conhecido JAVÉ como o único Deus, capaz de comunicar e agir conforme sua vontade. Os ídolos, por sua vez, não haviam sido capazes nem de abençoar nem de ameaçar, eram inaptos para fazer as coisas mais simples da vida, como caminhar, por exemplo.

Do ponto de vista profético, a idolatria e a infidelidade que tal idolatria representava eram os principais motivos para os exílios sofridos no passado, tanto o exílio assírio quanto o exílio babilônico. Referindo-se aos motivos do exílio assírio, o historiador bíblico concluiu:

> *Isso aconteceu porque os israelitas haviam pecado contra o Senhor, seu Deus* [...] *e porque haviam temido outros deuses, e seguiram os costumes das nações que o Senhor havia expulsado da presença dos israelitas, e outros que os reis de Israel introduziram* [...] *Edificaram para si altares em todas as suas cidades, desde a torre das sentinelas até a cidade fortificada; levantaram colunas e postes-ídolos para si em todos os montes altos e debaixo de todas as árvores frondosas; queimaram incenso em todos os altares, como as nações que o Senhor havia expulsado da presença deles; praticaram o mal, provocando o Senhor à ira, e cultuaram os ídolos, sobre os quais o Senhor lhes havia ordenado: Não fareis isso. Mas o Senhor advertiu Israel e Judá pelo ministério de todos os profetas e de todos os videntes, dizendo: Convertei-vos dos maus caminhos e guardai os meus mandamentos e os meus estatutos, conforme toda a lei que ordenei a vossos pais e que vos enviei pelo ministério de meus servos, os profetas* (2Rs 17.7-13).

Judá recebeu a mesma advertência na época de Josias por meio da profetisa Hulda. Apesar da renovação da aliança que Josias promoveu, a profetisa declarou:

> *Trarei desgraça sobre este lugar e sobre os seus habitantes [...] Porque me abandonaram e queimaram incenso a outros deuses, provocando a minha ira por meio de todos os ídolos que as mãos deles têm feito* (2Rs 22.16,17, NVI).

O pecado de fabricar ídolos foi o que incitou a dura crítica profética que se encontra em Isaías 44. O profeta fez uma comparação clara entre JAVÉ, o único Deus, e os ídolos: *Eu sou o primeiro, e sou o último, e além de mim não há Deus* (v. 6). Ele disse que JAVÉ é o único capaz de anunciar o que aconteceria. Os ídolos, por outro lado, não são capazes de fazer coisa nenhuma e: *Todos os que fazem imagens esculpidas não são nada* (Is 44.9). Por isso, o profeta zomba:

> *O carpinteiro estende a régua sobre um pedaço de madeira e esboça um deus com o lápis; dá-lhe forma com formões e o marca com o compasso. Finalmente, dá-lhe a forma de um homem, conforme a sua beleza, para colocá-lo num santuário.*
> *[...]*
> *Ele queima a metade no fogo, e com isso prepara a carne para comer; faz um assado e dele se farta; depois se aquece e diz: Ah! Já me aqueci, já experimentei o fogo.*
> *Então com o resto faz um deus para si, uma imagem de escultura. Ajoelha-se diante dela, prostra-se e dirige-lhe sua súplica: Livra-me, porque tu és o meu deus* (Is 44.13,16,17).

É óbvio que os profetas não tinham pena nenhuma dos fabricantes de ídolos nem das pessoas que adoravam tais coisas. A indignação contra a idolatria tinha origem na convicção da existência de um só Deus, JAVÉ. A singularidade de JAVÉ como o único Deus capaz de agir nos leva a entender por que o AT também chama JAVÉ de "Deus vivo".

O DEUS VIVO

A grande diferença entre JAVÉ e os demais deuses é a vida. Jacob disse: "Vida é o que diferencia JAVÉ dos demais deuses".[117] James Thomson também foi na mesma linha: "Vida é a característica essencial do Deus vivo".[118] Essa diferença é vista principalmente na capacidade de JAVÉ agir em oposição à

---

[117] JACOB, *Théologie...*, p. 29 (tradução nossa).

[118] THOMSON, James. *The Old Testament View of Revelation*. Grand Rapids: Eerdmans, 1960. p. 82.

incapacidade dos ídolos. Os ídolos não têm ao menos a capacidade de se levantar, como descreve Isaías:

> *Bel se inclina, Nebo se abaixa;*
> *os seus ídolos são levados*
> *por animais de carga.*
> *As imagens são levadas por aí, são pesadas,*
> *Um fardo para os exaustos.*
> *Juntos eles se abaixam e se inclinam;*
> *incapazes de salvar o fardo,*
> *eles mesmos vão para o cativeiro* (46.1,2, *NVI*).

O profeta colocou a questão da seguinte forma: JAVÉ é o único Deus e a prova disso é a incapacidade dos demais deuses de responderem quando existia uma necessidade. No contexto do exílio, o povo de Israel pensava que os deuses babilônicos haviam vencido o Deus JAVÉ. Entretanto, o profeta disse que os deuses da Babilônia foram como pesos que tinham que ser levados, que não podiam andar por conta própria. A capacidade de Deus agir foi o fator-chave de distinção entre Deus JAVÉ, o único Deus, e os demais deuses. JAVÉ é o Deus único, porque é o único Deus vivo.

Em contraste com os deuses falsos, JAVÉ é capaz de agir na história humana porque é o Deus vivo. Essa declaração serviu para animar e encorajar o povo durante a conquista:

> *Desse modo sabereis que o Deus vivo está no meio de vós e que certamente expulsará de diante de vós os cananeus, os heteus, os heveus, os perizeus, os girgaseus, os amorreus e os jebuseus* (Js 3.10).

Porque Deus é vivo, é capaz de libertar, salvar, abençoar e julgar. É dessa forma que o AT apresenta o Deus de Israel.

Observamos que são os verbos — não os substantivos — que descrevem melhor a natureza de JAVÉ. Essa característica não exclui o uso, em alguns contextos, de adjetivos que fazem referência a Deus. Por exemplo, em Êxodo 34.6, JAVÉ é chamado o "Deus misericordioso e compassivo".

Refiro-me a descrições de ações da parte de Deus, não a descrições abstratas dos atributos de Deus. Geralmente, o AT não trata dos atributos de Deus em termos teológicos. Quando lemos o AT, o que encontramos são verbos que descrevem as ações de Deus: "Assim diz o SENHOR", "Deus saiu do seu lugar", "Deus libertou", "Deus abençoou" etc. Essa é uma indicação

72   O DEUS DE ISRAEL

de que, no AT, a melhor maneira de descrever Deus diz respeito a sua capacidade de agir na história.

JAVÉ é o Deus vivo não somente por seu poder de expulsar povos, mas pela capacidade de dar ao povo a certeza de sua presença. Um exemplo disso encontra-se em Gênesis 16. Conforme a narrativa, houve uma contenda entre Sara e Agar. Sara expulsou-a da família, e Agar fugiu para o deserto. Se não fosse pela presença de Deus, certamente Agar e o filho Ismael teriam morrido no deserto. Deus atentou para o caso e foi socorrê-los naquele local. Agar respondeu, identificando o Deus que a resgatou pelo título "o Deus que me vê":

> Este foi o nome que ela deu ao SENHOR que lhe havia falado: "Tu és o Deus que me vê", pois dissera: "Teria eu visto Aquele que me vê?" Por isso o poço, que fica entre Cades e Berede, foi chamado Beer-Laai-Roi (Gn 16.13,14, NVI).

A expressão "Beer-Laai-Roi", que não está traduzida em algumas versões, pode ser lida assim: "o poço daquele que vive e me vê". Significa que Agar reconheceu não somente o fato de que Deus estava acompanhando sua situação, como também que isso era possível porque Deus era o Deus vivo.

Para o povo de Deus, conhecer pessoalmente o único Deus vivo equivalia à certeza de que Deus podia entrar na história para cumprir sua vontade, tanto para julgar como para restaurar. O profeta Ezequiel expressou tal capacidade de Deus com a frase "tão certo como eu vivo".[119] No contexto do profeta, a frase foi uma garantia de que Deus cumpriria sua palavra na vida do povo e na história. Porque JAVÉ é o Deus vivo, ele não teria piedade do povo por causa das abominações que este havia praticado (Ez 5.11). Ele se esconderia dos líderes do povo quando o procurassem (Ez 20.3). JAVÉ prometeu julgar o rei de Judá que fora levado para o cativeiro (Ez 17.12-21). Porque JAVÉ é o Deus vivo, prometeu dar vitória sobre seus inimigos (Sf 2.9) e restaurar o povo (Is 49.18,19). Declarar que JAVÉ é o Deus vivo é dizer que ele é o único Deus capaz de cumprir promessas.

EXCURSO: O DEUS VIVO E OS ANTROPOMORFISMOS NO AT

Uma das características da literatura do AT está em expressar-se por meio da atribuição de características humanas para falar de JAVÉ. Ferramenta a que muitos escritores bíblicos lançaram mão conhecida como linguagem *antropomórfica* ou *antropopática*. Na linguagem antropomórfica são as

---

[119] V., p. ex., Ezequiel 5.11; 14.16,18,20, passim.

palavras que atribuem características físicas: como mãos, pés, braços e olhos. Na linguagem antropopática são as expressões que atribuem ações e emoções humanas a Deus: Deus fala (Gn 1.3); ouve e vê (Êx 3.7); ri e zomba (Sl 2.4); irrita-se (Is 65.3). Ele é zeloso (Dt 4.24) e é capaz de arrepender-se (Gn 6.6).

Para o leitor do AT que já se acostumou com essa linguagem, talvez não haja muita dificuldade em entender o sentido que expressam. Para outros, essa linguagem pode aparecer estranha e levar a questionamentos: Se Deus é de natureza espiritual, como podemos falar dele em termos humanos? Usar esse recurso não é o mesmo que fazer Deus à nossa imagem?

Em primeiro lugar, como foram os escritores bíblicos que usaram essa linguagem, entendemos que não se trata de uma invenção humana, mas o resultado do processo de revelação divina. Segundo, devemos entender que, nas culturas do Oriente Médio antigo, onde o politeísmo e a idolatria eram práticas aceitas, falar de deuses em termos humanos era comum; fazia parte da linguagem religiosa da época. Seria uma linguagem compreendida pela população em termos gerais.

O que distingue JAVÉ dos demais deuses da época não foi o fato de ele ser espiritual, isento de características humanas, mas o fato de que ele é vivo e capaz de agir. Quando foi necessário, ele "desceu" e "andou" nos lugares altos da terra (Mq 1.3). Quando o homem e a mulher que ele criou desobedeceram, ele os procurou, passeando no jardim (Gn 3.8). Tudo isso mostra que, do ponto de vista dos escritores bíblicos, JAVÉ não foi um Deus ausente, mas presente e capaz de intervir em qualquer situação. Jacob disse que a fé no Deus vivo alcança sua melhor expressão na linguagem antropomórfica.[120] O fato de JAVÉ ter mãos, braços, pés, olhos e poder falar, ouvir, ver, descer e andar expressou a confiança que os escritores tinham em Deus e em sua capacidade de agir quando os demais deuses estavam mudos, surdos, cegos e incapazes de se mover (Is 46.1,2).

Jacob também notou que os antropomorfismos são mitigados, uma vez que não há possibilidade de confundir JAVÉ com o ser humano. Por ser soberano, JAVÉ não precisa de outros seres, celestiais ou humanos, para cumprir suas responsabilidades. De acordo com Jacob, o texto do AT impõe limites ao uso da linguagem antropomórfica. Respeitar a transcendência de Deus, reconhecer que o homem é que foi criado à imagem de Deus, não o contrário, e que Deus não precisa de mais ninguém, e proibir a fabricação de imagens

---

[120] JACOB, *Théologie...*, p. 30.

74   O DEUS DE ISRAEL

são algumas das mitigações que Jacob sugeriu.[121] O AT nunca sugere pelo uso de antropomorfismos que JAVÉ é limitado. Ao contrário, declara que JAVÉ não é homem no sentido de ter as mesmas limitações que o homem tem.[122] Ele é soberano e, quando decidia agir, ninguém podia impedi-lo (Is 14.26,27).

Então, qual é a função específica da linguagem antropomórfica? Na visão de Köhler, essa linguagem abre "a porta para um encontro entre a vontade divina e a vontade humana". Assim, JAVÉ pode ser conhecido não somente como pessoa, mas também como pessoa que interage com o povo de modo real e pessoal. Ele concluiu:

> Deus é pessoal. Ele tem uma vontade. Ele existe e está paradoxalmente pronto para se comunicar, ofendido pelos pecados dos homens, mas com ouvidos atentos para ouvir suas súplicas e movido de compaixão por suas confissões de culpa: em uma só palavra, Deus é um Deus vivo. Por meio dos antropomorfismos do Antigo Testamento, Deus se apresenta diante do homem como o Deus pessoal e vivo, que vai a seu encontro com vontade e com ações, que dirige sua vontade e suas palavras ao homem e dele se aproxima. Deus é o Deus vivo.[123]

Para leitores modernos do AT, a linguagem antropomórfica e antropopática deve oferecer certeza e confiança no poder de JAVÉ. Ele é o refúgio para o qual o povo pode correr:

> *O Deus eterno é o seu refúgio,*
> *e para segurá-lo*
> *estão os braços eternos* (Dt 33.27, *NVI*).

Ele é capaz de entender a nossa situação, de nos ouvir e responder. Como um Deus capaz de responder, podemos contar com sua salvação, compaixão e misericórdia, bem como sua justiça. Ele se comprometeu com seu povo e nunca o abandonará.

---

[121] Ibid., p. 31-32.

[122] Cf. Números 23.19 e Oseias 11.9.

[123] Köhler, *Old Testament...*, p. 25 (tradução nossa).

4.

O DEUS SANTO E PRESENTE

Santo! Santo! Santo! Deus onipotente
Cedo, de manhã, entoamos teu louvor
Santo! Santo! Santo! Nosso Deus triúno
És um só Deus, excelso criador.

REGINALD HEBER[124]

Exulta e canta de alegria, ó habitante de Sião; porque grande é o Santo de Israel no meio de ti.

ISAÍAS 12.6

No Brasil do século XXI, parece que a procura pelo sagrado é cada vez mais popular. Artigos religiosos aparecem com mais frequência nas igrejas, nas lojas e nas ruas. As novas igrejas, muitas vezes designadas "neopentecostais", oferecem acesso direto e imediato ao sagrado, com todos os benefícios que acompanham um "encontro com Deus". Os templos dessas igrejas em geral estão cheios de pessoas em busca de mais uma oportunidade de resolver questões e problemas da vida humana. A maneira pela qual oferecem "o sagrado" à população é uma questão por vezes bastante polêmica.[125]

Parece natural que o ser humano associe o sagrado a objetos e lugares específicos. A ideia de que coisas e pessoas podem ser sagradas, separadas do mundo comum, tem origem nas expressões religiosas antigas. Como é

---

[124] Santo! Santo! Santo! Trad. João Gomes da Rocha. In: *Hinário para o culto cristão*. Rio de Janeiro: Juerp, 1990. Número 2.

[125] Duas obras recentes que procuram tratar da questão são: BONFATTI, Paulo. *A expressão popular do sagrado: uma análise psicoantropológica da Igreja Universal do Reino de Deus*. Paulinas: São Paulo, 2000; SILVA, Dionísio Oliveira da. *O comércio do sagrado: aspectos e implicações para a espiritualidade da experiência religiosa*. Londrina: Descoberta, 2004. V. tb. BLEDSOE, David Allen. *Movimento neopentecostal brasileiro*. São Paulo: Hagnos, 2012.

que o AT trata da questão do sagrado e da santidade? Neste capítulo, vamos tratar da questão da santificação de objetos e pessoas no AT como maneira de entender a natureza da santidade de Deus e suas implicações para o povo de Israel. Chegaremos à conclusão de que o próprio termo expressa um paradoxo. Como é que o Deus de Israel, que é chamado Santo, pode "habitar" no meio de um povo "ímpio"? A resposta encontra-se na maneira pela qual o AT trata da santidade de Deus. Comecemos pela terminologia bíblica.

A TERMINOLOGIA

Quando se fala em santidade, a palavra que normalmente é traduzida por "santo" ou "santidade" é *qodesh*. O substantivo *qodesh* é usado como raiz das demais formas, incluindo a da forma verbal, *qodash*, normalmente traduzida por "ser santo", "santificar" ou "consagrar". Quanto à origem da palavra hebraica, não há consenso. Existiam várias palavras do Oriente Médio antigo que expressaram a ideia de santidade. Por exemplo, uma palavra da língua acádia que significa "ser puro, limpo" pode significar "pureza" tanto no sentido cultual quanto não cultual. No sentido não cultual, a palavra pode se referir à limpeza de roupas, por exemplo. O uso dessa palavra em contextos cultuais implica pureza com relação a estar limpo de espíritos malignos. Não há evidência de que essa palavra expresse o mesmo sentido de santidade que encontramos no AT.[126]

James Muilenburg fez um resumo das várias teorias sobre a etimologia da palavra e chegou à conclusão de que o sentido básico da raiz é "separação".[127] Por isso, quando se trata da santidade de Deus no AT, a noção que se destaca é que santidade diz respeito ao que é separado, distinto ou consagrado.[128] Jacob disse que "o primeiro efeito da santidade é manter o homem a distância",[129] conclusão esta que recebe apoio nos vários textos encontrados no AT sobre o tema santidade.

A SANTIDADE NO AT

Como a palavra *qodesh* é usada no AT? Em termos gerais, é usada para falar da santidade de objetos, de pessoas e de JAVÉ. Trataremos primeiramente da santidade de objetos e de pessoas. Em seguida, falaremos da santidade de JAVÉ.

---

[126] NAUDÉ, Jacobus A. *qds*. In: VanGemeren, Willem A. (Ed.). *The New International Dictionary of Old Testament Theology and Exegesis*. Grand Rapis: Zondervan, 1997. v. 3, p. 878.

[127] Muilenburg, James. Holiness. In: *IDB*, v. 2, p. 617.

[128] V. tratamento sobre santidade em Gammie, John G. *Holiness in Israel*: Overtures to Biblical Theology. Minneapolis: Fortress, 1989.

[129] Jacob, *Théologie...*, p. 71.

A santidade de objetos

Quando falamos da santidade de objetos, sempre existe o perigo de associar santidade a uma qualidade que o próprio objeto eventualmente possua. No caso do AT, os objetos "santos" mencionados não têm uma qualidade inata ou intrínseca. Existem, porém, muitas referências no AT a objetos designados "santos". Em que sentido um objeto podia ser santo? Em termos gerais, podemos dizer que um objeto era considerado "santo" pelo fato de ser "separado" para Deus. Assim, a santidade de um objeto era uma qualidade derivada de sua associação ao Deus santo. No AT, objetos tipicamente chamados santos incluíram os utensílios associados ao altar (Êx 30.28,29), ao tabernáculo e a tudo que nele estava (Êx 40.9), bem como às ofertas trazidas a JAVÉ (Nm 18.8-10).

A separação dos objetos utilizados no culto do tabernáculo ilustra essa noção de santidade: *Durante sete dias, farás expiação pelo altar, e o santificarás; e o altar será santíssimo. Tudo o que tocar o altar será santo* (Êx 29.37).

O texto não nos dá informações detalhadas, mas podemos concluir que, por meio de uma cerimônia religiosa, o altar era "separado" para ser utilizado como o lugar de sacrifícios. Além disso, uma vez sendo santificado, qualquer coisa que o tocasse também se tornaria santa. Uma oferta colocada no altar santificado se tornaria santa porque seria separada para Deus. Nesse caso, a santidade não significa uma característica "moral" do altar, mas refere-se ao uso específico e particular desse objeto. Esse entendimento de santidade levou Jacob a afirmar que "qualquer formulação moral é estranha a essa noção de santidade".[130]

Um dos propósitos do altar era ser o ponto de contato entre Israel e Deus. O altar tinha um papel estratégico nas cerimônias em que o pecado do povo era expiado. Como instrumento dedicado à expiação do pecado de pessoas e da nação, não poderia ser usado para nada mais. A implicação é que qualquer uso indevido seria uma violação da santidade do altar. Os objetos separados para uso exclusivo no culto de Israel eram considerados santos não por terem uma qualidade inata, mas por causa de seu relacionamento com JAVÉ. Naudé entendeu a santidade de objetos da seguinte forma: "Aquilo que fora dedicado a Deus era considerado como algo que passava a fazer parte da esfera do divino".[131] Incluía tudo que era trazido para o altar, todas as propriedades pessoais e os despojos de guerra. O que "santificava" esses objetos era o ato de entregá-los a Deus. Assim, um objeto só podia ser considerado santo quando havia sido dedicado a JAVÉ.

---

[130] JACOB, *Théologie...*, p. 70.

[131] NAUDÉ, *qds*, p. 880.

A santidade de pessoas

Quando se fala da santidade de pessoas, podemos dizer que a mesma regra se aplicava. A santidade de um indivíduo era "adquirida" quando a pessoa se dedicava a Deus. Podemos ver isso por ocasião da consagração de Arão e seus filhos ao sacerdócio (Lv 8.12ss). Por ser uma pessoa consagrada, o sacerdote podia consagrar outros indivíduos, como, por exemplo, a pessoa que fazia um voto de nazireu. O voto era válido por um tempo limitado e por motivos específicos. Nesse contexto, o vínculo entre a consagração (santificação) e a separação é ainda mais claro (Nm 6.1-11).

Naudé notou a diferença que existe entre a santificação de um objeto e a santificação de uma pessoa. Enquanto um objeto dedicado ao Senhor mantinha sua condição de santidade e nunca podia ser usado para outros fins, os sacerdotes podiam "entrar" e "sair" da esfera de santidade. Os sacerdotes vivam no "mundo" — entravam e saíam de áreas e atividades "santas" e "profanas".[132] Em outras ocasiões, o povo em geral foi orientado a consagrar-se como preparação para uma atividade especial. A consagração em tais ocasiões era "temporária", isto é, era entendida como um ato específico exigido em virtude de uma necessidade premente.[133]

A santidade de JAVÉ: "Eu, o Senhor, sou santo"

Não será um exagero dizer que a santidade de JAVÉ era uma das questões religiosas principais da fé de Israel. Por isso, podemos dizer que a santidade de JAVÉ não é meramente um dos atributos do Senhor, mas também a essência de seu caráter. Muilenburg escreveu que a santidade é:

> A marca distintiva e a assinatura da divindade. Mais do que qualquer outro termo, "santidade" expressa a natureza essencial do "sagrado". Por isso, deve ser compreendida não como um atributo entre outros atributos, mas como a realidade mais profunda com a qual todos as outros estão relacionados.[134]

Esta posição não é recente. A. B. Davidson afirmou: "Parece claro, portanto, que *kadosh* (sic) não é uma palavra que expressa nenhum atributo de deidade, mas a própria deidade".[135] Ernst Sellin refletiu a mesma posição quando afirmou que "Deus é santo; por isso, nós tratamos do que constitui a natureza

---

[132] Naudé, *qds*, p. 881.

[133] V., p. ex., Josué 3.5; 7.13.

[134] Muilenburg, Holiness. In: *IDB*, v. 2, p. 616 (tradução nossa).

[135] *The Theology of the Old Testament*. Edinburgh: T&T Clark, 1955. p. 151.

mais profunda e íntima do Deus do Antigo Testamento".[136] Eichrodt também entendeu que a santidade de Deus se destaca entre as demais características: "Tanto pela frequência quanto pela ênfase especial com que se usa o atributo de santidade ressalta (sic) entre todas as qualidades que se aplicam ao ser de Deus".[137] Jacob simplesmente escreveu que a santidade de JAVÉ "expressa o que caracteriza Deus".[138]

JAVÉ, o Deus que santifica

A santidade de JAVÉ é declarada de várias formas no AT. Para o profeta Isaías, JAVÉ é *o Santo de Israel* (Is 1.4, *passim*). Os salmistas declararam: *o Senhor, nosso Deus, é santo* (Sl 99.9). O AT testifica que o próprio Deus se considerou santo. JAVÉ declarou várias vezes em Levítico "eu sou santo".[139] O motivo dessas declarações foi o desejo de que Israel fosse santo:

> *Porque eu sou o Senhor vosso Deus. Portanto, santificai-vos e sede santos, porque eu sou santo, e não vos contamineis com nenhum animal que rasteja sobre a terra, porque eu sou o Senhor, que vos fiz subir da terra do Egito para ser o vosso Deus. Sede santos, porque eu sou santo* (Lv 11.44,45).
>
> *Fala a toda a comunidade dos israelitas: Sereis santos, porque eu, o Senhor vosso Deus, sou santo* (Lv 19.2).

Uma vez que JAVÉ é santo, ele tem tanto o direito quanto a capacidade de santificar tudo que está relacionado com ele. Essa capacidade foi demonstrada de várias maneiras ao longo da história de Israel, começando pelo êxodo. Ao chamar Israel do Egito, Deus declarou os propósitos que tinha para a nação e chamou esse povo para ser *reino de sacerdotes e nação santa* (Êx 19.6). Chamar o povo de "nação santa" implicava a separação desse povo das demais nações da terra para uma tarefa especial. Como o próprio JAVÉ fora reconhecido como Deus sem igual (Êx 15.11), Israel deveria refletir essa diferença entra as nações. O chamado de ser uma nação santa é refletido no livro de Levítico: *Sereis santos para mim, porque eu, o Senhor, sou santo, e vos separei dos povos para serdes meus* (Lv 20.26). O ato de Deus de separar o povo de Israel para ele mesmo foi um ato de santificação. Assim, como foi o caso da santificação de objetos dedicados ao serviço de Deus, a santidade do povo foi uma santidade

---

[136] *Theologie des Alten Testaments*. 2. ed. Leipzig: Quelle & Meyer, 1936. p. 19-23, apud Gamnie, p. 3.

[137] Eichrodt, *Teologia...*, p. 239.

[138] Jacob, *Théologie...*, p. 70.

[139] Cf. Levítico 11.44,45; 19.2; 20.26; 21.8.

80   O DEUS DE ISRAEL

"derivada" que tinha sua origem e base no relacionamento que JAVÉ estabeleceu com o povo.

À luz do sentido da palavra "santo" mencionado, se a palavra *qodesh qœdesh* e suas derivadas significam separação, devemos concluir que, por ser um Deus santo, JAVÉ é também separado? Essa é uma das implicações da santidade de JAVÉ, especialmente em relação ao ser humano. Sua separação dos seres humanos pode ser vista no encontro entre JAVÉ e o povo no início do acampamento no deserto do Sinai em Êxodo 19. O texto descreve uma teofania em que se destaca a diferença entre o Deus santo e o povo. Moisés tinha como responsabilidade consagrar o povo antes da visita de JAVÉ. Para tal, foram estabelecidos limites em volta do monte Sinai para que o povo não se aproximasse nem tocasse nele. A penalidade pela violação era a morte (Êx 19.12).

No caso do encontro entre JAVÉ e o povo no acampamento no deserto do Sinai, a única razão dada para a necessidade de separar o povo e a montanha era que JAVÉ declarara que o monte era santo (Êx 19.23). O Senhor Deus exigiu essa separação somente pelo motivo de sua presença no monte.[140]

JAVÉ, "majestoso em santidade"

Uma das implicações da santidade de JAVÉ é que ele é exaltado acima de todos os outros deuses. Sua majestade e exaltação foram cantadas em várias expressões poéticas. No cântico de Moisés, JAVÉ foi apresentado como o poderoso guerreiro que havia vencido os inimigos na ocasião do êxodo de Israel do Egito. Nesse cântico, JAVÉ foi chamado *majestoso em santidade* (15.11, *NVI*). Aqui, a palavra "majestoso" traduz uma palavra que denota superioridade.[141] Às vezes traduzida por "glorioso" ou "poderoso", a palavra aparece poucas vezes no AT. A raiz normalmente se refere ao poder de JAVÉ especialmente em relação aos inimigos de Israel. Em 1Samuel 4.8, JAVÉ era temido pelos filisteus por ser o Deus poderoso que ferira os egípcios.

É principalmente em Salmos que encontramos a conexão entre a majestade de JAVÉ e sua santidade. O salmista declarou que o nome de JAVÉ é majestoso em toda a terra (Sl 8.1[H2][142]). O Salmo 29 declara:

> *Tributai ao* Senhor *a glória devida ao seu nome; adorai o* Senhor *na beleza da santidade. Ouve-se a voz do* Senhor *sobre as águas; o Deus da glória troveja; o* Senhor

---

[140] A mesma razão foi dada no encontro entre Moisés e JAVÉ em Êxodo 3.5.

[141] O particípio no *nifal* da palavra *'adar*.

[142] [NR]: Significa o versículo correspondente no texto hebraico; nesse caso, o versículo 2.

está sobre as muitas águas. A voz do Senhor é poderosa; a voz do Senhor é cheia de majestade (29.2-4).

O Salmo 96 repete o mesmo louvor:

Majestade e esplendor estão diante dele,
poder e dignidade, no seu santuário.
Deem ao Senhor, ó famílias das nações,
deem ao Senhor glória e força.
Deem ao Senhor a glória devida ao seu nome,
e entrem nos seus átrios trazendo ofertas.
Adorem ao Senhor no esplendor da sua santidade;
tremam diante dele todos os habitantes da terra (Sl 96.6-9, NVI).

Nesses salmos os temas de poder, glória e majestade aparecem repetidas vezes. No contexto é claro que os salmistas fizeram uma conexão entre a santidade de JAVÉ e sua perfeição, principalmente sua majestade. Afirmaram a singularidade de JAVÉ tanto no que diz respeito a seu poder quanto a sua santidade. JAVÉ, o Deus santo, é também o Deus poderoso.

"Sejam santos, porque eu sou santo": A santidade de JAVÉ e a moralidade

A questão de JAVÉ ser o Deus santo nos leva a considerar a santidade e a perfeição moral de JAVÉ como um dos aspectos de sua santidade. Em outras palavras, chamar JAVÉ de Deus santo tem implicações morais. Apesar do fato de que a palavra *qodesh* significa basicamente "separação", não pureza moral, o fato de ele ser santo implica pureza. JAVÉ não somente santificou; ele exige santidade das pessoas que santificou. Eichrodt chegou a essa conclusão e declarou: "o conceito de perfeição moral ficou integrado na noção de santidade".[143] A integração entre perfeição moral e santidade deve-se ao fato de JAVÉ ser o Deus "totalmente outro". Da mesma maneira, Rowley entendeu a santidade não somente em termos de separação, mas que também incluía uma "qualidade moral".[144] Ele viu isso na visão que Isaías teve do trono de JAVÉ. O elemento moral se destacou na resposta que o profeta deu quando compreendeu a natureza da visão. Quando reconheceu que estava na presença de JAVÉ, "o Santo de Israel", reconheceu também sua insuficiência moral. Rowley explicou:

---

[143] Eichrodt, *Teologia...*, p. 246.

[144] Rowley, *A fé em Israel*, p. 95.

82 O DEUS DE ISRAEL

> O que o faz [o profeta] tremer não é a consciência de sua humanidade na presença do poder divino, e sim a de seu pecado na presença da pureza moral. Seu temor é devido à compreensão de que o pecado não podia viver naquela presença.[145]

Esse temor por causa da presença de JAVÉ foi aliviado quando a questão do pecado foi resolvida. Antes de ouvir e receber seu comissionamento, Isaías tinha que passar por uma "cerimônia" de purificação de pecados. A purificação do profeta foi parte integral da preparação para a tarefa recebida de Deus.

A conexão entre a santidade de JAVÉ e a exigência para que Israel tivesse uma vida santa pode ser vista claramente no livro de Levítico, especialmente no "Código de santidade", em Levítico 17—26. Nesses capítulos são muitas as exortações éticas e morais. A proibição da prática de relações sexuais ilícitas perpassam Levítico 18. As práticas de adultério (18.20), incesto (18.7-14), bestialidade (18.22) e homossexualismo (18.22) foram expressamente proibidas. Esperava-se que o povo mostrasse consideração e compaixão pelos pobres. Era proibido ceifar "até as extremidades" da lavoura ou de ceifar o mesmo campo duas vezes. O que sobrava ou ficava nas extremidades era deixado para pobres e estrangeiros (19.10). O código repetia algumas das leis do Decálogo, reiterando os mandamentos de não furtar, mentir e jurar falsamente (19.11,12).

A conexão entre a santidade de JAVÉ e a necessidade de pureza moral por parte do povo de Israel foi destacada também no Salmo 15. Para o salmista a questão da santidade de JAVÉ e a exigência de uma vida santificada foram fundamentais para o povo manter seu relacionamento com ele. O poeta começou com a pergunta: SENHOR, *quem habitará no teu tabernáculo? Quem poderá morar no teu santo monte* (Sl 15.1)? A resposta pode ser considerada um "resumo" dos valores morais e éticos que o SENHOR esperava de seu povo:

> *Aquele que vive com integridade, pratica a justiça e fala a verdade de coração;*
> *que não difama com a língua, nem faz o mal ao próximo, nem calunia seu amigo.*
> *Aquele cujos olhos rejeitam o desprezível, mas que também honra os que temem o* SENHOR.
> *O que não volta atrás, mesmo quando jura com prejuízo;*
> *que não empresta seu dinheiro exigindo juros, nem recebe suborno contra o inocente* (Sl 15.2-5a).

A obrigação de viver de acordo com esses valores foi visto como essencial para entrar na presença de um Deus santo (15.1).

---

[145] Ibid.

"Louvem o seu santo nome": a santidade de JAVÉ e o culto

Os escritores do AT reconheceram que o nome de JAVÉ era especial e deveria ser respeitado. Sua santidade e reverência pelo nome JAVÉ formaram a base do terceiro mandamento: *Não tomarás o nome do Senhor teu Deus em vão; porque o Senhor não considerará inocente quem tomar o seu nome em vão* (Êx 20.7). No livro de Levítico, o respeito pelos sacrifícios que os sacerdotes deveriam demonstrar baseava-se no reconhecimento da santidade do nome santo de JAVÉ (Lv 22.2,32). Por isso, o reconhecimento da santidade de JAVÉ e seu nome eram, e continuam sendo, motivos de culto. Os salmistas declararam:

> *Cantem louvores ao Senhor, vocês, os seus fiéis; louvem o seu santo nome* (Sl 30.4, NVI).

> *E eu te louvarei com a lira por tua fidelidade, ó meu Deus; cantarei louvores a ti com a harpa, ó Santo de Israel* (Sl 71.22, NVI).

> *Seja louvado o teu grande e temível nome, que é santo. Exaltem o Senhor nosso Deus; prostrem-se, voltados para o seu santo monte, porque o Senhor, o nosso Deus, é santo* (Sl 99.3,9, NVI).

> *Com meus lábios louvarei ao Senhor. Que todo ser vivo bendiga o seu santo nome para todo o sempre!* (Sl 145.21, NVI).

No AT o nome de JAVÉ podia ser considerado sinônimo de sua presença. Os israelitas foram orientados no livro de Deuteronômio a cultuar JAVÉ no lugar onde ele pusesse "seu nome":

> [...] ide para o lugar que o Senhor, vosso Deus, escolher entre todas as vossas tribos para colocar ali seu nome, para sua habitação (Dt 12.5).

A história deuteronômica entendia que o templo construído por Salomão cumprira a promessa que Deus fizera a Davi (cf. 2Sm 7.12,13):

> *Por isso, pretendo edificar um templo ao nome do Senhor, meu Deus, conforme o Senhor prometeu a meu pai Davi, dizendo: Teu filho, que estabelecerei no trono em teu lugar, edificará um templo ao meu nome* (1Rs 5.5).

Após a dedicação do templo, JAVÉ prometeu manter sua presença em Jerusalém (1Rs 9.3). Sua presença no templo na cidade de Jerusalém foi o motivo alegado pelo Senhor de não tirar totalmente do trono a linhagem davídica por ocasião da divisão da monarquia após a morte de Salomão (1Rs 11.36).

84 O DEUS DE ISRAEL

O historiador entendeu que JAVÉ não precisava de um templo de pedra como moradia. Falando com Davi, relembrou o rei de que nunca tinha "morado" numa casa desde os dias do êxodo do Egito (2Sm 7.6,7). Mesmo assim, JAVÉ "autorizou" a construção de um templo e o consagrou (1Rs 9.3).

No AT devemos entender que o culto do nome de JAVÉ é o culto do próprio JAVÉ. Invocar o nome de JAVÉ é reconhecer sua presença e proximidade (Sl 120.1; 145.18; Is 55.6) e sua capacidade de agir (Sl 116). Confiar no nome dele é confiar nele mesmo e em seu poder (Sl 21.7; 33.20,21; Is 50.10). Ele é digno de ser louvado porque é o Deus santo e presente.

O PARADOXO DA SANTIDADE

Se a santidade significa principalmente separação e inclui o elemento moral, quais as implicações para a vida do povo que fora chamado para viver na presença de Deus? Chamar JAVÉ "o Santo de Israel" obviamente não excluiu a possibilidade de conhecer esse Deus santo ou de ele habitar no meio do povo. A história do povo de Israel e JAVÉ registrada no AT indica que um relacionamento não somente era possível, como também era precisamente o relacionamento que JAVÉ queria ter com o povo.[146] Jacob reconheceu que o zelo de JAVÉ o havia "impelido" a que manifestasse tal santidade.[147] A questão é: Como conhecer o Santo de Israel sem "violar" sua santidade? O fato de Deus ser santo e, ao mesmo tempo, conhecido, pode ser atribuído ao elemento paradoxal de santidade. Esse elemento foi reconhecido por Samuel Terrien na profecia de Oseias:

> *Não executarei a minha ira impetuosa,*
> *Não tornarei a destruir Efraim.*
> *Pois sou Deus, e não homem,*
> *O Santo no meio de vocês.*
> *Não virei com ira* (Os 11.9, *NVI*).

Nessa fala, Oseias entendeu que Israel mereceu o castigo divino por causa de sua infidelidade. Deus, porém, não poria em ação sua ira por causa de sua misericórdia. A "justiça" humana exigiria uma resposta dura, mas, porque JAVÉ é Deus, e não homem, não tinha que agir conforme os padrões humanos na execução de sua ira. De acordo com Terrien, o profeta foi "invadido e

---

[146] Cf., p. ex., Êxodo 19.1-6.

[147] "Uma vez que é o Deus da aliança, Javé não guarda zelosamente para si mesmo sua santidade, à parte de toda contaminação, fazendo uma barreira entre as esferas divina e humana. Ao contrário, seu zelo o impele a manifestar sua santidade." (JACOB, *Théologie…*, p. 71.)

permeado pela presença de JAVÉ" de maneira que o profeta se tornou uma demonstração da presença real de Deus no meio do povo. Essa demonstração da presença real e viva de JAVÉ, todavia, não diminuiu o aspecto santo de Deus. JAVÉ continuou sendo "o Santo no meio de ti".[148]

O "paradoxo da santidade" é apresentado de forma dramática no relato da visão do trono de Deus que teve o profeta Isaías. A passagem tem sido analisada de diversas maneiras por vários escritores. Aqui, destacaremos principalmente o elemento paradoxal da visão. Nessa visão, o profeta, que provavelmente estava no templo, "viu" uma figura sentada num trono, que entendeu tratar-se de JAVÉ. Na visão os serafins estavam voando em volta do trono, cantando o hino: *Santo, santo, santo é o Senhor dos Exércitos; toda a terra está cheia da sua glória* (Is 6.3).

Nessa parte da visão, os serafins que voavam em volta do trono de Deus se cobriam com as próprias asas. A implicação é que não podiam olhar diretamente para o Deus santo, mesmo ocupando a função de servos que atuavam na presença de Deus. A reação do profeta, que no texto parece imediata, foi reconhecer sua pecaminosidade e identificar-se com o povo pecador. Ele disse: *Ai de mim! Estou perdido; porque sou homem de lábios impuros e habito no meio de um povo de lábios impuros; e os meus olhos viram o rei, o Senhor dos Exércitos!* (Is 6.5). Ao ouvir a confissão do profeta, um dos serafins tomou uma brasa do altar e "purificou" os lábios do profeta. Tal purificação normalmente teria sido feita pelo sacerdote, mas aqui foi executada pelo próprio Deus. Depois de purificado, o profeta ouviu um convite em forma de pergunta e, tendo-o aceitado, foi comissionado (Is 6.8-13).

O elemento paradoxal da santidade de Deus na visão de Isaías é evidente principalmente no fato de Deus ter um diálogo com o profeta em que Deus propôs fazer algo no meio do povo por meio do profeta. Como observou Gammie:

> Em vez de ficar afastado, aquele que é alto e exaltado entra em diálogo com o profeta e com o povo — repreendendo, proclamando, exortando; o rei divino exerce julgamento e mostra compaixão.[149]

Na profecia de Isaías, é a contrição do povo que possibilita a aproximação entre JAVÉ, o Santo de Israel, e o seu povo:

> *Porque assim diz o Alto e o Sublime, que habita na eternidade e cujo nome é santo: Habito num lugar alto e santo, e também com o contrito e humilde de espírito, para vivificar o espírito dos humildes e o coração dos contritos* (Is 57.15).

---

[148] Cf. Terrien, *Elusive Presence*, p. 246; Gammie, *Holiness...*, p. 92-93.

[149] Gammie, *Holiness...*, p. 93.

O paradoxo de santidade pode ser visto no Salmo 99. Normalmente chamado de salmo real por tratar JAVÉ como rei, o salmista falou da posição exaltada de JAVÉ: *O Senhor é grande em Sião; exaltado acima de todos os povos. Louvem teu grande e tremendo nome, pois tu és santo* (Sl 99.2,3).

Aqui o salmista reconheceu a posição elevada de JAVÉ entre todas as nações. O verbo "exaltar"[150] em outros contextos pode ter uma conotação espacial; por exemplo, as águas do dilúvio *aumentaram e levantaram a arca* (Gn 7.17). Jacó colocou uma pedra "em pé" como testemunha entre ele e Labão (Gn 31.45). O uso mais comum, porém, é como metáfora de exaltação. No caso do Salmo 99, a exaltação de JAVÉ deve-se à santidade de seu nome. Por reinar em santidade sobre todo o universo, o Senhor é digno de louvor. O salmista convidou seus ouvintes a que se prostrassem diante dele porque é santo (Sl 99.5). Esse Deus exaltado se fez conhecer a seus servos — como Moisés, Arão e Samuel. Estes *clamavam ao Senhor, e ele os ouvia* (Sl 99.6). Por isso, o salmista podia dar aos ouvintes razão para confiar no Senhor. Pois, mesmo sendo santo e exaltado, Deus responde e perdoa (Sl 99.8).

À luz desses exemplos, podemos dizer que, no AT, a santidade de Deus, ainda que seja a característica que estabelece a separação entre Deus e o ser humano, não é uma barreira absoluta de separação. JAVÉ é o Santo de Israel e, ao mesmo tempo, o Deus acessível ao povo quando determinadas condições são atendidas.

Esse aspecto do Deus santo se reflete na teologia dos salmistas de Israel. Em duas expressões líricas, os salmistas trataram da questão da possibilidade de entrar na presença do Deus santo. O poeta do Salmo 15 perguntou: *Quem habitará no teu tabernáculo? Quem poderá morar no teu santo monte?* (v. 1). O Salmo 24 ecoou a mesma preocupação: *Quem subirá ao monte do Senhor, ou quem poderá permanecer no seu santo lugar?* (Sl 24.3) A resposta que ambos os poetas ofereceram é que somente quem que se purificou, quem se comprometeu totalmente com JAVÉ e não se desviou para adorar deuses falsos poderia subir até o templo.

Como o israelita preencheu as exigências de Deus para aproximar-se dele? Como é que o israelita conseguiu "mãos limpas e coração puro" para entrar na presença do Santo de Israel? Para Paul House, essa é a principal função do livro de Levítico. Em sua teologia, House apresentou o livro de Levítico como o livro em que Deus mais demonstrou seu caráter santo. O título que o autor deu a seu tratamento da teologia de Levítico, "O único Deus santo", é indicação do papel do livro na definição da santidade de Deus.[151] Para House, é no

---

[150] *rûm*, ser alto, exaltado, elevado.

[151] House, *Teologia...*, p. 159-192.

livro de Levítico em que o leitor do AT pode ver, entre outras coisas, a função mediadora dos sacerdotes de Israel. Ele disse:

> De fato o sacerdote transmite ao adorador o ensinamento divino por meio de Moisés. Dessa maneira o sacerdote "medeia" a presença de Deus. Ele conduz o povo a encontrar-se com Yahweh na maneira prescrita pelo SENHOR, o que traz consigo o benefício duplo de evitar a justa ira divina e assegurar perdão.[152]

Chamar JAVÉ de "o Deus santo" é reconhecer que ele é fundamentalmente diferente de sua criação. Sempre exaltado, ele veio ao encontro de seu povo em determinados momentos da vida dos homens para convidá-los a que entrassem em sua presença, para demonstrar-lhes sua misericórdia, para efetuar juízos, e para demonstrar sua soberania sobre a criação. Conhecer esse Deus santo exige um compromisso sério, não somente em relação ao modo de viver, como também em relação à dependência e confiança nele. Ele é, afinal, o Deus santo.

---

[152] Ibid., p. 163.

5.

O DEUS QUE FEZ OS CÉUS E A TERRA

Nosso socorro está no nome do Senhor, que fez os céus e a terra.

SALMO 124.8

Ao ouvirem isso, todos juntos elevaram a voz a Deus, dizendo: Senhor, tu que fizeste o céu, a terra, o mar e tudo o que neles há [...].

ATOS 4.24

A criação, como o primeiro ato de Deus registrado na Bíblia, ocupa um lugar de destaque em qualquer discussão teológica. Tanto no NT como no AT, encontramos confissões dos autores de que o Deus soberano é o criador de tudo que existe. Do ponto de vista do conteúdo de uma TAT, a questão principal é: Qual é o papel da criação no pensamento dos escritores bíblicos? Essa questão é tema de discussão nas teologias atuais. Smith citou Westermann, que escreveu: "o Antigo Testamento não fala propriamente em fé no Deus criador".[153] Westermann baseou seu comentário sobre a falta de uma referência bíblica clara a essa "fé". De acordo com Westermann, só é possível expressar fé ou crença quando existe uma alternativa, isto é, quando existe a possibilidade de não crer. Para ele, sobre a questão da criação, não existe essa alternativa. Westermann explicou:

> Nos vários relatórios atinentes à criação, em Salmos, no Dêutero-Isaías ou em Jó não existe alternativa nenhuma, como também não há contradição entre explicação religiosa e científica da origem do mundo. Contradições desse tipo não passam de consequência fatal do mal-entendido da linguagem bíblica a respeito da obra de Deus.[154]

---

[153] Apud WESTERMANN, *Fundamentos...*, p. 100.

[154] Ibid.

90   O DEUS DE ISRAEL

À luz do contexto da literatura do Oriente Médio antigo, porém, podemos ver que existia, sim, uma alternativa quando se falava da criação. A alternativa não se encontra na diferença entre a apresentação bíblica e a ciência antiga ou moderna. A alternativa está na possibilidade de não aceitar a visão bíblica da criação, favorecendo a visão extrabíblica apresentada na literatura do Oriente Médio antigo da criação. Assim, a aceitação de uma visão pagã sobre a criação pode ser interpretada como a decisão de rejeitar JAVÉ como criador em favor de outro deus. Por isso, vamos começar o estudo da teologia da criação no AT considerando brevemente as características da literatura "alternativa" da criação.

A CRIAÇÃO NA LITERATURA DO ORIENTE MÉDIO ANTIGO

A literatura bíblica da criação tem seu contexto na cultura e literatura do Oriente Médio antigo. Por isso, um fator importante na interpretação teológica do material bíblico é o contexto em que as narrativas foram produzidas. O leitor do AT tem que considerar a narrativa bíblica da criação dentro do contexto histórico e literário do Oriente Médio antigo, reconhecendo que a Bíblia não é a única literatura antiga que fala da criação. Não há espaço nesta obra para tratar de todas as expressões literárias da Antiguidade nem para oferecer uma visão panorâmica dessas narrativas. Aqui, será suficiente identificar algumas das características mais importantes da literatura extrabíblica sobre a criação que podem nos ajudar a entender melhor a narrativa bíblica.[155]

Na literatura antiga dos egípcios encontramos vários escritos que contêm informações sobre a crença egípcia da criação. Infelizmente, não existe uma só narrativa ou fonte em que todas as informações possam ser encontradas. As informações precisam ser selecionadas de várias fontes, principalmente de natureza religiosa. Por exemplo, em certa inscrição gravada em uma pirâmide foi encontrado um texto intitulado "A criação por Atum". O texto faz referência a uma "colina primordial" que surgiu das águas perto da cidade de Heliópolis. O texto descreve brevemente como o deus Atum criou os demais deuses, cuspindo-os da boca.[156] Em outro texto chamado "A teologia de Mênfis", para justificar a importância da cidade de Mênfis como capital da primeira dinastia, o deus da cidade, Ptah, foi declarado "o princípio" e tomou precedência aos demais deuses, sendo o criador dos deuses. O fator interessante nesse texto é

---

[155] Traduções em inglês dos documentos principais podem ser encontradas em PRITCHARD, James B. (Ed.) *Ancient Near Eastern Texts Relating to the Old Testament*. New Jersey: Princeton, 1969. Citado daqui por diante como *ANET*.

[156] *ANET*, p. 3.

que a criação é apresentada em termos "intelectuais", isto é, como o fruto do "pensamento do coração e o mandamento da língua".[157]

O *Hino a Aton* é um exemplo impressionante de literatura egípcia que fala da criação.[158] Essa poesia, escrita na segunda metade do segundo milênio a.C. e atribuída ao rei Amenhotep IV, também conhecido como Akh-en-Aton, foi dedicada ao deus solar, Aton, representado na mitologia egípcia por um disco solar. O hino louva o deus Aton por sua beleza e participação na criação, especialmente pela vida que concedera à terra:

> Tu surges belo no horizonte do céu.
> Ó Aton vivo, que deste início ao viver.
> Quando te ergues no horizonte oriental, todas as terras se enchem de tua beleza.
> Tu és belo, grande, resplandecente, excelso sobre todo país;
> Os teus raios iluminam as terras
> Até o limite de tudo o que criaste.[159]

É geralmente reconhecido que esse hino e o Salmo 104 têm algumas características em comum. Falaremos mais sobre o tema.

A narrativa extrabíblica de criação mais interessante tem origem na Mesopotâmia. Conhecida como *Enuma Elish*,[160] fala de um casal de deuses, Apsu e Tiamat, representados respectivamente como água doce e salgada. O casal fora responsável pela criação dos demais deuses quando suas "águas" se misturaram.

> Quando nas alturas os céus não tinham nomes,
> e embaixo a terra não existia como tal.
> Apenas o primitivo Apsu, progenitor deles,
> e mãe Tiamate, que deu à luz todos eles,
> As suas águas misturadas,
> e nenhuma terra seca havia sido formada,
> nem um pântano podia ser visto;
> Quando nenhum dos deuses havia sido gerado,
> Então os deuses foram criados no meio deles.
> Lahmu e Lahamu eles procriaram.[161]

---

[157] *ANET*, p. 4.

[158] *ANET*, p. 369-371.

[159] MELLA, Federico A. Arborio. *O Egito dos faraós*. 3. ed. São Paulo: Hemus, 1998. Disponível em: <http://books.google.com.br/books?id=sv9ch_OniqEC&printsec=frontcover&dq=inauthor:%22FEDERICO+A.+ARBORIO+MELLA%22&hl=es&sa=X&ei=quYqVIXvA83VPJTlgIA-D&ved=0CBwQ6AEwAA#v=onepage&q&f=false >. Acesso em: 30 set. 2014.

[160] O título significa "Quando nas alturas" e refere-se às primeiras duas palavras da narrativa.

[161] UNGER, *Arqueologia...*, p. 11.

De acordo com a narrativa, a conduta dos deuses criados por Apsu e Tiamat deixou os "pais" tão incomodados que Apsu determinou o extermínio de todos eles. Essa decisão não agradou o grande deus Ea, que procurou matar Apsu. Foi então que Apsu gerou Marduque, o grande herói da narrativa, para agir como seu defensor. Um dos trechos da narrativa relata como, em uma batalha entre Tiamat e Marduque, este prevaleceu contra a deusa Tiamat. Após a grande vitória, Marduque cortou o corpo de Tiamat em duas partes: com uma parte fez os céus e com a outra a terra. Com o sangue, Marduque formou seres humanos que carregassem o fardo dos deuses. Ao final da história, houve uma grande festa que celebrou a vitória do deus vencedor.[162]

Apesar das origens diferentes das várias narrativas extrabíblicas, podemos identificar algumas características que essa literatura tem em comum. Talvez o aspecto *mitológico* seja o mais notável. As narrativas não pretendem apresentar uma análise científica da criação. Antes, são descrições de como as coisas chegaram a acontecer à luz da participação e interação dos vários deuses do panteão. As narrativas descrevem a interação de deuses e deusas, incluindo suas brigas, na obra de criação. Outra característica dessas narrativas é o *politeísmo*. As narrativas não bíblicas da criação são dominadas pelo politeísmo. Mesmo com a presença de um deus supremo, a presença de outros deuses e deusas reduz a soberania do deus supremo. No caso da narrativa de *Enuma Elish*, os deuses pagãos necessitaram de algo externo a eles para criar. Não eram autossuficientes, capazes de criar tudo sem depender de coisas ou outros deuses.

Finalmente, observamos que a criação do universo aconteceu de maneira *impessoal*. Os deuses existiam em outro "plano" da realidade, isto é, não estavam pessoalmente envolvidos no mundo do ser humano. Aliás, podemos observar que, no caso de *Enuma Elish*, os seres humanos eram desprezados e reduzidos a uma posição servil em relação aos deuses. Não havia muito interesse por parte dos deuses na posição que o ser humano ocupava no universo.

Quando o leitor faz uma comparação das narrativas do Oriente Médio antigo e da narrativa bíblica, as diferenças são marcantes principalmente pela ausência de elementos politeístas e mitológicos na narrativa bíblica. Por outro lado, tanto as narrativas bíblicas quanto as demais não tinham interesse específico em explicações científicas. Não foram escritas para responder a perguntas modernas sobre a natureza científica da criação. Certamente, os escritores tinham outro propósito em mente; como, por exemplo, entender verdadeiramente o papel de Deus na criação e o relacionamento entre Deus

---

[162] *ANET*, p. 60-72.

O DEUS QUE FEZ OS CÉUS E A TERRA 93

e sua criação. Quando consideramos o texto bíblico, o que encontramos é um texto em que o propósito *teológico* se destaca. É deste ponto de partida que responderemos à pergunta: Como é que o AT trata da questão de Deus e seu mundo?

O AT E A CRIAÇÃO: PASSAGENS-CHAVE

Apesar do fato de que não há uma referência ao Deus criador nas passagens chamadas "credos" de Israel,[163] existem várias referências de natureza confessional de Deus como o criador dos "céus e da terra".[164] Essas confissões têm sua base nos textos principais que tratam de criação. Comecemos pela narrativa litúrgica[165] de Gênesis 1.

Gênesis 1

A declaração inicial da Bíblia que diz "No princípio, Deus criou os céus e a terra" não pode ser mais clara. Num mundo onde o politeísmo era dominante, essa afirmação destaca-se pela clareza de sua mensagem. As implicações dessa "confissão" estão amplamente discutidas na literatura exegética e teológica. Basta aqui destacar os elementos mais importantes.

A primeira característica de Gênesis 1 é a linguagem. Em primeiro lugar observamos quantas vezes a palavra "Deus" aparece no texto. O sujeito da narrativa não é propriamente a criação, mas o Deus que criou o universo. As frases "No princípio, Deus", "disse Deus", "e Deus viu", "Deus fez" apontam para o papel singular de Deus no ato de criar. Reconhecendo a importância dos verbos na língua hebraica, podemos ver em Gênesis 1 que não é somente a quantidade de verbos usados, mas também a natureza dos verbos escolhidos para descrever o ato de criação que merecem destaque. Começamos pelo verbo "criar".

A palavra hebraica "criar", *bara'*, sempre se refere a uma ação de Deus.[166] O verbo *bara'* nunca indica o uso de algum tipo de material no ato de criar. A

---

[163] V., p. ex., Deuteronômio 26.5-9 e Josué 24 2-13.

[164] Gênesis 14.19,22; 2Reis 19.15; 1Crônicas 29.11; 2Crônicas 2.12; Ester 5.11; Salmos 115.15; 121.2; 124.8; 134.3; 146.6; Isaías 37.16.

[165] A posição "tradicional" da crítica literária é que esta passagem faz parte do chamado "documento sacerdotal" (P). Uma sugestão recente propõe a ausência de um documento chamado "P" no livro de Gênesis, mas ainda reconhece a influência sacerdotal no livro. V., p. ex., Antony F. Campbell e Mark A. O'Brien, *Rethinking the Pentateuch: Prolegomena to the Theology of Ancient Israel* (Louisville: Westminster John Knox, 2005). Eles disseram que os trechos tradicionalmente atribuídos ao documento "P" em Gênesis talvez provenham dos "círculos sacerdotais associados com o templo em Jerusalém ou com outros círculos com interesses semelhantes" (p. 11, tradução nossa).

[166] Ringgren, Helmer. *bara'*. In: *TDOT*, p. 246; McComisky, Thomas E. *bara'*. In: *DITAT*, p. 212.

implicação é que Deus criou tudo *ex nihilo*,[167] isto é, Deus criou tudo que existe do nada. Outra maneira de dizer isso é que Deus criou até a matéria-prima necessária para a criação. Essa é uma das diferenças entre a narrativa bíblica e as demais narrativas do Oriente Médio antigo. Deus tem o poder de criar tudo onde antes não existia nada.

Outro aspecto notável é a clareza quanto ao início do universo. O texto indica que toda a criação teve um só início: "No princípio". "Era uma vez"... quando o universo não existia. Antes, só havia Deus, mas, chegando determinado momento, Deus criou o mundo e tudo que nele há. O AT apresenta um universo que partiu unicamente da ação criadora de Deus.

Depois do ato inicial de criação, o texto indica que Deus começou o processo de separação e discriminação das coisas criadas. Um dos verbos que descreve essa ação é *asa'* e é normalmente usado para referir-se à manipulação de matéria-prima já existente. Deus criou tudo que existe e depois, no processo de levar essa matéria-prima à forma que conhecemos, "manipulou" a matéria, trabalhando-a com o que já existia. Podemos entender isso melhor em outras passagens da Bíblia que se referem à criação. Por exemplo, em Isaías lemos que Deus estendeu *os céus como cortina* (Is 40.22). Em Salmos, aprendemos que Deus firmou a terra sobre os seus fundamentos e estabeleceu os limites para as águas (104.5,9). A expressão *antes que os montes nascessem* (Sl 90.2) implica que eles não procederam do nada, mas de alguma coisa anterior, já existente, que o próprio Deus criara. Essa linguagem também implica uma atitude progressiva na criação. Deus começou pela matéria-prima e progressivamente separou e discriminou uma coisa da outra.

O texto bíblico em Gênesis destaca o poder de Deus, principalmente em criar por meio da palavra. A expressão "disse Deus/Deus disse" aparece nove vezes no capítulo 1. Essa expressão tem relação com a transcendência de Deus pelo fato de que ele é separado das coisas criadas, isto é, ele não faz parte da criação. Como soberano, Deus participou efetivamente das coisas criadas, entrando na história conforme sua vontade. O AT não nos dá, porém, nenhuma base para o panteísmo. A criação não é divina no sentido de que conteria parte da divindade nem no sentido de que Deus estaria presente obrigatoriamente nas coisas criadas. Deus criou tudo e é soberano sobre tudo

---

[167] "A tese da *creatio ex nihilo* é fruto de um pensamento metafísico, acostumado à lógica da abstração. Aparecerá na Bíblia [...] ao final de um longo processo de reflexão e graças ao contato com a mentalidade e a linguagem do helenismo. Exigir essa tese aqui e agora é um anacronismo. Mas não há dúvida de que o autor subscreveria o conteúdo conceitual da fórmula *creatio ex nihilo*; a seu modo, isso foi o que quis dizer com o verbo *bara* e com a depuração a que submeteu o caos." Cf. La Peña, Juan L. Ruiz de. *Teologia da criação*. Trad. José A. Ceschin. São Paulo: Loyola, 1989. p. 39.

que criou. A criação é dele, e ele existia antes dela. Certamente esse é um dos motivos pela declaração do salmista: *Os céus proclamam a glória de Deus, e o firmamento anuncia as obras das suas mãos* (Sl 19.1).

Uma das "marcas registradas" da liturgia da criação em Gênesis 1 é sua estrutura progressiva de dias. Dois aspectos principais podem ser notados em tal progressão. Primeiro é a progressão no aspecto da discriminação das coisas criadas — do *simples* para o *complexo*. Em cada dia que passa, podemos ver uma criação cada vez mais complexa e discriminada. Começando pela criação da luz, Deus separou a luz das trevas. Sua obra de discriminação continuou, separando "águas" de "águas"; em seguida, as "águas" da "terra seca" e finalmente criou as demais criaturas e o ser humano. Em tudo isso, a soberania divina é enfatizada.

O exercício de sua soberania pode ser visto na maneira pela qual a criação chegou ao formato final. Em Gênesis 1.20, Deus dá ordem a que as águas produzam animais marinhos; em 1.24, instrui a terra a que produza seres viventes terrestres. Isso implica dizer que na criação Deus exerceu soberania absoluta sobre sua obra. O universo chegou à forma que tem unicamente por causa do poder de Deus.

O segundo aspecto é a estrutura da narrativa conforme os dias de criação. Tal estrutura pode ser visualizada no quadro abaixo:

1º Dia:	Luz, separação de luz e trevas	**4º Dia:**	Luminares que governam o dia e a noite
2º Dia:	Firmamento que separa as "águas" das "águas"	**5º Dia:**	Seres que habitam o firmamento e as águas: peixes, aves, répteis
3º Dia:	Separação de terra e águas e a criação de vegetação sobre a terra	**6º Dia:**	Seres que se movem sobre a terra: mamíferos, seres humanos

Os dois grupos de três dias mostram a progressão do geral para o mais específico. Começando do nada em Gênesis 1.2, a progressão termina com o mundo criado e povoado em 1.31. Existe também um relacionamento "lateral" entre os dias. No primeiro dia, Deus criou a luz; no quarto dia, os luminares. No segundo dia, criou o firmamento que separa as "águas" das "águas"; no quinto dia, os seres que encheram o firmamento. No terceiro dia, separou as "águas" da terra seca; no sexto dia, os seres que encheram

96   O DEUS DE ISRAEL

a terra seca. Essa organização indica que a natureza literária de Gênesis 1 é principalmente teológica, não científica. O propósito principal do escritor bíblico foi oferecer uma visão *teológica* da criação. Tal visão teológica pode ser vista claramente nos tratamentos mais poéticos da criação, especialmente em Salmos.

Salmo 104

As "confissões" sobre a criação em Salmos descrevem como os poetas entenderam o relacionamento entre Deus e sua criação à luz da fé e à luz do conhecimento de mundo que tinham sobre o que Deus criara. Assim, o Salmo 104 é a reflexão de um adorador sobre a criação do ponto de vista da soberania de Deus. Sendo literatura poética, não devemos esperar informações científicas sobre a criação, mas uma confissão de natureza teológico-poética. Classificado como hino, este salmo tem características confessionais.[168] O salmo começa pelo reconhecimento da grandeza e do esplendor de JAVÉ: *Ó minha alma, bendize o SENHOR! SENHOR, meu Deus, tu és esplêndido! Estás vestido de honra e majestade* (v. 1).

As referências à luz nos levam a pensar na ordem da criação apresentada em Gênesis 1.[169] O Deus que criou a luz como o ato inicial de sua obra também está vestido de luz. A grandeza e a majestade de um Deus soberano sobre toda a criação pode ser vista pelas expressões múltiplas que a descrevem. Por exemplo, o salmo comunica a ideia da facilidade da criação por parte de Deus. Sendo soberano, ele criou tudo sem exercer esforço nenhum: *Ele estende os céus como uma tenda, e põe sobre as águas dos céus as vigas dos seus aposentos* (NVI). A linguagem do salmista que descreveu os céus como uma cortina ou tenda é um tema que aparece em outras passagens do AT. O Salmo 19 declara que Deus *pôs uma tenda para o sol* (Sl 19.4b). No livro de Isaías, o profeta disse: *ele é o que estende os céus como cortina e os desenrola como tenda para nela habitar* (Is 40.22b). Os poetas entenderam que o ato de criar era semelhante à tarefa de montar uma barraca ou de estender uma cortina. A *tenda* dos céus pode ser comparada ao firmamento de Gênesis 1.2. Tanto Gênesis 1 como o Salmo 104 destacam a facilidade da tarefa de criar por parte de Deus.

---

[168] GUNKEL, Hermann. *Introduction to Psalms: The Genres of the Religious Lyric of Israel.* Trad. James D. Mogalski. Macon, GA: Mercer, 1998. p. 22. V. tb. EISSFELDT, Otto. *The Old Testament: An Introduction.* Trad. Peter A. Achroyd. New York: Harper & Row, 1965. p. 106.

[169] Para uma comparação entre a estrutura do Salmo 104 e Gênesis 1, v. KIDNER, Derek. *Salmos 73-150: introdução e comentário.* Trad. Gordon Chown. São Paulo: Vida Nova, 1992. p. 387.

O DEUS QUE FEZ OS CÉUS E A TERRA   97

Aliado à facilidade do ato de criar, o salmo também destaca a soberania de Deus no controle que exerce sobre tudo que foi formado. Ele "estabeleceu" a criação, criando "limites" que não seriam ultrapassados:

> Lançaste os fundamentos da terra, para que ela não fosse abalada em tempo algum.
> Do abismo a cobriste, como uma veste; as águas ficaram acima das montanhas.
> Fugiram sob tua repreensão; à voz do teu trovão, puseram-se em fuga.
> As montanhas elevaram-se, e os vales desceram, até o lugar que lhes determinaste.
> Estabeleceste limites para que não os ultrapassassem e voltassem a cobrir a terra (5-9).

O cuidado que Deus demonstra para com a criação também é uma indicação de sua soberania. Ele participa ativamente na "administração" da criação, alimentando as criaturas e dando continuidade à vida:

> És tu que fazes brotar nos vales nascentes que correm entre as colinas.
> Elas dão de beber a todos os animais do campo; ali os jumentos selvagens matam a sede.
> Junto a elas habitam as aves dos céus; do meio da ramagem fazem ouvir seu canto.
> Da tua alta morada regas os montes; a terra se farta do fruto das tuas obras.
> Fazes crescer erva para os animais e verdura para o homem, de modo que da terra ele tire o alimento,
> o vinho que alegra o coração, o azeite que faz reluzir o rosto e o pão que lhe fortalece o coração (10-15).

Em tudo isso, o leitor pode ver a graça sustentadora de Deus, que não deixou nenhuma de suas criaturas sem o necessário para viver. Razão suficiente para o salmista louvar a Deus: *Cantarei ao Senhor por toda a minha vida; louvarei ao meu Deus enquanto eu viver* (v. 33, NVI).

Este salmo nos dá a oportunidade de considerar a possível influência da literatura do Oriente Médio antigo na formulação da cosmologia hebraica, bem como seu aspecto confessional. Já foi reconhecido que existe uma semelhança, mesmo indireta, entre o salmo e o *Hino a Aton*.[170] Nesse hino, Aton é considerado o criador do mundo e a fonte de toda a vida terrestre:

> A terra está em tua mão
> Como tu a tens criado.
> Se tu respiandeces, eles vivem,
> Se tu te pões no horizonte, eles morrem;
> Tu és a própria duração da vida.

---

[170] V. comentários de Dahood, Mitchell. *Psalms III: 101-150*. The Anchor Bible. New York: Doubleday, 1970. p. 33.

98   O DEUS DE ISRAEL

E se vive de ti.
A sua obra incluiu a manutenção da vida na terra:

Todo animal goza de sua pastagem.
Árvores e relvas verdejam.
Os pássaros voam de seus ninhos,
Com as asas (em forma de) adoração a tua essência (ka)
Os animais selvagens pulam em seus pés.
Aqueles que vão embora, aqueles que pousam,
Eles vivem quando tu te levantas para eles.

Esse breve trecho do *Hino a Aton* mostra claramente que existia outras alternativas religiosas no Oriente Médio antigo sobre a natureza do criador e da criação. É impossível saber se o salmista via o hino egípcio e seus ensinamentos como ameaças à cosmologia hebraica. O que podemos dizer é que, apesar das similaridades entre as duas composições, as diferenças mostram que o salmista não concordava com as afirmações da literatura egípcia. O *Hino a Aton* contém um dualismo básico entre luz e trevas. No hino egípcio, o pôr do sol (Aton) permitiu que as trevas voltassem a cobrir a terra, mas, no dia seguinte, as trevas foram novamente dissipadas:

Quando tu vais em paz ao horizonte ocidental,
A terra fica na escuridão como morta [...].

Na aurora tu reapareces no horizonte.
Resplandeces como Aton para o dia sereno.
Tu eliminas as trevas e lanças teus raios.

O ciclo de luz e trevas no *Hino a Aton* também se encontra no Salmo 104, mas somente em termos da soberania de Deus sobre sol e lua. JAVÉ é quem pôs o sol e a lua para demarcar dias e estações. Os corpos celestiais estão debaixo do controle de JAVÉ e não operam independente de sua soberania: *Ele designou a lua para marcar as estações; o sol sabe quando se põe* (v. 19).

Apesar das semelhanças de linguagem, existem diferenças fundamentais entre os dois hinos. Podemos afirmar com J. H. Eaton que o Salmo 104 representa uma teologia "distintivamente israelita".[171] Nossa opinião é que o Salmo 104 deve ser lido como uma resposta teológica ao *Hino a Aton*, colocando

---

[171] *Psalms*. London: SCM, 1967. p. 249.

a criação por JAVÉ dentro da cosmologia do Oriente Médio antigo em geral e de Israel em particular.

Jó 38—41[172]

O discurso de Deus no fim do livro de Jó nos dá outra evidência poética da natureza da cosmologia hebraica. O motivo do discurso não foi principalmente falar de criação em si, mas do Deus inescrutável que é capaz de falar por si mesmo. Nesse discurso, Deus apelou a sua obra de criação e soberania sobre a criação como provas de soberania. A fala de Eliú nos capítulos 32—37 abriu o caminho para o discurso divino sobre a criação. William Dumbrell chamou esse discurso de "antecipação humana dos julgamentos imperativos a ser entregues pelas falas divinas que seguem".[173]

Em seu discurso, apesar de ser jovem (Jó 32.6), Eliú deu sua "interpretação" da situação, porque se achava em condições de falar em nome de Deus: *Espera-me um pouco, e eu te mostrarei que ainda há razões em favor de Deus* (36.2).

Do ponto de vista de Eliú, apesar de Deus estar além da compreensão humana (36.26), ele próprio teria recebido conhecimento sobre Deus "de longe". Por isso, cria que podia falar em nome de Deus por julgar ter um *conhecimento perfeito* (v. 3,4). Para Eliú, a prova principal de que Deus é incompreensível ao homem é sua soberania sobre a criação. Deus é aquele que *atrai para si as gotas de água* (v. 27), *estende as suas nuvens* e *espalha os seus relâmpagos* (v. 29,30, *NVI*). Ele dá ordens à neve e à chuva e seu sopro produz o gelo (37.6,10). Deus fez tudo isso *para que todos saibam que ele os fez* (37.7b).

Mesmo com um conhecimento "de longe", Eliú falou sem o devido conhecimento de Deus. O próprio Deus, cansado de ouvir "palavras sem conhecimento" (38.2), começou a falar por si mesmo. Ele se revelou a Jó "de um redemoinho" (38.1) e seu discurso foi principalmente uma série de perguntas retóricas dirigidas a Jó. Nessas perguntas, Deus desafiou o conhecimento de Jó (e, por implicação, dos outros amigos), em três áreas gerais da criação: o fundamento da criação, a soberania divina sobre os fenômenos naturais e sua soberania sobre o mundo animal.

---

[172] Michael A. Bullmore, The Four Most Important Biblical Passages for a Christian Environmentalism (*Trinity Journal*, 19, 1998, p. 139-162) incluiu essa passagem em sua lista de passagens bíblicas mais importantes para o desenvolvimento de um ambientalismo cristão.

[173] *The Faith of Israel: A Theological Survey of the Old Testament*. 2. ed. Grand Rapids: Baker, 2002. p. 258.

Deus começou perguntando se Jó estava presente quando ele lançara os fundamentos da terra (38.4), quando colocara as águas do mar atrás das portas e quando estabelecera seus limites (v. 8-11). Depois, Deus perguntou a Jó a respeito da administração dos fenômenos naturais. Deus queria saber se Jó sabia como "dar ordens" ao dia e à noite ou se podia, como Deus, moldar a terra como o oleiro (v. 14) e se ele era capaz de ser o administrador que vigia todos os caminhos da terra, desde o mar até o abismo (v. 16-18). Deus perguntou a Jó se era capaz de ser o administrador das constelações ou do tempo (v. 31-38). A resposta foi que essas tarefas pertencem somente àquele que é capaz de executá-las

Para concluir, Deus se dirigiu ao mundo animal. Ele perguntou a Jó se seria capaz de cuidar da propagação das espécies ou de administrar o mundo animal de maneira adequada (39.1-30). Deus era o criador tanto do homem como do *beemote* (40.15).[174] Ele criara o *leviatã* (41.1).[175] O homem não é capaz de tirá-lo das águas, nem controlá-lo como se fosse animal de estimação (41.1-11). A visão sobre Deus e sobre sua criação construída nesses discursos, pode ser resumida em uma frase: Deus é o criador soberano, o Mantenedor da criação e de tudo que nela há.[176] A soberania de Deus no universo é absoluta, e o ser humano não tem competência nenhuma de substituí-lo.

A CRIAÇÃO COMO CONFISSÃO

Pelo fato de a literatura do AT ser, em termos gerais, confessional e conter as expressões da fé histórica do Israel antigo, também devemos considerar as referências ao Deus criador como expressões confessionais. Essas expressões aparecem desde as narrativas da criação, que abrem a história bíblica, até os profetas, que proclamaram a soberania de JAVÉ sobre tudo o que existe, e os poetas e sábios, que declararam sua fé no Deus criador.

Nas culturas do Oriente Médio antigo, a criação foi atribuída normalmente à ação dos deuses dos vários panteões que faziam parte das religiões da época. Nisso, as narrativas extrabíblicas e bíblicas concordam, até certo ponto. Em muitos casos, os "responsáveis" pela criação eram deuses que interagiam entre si de maneiras variadas para criar o mundo. Nem sempre o "mecanismo" está claramente definido e há ambiguidades nas narrativas. Nesse aspecto, a narrativa bíblica difere em muito das demais. Declarar que *Elohim*, o Deus de Israel, foi o único responsável pelo universo não é nada

---

[174] Talvez o hipopótamo ou elefante.

[175] Um animal marinho ou talvez o crocodilo.

[176] V. House, *Teologia...*, p. 558-560.

menos que uma confissão da fé. Não existe ambiguidade nessa declaração; além disso, uma ação politeísta é sumariamente descartada. Não há outro criador além de *Elohim*.

O fato de a palavra hebraica *Elohim*, normalmente traduzida por "Deus", ser plural não deve ser interpretado com referência à pluralidade de Deus ou que na mente dos escritores bíblicos *Elohim* podia ser entendido como uma expressão politeísta. *Elohim* como referência ao Deus verdadeiro aparece mais de 2.000 vezes no AT e nestas ocasiões nunca com o verbo no plural. Nas ocasiões em que *Elohim* se refere a deuses falsos, o contexto é normalmente de condenação da adoração desses deuses, como em Jeremias 44.15, ou em uma comparação entre JAVÉ e as imagens, como é o caso do Salmo 82.1. Não há referência ou inferência de outros "deuses" presentes durante o ato de criação.

O AT declara de várias maneiras que Deus criou "os céus e a terra". A expressão "os céus e a terra" aparece em vários contextos e construções no AT e merece a nossa atenção. A língua hebraica não tem só uma palavra que significa "universo". Por isso, a expressão "os céus e a terra" foi usada quando do os escritores bíblicos queriam referir-se à totalidade da criação.[177] Como criador, a soberania de Deus inclui tudo que existe nos céus e na terra (Dt 10.14). A declaração feita por Raabe na ocasião da conquista de Jericó indica que a fama de JAVÉ como criador já se estendera até os habitantes de Canaã (Js 2.11). Uma vez que o SENHOR é o soberano criador, *faz tudo o que deseja, no céu e na terra, nos mares e em todos os abismos* (Sl 135.6).

A soberania do Deus criador recebeu destaque na confissão do poder de Deus pelo profeta em Isaías 40—66. Não há outro deus que se compare com JAVÉ, porque só ele é capaz de estabelecer limites para os céus e segurar a terra em suas mãos (Is 40.12). Entronizado acima da terra (40.22), ele estendeu os céus e a terra como se fossem um carpete (42.5; 44.24; 45.12; 48.13; 51.13).[178]

Em alguns contextos, as palavras "céus" e "terra" são usadas para destacar a diferença entre as duas esferas.[179] Ao construir a torre na planície de Sinar, o povo declarou: *Vamos edificar uma cidade para nós, com uma torre cujo topo toque no céu, e façamos para nós um nome, para que não sejamos espalhados pela face de toda a terra* (Gn 11.4). Em sua oração na ocasião da dedicação do templo em Jerusalém, Salomão disse: *Mas, na verdade, habitaria Deus na terra? O céu, e até o céu dos céus, não te podem conter; muito menos este templo que edifiquei!* (1Rs 8.27).

---

[177] Alguns exemplos são Gênesis 1.1; 2.1,4; Êxodo 31.17; 1Crônicas 29.1; 2Crônicas 2.12; Jeremias 23.24; 32.17; 33.25.

[178] V. tb. Jeremias 10.12; 51.15; Zacarias 12.1.

[179] V., p. ex., Provérbios 25.3; Eclesiastes 5.2; Isaías 24.18.

102 O DEUS DE ISRAEL

O salmista, por sua vez, declarou: *Pois seu amor para com os que o temem é grande, tanto quanto o céu se eleva acima da terra* (Sl 103.11). Os caminhos do Senhor estão acima dos caminhos humanos (Is 55.9). Os céus pertencem a JAVÉ, mas a terra pertence aos homens (Sl 115.16).

Em algumas ocasiões os céus e a terra são convocados como "testemunhas" da fidelidade do povo:

> *Invoco hoje o céu e a terra como testemunhas contra vocês de que vocês serão rapidamente eliminados da terra, da qual estão tomando posse ao atravessar o Jordão. Vocês não viverão muito ali; serão totalmente destruídos* (Dt 4.26, *NVI*).

> *"Reúnam na minha presença todos os líderes das suas tribos e todos os seus oficiais, para que eu fale estas palavras de modo que ouçam, e ainda invoquem os céus e a terra para testemunharem contra eles"* (Dt 31.28, *NVI*).

> *Ele convoca os altos céus e a terra, para o julgamento do seu povo* (Sl 50.4, *NVI*).

> *Ouçam, ó céus! Escute, ó terra! Pois o Senhor falou: "Criei filhos e os fiz crescer, mas eles se revoltaram contra mim"* (Is 1.2, *NVI*).

A expressão faz parte de bênçãos e juramentos. Em Gênesis 14.19, Melquisedeque abençoou Abrão em nome do "Deus altíssimo, criador dos céus e da terra". Depois, em conversa com o rei de Sodoma, Abrão recusou a oferta de receber bens materiais do rei jurando pelo Deus altíssimo *criador dos céus e da terra* (Gn 14.22). A expressão "Criador dos céus e da terra", mesmo sendo de natureza "formulaica", serviu neste caso para "validar" e "reforçar" a bênção ou o juramento pronunciado. Quem falou, procurou apoiar sua declaração no poder do Deus soberano, que criou os céus e a terra.

Os escritores do AT foram enfáticos em suas declarações de que fora o Senhor quem havia criado tudo que existe.[180] Como o criador, o universo todo pertence a ele, e sua soberania estende-se por toda a criação. O Salmo 89 declara:

> *Tu dominas o ímpeto do mar; quando suas ondas se levantam, tu as fazes aquietar.*
> *Abateste o monstro Raabe como se tivesse sido ferido de morte; com teu braço poderoso espalhaste teus inimigos.*
> *Teus são os céus, e tua é a terra; tu estabeleceste o mundo e tudo que há nele.*
> *O Norte e o Sul, tu os criaste; o Tabor e o Hermom regozijam-se em teu nome.*
> *Tu tens um braço poderoso; tua mão é forte, e tua mão direita, exaltada* (v. 9-13).

---

[180] V. 2Reis 19.15; Salmos 115.15; 121.2; 124.8; 134.3; 146.6; Isaías 37.16; Jeremias 32.17. V. tb. Kraus, *Theology...*, p. 61-62.

Comentando sobre esse salmo, Hans-Joachim Kraus escreveu: "As declarações neste salmo sobre a criação são polêmicas, confessionais e doxológicas".[181] Uma ocorrência notável da expressão "os céus e a terra" encontra-se na declaração confessional do Salmo 121: *Elevo meus olhos para os montes; de onde vem o meu socorro? Meu socorro vem do* Senhor, *que fez os céus e a terra* (v. 1,2).

O uso da expressão no Salmo 121 é especialmente significativo porque o salmo é uma expressão da fé do salmista no amparo que JAVÉ proporcionou ao povo. Classificado como cântico individual de confiança[182] ou de conversão,[183] o salmista anunciou que o socorro não tinha vindo dos deuses falsos adorados nos lugares altos e nas montanhas, mas, sim, "do Senhor, que fez os céus e a terra". A confiança do salmista estava na capacidade e vontade de Deus de prover proteção dia e noite e para todo o sempre.

EXCURSO: A CRIAÇÃO E A ALIANÇA, A CIÊNCIA E A ECOLOGIA

A aliança e a criação

É possível dizer, à luz das evidências bíblicas, algo sobre o motivo da criação? É possível responder à pergunta "Por que Deus criou tudo o que existe?" Em primeiro lugar, o AT não nos oferece uma explicação clara para o motivo da criação. Não sabemos, à luz do AT, por que Deus criou tudo o que existe. Se há um motivo específico para o ato de criar, este deve ser encontrado na própria narrativa da história de Israel.

Uma sugestão oferecida pelos teólogos contemporâneos é dizer que a criação visava à formação da aliança. Em sua teologia, Edmund Jacob seguiu a posição de Karl Barth, segundo a qual a questão da criação está vinculada ao contexto da aliança: "A aliança é o alvo da criação; a criação é o caminho para a aliança".[184] Na avaliação de Barth, Deus criou tudo o que existe para formar uma aliança; a criação teve origem por causa da aliança, isto é, a criação não tem um fim em si mesma, mas aponta para a maneira pela qual Deus demonstrou seu amor, principalmente no estabelecimento da aliança. Mesmo não encontrando essa formulação de maneira explícita no AT, Jacob fez ecoar a avaliação de Barth. Jacob concluiu que Deus criou tudo o que existe para a aliança, demonstrando seu amor ao mundo, por meio do povo de Israel, com

---

[181] *Theology of the Psalms*. Trad. Keith Crim. Minneapolis: Fortress, 1992. p. 62.

[182] Eissfeldt, *The Old Testament...*, p. 120.

[183] Ibid, p. 126. Eissfeldt incluiu o Salmo 121 nos "salmos de conversão" porque fala de alguém que, depois de uma busca inútil, finalmente encontra satisfação em JAVÉ.

[184] Apud Jacob, *Théologie...*, p. 112.

104 O DEUS DE ISRAEL

quem estabeleceu a aliança. Para ele, a aliança é o porquê da criação; e a criação, a condição para o estabelecimento da aliança.[185]

A criação bíblica e a ciência moderna

Ao ler as passagens que falam da criação, deve ficar óbvio que não estamos lendo uma descrição científica da origem do universo, mas uma declaração teológica. A pergunta que muitos fazem, porém, é: Aquilo que a Bíblia apresenta sobre a criação contradiz o que a ciência moderna afirma sobre as origens dos céus e da terra? Para alguns, tanto aqueles das comunidades científicas como aqueles das comunidades religiosas, existe um abismo insuperável entre a ciência e a Bíblia quando se fala da questão das origens. Outros expressam a confiança na possibilidade de unir a ciência e a Bíblia quanto a esta questão.[186]

O dilema talvez tenha sua expressão mais polêmica na questão da evolução. Para aqueles que aceitam a teoria da evolução como normalmente é apresentada, é possível explicar a origem da vida na terra sem referência a Deus. Outros dizem que é possível integrar a posição bíblica e uma forma de evolução. Essa posição baseia-se em duas declarações principais na narrativa de Gênesis 1. Em Gênesis 1.20,24, o texto indica que Deus ordenou que as águas produzissem seres viventes. Para alguns, trata-se de uma indicação da "participação" das águas e da terra na criação.

Vinculado à questão da evolução está a questão da idade do universo. Conforme o calendário hebraico, a criação aconteceu há menos de 6 mil anos atrás. A conclusão da ciência em geral é que o universo tem pelo menos 6 bilhões de anos. Existe a possibilidade de resolver esse aparente impasse? A resposta daqueles que procuram conciliar a Bíblia e a ciência é afirmar que os seis dias da criação são equivalentes às épocas geológicas reconhecidas pela paleontologia. Todavia, é difícil conciliar os seis dias da criação e as épocas geológicas porque o próprio texto bíblico oferece pelo menos duas maneiras

---

[185] "À questão: Por que Deus criou o mundo? o AT responderia: Ele criou o mundo para a aliança, isto é, por causa de seu plano de amor e de salvação da humanidade por meio de Israel; quando criou o mundo, Deus já tinha a aliança em mente, e é este motivo que deu à ideia da criação uma orientação específica." Cf. JACOB, Théologie..., p. 112.

[186] A questão do relacionamento entre fé e ciência já recebeu tratamento em outras obras, entre as quais menciono: Ian G. BARBOUR, Quando a ciência encontra a religião (São Paulo: Cultrix, 2004); John F. HAUGHT, Deus após Darwin: uma teologia evolucionista (Rio de Janeiro: José Olympio, 2002); J. P. MORELAND e John Mark REYNOLDS (Orgs.), Criação e evolução: 3 pontos de vista (São Paulo: Vida, 2006); Ted PETERS e Gaymon BENNET (Orgs.), Construindo pontes entre a ciência e a religião (São Paulo: Loyola, UNESP, 2003); William R. STOEGER, As leis da natureza: conhecimento humano e ação divina (São Paulo: Paulinas, 2002); THEOLOGANDO, Revista Teológica. São Paulo, ano 3, n. 3, 2009.

de entender os dias da criação. Depois de cada "dia" da criação, o texto afirma que "houve tarde e manhã, do dia *x*". A descrição do sétimo dia, porém, é diferente porque a parte da narrativa que trata do sétimo dia não termina com a expressão "tarde e manhã" como é o caso da passagem dos demais dias. Talvez a implicação seja que ainda estamos no sétimo dia. Assim, o sétimo dia não é de 24 horas, mas um período longo e, até o momento, indeterminado quanto ao aspecto da duração.

Pode ser que não haja uma forma de resolver a questão que satisfaça a todos. O que podemos afirmar é que devemos tratar da questão principalmente à luz do propósito e da natureza tanto das Escrituras como da ciência. Como cristãos evangélicos, não podemos dizer que a Bíblia tem toda a razão e que a ciência é totalmente errada, nem que a Bíblia não tem razão e que a ciência pode fornecer todas as respostas. Devemos lidar com as duas questões na expectativa de compreender aquilo que a ciência está nos dizendo, mas sem abrir mão da autoridade bíblica. Não se trata de "ficar em cima do muro", mas de procurar uma maneira construtiva de tratar o texto bíblico e a ciência quanto às questões da origem das coisas. É bom lembrar que os livros-texto de biologia, zoologia e antropologia são revisados e reescritos periodicamente. O texto bíblico é "fixo" quanto ao conteúdo que veicula.

Uma das pressuposições dos cristãos é que o mundo em que vivemos é real e, em razão de viver neste mundo, devemos procurar uma maneira de conciliar a fé com a realidade que encontramos na criação. A TAT pode ser um grande aliado nesta discussão, ajudando-nos a expressar a fé em um mundo real. Dessa forma, a teologia serve à igreja.

O AT e a ecologia[187]

A palavra "ecologia", do grego *oikos*, "casa", e *logos*, "palavra", é o estudo dos relacionamentos que existem entre os seres viventes e seu ambiente. Não é

---

[187] A questão da Bíblia e da ecologia está recebendo mais atenção atualmente. V., p. ex.: Dieter T. HESEL, *Christianity and Ecology: Seeking the Well-being of Earth and Humans* (Cambridge, MA: Center for the Study of World Religions, 2000); Guillermo KERBER, *O ecológico e a teologia latino-americana: articulação e desafios* (Porto Alegre: Sulina, 2006); Richard BAUCKMAN, *The Bible and Ecology: Rediscovering the Community of Creation* (Waco: Baylor, 2010); Haroldo REIMER, *Bíblia e ecologia* (São Paulo: Reflexão, 2010); Luiz Carlos SUSIN e Joe Marçal G. dos SANTOS (Orgs.), *Nosso planeta, nossa vida: ecologia e teologia* (São Paulo: Paulinas, 2011). O assunto da ecologia recebe a atenção de autores judaicos contemporâneos. V., p. ex.: Arthur WASKOW, *Torah of the Earth* (Woodstock, VT: Jewish Lights, 2000. v. 1); Ellen BERNSTEIN, *The Splendor of Creation: A Biblical Ecology* (Cleveland: Pilgrim, 2005); *Ecology and the Jewish Spirit* (Woodstock, VT: Jewish Lights, 2007); Hava Tirosh-SAMUELSON (Ed.), *Judaism and Ecology* (Cambridge, MA: Center for the Study of World Religions, 2003); Martin D. YAFFE, *Judaism and Environmental Ethics: A Reader* (Lanham, MD: Lexington, 2001); Moshe ZEMER, *Environment in Jewish Law: Essays and Response* (Berghahn, 2004).

uma palavra bíblica e, com certeza, os hebreus antigos não desenvolveram uma "ecologia" bem definida que pudesse ser estudada como qualquer outra disciplina. Isso não quer dizer, porém, que os escritores do AT não entenderam seu papel como seres humanos que viviam em um mundo criado pelo Deus que adoravam.

Em primeiro lugar, não há dúvida do interesse dos escritores do AT na responsabilidade do ser humano como "mordomo" do mundo material. Vários textos apoiam essa posição. Em Gênesis 2.7, declara-se que Deus formou os seres humanos (*adam*) do pó da terra (*adamah*). O vínculo entre as palavras *adam*, homem, e *adamah*, solo, é reconhecido por escritores contemporâneos.[188] O ser humano, tirado do "pó da terra", tem uma conexão "orgânica" com a criação. Foi o único ser vivente que recebeu a ordem de multiplicar e encher a terra e dominar os demais seres viventes (Gn 1.28). O texto de Gênesis 2.15 diz que Deus, ao pôr o ser humano no jardim, tinha a intenção de que o homem "o cultivasse e guardasse".[189] Há duas implicações principais nesta declaração. A primeira é a responsabilidade de "cultivar" ou "lavrar" a terra. O verbo "cultivar" é *'abad* e literalmente quer dizer "trabalhar" ou "servir". No contexto de Gênesis 2, a palavra indica que o ser humano tinha o direito e a responsabilidade de utilizar o mundo material para o próprio sustento. O verbo traduzido por "guardar" ou "preservar" é *sh¹mar* e serve, entre outras coisas, para esclarecer e "limitar" o que o ser humano podia fazer com a terra enquanto a cultivava. Subentende-se que, ao utilizar a terra para produzir o sustento, o homem devia ser prudente na forma de usá-la.

Segundo, apesar do pecado, que trouxe a maldição divina sobre o mundo material e dificultou a tarefa do ser humano (Gn 3.17-19), a terra ainda foi vista como o meio pelo qual Deus providenciaria as necessidades básicas do ser humano. O salmista declarou:

> *Da tua alta morada regas os montes; a terra se farta do fruto das tuas obras.*
> *Fazes crescer erva para os animais e verdura para o homem, de modo que da terra ele tire o alimento,*
> *o vinho que alegra o coração, o azeite que faz reluzir o rosto e o pão que lhe fortalece o coração* (104.13-15).

---

[188] JACOB, *Théologie...*, p. 127; Von RAD, *Teologia...*, p. 156.

[189] A ordem dos verbos no hebraico em Gênesis.2.15 é "lavrar" e "guardar". O texto da *NVI* inverteu a ordem hebraica das palavras ("cuidar" e "cultivar") enquanto a *VR* e a *ARA* refletem a ordem no texto hebraico. A *VR* traduziu a expressão por: "lavrar e cultivar" e a *ARA* por "cultivar e guardar".

Esse salmo demonstra claramente que Deus ainda desejava o bem-estar do ser humano e que seu plano era continuar provendo a suas necessidades básicas por meio da terra. Apesar da maldição, a terra ainda estava sujeita à soberania de Deus. Esse salmo apoia a *teocentricidade* da obra da criação[190] e fato de que tudo o que existe pertence a JAVÉ (Sl 24.1). É responsabilidade de Deus "manter" a terra para que dela mesma se produza o sustento de que o homem necessita.

Como resposta ao sustento que vem de Deus por meio da terra, o ser humano era responsável por expressar gratidão à bondade de Deus com ações de graças. Desde a narrativa de Caim e Abel, o homem trazia ofertas do fruto da terra como expressões de gratidão (Gn 4.2-4). As ofertas de cereais faziam parte de vários rituais religiosos. O dízimo do fruto da terra pertencia ao Senhor (Lv 27.30; Dt 14.22,28). Uma oferta de primícias era trazida ao sacerdote como ação de graças pelo dom da terra (Dt 26.2,10). Deus avisou seu povo do perigo de esquecer-se de que tudo que a terra produzia era consequência da providência divina (Dt 8.17,18).

Tudo isso mostra que uma das responsabilidades do povo que Deus criou e chamou para viver em sua presença era reconhecer que Deus é o criador dos céus e da terra e que não há nenhum outro que ocupe seu lugar. Declarar que Deus fez os céus e a terra é reconhecer, entre outras coisas, que ele é soberano absoluto sobre a vida e que tudo o que existe é dele. Portanto, a nossa adoração deve incluir esse reconhecimento. Fomos criados para cuidar da terra e cultivá-la. Apesar da maldição que caiu sobre a terra depois da rebelião do primeiro casal no jardim, Deus continua e continuará usando a terra para providenciar nosso sustento. A terra em sua situação atual pertence ao Senhor até o momento em que ele crie novos céus e nova terra (Is 65.17).

> *O mundo é teu, Senhor.*
> *Jamais esquecerei*
> *que embora existam erro e mal,*
> *Tu és eterno rei.*
> *O mundo é teu, Senhor,*
> *pois Cristo já venceu;*
> *inimizades destruiu,*
> *unindo terra e céu.*[191]

---

[190] Bullmore, *The Four Most Important...*, p. 144.

[191] Babcock, Maltbie Davenport. *O mundo é teu, Senhor*. Trad. João Wilson Faustini. In: *Hinário para o culto cristão*. Rio de Janeiro: Juerp, 1990. Número 45.

6.

O DEUS QUE FEZ HOMEM E MULHER

Nós, humanos, nos diferenciamos das outras espécies por nossa habilidade de pensar, de conceber e dar forma a ferramentas, e de construir máquinas que facilitam nosso trabalho, ou seja, nós inventamos.

BILL YENNE[192]

Pela visão científica, a pessoa é um membro da espécie formado pelas contingências evolucionistas da sobrevivência, apresentando processos de comportamento que o trazem sob o controle do ambiente em que vive.

B. F. SKINNER[193]

O ser humano verdadeiramente livre apenas quer o que pode e faz o que lhe agrada.

ROUSSEAU

O homem tem o valor que a si próprio dá.

FRANÇOIS RABELAIS

Que é o homem?

SALMO 8.4

A pergunta do salmista merece a nossa atenção. Ralph Smith notou que o AT faz três vezes esta pergunta (Sl 8.4; 144.3; Jó 7.17).[194] Existe uma resposta adequada? Somos mesmo criaturas que se distinguem das demais

---

[192] *100 invenções que mudaram a história do mundo*. Trad. Carla C. Melo. Rio de Janeiro: Ediouro, 2003, p. 11.

[193] *O mito da liberdade*. Trad. Leonardo Goulart e Maria Lúcia Ferriera Goulart. Rio de Janeiro: Bloch, 1973. p. 165.

[194] SMITH, *Teologia...*, p. 225.

somente pela capacidade que temos de fabricar e usar ferramentas? Em meados do século XX, o psicólogo americano B. F. Skinner propôs uma reposta à pergunta no livro *O mito da liberdade*. Conhecido como o autor da teoria de modificação do comportamento, Skinner defendeu sua teoria por meio do uso de reforços positivos e negativos. Suas ideias foram amplamente aceitas e aplicadas na psicologia e no magistério com resultados positivos. Ao mesmo tempo, foi criticado porque alguns entenderam sua teoria como uma ameaça à dignidade do ser humano.[195] Entre outras coisas, Skinner propôs uma maneira "científica" de estudar e alterar o comportamento humano. Seu objetivo era modificar a sociedade por meio da aplicação desses reforços, eliminando os elementos ruins que prejudicam a sociedade e reforçando os comportamentos desejados. Seus estudos nos levam a concluir que, do ponto de vista de Skinner, o ser humano é mais *reativo* que *proativo* em relação a sua interação com o próprio mundo.

As conclusões de Skinner em parte baseavam-se na noção de que o ser humano é produto de um processo de evolução pelo qual aprendeu como interagir com o mundo e com suas influências para sobreviver e criar cultura. As experiências do cientista incluíram observações de pequenos animais em ambientes controlados. Qual deve ser a posição da Igreja à luz dessa perspectiva? Deve o homem ser considerado uma espécie de ratinho numa caixinha que repete comportamentos para satisfazer suas necessidades básicas, ou o motivo das nossas ações é mais complexo? O texto bíblico em geral e o AT em particular nos oferecem outra maneira de entender a posição do ser humano no mundo que Deus criou? Essas perguntas levam-nos a considerar a questão da antropologia do AT.

Qual é o lugar do estudo da antropologia na TAT? Se a TAT trata de Deus à luz do AT, por que devemos considerar o papel do ser humano na elaboração de uma teologia? A resposta encontra-se na maneira pela qual o AT trata do ser humano. Implica o fato de que a questão *antropológica* no AT é, ao mesmo tempo, uma questão *teológica*. Do ponto de vista do AT, a única pessoa que pode dar uma resposta adequada acerca da natureza do ser humano é o nosso criador.

Quando o ser humano faz a pergunta sobre si mesmo, denota a capacidade de autorreflexão. Como se sabe, o ser humano é a única criatura capaz de refletir sobre si mesmo. Pode pensar sobre si mesmo e visualizar sua própria fisionomia, rosto e corpo. Somos capazes de pensar em nós mesmos, questionar a nossa própria existência e até o nosso valor. Smith citou os exemplos

---

[195] Um exemplo das críticas do trabalho de Skinner pode ser encontrado em Chomsky, Noam. The Case Against B. F. Skinner. *The New York Review of Books*. 30 dez., 1971.

de Moisés (Êx 3.11) e de Davi (2Sm 7.18) como personagens bíblicas que chegaram a questionar seu papel na história.[196]

Quando lemos essas passagens em seu contexto, normalmente não pensamos em termos antropológicos. Na realidade, elas tratam de uma pergunta *teo*antropológica. A questão não é sobre identidade, mas, sim, sobre valor. O textos citados falam de pessoas que, em determinado momento da vida, questionaram o próprio valor ou o propósito da existência. Nos dois casos, a pessoa estava na presença de Deus. Quando a pessoa é confrontada com Deus, a pergunta que faz é: "Quem sou eu?", ou "Que valor tenho?"

No AT, podemos ver que a determinação do nosso valor como seres humanos tem origem na maneira pela qual fomos criados. O AT nos oferece algumas palavras e passagens-chave que permitem a elaboração de uma resposta à questão *teo*antropológica. Primeiramente, consideraremos as várias palavras que o AT usa para se referir ao ser humano e, em seguida, examinaremos algumas passagens-chave que tratam da criação do ser humano.

A NATUREZA DO HOMEM E DA MULHER QUE DEUS CRIOU: A TERMINOLOGIA ANTROPOLÓGICA DO AT

Como é que o AT descreve o ser humano? Para responder, comecemos pelo vocabulário. Existem pelo menos quatro palavras que o AT usa para falar do ser humano. Em primeiro lugar, a palavra mais frequente é *'ish*, e sua forma feminina, *'ishshah*. A palavra refere-se normalmente ao homem como indivíduo, em distinção dos animais, e ao homem e à mulher em sua identificação como macho e fêmea. É possível que essa palavra seja derivada de um verbo que significa "ser corajoso". A implicação dessa conexão é que o ser humano tem o poder de tomar decisões e exercer vontade própria.[197] A segunda palavra menos frequente, e talvez mais conhecida, é a palavra *'adam*, normalmente traduzida pelo substantivo "homem" ou pelo nome próprio "Adão". A palavra aparece com ou sem o artigo definido "o" e pode ser traduzida por "o homem" em distinção à mulher, como é o caso, por exemplo, de Gênesis 2.22, em que "o homem" se refere ao homem, mas não à mulher; ou *o homem* pode referir-se ao homem em sua coletividade, como, por exemplo, em Gênesis 6.6 e Êxodo 9.9.

O contexto será fator determinante para a escolha da tradução de uma palavra. Aspecto interessante dessa palavra é seu vínculo com a palavra *'adamah*, que quer dizer solo ou terra. Por isso, alguns acham que a palavra (*'adam*)

---

[196] Smith, *Teologia...*, p. 226.

[197] Jacob, *Théologie...*, p. 127.

expressa a conexão que o homem tem com a terra. À luz de Jó 14.1, ('*adam*) também pode expressar a mortalidade humana. Em terceiro lugar, existe uma palavra que se encontra mais na literatura poética, '*enosh,* traduzida por "homem" ou "homens". É usada em Salmo 8.5 para indicar o homem em relação a Deus, com especial destaque para a diferença entre o ser humano e Deus. No Salmo 90, essa palavra refere-se à fragilidade do homem como criatura mortal, destinada a perecer da terra, e em Salmo 103.15 expressa as limitações que esse homem tem como ser mortal.

Finalmente, e em quarto lugar, existe uma palavra que não aparece frequentemente e, quando surge, encontra-se em vários contextos diferentes. Trata-se da palavra *geber*, traduzida por "homem" em Provérbios 30.1. Usada algumas vezes em contagens de pessoas (1Cr 23.3), pode referir-se ao homem mortal (Jó10.5; 14.14; Sl.89.48[H49]) ou a um menino recém-nascido (Jó 3.3). Normalmente se refere ao homem, mas não à mulher (Êx 10.11; Dt 22.5; Sl 127.5); em alguns contextos, porém, pode indicar o ser humano, especialmente em Salmos (34.8[H9]; 37.23; 40.5; 89.49; 94.12). Se a etimologia da palavra é considerada importante, *geber* pode significar a capacidade do homem de ser superior, de realizar tarefas, ou simplesmente de ser forte.[198] De acordo com Kosmala, *geber* implica força em termos gerais; portanto, um *geber* sem poder é uma contradição.[199] Em Salmos, *geber* é usado para descrever o homem em relação íntima com Deus. Deus mostrou-se benigno com o *geber* benigno (Sl 18.26) e firmou-lhe os passos (Sl 37.23). O *geber* que confia em Deus é bem-aventurado (Sl 34.9; 40.5; Jr 17.7) mesmo quando é repreendido (Sl 94.12).

Por meio dessas palavras, conhecemos somente alguns aspectos da natureza do ser humano. Trata-se de um indivíduo, que existe em dois gêneros sexuais, é capaz de viver em comunidade, é diferente dos demais animais, mas possui a mesma moralidade. É dotado de força e pode desfrutar de um relacionamento especial com Deus. Na próxima parte, vamos considerar outras palavras que o AT usa para referir-se aos seres humanos.

O ser humano é uma criatura

O texto bíblico mostra em palavras claras e objetivas que o ser humano é uma criatura: "Façamos o homem", "homem e mulher os criou", e "O Senhor Deus formou o homem do pó da terra". As implicações são importantes para entender tanto o papel do ser humano na criação como sua natureza. Mesmo

---

[198] Ibid. V. artigo de H[ans] Kosmala, *gabhar, TDOT*, p. 367-382. Kosmala argumentou que o significado de *gebher* é muito próximo da palavra *zakhar*, "macho" ou "varão".

[199] Kosmala, gabhar, p. 377. V., p. ex., Jeremias 22.30.

sendo o produto da obra criadora de um Deus eterno, o ser humano tem limitações intrínsecas que fazem parte de sua natureza. Uma dessas limitações é que somos criados "carne".

A palavra hebraica que normalmente é traduzida por "carne" ou "corpo" é *basar* e pode referir-se ao corpo tanto animal como humano. Em Gênesis 6.17, refere-se a todos os seres viventes, tanto animais como seres humanos. Pela palavra *basar*, entendemos que o ser humano é uma criatura e tem algo em comum com os demais animais.

Quando se refere ao ser humano, *basar* pode indicar o relacionamento familiar. Em Gênesis 37.27, é usada para descrever o relacionamento entre membros de uma família. Quando se refere ao corpo humano, faz alusão à parte do ser humano que é vulnerável a doenças. Quando Jó sofreu, foi seu *basar* que foi atingido (Jó 2.5; 7.5). No AT o corpo do ser humano é reconhecido como algo sujeito à enfermidade (Sl 38.8) e o que é de carne é mortal, destinado a perecer. Por isso, é perigoso confiar na "carne", isto é, em seres humanos, pois seu poder é limitado (Sl 56.4).

No sentido abstrato, a palavra *basar* pode significar a mortalidade do ser humano. A mortalidade faz parte da vida como pessoas criadas e é o que o indivíduo tem em comum com os demais seres viventes. O AT mostra claramente que o corpo não foi criado para durar para sempre. Por isso, às vezes a palavra *basar* se refere à fragilidade e à transitoriedade do indivíduo (Is 10.18; Jr 17.5). Quando Isaías declarou que *toda a humanidade é como a relva* (Is 40.6,7), comparou a vida do ser humano à relva, que logo murcha e desaparece. O salmista declarou que Deus tinha misericórdia de Israel e não destruíra seu povo rebelde porque *se lembrou de que eram meramente frágeis* (*basar*)(Sl 78.39).

Ao mesmo tempo, o AT estabeleceu ordenanças para o corpo e seu cuidado. O povo de Israel foi proibido de maltratar o corpo (Lv 19.28; 21.5). Antes do início do ministério dos levitas, eles tinham que passar por um ritual de purificação que incluía um banho cerimonial (Nm 8.7). O que significa dizer que o corpo, como obra criadora de Deus, é o instrumento pelo qual o indivíduo serve a Deus. Por isso, o corpo humano deve ser respeitado. O corpo nu não deve ser exposto, especialmente o corpo dos servos de Deus (Êx 20.26; 28.40-43). Quando os filhos de Noé descobriram sua nudez, tomaram providências de cobri-lo (Gn 9.22). Os profetas usaram a imagem da nudez como símbolo de vergonha e vulnerabilidade. O profeta Isaías avisou aos babilônios que Deus exporia a nudez da cidade e, dessa maneira, revelaria sua vergonha (Is 47.3). Ezequiel disse que ao escolher Deus a Israel, ele estendeu sua capa para cobrir a nudez de seu povo, indicando que ela lhe pertencia; assim, fez aliança com ela (Ez 16.8,9). Depois de Israel cometer "adultério", porém, Ezequiel afirmou que Deus exporia sua nudez diante de todos os seus "amantes" (Ez 16.35-37).

O ser humano é um ser vivente completo

O ser humano em sua condição física é muito mais do que carne e osso. De acordo com Gênesis 2.7, o homem que Deus formou do "pó da terra" foi animado pelo "fôlego" de Deus e tornou-se um "ser vivente." A expressão no hebraico é *nefesh hayyah* e, às vezes traduzida por "alma vivente". Essa tradução, porém, não expressa bem o significado da expressão no hebraico. A *Nova Versão Internacional* (*NVI*) traduz a expressão por "ser vivente", que é mais adequada, pois abrange o que Deus fez no momento de criar o ser humano. A palavra *nefesh*, traduzida por "alma" na *Versão Revisada*, refere-se à pessoa completa, não somente a uma parte interior do indivíduo. Por isso, talvez a melhor tradução da palavra *nepesh* seja "ser", não "alma". O homem que Deus criou foi um ser completo que recebeu a vida diretamente de Deus. Ele é *nefesh*; ele não "tem" *nefesh*.[200]

A tradução da palavra *nefesh* nem sempre é fácil porque está condicionada, como é comum, a uma variedade de significados determinados principalmente pelo contexto. Muitos acham que a palavra significava originalmente "respirar".[201] Por isso, às vezes a palavra se referia aos elementos associados com a respiração. Por exemplo, quando Jonas fez uma oração, sendo lançado no mar, disse: *As águas me cercaram até a alma* [*nefesh*], *o abismo me rodeou, e as algas se enrolaram na minha cabeça* (v. 2.5).[202] A *NVI* traduz o versículo assim: "As águas agitadas me envolveram", e indica em nota de rodapé que outra tradução possível é: "As águas estavam em minha garganta". No contexto, o profeta estava pedindo que Deus o salvasse porque sua vida estava em perigo. Portanto, neste contexto, a palavra *nepesh* refere-se à vida do profeta. Em outros contextos, *nefesh* refere-se a pescoço (Sl 105.18), fôlego (Jó 34.14) e pessoas (Gn 36.6).[203]

---

[200] WOLFF, Hans Walter. *Antropologia do Antigo Testamento*. Trad. Antonio Steffen. São Paulo: Loyola, 1978. p. 22.

[201] WALTKE, Bruce K. *napash*. In: HARRIS, R. Laird et al. (Orgs.). *Dicionário internacional de teologia do Antigo Testamento*. Trad. Márcio Loureiro Redondo, Luiz A. T. Sayão e Carlos Osvaldo C. Pinto. São Paulo: Vida Nova, 1998. p. 982. Daqui por diante, citado como *DITAT*.

[202] No hebraico, a referência é 2.6.

[203] Mais exemplos podem ser encontrados em WOLFF, *Antropologia...*, p. 22-41.

Apesar do fato de que a palavra *nefesh* possa se referir a animais,[204] normalmente se refere a pessoas ou algo que se relaciona à vida humana. Frequentemente foi empregada em relação ao indivíduo "anônimo", como qualquer pessoa que trazia uma oferta ao tabernáculo para entregar ao sacerdote (Lv 2.1, passim) ou ao estrangeiro que morava com os israelitas (Lv 17.12,14,15). Pode designar pessoas que fazem parte de um grupo familiar (Gn 12.5; Êx 12.4) ou de um grupo maior, como os descendentes de Jacó (Êx 1.5). É comum ver a palavra relacionada à vida humana em geral (Êx 21.23).

Em alguns contextos, *nefesh* é usada para descrever o apetite ou o desejo de um indivíduo. Entre eles, pode se referir ao apetite físico (Dt 23.25) ou ao desejo ardente por uma pessoa (Gn 34.8). O apetite de um indivíduo também pode ser dirigido para Deus. Era para Deus que o salmista elevou sua "alma" (Sl 25.1). Aqui, entendemos que a palavra *nefesh*, traduzida por "alma" na *Almeida Revista e Corrigida (ARC)* e na *Almeida Revista e Atualizada (ARA)*, se refere à pessoa completa, não somente a sua vida "interior". É nesse sentido que o fiel procuraria o Senhor como a corça "anseia [suspira] pelas águas correntes" (Sl 42.1[H2]).

O ser humano é um ser espiritual[205]

Uma das implicações da criação do ser humano à imagem de Deus é que se trata de um ser espiritual. A palavra hebraica que descreve esse aspecto é *ruah*, traduzida normalmente por "espírito" e que também pode significar "ar" ou "respiração". Em alguns contextos, o AT comparou o espírito do ser humano à respiração (Jó 12.10; 34.14; Is 57.16). Nesse sentido, a palavra é usada para fazer distinção entre o ídolo que não tem *ruah* e o ser humano que possui *ruah*. Ou seja, o ídolo não tem "espírito", isto é, respiração e vida, mas o ser humano tem. A palavra *ruah* pode ser sinônima de *hayyim*, vida.[206] Entendido assim, *ruah* refere-se à força vital do corpo, o elemento da vida que dá ânimo ao corpo. No AT, uma pessoa em movimento demonstra que é, ou possui, *ruah*, isto é, que existe uma força vital que está animando ou criando tal movimento na pessoa. O profeta Isaías, ao falar da criação dos seres humanos, disse:

> *Assim diz Deus, o* Senhor, *que criou os céus e os desenrolou, e estendeu a terra e o que dela brota; que dá fôlego [neshama] ao povo que nela habita e vida [ruah] aos que andam por ela* (Is 42.5).

---

[204] V., p. ex., Gênesis 1.20,24,30; 2.19; 9.12,15,16; Levítico 11.10,46; Ezequiel 47.9.

[205] V. discussão de espiritualidade humana em Knierim, Rolf P. *The Task of Old Testament Theology: Substance, Method, and Cases.* Grand Rapids: Eerdmans, 1995. p. 271-297.

[206] V., p. ex., Jó 10.12.

Nesse contexto, a pessoa que tem fôlego (*neshama*) também tem vida ou espírito (*ruah*). As duas palavras aqui são sinônimas, mas não se trata somente de respiração, como também daquilo que dá vitalidade ao corpo. A força vital que anima o corpo.[207]

A palavra "espírito" pode significar a atitude ou a disposição física e/ou mental. Nesse sentido, *ruah* pode ser usada de maneira semelhante ao uso em português que se refere à atitude de uma pessoa, sua disposição ou vontade. Um exemplo desse uso encontra-se em 1Samuel 30.12:

> Eles encontraram um egípcio no campo e o trouxeram a Davi; deram-lhe comida e água para beber; deram-lhe também um pedaço de pasta de figos secos e dois cachos de passas. Depois de ter comido ele recobrou o ânimo [ruah]; pois havia três dias e três noites que não se alimentava nem bebia água (1Sm 30.12).

A palavra traduzida aqui por "ânimo" é *ruah*. Outras traduções são "forças" ou "alento." Nesse contexto, podemos entender *ruah* como referência à disposição tanto física quanto espiritual.

A *ruah* de uma pessoa pode ser influenciada por Deus, dando-lhe vontade de cumprir uma tarefa específica. Um exemplo desse aspecto é encontrado no livro de Esdras:

> No primeiro ano de Ciro, rei da Pérsia, para que se cumprisse a palavra do SENHOR anunciada pela boca de Jeremias, o SENHOR despertou o espírito [ruah] de Ciro, rei da Pérsia, para que ele proclamasse o seguinte decreto por todo o seu reino e também o divulgasse por escrito [...] (Ed 1.1).

Segundo a tradução da *Almeida 21*, o texto diz que Deus despertou o "espírito" (*ruah*) de Ciro, dando-lhe disposição para que o povo de Israel retornasse do cativeiro para sua terra a fim de reconstruir a cidade de Jerusalém. Houve uma mudança de atitude em Ciro, um homem não fiel a Deus que é despertado pela ação desse mesmo Deus. Assim, é a *ruah* da pessoa que pode ser influenciada por Deus. É o aspecto que Deus toca no ser humano quando quer gerar alguma mudança no indivíduo. Davi confiou no poder de Deus de mudar seu espírito depois de pecar com Bate-Seba, dizendo: *Ó Deus, cria em mim um coração puro e renova em mim um espírito inabalável* (Sl 51.10).

No AT, é a *ruah* do ser humano que pertence a Deus, que a deu ao homem. Como afirmou *Qohelet*, quando uma pessoa morre, é a *ruah* que se

---

[207] Cf. EICHRODT, *Teologia...*, p. 591.

volta para Deus: [...] *e o pó volte à terra como era, e o espírito volte a Deus, que o deu* (Ec 12.7). Às vezes, essa passagem é utilizada como "prova" de que, no AT, o ser humano é formado de duas partes principais, corpo e espírito. Em nosso ponto de vista, é difícil afirmar isso somente à luz dessa passagem, pois seria uma compreensão parcial tanto do AT quanto da palavra *ruah*. Apesar das transformações que acontecem quando uma pessoa morre, em termos da descrição do ser humano, a *ruah* não é algo que pode ser separada facilmente do indivíduo. O AT normalmente trata do ser humano como unidade, e é apenas no momento da morte que podemos dizer que há a separação entre corpo e espírito. Para Eichrodt, a palavra *ruah* refere-se ao nível mais elevado do ser humano, isto é, sua vida interior.[208] É o aspecto do ser humano que busca por Deus. O salmista, em sua angústia, clamou a Deus:

> *Busco o Senhor no dia da minha angústia; à noite, minha mão fica estendida e não se cansa; minha alma se recusa a ser consolada.*
> *Lembro-me de Deus e começo a gemer; medito, e meu espírito [ruah] desfalece* (Sl 77.2,3).

Por isso o salmista entregou a Deus seu espírito, sabendo que somente ele é capaz de cuidar de sua vida (Sl 31.5). Neste sentido, a *rûαμ* é a própria vida do indivíduo.

O ser humano é um ser volitivo

O AT também fala do coração do ser humano. Normalmente, as palavras traduzidas pela palavra "coração" são *leb* e *lebab*. Como é o caso de muitas palavras, essas duas podem ter uma variedade de significados. A palavra *leb* pode referir-se a um órgão físico do ser humano (1Sm 25.37; 2Rs 9.24) ou a região do peito (Êx 28.29,30). Na maioria das ocorrências dessas palavras, o significado tem um sentido abstrato, referindo-se ao interior do ser humano. O coração é o centro emocional do indivíduo onde residem os sentimentos (Êx 4.14; Jz 16.25; 19.6). No coração residem todas as emoções humanas: alegria (1Sm 2.1), amor e paixão (Jz 16.15), medo (1Sm 28.5), remorso (1Sm 24.6), inveja (Pv 23.17), ansiedade (Pv 12.25), tristeza (Pv 25.20) e ira (Pv 19.3).

No AT, o coração é o "órgão" onde se encontram a mente, o entendimento, a consciência, o caráter, a disposição, as intenções e a vontade do

---

[208] EICHRODT, *Teologia...*, p. 593.

118 O DEUS DE ISRAEL

indivíduo.[209] Portanto, pode referir-se ao centro da vontade do homem. Quando Deus observou a situação dos homens em Gênesis, viu que *a maldade do homem na terra era grande e que toda a imaginação dos pensamentos de seu coração era continuamente má* (Gn 6.5). É no coração que o ser humano toma as decisões que dirigem sua vida:

> *Agrada-te também do* Senhor*, e ele satisfará o desejo do teu coração* (Sl 37.4).

> *O coração do homem planeja seu caminho, mas o* Senhor *lhe dirige os passos* (Pv 16.9).

Para os sábios de Israel, o coração era essencial para o estabelecimento da qualidade de vida do indivíduo. O que entrava no coração influenciaria a vida do indivíduo. A condição do coração estava refletida na disposição da pessoa:

> *O coração tranquilo é a vida do corpo; a inveja, porém, apodrece os ossos* (Pv 14.30).

> *O coração alegre embeleza o rosto, mas o espírito se abate pela dor do coração* (Pv 15.13).

> *A luz dos olhos alegra o coração, e boas notícias dão saúde aos ossos* (Pv 15.30).

> *O coração do sábio instrui sua boca e aumenta em seus lábios o conhecimento* (Pv 16.23).

Por isso, o conselho do sábio é:

> *Acima de tudo que se deve guardar, guarda o teu coração, porque dele procedem as fontes da vida* (Pv 4.23).

No AT existe um vínculo entre o coração (*leb*) e a alma (*nefesh*). Quando as duas palavras aparecem lado a lado, normalmente se referem a uma dedicação completa a uma coisa ou pessoa. Em alguns contextos, as duas palavras podem ser consideradas sinônimas. Salmo 84.2(H3) declara: *Minha alma* [*nefesh*] *suspira e desfalece pelos átrios do* Senhor*; meu coração* [*leb*] *e meu corpo clamam pelo Deus vivo*. A intenção do salmista foi mostrar o desejo completo de estar na presença do Senhor.

A expressão "de todo o coração e de toda a alma" se encontra pelo menos oito vezes no livro de Deuteronômio.[210] O contexto da maioria das ocorrências são exortações à obediência. Por exemplo, Deuteronômio 10.12 declara:

---

[209] Holladay, William L. *A Concise Hebrew and Aramaic Lexicon of the Old Testament*. Grand Rapids: Eerdmans, 1971. p. 171-172.

[210] Cf. 4.29; 6.5; 10.12; 11.13; 13.3; 30.2,6,10. V. tb. Josué 22.5; 23.14.

Ó Israel, o que é que o SENHOR, teu Deus, exige de ti agora, exceto que temas o SENHOR, teu Deus, que andes em todos os seus caminhos e ames e sirvas o SENHOR, teu Deus, de todo o coração e de toda a alma [...].

Isso mostra não somente a importância da obediência para o povo, mas também a profundidade do compromisso que o SENHOR desejava de seu povo. A obrigação do povo da aliança era cumprir todos os estatutos e ordenanças "de todo o coração e de toda a alma", uma dedicação completa e sem reserva.

Esse compromisso é reforçado e estendido no *Shemá* (Dt 6.4-9). O *Shemá* começa pela declaração da unicidade de JAVÉ: *Ouve, ó Israel: O SENHOR, nosso Deus, é o único SENHOR.*

Em seguida, vem a exortação para que a nação ame o SENHOR *de todo o teu coração [leb], com toda a tua alma [nefesh] e com todas as tuas forças [me'od]* (Dt 6.5). À luz da explicação mencionada, entendemos que esse texto se refere principalmente à vontade do indivíduo. A palavra "alma" (*nefesh*) talvez seja traduzida melhor por "ser", no sentido da pessoa completa. A terceira palavra reforça ainda melhor essa interpretação. A palavra traduzida por "forças" é a palavra *me'od*. Normalmente a palavra é usada como adjetivo e é traduzida por "muito" (Gn 1.31). Em Deuteronômio 6.5, porém, *me'od* é usada como substantivo. Nesse sentido, a palavra quer dizer literalmente "grande quantidade de". As traduções portuguesas contemporâneas normalmente entendem a palavra no sentido de "forças" ou "força," mas talvez a melhor tradução seja "o seu tudo". Traduzido dessa forma, o versículo refere-se ao indivíduo como um todo. Se fosse apresentado de maneira gráfica, as três palavras podiam ser entendidas como "círculos concêntricos" que começam pelo coração do indivíduo e que se estendem até a pessoa completa. Dessa forma, o ser humano não podia ser reduzido a uma divisão nitidamente tripartite.

Tal terminologia pode nos ajudar a entender melhor a antropologia do AT. Principalmente por nos mostrar a complexidade do ser humano. À luz dessa terminologia, vemos como é difícil reduzir o ser humano a alguns componentes nitidamente separados. O ser humano é um conjunto de elementos que funcionam em conjunto. Todos os aspectos contribuem para definir o que é o ser humano. Uma antropologia bíblica, porém, não se faz unicamente na base da terminologia. Podemos ver na Bíblia que a verdadeira natureza humana se encontra na variedade de relacionamentos que o homem desenvolve e nas respostas dinâmicas que ele dá a esses relacionamentos.

PASSAGENS-CHAVE

Gênesis 1.26,27

> E disse Deus: Façamos o homem à nossa imagem, conforme nossa semelhança; domine ele sobre os peixes do mar, sobre as aves do céu, sobre o gado, sobre os animais selvagens e sobre todo animal rastejante que se arrasta sobre a terra.
>
> E Deus criou o homem à sua imagem; à imagem de Deus o criou; homem e mulher os criou.

Talvez não exista uma passagem mais importante do que essa no AT quando se fala da natureza do ser humano. Ao mesmo tempo, talvez não exista uma passagem tão difícil de se explicar. Uma breve análise da passagem em seu contexto pode nos ajudar a compreender melhor o ser humano do ponto de vista do AT.

O primeiro aspecto que deve ser destacado, e que nem sempre recebe atenção, é a diferença de linguagem usada pelo autor bíblico na descrição do ato de criação do ser humano e dos demais animais. No contexto mais amplo da criação, entendemos que, ao fazer os demais animais, Deus disse: *Produza*[211] *a terra seres vivos segundo suas espécies* (Gn 1.24a). Depois, o texto traz um resumo do ato: *E Deus fez os animais selvagens, segundo suas espécies* (Gn 1.25a). Duas coisas devem ser óbvias. A primeira é que, na criação dos animais, Deus "ordenou" a participação da terra no processo. O texto não fornece mais informações além desta. Talvez a implicação mais clara seja a demonstração da soberania de Deus sobre sua criação, envolvendo o mundo material no processo da criação. A segunda é que, na propagação das espécies, os seres viventes dão continuidade a si mesmos "segundo suas espécies".[212] Isso significa que os animais se propagaram conforme o padrão de sua criação, dando continuidade cada um a sua "raça". Disso se deduz que um tipo de animal continuaria se reproduzindo segundo seu gênero e espécie e não "pularia a cerca" para começar a produzir outro tipo de criatura.

Quando o texto fala da criação do ser humano, a linguagem é diferente. O verbo que descreve o ato de criar o ser humano é "fazer".[213] O fato de o verbo estar na primeira pessoa do plural já gerou muita discussão e não será possível

---

[211] O verbo traduzido por "produza" é *yasa*, usado aqui no imperfeito do *hifil*. O sentido básico do verbo é "sair". No *hifil* o significado é "causar a saída".

[212] A palavra traduzida por "espécies" pela *NVI* e outras traduções é a *min*, e não se refere necessariamente à palavra científica moderna "espécie". Pode comunicar a ideia de gênero ou, talvez, classe.

[213] Primeira pessoa do plural do *qal* perfeito do verbo 'asah, mas aqui o verbo funciona como coortativo e tem a força do imperativo.

nesta breve análise tratar de todas as questões envolvidas nesta única palavra. Talvez a maneira mais simples (e bíblica) seja ver tal palavra no contexto da criação de todos os seres viventes. Como já observado, quando Deus começou a criar os demais seres viventes, ele falou à terra. Na criação do ser humano, porém, os "ouvintes" são outros. Não sabemos a *quem* exatamente essa declaração foi dirigida porque o texto não esclarece. As sugestões variam desde um "concílio celestial" de anjos até a Trindade. É óbvio que o autor bíblico não explicou o significado da escolha dessa forma verbal. É possível que a sugestão de Walther Eichrodt tenha mérito ao dizer que a forma plural do verbo visa evitar uma conexão direta com a forma do próprio Deus e, por isso, o autor não usa a forma do verbo na primeira pessoa do singular.[214] Seja qual for o caso, no contexto da criação dos seres viventes, o fato de Deus mudar o "ponto de partida" da criação dos seres humanos da terra para si mesmo mostra uma diferença fundamental no entendimento do autor bíblico quanto à natureza do ser humano em relação aos demais animais. Deus não disse à terra: "Produza a terra seres humanos", mas usou uma forma verbal que incluiu a si mesmo diretamente na criação do ser humano.

As duas palavras que descrevem a natureza da criação do ser humano são *selem* e *demut*, traduzidas respectivamente por "imagem" e "semelhança". A palavra *selem* é usada em vários contextos no AT. De vez em quando, refere-se a uma imagem esculpida, isto é, um ídolo (Nm 33.52; Ez 7.20; 16.17) ou outro objeto (1Sm 6.5,11). Quando se trata de um ídolo, comunica a ideia de que o deus representado está "presente" na imagem. Não se deve concluir, porém, que, à luz dessas poucas referências, a forma física do ser humano representa a imagem física de Deus ou que o AT ensina que Deus tem uma forma física. A Bíblia ensina claramente que Deus é espírito e proíbe qualquer representação física de Deus.

A palavra *demut* deixa isso ainda mais claro, porque *demut* quer dizer "semelhante", mas não igual. Podemos ver isso nos exemplos bíblicos. Em 2Reis 16.10, a palavra *demut* se refere à planta de um modelo de altar. Em Ezequiel 1, a palavra é usada para descrever o que o profeta viu em sua visão. Os quatro seres viventes de Ezequiel 1.5 tinham a aparência de homens, mas obviamente não eram humanos. Portanto, a palavra *demut* comunica que algo pode ser semelhante sem ser igual.

Uma característica do uso dessas duas palavras é que evidentemente ambas podem funcionar como sinônimos, ou seja, podem não se referir a dois

---

[214] EICHRODT. *Teologia...*, p. 585.

122 O DEUS DE ISRAEL

aspectos distintos. As duas aparecem em Gênesis 1.26 e servem para complementar-se. Em outros contextos, somente uma das palavras é utilizada para descrever a natureza da criação do ser humano. Em Gênesis 1.27, o texto diz que Deus criou o homem e a mulher à sua imagem (*selem*). O texto de Gênesis 5.1 nos informa que Deus criou o homem "à semelhança (*demut*) de Deus". Daí podemos concluir que ambas as palavras podem ser usadas como sinônimos.

Childs notou que no AT não existe uma descrição teológica da natureza da imagem de Deus.[215] Se queremos encontrar o significado de *selem* e *demut*, deveremos procurar no contexto da passagem em que as palavras se encontram. Pelo contexto, a criação do ser humano segundo à imagem de Deus lhe deu o direito de exercer domínio *sobre os peixes do mar, sobre as aves do céu, sobre o gado, sobre os animais selvagens e sobre todo animal rastejante que se arrasta sobre a terra* (Gn 1.26). Entendemos que a responsabilidade de dominar é o resultado da criação do ser humano conforme a imagem divina, e não sua característica principal. Não é o exercício de domínio que define o ser humano, mas é sua criação conforme a imagem de Deus que dá a ele o direito e a responsabilidade de ser o mordomo da terra.[216] Por meio do domínio é que o ser humano dá evidência da natureza de sua criação. Ele é o único ser vivente que tem tal capacidade.

Na visão de Eichrodt, é o caráter pessoal de Deus que deve ser considerado como a marca distintiva do ser humano como imagem de Deus.[217] É essa característica mais do que qualquer outra que definiu a natureza do ser humano como imagem de Deus. Ele concluiu:

> Quando se diz que o homem foi criado à semelhança de sua imagem, não pode significar senão que também o ponto distintivo de sua natureza é o de ser pessoa. O homem participa do ser pessoal de Deus; enquanto ser capaz de autoconsciência e autodeterminação, está aberto ao diálogo divino e pode ter uma conduta responsável. Esse caráter pessoal impregna a totalidade de sua existência físico-espiritual; é o resumo de tudo o que é humano, o que distingue o homem das demais criaturas.[218]

Certamente é impossível negar tanto o aspecto pessoal do ser humano quanto seu "domínio" sobre a terra. Aliás, as duas características manifestam-se no ser humano de formas que não podem ser vistas nas demais criaturas.

---

[215] CHILDS, *Old Testament...*, p. 97-98.

[216] Para uma discussão do ponto de vista da teologia sistemática da imagem de Deus, v.: ERICKSON, *Christian Theology*, p. 495-517.

[217] EICHRODT, *Teologia...*, p. 586.

[218] Ibid.

Gênesis 2.7

E o SENHOR Deus formou o homem do pó da terra e soprou-lhe nas narinas o fôlego da vida; e o homem tornou-se alma vivente.

Este texto, que para muitos é o mais antigo da narrativa de Gênesis 1, fala da criação do homem em termos muito mais "íntimos" do que o primeiro. Em Gênesis 1, Deus cria simplesmente por meio da palavra. Em Gênesis 2, encontramos várias expressões antropomórficas. Deus cria por meio do "trabalho braçal", isto é, ele moldou o homem do pó da terra e sopra vida em suas narinas. Depois, como jardineiro, Deus "põe a mão na massa" e planta um jardim.

O escritor bíblico usou as palavras para mostrar dois aspectos principais sobre a criação do ser humano. O primeiro aspecto é o vínculo que existe entre o ser humano e a terra. A palavra hebraica traduzida por "homem" é *'adam*, e a palavra traduzida por "terra" é *'adamah*. Nesse sentido, Deus formou *'adam* de *'adamah*. A implicação mais clara do texto é que existe um vínculo direto entre o ser humano e as demais coisas criadas. Seu corpo é formado da mesma substância do mundo material. Essa afirmação não contradiz o que o texto diz sobre a criação dos seres humanos em Gênesis 1. Mesmo usando o "pó da terra" como "matéria-prima", é o próprio Deus quem faz a obra.[219]

O segundo aspecto importante nesta passagem é o fato de que Deus soprou diretamente o "fôlego de vida" nas "narinas" do ser criado da terra. A implicação é que, na criação do ser humano, o próprio Deus "animou" esse ser. A palavra traduzida por "fôlego" aqui é *neshama* e pode ser traduzida também por "respiração" ou "sopro". Refere-se tanto ao fôlego de homens como de animais. Em alguns contextos, pode indicar a própria vida. Jó declarou: *enquanto eu tiver alento, e o sopro de Deus estiver nas minhas narinas* (27.3) que não falaria injustiças ou engano. Em Isaías 42.5, o profeta descreveu o SENHOR como o Deus que deu "fôlego" aos moradores da terra. Nessa mesma passagem, a palavra *neshama* se encontra em uma construção paralela com a palavra *ruah*. O vínculo entre "fôlego" e "espírito" é frequente no AT e indica uma conexão entre vida e espírito. Em Provérbios 20.27, a palavra *neshama* é traduzida por "espírito" ou "alma."

Dizer que o próprio Deus deu aos seres humanos seu "fôlego" não é dizer, como consequência, que o ser humano tem algo divino "embutido" em seu

---

[219] Compare a posição de Eichrodt sobre a conexão entre *'adam e 'adamah* em EICHRODT, *Teologia...*, p. 591, nota 56.

O DEUS DE ISRAEL

organismo. O AT é enfático ao afirmar que existe uma diferença básica entre o ser humano e Deus (Is 31.3). Do ponto de vista dos escritores do AT, o ser humano é o produto do poder criador de Deus; não é uma "extensão" do divino na terra, como se possuísse uma "faísca" do divino em si mesmo.[220] O resultado dessa ação criadora de Deus é um "ser vivente."[221] Apesar de algumas versões traduzirem a expressão hebraica por "alma vivente", a melhor tradução é "ser vivente". O que Deus criou foi um ser completo, não somente uma "alma" no sentido popular da palavra.[222]

Salmo 8

O melhor comentário sobre a criação do ser humano talvez se encontre no Salmo 8. Classificado como hino, este salmo destaca-se tanto pela beleza expressiva quanto pela estrutura literária. O hino começa e termina com o mesmo refrão: *Ó Senhor, nosso Senhor, como teu nome é magnífico em toda a terra!* Essa declaração forma as "camadas externas" do salmo, encaixando todo o seu conteúdo entre suas duas ocorrências de louvor. No meio do salmo, encontramos uma pergunta aguda e uma declaração surpreendente. O salmista considera o ser humano e as implicações de sua posição no universo e concluiu:

> *Quando contemplo os teus céus, obra dos teus dedos, a lua e as estrelas que estabeleceste,*
> *que é o homem, para que te lembres dele? E o filho do homem, para que o visites?*
> *Tu o fizeste um pouco menor que os anjos e o coroaste de glória e honra.*
> *Deste-lhe domínio sobre as obras das tuas mãos; tudo puseste debaixo de seus pés:*
> *todas as ovelhas e os bois, assim como os animais selvagens,*
> *as aves do céu, os peixes do mar e tudo o que percorre as veredas dos mares* (Sl 8.3-8).

O que esse salmo pode nos dizer a respeito da natureza do ser humano? A palavra traduzida por "homem" neste salmo é *enosh*, uma palavra usada principalmente na literatura poética. Neste salmo, a palavra descreve o ser

---

[220] A noção de "faísca do divino" no ser humano é uma característica de literatura religiosa oriental-judaica e da filosofia chamada "teosofia". Um exemplo de literatura teosófica é: C. W. Leadbeater, *A Textbook of Theosophy* (India: The Theosophical Publishing House, 1912). Mais recentemente, o tema tem imergido na literatura do movimento Nova Era.

[221] *nefesh hayyah.*

[222] De acordo com Wolff, "*nefesh* deve ser olhado aqui em conjunto com a figura total do homem e especialmente com sua respiração; por isso, o homem não tem *nefesh*, mas é *nefesh*". Cf. Wolff, p. 22. As traduções e sentidos principais: garganta (Is 5.14; Ec 6.7; Nm 21.5), pescoço (Sl 105.18; 1Sm 28.9), respiração (Jó 34.14), desejo (Ct 1.7; Os 4.8; Pv 23.2), ser vivente (Gn 1.20; 2.19), ser humano (Gn 2.7), pessoas (Gn 36.6; Nm 31.28); vida (Sl 30.4; Pv 7.23; Lv 17.11), morto (Lv 19.28; Nm 6.6).

humano como mortal, enfatizando a pequena estatura do ser humano em face da vasta criação de Deus. Por isso, às vezes a palavra é traduzida por "mortal"[223] ou significa o ser humano na sua fraqueza.[224]

O escritor usou um paralelismo nesta passagem para comunicar sua visão da natureza do ser humano em face da criação: *Que é o homem* [*enosh*]*, para que te lembres dele? e o filho do homem* [*bene-adam*]*, para que o visites?*

Parafraseando o salmista, teríamos algo assim: "Que é o homem frágil e mortal para que te preocupes com ele? O que é esse ser, nascido de mulher, que merece a atenção de Deus?" A resposta é que esse ser foi criado um pouco menor ou abaixo de *elohim*. A palavra *elohim*, normalmente refere-se a "Deus", embora em algumas traduções constem "anjos" ou "seres celestiais". Nossa posição é que a melhor tradução da palavra *elohim* é "Deus". Concordamos com Eugene Merrill que a "hierarquia" bíblica é Deus, homem, anjos e animais.[225] O salmista continua: "o coroaste de glória e honra". Nessa expressão, o salmista comunicou um paradoxo: de um lado temos um ser frágil e mortal; do outro, um ser que recebeu a atenção única e especial de Deus. O salmo não trata especificamente do ser humano como imagem de Deus, mas de sua posição e lugar nas coisas criadas. O salmo mostra a alta posição do ser humano na criação, por ser a única parte da criação que tem o poder e a responsabilidade de administrar o que Deus criou. Ele é o administrador do mundo criado e está, ao mesmo tempo, sujeito à soberania de Deus. Comentando sobre as implicações teológicas deste salmo, J. Clinton McCann disse:

> Falhar em considerar com seriedade a centralidade do ser humano na criação é correr o risco de ignorar a responsabilidade que nos foi concedida por Deus de exercer domínio, de ser o mordomo fiel de "todas as coisas". Mas a estrutura do salmo também sugere que a glória humana e o domínio são *derivados*. O domínio humano é delimitado, tanto do ponto de vista estrutural quanto teológico, pela majestade soberana de Deus.[226]

ALGUMAS AFIRMAÇÕES À LUZ DO TEXTO

À luz das passagens anteriores, podemos fazer algumas afirmações sobre a natureza do ser humano conforme o AT.

---

[223] V., p. ex., Jó 4.17; 9.2.

[224] V. Salmos 9.21; 90.3; 103.15; Is 51.12

[225] MERRILL, *Teologia...*, p. 212.

[226] McCANN, *Theological Introduction...*, p. 58-59.

A mortalidade do ser humano

A nossa condição como criaturas significa que todos nós sofremos o mesmo "destino" quando chegamos ao fim da vida física. Todos morreremos. Do ponto de vista dos escritores do AT, todo ser humano, ao morrer, está destinado a ir para o *Sheol (sh®°ôl)*. Infelizmente, o AT não nos dá uma descrição completa da natureza do *Sheol*, mas, à luz das referências existentes, podemos esboçar as características principais desse lugar sombrio.[227]

Traduzida nas várias versões em português por "sepultura" "sepulcro", "cova", "abismo", "portas da morte" e "inferno", a palavra *Sheol* refere-se principalmente ao lugar de todos os mortos.[228] Pelo contexto da maioria das referências, os hebreus entendiam *Sheol* como um lugar abaixo da terra e muitas vezes sinônimo de cova, sepultura ou da própria morte. Em termos gerais, o *Sheol*. "não faz acepção de pessoas", isto é, todas as pessoas, quer justas quer ímpias, foram destinadas a descer ao *Sheol*. O salmista declarou em sua angústia: *Que homem poderia viver sem ver a morte ou livrar-se do poder da sepultura [Sheol]?* (Sl 89.49). Ao ouvir que o filho José estava supostamente morto, Jacó rasgou suas vestes e lamentou porque nunca mais veria o filho, pelo menos na terra dos viventes. A sua única esperança seria "descer" por seu filho até o *Sheol* (Gn 37.35). A implicação é que Jacó encontraria o filho somente depois da morte quando os dois se reencontrariam no *Sheol*. Nessas referências, é óbvio que *Sheol* se refere a cova.

Os salmos nos oferecem uma visão poética desse lugar. *Sheol* foi considerado um lugar de esquecimento em que ninguém pode louvar a Deus (Sl 6.6). Era um lugar de sombras e tristeza. Um salmista lamentou sua condição, dizendo:

> [...] *porque a minha alma está cheia de angústia, e a minha vida se aproxima da morte.*
> *Já sou contado entre os que descem à cova; estou como um homem sem forças,*
> *atirado entre os mortos; como os feridos de morte que jazem na sepultura, afastados do teu cuidado e dos quais já não te lembras.*
> [...]
> *Tuas maravilhas serão conhecidas nas trevas, e tua justiça, na terra do esquecimento?*
> (Sl 88.3-5,12).

---

[227] Para discussões mais completas, v. tratamento de Smith, *Teologia...*, p. 357-378 e Merrill, *Teologia*, p. 212-219.

[228] As referências bíblicas a *Sheol* são várias. Aqui apresentamos somente algumas: Gênesis 37.35; Números 16.30; Jó 17.16; Salmos 19.17[18]; 55.15[H16]). Quanto à variedade de traduções em português, v. lista sugerida por Harris, *sha'al*. In: *DITAT*, p. 1501-1505. Na nossa opinião, de todas as traduções sugeridas e usadas nas Escrituras em português, a palavra "inferno" é a menos preferível, porque a palavra *Sheol* não significa o que entendemos por inferno à luz do NT.

Como criatura feita por Deus, o ser humano é de natureza mortal. O corpo humano não foi feito para durar para sempre. Aliás, a morte foi incluída nas consequências do pecado do casal no jardim. Do ponto de vista bíblico, a morte física é uma experiência universal para o ser humano. Essa visão é reforçada pelo refrão que se encontra na genealogia de Gênesis 5: *viveu* [...] *e morreu*.

Uma das consequências da mortalidade do homem é sua fragilidade como criação. Conforme observou Smith, o AT expressa a fragilidade humana de várias maneiras.[229] Ele é "como a relva", que murcha, e como a flor, que cai (Is 40.6). Nosso corpo é comparado a *casas de barro, cujo alicerce está no pó* (Jó 4.19). Quando somos comparados a Deus, somos como o pó da terra, destinados a voltar ao pó de onde fomos tirados (Sl 90.3; Ec 3.20). Por isso, é melhor buscar refúgio no Senhor do que confiar nos homens (cf. Sl 118.9).

A responsabilidade do ser humano

Apesar da fragilidade do ser humano, Deus entregou em suas mãos a mordomia da terra. Criado à imagem de Deus, ele é a única criatura que recebeu tanto a capacidade como o direito de administrar. Como Deus domina sobre o universo, o ser humano domina sobre a terra. Como representante de Deus, tais ações estão incluídas na capacidade de dominar que tem o ser humano. O Salmo 8 apresenta essa responsabilidade nos termos de um paradoxo. Ao contemplar a grandeza do universo e o lugar do ser humano, o salmista entendeu a pequenez da humanidade diante de tudo que Deus criara. Mesmo assim, declarou que Deus não somente o coroara de glória quanto também lhe dera a responsabilidade de dominar sobre as obras de suas mãos (v. 5,6) O salmista apenas estava repetindo o que o escritor bíblico afirmara em Gênesis 1 e 2.

A nossa responsabilidade estende-se sobre as criaturas e sobre a terra. À luz de Gênesis 2.15, devemos entender a nossa função de mordomos mais como "guardiões" e menos como "exploradores" da terra. Na capacidade de mordomos, ou administradores, temos o direito de usar a terra para o nosso sustento, mas não o direito de destruí-la. Talvez a implicação mais óbvia seja a responsabilidade ecológica.

O valor do ser humano

Como devemos determinar o valor do ser humano? O nosso valor está vinculado à nossa capacidade intelectual, racional ou mecânica? Somos especiais na terra principalmente porque sabemos inventar coisas? O domínio do ser humano

---

[229] Smith, *Teologia...*, p. 228.

sobre todas as obras de Deus só é possível porque ele tem tais capacidades? O nosso valor pode ser reduzido a uma lista de características e habilidades?

Do ponto de vista bíblico, a resposta não está nas capacidades intelectuais ou mecânicas, mas no fato de sermos feitos à imagem de Deus e conforme sua semelhança. Deve estar claro que ser feito à imagem de Deus é ter a capacidade e o direito de exercer o domínio sobre a terra. Sabemos, porém, que o ser humano não é simplesmente um "computador vivo" ou uma máquina de carne e osso. É um ser pessoal que deve refletir, mesmo num nível inferior, tudo o que Deus é. Isso implica algo que vai além dos aspectos de sua capacidade de raciocinar, manipular e dominar. Além de ter a responsabilidade de governar, o homem é um representante da autoridade de Deus na terra.

O ser humano é criado à imagem de Deus; ele não recebeu a imagem de Deus como se fosse um elemento acrescentado ao seu corpo. Por esse mesmo motivo, o homem não pode perder a imagem que tem. Se fosse possível perder a imagem de Deus, perderia sua humanidade e seria apenas um animal do campo a mais. Tampouco o pecado tirou a nossa imagem. Gênesis 5.3 declara: *Adão viveu cento e trinta anos e gerou um filho à sua semelhança, conforme sua imagem, e pôs-lhe o nome de Sete.* A imagem que o primeiro homem recebeu de Deus foi transmitida às gerações subsequentes,[230] como está refletido em Gênesis 9.6: *Quem derramar sangue de homem, terá o seu sangue derramado pelo homem, porque Deus fez o homem à sua imagem.*

O que se subentende do texto é claro. O assassino paga por seu crime e pela própria vida, porque tirou a vida de outro feito à imagem de Deus.

A questão do valor do ser humano na base da criação à imagem de Deus tem implicações tanto éticas quanto sociais. Algumas dessas questões serão tratadas mais adiante. Aqui talvez seja suficiente dizer que o nosso valor como pessoas não deve estar vinculado à nossa capacidade física ou intelectual nem à nossa capacidade de contribuir com a sociedade. O valor não está determinado pelo Q.I. A pessoa que não produz tem o mesmo valor da pessoa que produz. O idoso e o recém-nascido (e aquele que ainda não nasceu, mas foi gerado) têm o mesmo valor porque — todos — são feitos à imagem de Deus.

Por esse motivo, a imagem transcende o gênero sexual. A questão já é assunto de discussão em círculos teológicos.[231] Aqui é importante notar que a

---

[230] O AT não fala de "pecado original", isto é, a transmissão da culpa do pecado de uma geração a outra.

[231] V., p. ex., CHILDS, *Old Testament...*, p. 188-195; TEPEDINO, Ana Maria. *Macho e fêmea os criou: criação e gênero*. In: MÜLLER, Ivo. *Perspectivas para uma nova teologia da criação*. São Paulo: Vozes, 2003. p. 152-166.

criação do ser humano em dois gêneros, macho e fêmea, não é uma reflexão da "sexualidade" de Deus, mas tem como propósito pôr homem e mulher em pé de igualdade na questão do valor que têm aos olhos de Deus. As diferenças inatas dos dois gêneros humanos não são critérios para discriminação religiosa ou social, nem para a subvalorização da mulher ou para a supervalorização do homem na sociedade. Qualquer desigualdade entre os dois gêneros que se manifesta nas sociedades humanas é resultado do pecado.

As comunidades do ser humano

O AT fala do ser humano em sua coletividade, bem como em sua individualidade. Depois de criado à imagem de Deus, sobre ele Deus declara: *Não é bom que o homem esteja só* (Gn 2.18). O ser humano foi criado para viver em relação com outros seres. A necessidade e a capacidade que temos de formar e viver em relacionamento é um reflexo da criação à imagem de Deus. Por isso, Deus criou a mulher e a trouxe ao homem, e ambos se tornaram uma só carne. A união dos dois indivíduos não anulou sua individualidade, mas agora os dois vivem em uma sociedade para benefício mútuo. A ação de um influenciou a vida do outro.

A qualidade dessa união foi ameaçada quando o casal desobedeceu e sofreu o castigo divino, mas a unidade básica da sociedade continuou, apesar do pecado. A sociedade cresceu com a multiplicação da raça. Cresceram também os problemas que o homem pecador trouxe para a sociedade. Uma vez que o dilúvio não impedira a propagação do pecado,[232] Deus determinou chamar um indivíduo que seria o agente de uma nova maneira de agir no meio de um povo. Chamou Abrão e deu a ele uma promessa que, entre outras coisas, visava causar um grande impacto na sociedade. Podemos ver no chamado de Abrão tanto o interesse divino no indivíduo quanto no gênero humano. Deus abençoou Abrão e o pôs como agente através do qual todos os povos da terra seriam abençoados. O AT não tem uma palavra específica que possa ser traduzida por "família." Quando os escritores queriam se referir a família, normalmente usavam a palavra *bayit*, traduzida por "casa." Muitas vezes *bayit* é encontrada na expressão, "casa do pai". Assim, quando Abraão foi orientado por Deus para que saísse da casa de seu pai (Gn 12.1), ele deveria deixar sua família para trás e viajar para outro local.

O interesse na formação de um povo peculiar entre os demais povos da terra demonstra como o indivíduo e a sociedade de indivíduos são importantes

---

[232] Cf. Gênesis 9.18-28; 11.1-9.

para Deus. Êxodo 19.1-6 explica como Deus levou o povo do Egito para o deserto com a finalidade de ter uma audiência particular com ele e propor-lhe uma aliança. Ao aceitar a aliança, o povo seria não somente um grupo que pertencia a Deus, mas seu instrumento na transformação da sociedade. O objetivo era que o povo se tornasse uma nação sacerdotal, um intermediário entre os demais povos da terra e Deus.

O alicerce principal da aliança foram os Dez Mandamentos. A própria estrutura dos mandamentos mostra quais as questões fundamentais para a formação de uma sociedade. A primeira característica que deve ser notada é que todos os mandamentos são apresentados na segunda pessoa do singular. Mesmo sendo a base da aliança oferecida a um povo, os mandamentos são individuais, visando à orientação da vida do indivíduo na sociedade.

Como consequência, a formação da aliança com Israel foi a transformação não somente da nação de Israel, mas também da nação, para que fosse testemunha às demais nações. O profeta Isaías, descrevendo a missão do servo do Senhor, entendeu que a missão do servo deveria alcançar não somente seu próprio povo, mas também as nações: *Também te porei para luz das nações, para seres a minha salvação até a extremidade da terra* (Is 49.6b). Essa missão permaneceu até a formação de outra comunidade escolhida, a igreja.

A missão universal da igreja recebeu destaque nas palavras de Jesus aos discípulos em Mateus 28.19,20. A ênfase está tanto na ação do indivíduo quanto na do discípulo, que, ao fazer outros discípulos, administra a responsabilidade coletiva do corpo de Cristo na propagação do evangelho. A vida do discípulo não é somente uma vida de relacionamento individual com seu Senhor, mas inclui também um compromisso com o povo de Deus no cumprimento de sua missão mais ampla no mundo.

7.

O DEUS QUE ABENÇOA

Você é quem decide se terá ou não a bênção [...]
Levante-se pela fé e tome posse da sua bênção.

R. R. Soares[233]

Tome posse da vitória porque hoje tua bênção chegou[234]

Lauriete

Já fui abençoado!

Adesivo colado em um carro

Pois tu, Senhor, abençoas o justo; com o teu favor tu o proteges como um escudo.

Salmo 5.12

Na cultura religiosa moderna, a demanda pela bênção cresce cada vez mais. Se alguém deseja encher um salão ou estádio de fiéis que procuram tais coisas, é só anunciar que bênçãos serão recebidas por todos aqueles que participem. Talvez Michael Brown tivesse razão ao escrever: "Não existe nada mais importante do que conseguir a bênção de Deus na vida".[235]

À luz da cultura popular, a questão de como "possuir" a bênção é evidentemente importante. Igrejas e pregadores que proclamam o direito a que o fiel tem em receber de Deus suas bênçãos crescem cada ano. De acordo com

---

[233] *Como tomar posse da bênção*. Rio de Janeiro: Graça Artes Gráficas e Editora, 1987. p. 98.

[234] Lauriete. É hoje. In: *Ensina-me*. Praise Records, 2006. Faixa 12. Disponível em: <http://musica.com.br/artistas/lauriete/m/e-hoje/letra.html>. Acesso em: 6 out. 2014.

[235] Brown, Michael L. *brk*. In: VanGemeren, Willem A. (Ed.). *The New International Dictionary of Old Testament Theology and Exegesis*. Grand Rapids: Zondervan, 1997. v. 1, p. 757.

132   O DEUS DE ISRAEL

essa "teologia", o fiel tem o direito de possuir a bênção e também de ir atrás da bênção para adquiri-la.

Não há dúvida de que a Bíblia trata de Deus como aquele que abençoa. A questão principal é como o tema de bênção se apresenta no texto. Neste capítulo, vamos examinar o tema da bênção à luz do texto e do contexto do AT. Comecemos pela terminologia.

A TERMINOLOGIA DE BÊNÇÃO

O verbo hebraico traduzido por "abençoar" é *barak* por "bênção", *berakah*. A raiz da palavra encontra-se em várias línguas semíticas com dois sentidos principais: 1) joelho ou ajoelhar e 2) abençoar. Os dois sentidos podem indicar que houve derivação do substantivo "joelho" para o verbo "ajoelhar-se". É provável que a ideia seja de ajoelhar-se diante de um superior para receber uma bênção.[236] A combinação joelho-ajoelhar e bênção-abençoar é rara no AT. Um exemplo aparece em Gênesis 48, quando Jacó abençoou seus filhos. Os filhos de José, Efraim e Manassés, estavam aos joelhos de Jacó antes de receber a bênção deste. José prostrou-se diante de Jacó e trouxe os dois filhos para receber a bênção.

A conexão entre o joelho e a bênção, porém, não é clara no AT. Edmund Jacob entendeu o vínculo entre as palavras com base na função do joelho no corpo humano. O escritor sugeriu que, assim como a função do joelho é ajudar no equilíbrio do corpo, a bênção serve para equilibrar a vida do ser humano.[237]

Conhecer a etimologia da palavra, portanto, não resolve a questão de como entender a bênção no AT. A nossa compreensão da natureza da bênção no AT deve originar-se do uso da palavra no texto bíblico. Como é que o AT trata da bênção e em que situações são conferidas ou transmitidas? Vamos examinar algumas passagens a fim de descobrir os usos e os sentidos de bênção no AT.

PASSAGENS-CHAVE

A palavra "bênção" aparece no AT mais frequentemente do que no NT. No AT, são os livros de Gênesis, Deuteronômio e Salmos nos quais mais ocorrências há da palavra.[238] Essas estatísticas não devem nos surpreender. No livro de Gênesis, a maioria das ocorrências se encontra nas narrativas da criação e nas

---

[236] Ibid.

[237] JACOB, *Théologie...*, p. 146.

[238] De acordo com *BibleWorks 6.0*, há 76 ocorrências nos livros de Gênesis e Salmos; 40 ocorrências no livro de Deuteronômio. Kaiser afirmou que o verbo "abençoar" aparece 82 vezes nas narrativas patriarcais. Cf. KAISER JR., Walter C. *Teologia do Antigo Testamento*. Trad. Gordon Chown. São Paulo: Vida Nova, 1980. p. 59.

narrativas patriarcais. Na criação, Deus abençoou os seres viventes e conferiu a todos o poder de multiplicar-se e frutificar-se (Gn 1.22,28). Nas narrativas patriarcais, JAVÉ prometeu abençoar não somente Abraão, mas transmitiu a bênção de Abraão a Isaque e Jacó. Nesse contexto, podemos ver a bênção vinculada às promessas de estabelecer uma família que, no final das contas, se tornaria uma grande nação. Para que isso acontecesse, a família escolhida deveria ser protegida e bem estabelecida na terra. No livro de Deuteronômio, vemos a adição do elemento obediência como requisito. Portanto, para se receber a bênção e evitar a maldição, aquela estava vinculada ao fator obediência. Nas referências de Salmos e outros textos cultuais, a bênção é pronunciada no contexto do culto de Israel. Nesses contextos, vemos a bênção ultrapassar a vida cotidiana a ponto de transmitir a tarefa "missionária" de Israel.

A bênção no livro de Gênesis

Na história primeva

Os escritores do AT entenderam que, desde o início, Deus abençoou sua criação. O tema aparece cada vez mais nas teologias contemporâneas. Para Walter Kaiser, existe "pouca dúvida de que o motivo-chave das narrativas da criação era a "bênção".[239] Claus Westermann tratou da questão da bênção no contexto da criação[240] e disse que a bênção é:

> [...] uma silenciosa, contínua, fluente e despercebida obra de Deus que não pode ser capturada em momentos ou datas. A bênção é realizada em um processo gradual, como no processo de crescimento, amadurecimento e desaparecimento.[241]

Nesse sentido, a bênção é obra contínua de Deus na criação, não somente uma série de atos específicos na história da criação. As bênçãos de Deus "preenchem" os intervalos. Disse Westermann: "Deus lança as suas bênçãos imperceptivelmente sobre o trabalho humano, concedendo o crescimento, a prosperidade, a prole, e isso todos os dias durante o ano inteiro".[242] As primeiras bênçãos registradas em Gênesis 1 servem de exemplos:

---

[239] KAISER, Teologia..., p. 58.

[240] WESTERMANN, Fundamentos..., p. 117-132.

[241] A citação é da edição em inglês, que é mais completa do que a edição em português. Cf. WESTERMANN, Claus. Elements of Old Testament Theology. Trad. Douglas W. Scott. Atlanta: John Knox, 1982. p. 103 (tradução nossa). Para a tradução em português, v. WESTERMANN, Fundamentos..., p. 118.

[242] WESTERMANN, Fundamentos..., p. 118.

Então Deus os abençoou, dizendo: Frutificai e multiplicai-vos; enchei as águas dos mares, multipliquem-se as aves sobre a terra (v. 22).

Então Deus os abençoou e lhes disse: Frutificai e multiplicai-vos; enchei a terra e sujeitai-a; dominai sobre os peixes do mar, sobre as aves do céu e sobre todos os animais que rastejam sobre a terra (v. 28).

Nos dois exemplos citados, a bênção refere-se à fecundidade dos seres viventes da terra. Nesse contexto, a bênção visava criar condições para que seres viventes pudessem encher a terra, capacitados pelo poder de se reproduzir.

A bênção de Deus no contexto do crescimento da população mundial ganhou força nas narrativas após a criação. Duas passagens merecem a nossa atenção. Gênesis 5.2 declara: *Quando Deus criou o homem, à semelhança de Deus o fez; homem e mulher os criou. Quando foram criados, ele os abençoou e os chamou Homem.* Em Gênesis 9.1, lemos: *Deus abençoou Noé e seus filhos; e disse-lhes: Frutificai, multiplicai-vos e enchei a terra.* Essas duas bênçãos foram proferidas por causa da necessidade de dar continuidade ao gênero humano e podem ser entendidas como exemplos da obra contínua de Deus no mundo. Ele abençoou no início e continuou abençoando. Ele deu à criação e aos homens o poder de reproduzir e estabelecer-se. Para os seres humanos, essa bênção incluiu o poder de sujeitar e dominar a terra. Assim, podemos dizer que a bênção do ser humano está vinculada à capacidade não somente de sobreviver, mas de experimentar êxito na vida, mesmo que a criação fora atingida pelo pecado.

Nas narrativas patriarcais

Não seria um exagero dizer que o tema da bênção se destaca nas narrativas patriarcais.[243] Na história de Israel, talvez o exemplo mais importante seja a bênção dada a Abraão. De forma geral, o tema principal das narrativas patriarcais é a transmissão da bênção de geração a geração. Pode ser entendida também como maneira de compreender toda a história bíblica.[244] Em Gênesis 12.2,3, Deus disse:

---

[243] Westermann disse que o tema da bênção "predomina" no livro de Deuteronômio. Todavia, a palavra aparece com mais frequência no livro de Gênesis. V. WESTERMANN, *Fundamentos...*, p. 122.

[244] V., p. ex., comentário de KEIL e DELITZSCH, *Biblical Commentary on the Old Testament* (Grand Rapids: Eerdmans, 1959), v. 1, p. 193, que disseram: "Todas as promessas futuras, portanto, não somente para os patriarcas, mas também para Israel, foram meramente expansões e definições mais claras da salvação estendida à raça humana na primeira promessa" (tradução nossa). E, mais recentemente, DILLARD, Raymond B.; LONGMAN III, Tremper. *Introdução ao Antigo Testamento*. Trad. Sueli da Silva Saraiva. São Paulo: Vida Nova, 2006. p. 54. House afirmou: "as promessas de Deus a Abraão fornecem um arcabouço para o restante do AT, de fato, para o restante da Bíblia" (*Teologia...*, p. 95).

O DEUS QUE ABENÇOA   135

E farei de ti uma grande nação, te abençoarei e engrandecerei o teu nome; e tu serás uma bênção. Abençoarei os que te abençoarem e amaldiçoarei quem te amaldiçoar; e todas as famílias da terra serão abençoadas por meio de ti.

A história da análise e interpretação dessa passagem é longa e complexa. Análises tradicionais e contemporâneas focalizam a estrutura, bem como os verbos usados para descrever a natureza e a extensão da bênção. Keil e Delitzsch sugeriram uma divisão em quatro partes: o aumento de pessoas, a bênção, a exaltação do nome de Abrão e sua nomeação como o possuidor e dispensador da bênção.[245] H. C. Leupold entendeu que a promessa se divide de acordo com o número sete, o "número pactual".[246] Em seu comentário sobre o livro de Gênesis, Westermann afirmou que a promessa dividiu os versículos 2 e 3 em três partes e que a estrutura destaca a palavra "bênção".[247]

Esses exemplos mostram que ainda não existe um consenso quanto à estrutura da passagem. O que podemos dizer é que, na passagem em questão, estamos diante de uma das bênçãos mais específicas registradas na história patriarcal. A promessa de abençoar Abraão incluiu a promessa de fecundidade e a geração de populações. Deus pretendia fazer de Abraão um povo, o que implicava o crescimento da família dele. Talvez a implicação mais óbvia seja o êxito de que essa família teria na terra. Deus agiria para proteger o homem e sua família e proveria todas as condições para que essa família sobrevivesse, abençoando aqueles que tratavam bem dela e amaldiçoando seus inimigos. Além disso, a bênção seria estendida além da família de Abrão, sendo transmitida também para outras famílias. À luz do contexto, podemos dizer que a bênção funcionou para dar ao patriarca estabilidade, proteção e descendência a fim de que ele se tornasse uma bênção para outras pessoas. Aquele que foi abençoado podia abençoar.

A bênção divina que Abrão recebeu de Deus foi transmitida ao filho Isaque. Conhecemos pouco sobre a vida de Isaque em comparação com as narrativas sobre Abraão, mas o que temos é suficiente para mostrar que o tema da bênção prossegue. O "âmago" da história de Isaque está registrado em Gênesis 26. Nesse capítulo, variantes da palavra "bênção" aparecem cinco vezes. No caso de Isaque, quem transmitiu a bênção foi o próprio Deus (Gn 25.11). A bênção foi confirmada mais tarde por meio de uma comunicação direta de Deus a Isaque (Gn 26.3). No contexto de tal comunicação, Deus vincularia a bênção à obediência de Isaque. Aparentemente, Deus não queria que Isaque

---

[245] Ibid.

[246] *Exposition of Genesis*. Grand Rapids: Baker, 1942. v. 1, p. 411.

[247] *Genesis 12-36: A Commentary*. Trad. John J. Scullion, S. J. Minneapolis: Augsburg, 1985. p. 149.

repetisse o erro do pai quando este desceu ao Egito e lá ofereceu a esposa ao faraó. Isaque deu ouvidos ao Senhor, e a narrativa confirma a fidelidade de Deus. Isaque foi bem-sucedido e prosperou na terra (Gn 26.12).

Quando chegou a hora de Isaque transmitir a bênção, houve uma disputa. Conforme a tradição familiar, Esaú, o primogênito, deveria receber a bênção, mas foi Jacó, o mais novo, que a recebeu. A transmissão da bênção mostra não somente sua importância na vida familiar, como também a natureza irrevogável de uma bênção pronunciada. Para Westermann, a bênção era irrevogável porque tratava de questões de vida e vitalidade.[248] Aparentemente, a "compra" da primogenitura que pertencia a Esaú não fora suficiente para que Jacó estivesse apto para receber a bênção; esta deveria ser transmitida verbalmente do pai ao filho.

Finalmente, a bênção que Jacó recebeu destaca a prosperidade material na terra. Por isso, Westermann classificou-a como uma bênção de "fertilidade".[249] Os elementos agrícolas são claramente vistos na linguagem usada para abençoar:

> [...] *O cheiro de meu filho é como o cheiro de um campo que o* SENHOR *abençoou.*
> *Que Deus te dê do orvalho do céu, e dos lugares férteis da terra, e fartura de trigo e de vinho novo; sirvam-te povos, e nações se curvem diante de ti; sê senhor de teus irmãos, e os filhos da tua mãe se curvem diante de ti; sejam malditos os que te amaldiçoarem, e benditos, os que te abençoarem* (Gn 27.27b-29).

É impossível negar que uma das consequências da bênção divina na vida dos patriarcas foi o êxito na vida e nos bens que acumularam. O texto indica que, ao retornar do Egito, Abrão voltou "muito rico em gado, prata e ouro" (Gn 13.2), aspecto este que pode ser visto até o fim de sua vida (Gn 24.1) e que foi retransmitido do pai para o filho. Seu filho Isaque *engrandeceu-se; e foi enriquecendo até que se tornou muito poderoso* (Gn 26.13). Jacó prosperou materialmente durante todo o tempo em que esteve na casa de Labão. Concluir, porém, que a bênção implica principalmente prosperidade material apoiando-se nas narrativas patriarcais é entender mal a ideia de bênção. Podemos ver isso claramente no tratamento da bênção no livro de Deuteronômio.

A bênção no livro de Deuteronômio

A importância do tema da bênção em Deuteronômio torna-se evidente desde o início da narrativa. Desde a recitação histórica no início do livro até a

---

[248] Ibid., p. 436.

[249] Ibid., p. 441.

bênção de Moisés, no final, o tema se repete. A palavra é usada para descrever o crescimento da população dos filhos de Israel (1.10,11; 7.13), o cuidado que Deus teve com o povo ao longo de sua jornada no deserto (2.7) e as bênçãos materiais que o povo recebeu na terra (15.4-14; 16.10,15,17; 24.19; 28.1-12; 30.16) Conclui-se que Israel foi abençoado principalmente pelo fato de ser uma nação que pertencia a JAVÉ (33.29). Westermann corretamente observou: "novo é no Deuteronômio que a bênção dependa essencialmente da obediência".[250] Essa nova condição expressa-se a partir de Deuteronômio 7.12-14.

O elemento condicional da bênção em Deuteronômio destaca-se na "fórmula de bênção" que se encontra em Deuteronômio 28. O consenso crítico é que essa "fórmula" foi utilizada em cerimônias da renovação da aliança.[251] Como notou Harrelson, aqui os objetos da bênção são os elementos básicos da vida diária dos israelitas. Não somente os aspectos "maiores" da vida seriam abençoados, como também a cidade e o campo (28.3), mas também os elementos "menores" da vida, como os animais, a cesta e a amassadeira seriam objetos de bênção (28.4,5). A implicação é que não há aspecto da vida humana que não possa ser abençoado. Como Thompson observou: "As bênçãos de JAVÉ tocam todo o espectro da vida humana e representam a plenitude abrangente do favor divino".[252]

Todavia, essas bênçãos não seriam "automáticas" porque estavam vinculadas à obediência do povo (28.1,2,9,13,14). Caso o povo não obedecesse, a passagem relata uma lista de maldições que espelham a lista das bênçãos (28.15-68). É interessante notar que a lista de maldições é mais longa do que a lista das bênçãos. Thompson concluiu que esse desequilíbrio deveu-se à compreensão do autor sobre a natureza humana. Entendia que as maldições seriam uma motivação mais eficaz que as bênçãos para que o povo cumprisse as obrigações da aliança.[253] Certamente, considerando a história de Israel registrada nos livros de Josué até 2Reis, podemos concluir que o "balanço" desta história mostra que os períodos de desobediência do povo excederam em muito os períodos de obediência.

---

[250] WESTERMANN, *Fundamentos...*, p. 123. A tradução em inglês é mais completa: *What is new in Deuteronomy is the fact that the blessing is now bound to the obedience of the people. The earlier promises of blessing were unconditional; now they are bound to a condition.* ("O que é novo no Deuteronômio é que agora a bênção está vinculada à obediência do povo. As promessas mais antigas da bênção eram incondicionais; agora estão vinculadas a uma condição" (*Elements of Old Testament Theology*, p. 107).

[251] V., p. ex., explicação de HARRELSON, W. J. *Blessings and Cursings.* In: *IDB*, v. 1, p. 446.

[252] THOMPSON, J. A. *Deuteronômio: introdução e comentário.* Trad. Carlos Osvaldo Pinto. São Paulo: Vida Nova: Mundo Cristão, 1991. p. 259.

[253] Ibid., p. 257.

138   O DEUS DE ISRAEL

À luz das colocações no livro, podemos dizer que Deuteronômio, de certa maneira, "esclareceu" a compreensão da bênção que se encontra nas narrativas patriarcais. O elemento incondicional das bênçãos proferidas nestas narrativas é ausente no livro de Deuteronômio, e o elemento condicional aparece. Parece que Thompson tem toda a razão ao afirmar que "o caminho da obediência é o caminho da bênção".[254]

A bênção na vida cultual

A bênção divina no AT encontra sua expressão mais abrangente na vida cultual de Israel. Podemos dizer que, de certa maneira, foi no culto que o pronunciamento de bênçãos se estendeu além das fronteiras de Israel até as demais nações. No culto, a promessa de abençoar todas as nações por meio de Abraão começou a ser realizada. Vamos considerar somente alguns exemplos.

Números 6.22-27

À luz da *Torá*, podemos chegar à conclusão de que o direito e a autoridade de pronunciar bênçãos pertenciam principalmente aos pais e indivíduos reconhecidos como mediadores. Certamente podemos ver isso nas bênçãos proferidas por Melquisedeque (Gn 14.19,20), Isaque (Gn 27.27-29), Jacó (Gn 49.1-28) e Balaão (Nm 24, *passim*). Quando a comunidade de Israel foi organizada no deserto do Sinai, a responsabilidade de proferir bênçãos foi entregue especialmente aos sacerdotes. De acordo com 1Crônicas 23.13: [...] *Arão e seus filhos foram separados eternamente para consagrarem as coisas santíssimas, queimarem incenso diante do Senhor, o servirem e pronunciarem bênçãos em nome de Deus para sempre*. Encontramos um exemplo de bênção proferida pelos sacerdotes em Números 6.22-27.

Às vezes chamada de bênção aarônica ou sacerdotal, a passagem é bem estruturada. No hebraico, a poesia se compõe de três linhas, a primeira com três palavras, a segunda com cinco palavras e a terceira com sete palavras. Se usássemos uma forma poética semelhante, seria assim:

> *O Senhor te abençoe e te guarde;*
> *o Senhor faça resplandecer o seu rosto sobre ti e tenha misericórdia de ti;*
> *o Senhor levante sobre ti o seu rosto e te dê a paz.*

Em cada linha, é a ação de JAVÉ em favor do povo que se destaca. É o Senhor que abençoa e guarda. Ele faz "resplandecer o seu rosto" sobre o povo e volta-lhes o rosto, isto é, promete-lhes sua presença. Wenham citou P. D.

---

[254] Ibid., p. 259.

Miller, que descreveu a estrutura assim: "A primeira cláusula de cada linha invoca o movimento de Deus em direção ao povo; a segunda cláusula, à sua atividade em favor dele".[255] Nesta bênção, destacam-se a certeza da presença de Deus e os benefícios que sua presença proporciona. Não há menção específica de prosperidade, descendência, terras e fertilidade. Talvez esses aspectos estejam subentendidos na bênção, mas não foram pronunciados explicitamente. Comentando esta passagem, Wenham disse que a bênção prepara "o povo para o grande ato de adoração, a marcha em direção à terra prometida".[256] O certo é que esta bênção trata dos benefícios oriundos de um relacionamento pessoal com Deus. Estar em sua presença conferiria paz e misericórdia. No contexto da peregrinação no deserto, não houve promessa melhor.

Salmo 67

Este salmo espelha a bênção sacerdotal de Números:

> *Que Deus tenha misericórdia de nós*
> *e nos abençoe,*
> *e faça resplandecer*
> *o seu rosto sobre nós* (v. 1, NVI).

Considerado um salmo de ação de graças, a situação de vida do salmo foi uma celebração no templo.[257] O motivo aparente do salmo foi a colheita que representou uma demonstração "visível" das bênçãos divinas:

> *Que a terra dê a sua colheita,*
> *e Deus, o nosso Deus, nos abençoe!* (v. 6, NVI)

Como notou Weiser, esse é somente o motivo secundário. O motivo principal da canção foi o reconhecimento e a celebração da presença real de JAVÉ no meio do povo. Essa presença tinha implicações para o futuro e estava relacionada com a tarefa missionária de Israel. O salmista pediu essa bênção para que as nações pudessem conhecer a salvação de JAVÉ:

> *para que sejam conhecidos na terra*
> *os teus caminhos,*
> *a tua salvação entre todas as nações* (v. 2, NVI).

---

[255] WENHAM, *Essays...*, p. 96.

[256] Ibid., p. 95.

[257] GUNKEL, *Introduction...*, p. 240.

140 O DEUS DE ISRAEL

Conforme Weiser, é este aspecto do salmo que sobrepuja qualquer aspecto material.[258]

Salmo 128.1-6

Este texto, provavelmente recitado durante o culto do templo, vinculou a bênção ao temor do Senhor. A prosperidade e fertilidade prometidas foram condicionais, designadas especificamente àqueles que temiam o SENHOR e andavam em seus caminhos.

> Como é feliz quem teme o Senhor,
> quem anda em seus caminhos! (v. 1, NVI)

> Assim será abençoado
> o homem que teme o Senhor! (v. 4, NVI)

Como corolário, incluiu a promessa de paz para a cidade de Jerusalém. A fonte desta bênção e a prosperidade e paz que procedem dela é unicamente do Senhor. O salmo incluiu uma condição clara. A promessa e a esperança de receber essa bênção e o bem-estar que dela procede destinam-se ao homem que "teme o SENHOR".

A BÊNÇÃO DE ISRAEL E A IGREJA

Como é que a igreja contemporânea deve entender a questão da bênção na vida do povo de Deus? No contexto atual, a questão certamente tem mérito. Em vários setores da sociedade moderna, a proclamação da possibilidade de reivindicar as bênçãos prometidas aos patriarcas e ao povo de Israel está proliferando. A comercialização de bênçãos parece a "razão de ser" de algumas igrejas. À luz desta breve introdução, podemos chegar a algumas conclusões com respeito ao significado e à aplicação das passagens mencionadas na vida da igreja contemporânea.

Em primeiro lugar, devemos reconhecer que a bênção é de Deus. Ele é o autor de todo bem que vem sobre seu povo. Suas bênçãos podem ser transmitidas pelas pessoas designadas como maneira de dar continuidade ao bem-estar que Deus desejou propagar a pessoas e nações a fim de capacitá-las para ser instrumentos de Deus no cumprimento de seus propósitos no mundo. Usurpar o direito divino de abençoar com a intenção de lucrar ou de promover-se nunca foi o propósito divino.

---

[258] WEISER, Artur. The Psalms. Trad. Herbert Hartwell. Philadelphia: Westminster, 1962. p. 473-474.

Segundo, as bênçãos proferidas ao longo de história de Israel têm contextos e propósitos específicos. A bênção proferida à criação, por exemplo, estabeleceu condições para que as espécies povoassem a terra e se firmassem nela, possibilitando sua multiplicação. Essa bênção foi dirigida à criação de forma "democrática" e por isso é algo de que toda a criação pode participar. Não há motivo para pensar que Deus suspendeu essa promessa mesmo depois da criação entrar em um estado de pecado. Deus continua abençoando o mundo por meio de sua criação.

Quando consideramos a bênção proferida a Abraão, o contexto histórico é ainda mais importante. O que devemos notar é que essa bênção é primeiramente individual e dada a Abraão no contexto do propósito de Deus para o mundo. Christopher Wright entendeu que a bênção de Abraão deve ser interpretada "dentro do contexto de relacionamentos saudáveis com Deus e com outros".[259] Deus abençoou Abraão a fim de ele ser estabelecido na terra como instrumento de Deus no plano de abençoar "todas as famílias da terra". Assim, devemos entender a bênção dentro da dinâmica da missão de Deus.

Terceiro, ao longo da história de Israel, a bênção de Deus estava cada vez mais vinculada à obediência do povo. No livro de Deuteronômio, tanto as bênçãos quanto as maldições podiam ser pronunciadas mediante a obediência ou a desobediência do povo. Para um povo que está submisso às obrigações de uma aliança, não é razoável imaginar que as bênçãos são "automáticas" e independentes de sua postura ética e moral. Deus prometeu abençoar a obediência, não a desobediência.

Finalmente, o propósito da bênção pode ser visto mais claramente no propósito de Deus para toda a sua criação. A bênção concedida a Abraão e transmitida a sua descendência tinha como propósito alcançar "todas as famílias da terra". Imaginar que as bênçãos de Deus são sobretudo propriedade particular é realmente não entender o que Deus tem como objetivo para seu povo. Somos abençoados para abençoar, e a maior bênção que podemos transmitir é que Deus deseja a restauração de toda a criação. Participar neste empreendimento ao lado de Deus deve ser o desejo de toda pessoa que se chama pelo nome do Senhor.

---

[259] WRIGHT, *The Mission of God*, p. 221.

8.

O DEUS QUE SALVA

No Antigo Testamento, o termo *salvação* abrange todas as qualidades de socorro que os israelitas receberam do seu Deus.

A. R. CRABTREE[260]

Salvação significa a ajuda que homens recebem da sua religião.

OTTO BAAB[261]

A salvação pertence
ao nosso Deus,
que se assenta no trono,
e ao Cordeiro.

APOCALIPSE 7.10, *NVI*

"**A salvação pertence** ao nosso Deus." É assim que Christopher Wright intitulou o livro que trata da questão da salvação à luz do texto bíblico.[262] Ele entendeu que o tema da salvação é central na Bíblia e mostrou como o AT e o NT relatam a mesma narrativa da obra salvífica de Deus na história do mundo.[263] Mesmo correndo o risco de reduzir o texto bíblico a um só tema, limitando a visão bíblica da ação de Deus no mundo, Wright acertou um aspecto muito importante na teologia bíblica, isto é, que qualquer discussão da salvação bíblica deve começar pelo AT.

É importante para a Igreja entender que a salvação não deve ser limitada principalmente aos "benefícios" individuais como garantia de viver nos céus

---

[260] CRABTREE, *Teologia...*, p. 191.

[261] BAAB, *The Theology...*, p. 114.

[262] *Salvation Belongs to Our God: Celebrating the Bible's Central Story.* Downers Grove, IL: IVP, 2007.

[263] Alan RICHARDSON chegou à mesma conclusão em seu artigo *Salvation.* In: *IDB*, v. 4, p. 168.

144   O DEUS DE ISRAEL

após a morte. Se aceitamos a afirmação de Crabtree, a salvação "abrange todas as qualidades de socorro que os israelitas receberam do seu Deus".[264] Como será demonstrado, no AT o tema de salvação pode ser aplicado às várias ocasiões em que Deus agiu em favor de indivíduos e de seu povo.

A TERMINOLOGIA DE SALVAÇÃO NO AT

O AT tem um vocabulário rico que se refere à salvação; portanto, os escritores não usam apenas uma palavra para falar de salvação. A palavra "salvação" de que normalmente fazemos uso pode traduzir várias palavras hebraicas que se referem ao ato de Deus em salvar. Neste capítulo, vamos destacar algumas das palavras que mais caracterizam a salvação de Deus no AT. Comecemos pelo verbo *yasha*.

O verbo *yasha* é traduzido de várias maneiras no AT, dependendo do contexto. Em Êxodo 2.17, o verbo descreve a ação de Moisés em "ajudar" as filhas de Reuel. Em Deuteronômio 22.27, refere-se à ausência de alguém que "livrasse" uma moça em perigo. Pelo menos 21 vezes o verbo é traduzido por algo como "libertar" ou "livrar" e é usado no livro de Juízes para descrever a ação dos juízes na libertação do povo de seus inimigos.[265] Nos Profetas, *yasha* é usada frequentemente para falar da volta dos exilados em terras para onde Deus os enviara (Is 25.9; Jr 30.10,11; 31.7; 42.11; Sf 3.19; Zc 8.7).

É no livro de Salmos que a palavra *yasha* aparece com mais frequência. Em Salmos, além de ser mencionada em termos de livramento dos inimigos (cf. 3.8; 6.4[H5]), a salvação é usada em sentidos que podem ser chamados "metafóricos", nos quais os "inimigos" não se referiam a pessoas ou exércitos, mas a dificuldades e angústias. O salmista declarou: *As aflições do justo são muitas, mas o SENHOR o livra [yasha] de todas elas* (34.19). Em sua confissão de pecado, Davi clama: *Ó Deus, Deus da minha salvação, livra-me dos crimes de sangue, e minha língua cantará alegremente tua justiça* (51.14).

Um aspecto importante na salvação como é apresentada no AT é o uso do verbo *go'el* e o substantivo que dele deriva, *go'el*. Traduzidos, respectivamente, por "remir" e "remidor", o verbo refere-se a fazer o papel de parente que atuava para "remir" uma pessoa com necessidades. Esse parente era conhecido como o *go'el*, o remidor. A ação do *go'el* no sentido de "resgatar" pode ser vista claramente nos livros de Levítico, que se refere à pessoa que

---

[264] CRABTREE, *Teologia...*, p. 191.

[265] Cf. 2.16,18; 3.9,15,31; 6.14,15,31,36,37; 7.2,7; 8.22; 10.1,12,13,14; 12.2,3; 13.5.

compra a propriedade de um parente,[266] e em Rute, em que Boaz faz o papel de remidor do falecido Elimeleque (Rt 4.1-8). Tanto o verbo quanto o substantivo aparecem em Salmos e Isaías com o sentido de "remir" e "redentor"; frequentemente o substantivo "redentor" é usado como referência a JAVÉ.[267]

Outras palavras foram usadas para descrever a ação de Deus para salvar seu povo. O verbo *natzal* aparece para falar do livramento que Moisés deu às filhas de Jetro no deserto (Êx 2.19); por ocasião do chamado de Moisés, JAVÉ declarou que ele "descera" para livrar (*natzal*) o povo dos egípcios (Êx 3.8). Em alguns contextos, a palavra *natzal* é traduzida com o sentido de "restaurar" (1Sm 7.14; 30.18) e "despojar" (Êx 3.22; 12.36; 33.6). Outro verbo que se encontra várias vezes no livro de Êxodo, especialmente em conexão com a saída do povo, é "tirar" (*yasa*) (Êx 3.10; 6.6,7; 7.4,5). É significativo que esse verbo tenha sido usado nas principais recitações de fé em Deuteronômio 26.5-9 e Josué 24.2-13.

Uma das implicações da variedade do vocabulário de salvação no AT é que a salvação deve ser entendida como ação que envolvera vários meios, mas era o mesmo Deus que agia pelo mesmo propósito. A passagem de 2Samuel 22 combina uma variedade de expressões de salvação e se repete no Salmo 18. O salmo registra as palavras de Davi quando ele refletiu sobre o livramento de Deus das mãos de Saul. É interessante notar não somente os verbos usados, mas também as metáforas (realçadas a seguir) usadas para falar do Deus de sua salvação:

> *Davi cantou este cântico ao* Senhor, *quando este o livrou* [natzal] *das mãos de todos os seus inimigos e das mãos de Saul:*
> O Senhor é a minha rocha, a minha fortaleza e o meu libertador [palat]
> *É o meu Deus, o meu rochedo, nele confiarei; é o meu* escudo *e a força da minha salvação, minha torre de proteção e o meu* refúgio. *Ó meu Salvador! Tu me livras* [yasha] *da violência.*
> *Invoco o* Senhor, *que é digno de louvor; e sou salvo dos meus inimigos.*
> *Laços de morte me cercaram, as torrentes de impiedade me atemorizaram.*
> *Correntes do Sheol me envolveram, laços de morte me surpreenderam.*
> *Invoquei o* Senhor *na minha angústia; clamei ao meu Deus; do seu templo ele ouviu a minha voz; o meu clamor chegou aos seus ouvidos.* (2Sm 22.1-7).

Davi entendeu que o Deus que salva havia escutado seu clamor e podia ouvir o clamor do povo. Na próxima parte, analisaremos como o AT apresenta esse Deus Salvador e seus atos de salvação.

---

[266] V., p. ex., Levítico 25.25.

[267] V., p. ex., Salmo 19.15 e Isaías 41.14.

A SALVAÇÃO E O ÊXODO

O evento do AT que melhor descreve a salvação de JAVÉ na história de Israel é o êxodo. Foi pelo êxodo que JAVÉ tirou os descendentes de Jacó do Egito a fim de levá-los ao deserto e deles formar um povo, com o qual tivesse uma aliança. Então, podemos dizer que o início da história de Israel como povo escolhido e comprometido com o Senhor começou por um ato de salvação. Na visão de Richardson, "foi a experiência histórica real do livramento de Israel da servidão no Egito pelo mar Vermelho por Deus que formou a base da crença de Deus como o Salvador de Israel".[268]

À luz dos estudos realizados pelo teólogo alemão Claus Westermann, talvez seja possível chamar o êxodo de "paradigma" de salvação no AT.[269] Em seu tratamento sobre Deus como redentor na história, o autor identificou elementos básicos que formaram o "esboço" dos eventos em que Deus agiu para salvar. Westermann esboçou "os fatos" da salvação no AT com base no credo histórico em Deuteronômio 26.5-11. No credo, destacou seis aspectos da salvação: os antecedentes da salvação (26.5), a aflição sofrida pelo povo (26.6), a súplica que veio do povo (26.7a), a recepção da parte de Deus (26.7b), a salvação operada por Deus (26.8) e a resposta do povo salvo (26.10,11). Ao identificar esses elementos no livro de Êxodo, Westermann sugeriu que serviriam de esquema do livro.[270] Com base no esquema de Westermann, oferecemos o seguinte esboço da salvação em Êxodo.

A salvação anunciada

Êxodo 3 pode ser considerado um dos "pontos focais" do livro porque relata o propósito de Deus de pôr em movimento os eventos que resultariam na salvação de seu povo. Começando pela teofania, Deus se revelou e comunicou seu propósito de tirar os descendentes de Jacó da escravidão no Egito:

> Então o Senhor disse: Tenho visto a opressão sobre o meu povo, que está no Egito, e tenho ouvido o seu clamor por causa dos seus opressores; conheço os seus sofrimentos.
> Eu desci para livrá-lo dos egípcios e levá-lo daquela terra para uma terra boa e espaçosa, uma terra que dá leite e mel; o lugar do cananeu, do heteu, do amorreu, do perizeu, do heveu e do jebuseu.

---

[268] Richardson, Salvation. In: *IDB*, v. 4, p. 171-172.

[269] Westermann, *Fundamentos...*, p. 47-95.

[270] Ibid., p. 59.

O clamor dos israelitas chegou a mim; e também tenho visto a opressão com que os egípcios os oprimem.

Agora, portanto, vai. Eu te enviarei ao faraó, para que tires do Egito o meu povo, os israelitas (v. 7-10).

Nesse trecho em que se informam seus propósitos, JAVÉ revelou vários aspectos do livramento que operaria. O primeiro é o propósito de tirar o povo de sua situação no Egito. Ao ouvir o clamor do povo (Êx 2.24,25), determinou que esse era o momento de agir em seu favor. O segundo aspecto é que, depois de libertar o povo da escravidão, Deus o conduziria "para uma terra boa e espaçosa". Isso quer dizer que a salvação de Deus não se tratava meramente de livramento, mas da provisão de um novo lugar para estabelecer a vida da comunidade. Nesse sentido, podemos ver aqui "ecos" da promessa que Deus fez a Abrão ao fazer aliança com ele em Gênesis 15. A lista das nações que ainda habitavam a terra de Canaã se repete aqui, pelo menos em parte, como indicação da fidelidade de Deus em suas promessas aos patriarcas.

Outro aspecto que não pode ser negligenciado é que a salvação proposta tinha como objetivo o livramento de um grupo de pessoas da opressão política. Certamente, à luz do restante da narrativa sobre o êxodo, não devemos imaginar que a salvação no AT foi principalmente política, mas, ao mesmo tempo, é impossível restringir esse ato à salvação individual ou "espiritual". A salvação engendrada por JAVÉ no Egito foi uma salvação "nacional" no sentido de que ele visava à libertação de todo um povo; tal salvação aconteceu no centro da história da humanidade.

A salvação efetuada

A execução da libertação do povo do Egito começou por uma sequência de encontros entre Moisés, Arão e o faraó. Nesses encontros, Deus, por meio de Moisés, anunciou a intenção que tinha de demonstrar, tanto aos israelitas como aos egípcios, sua soberania absoluta. Muitas vezes chamadas "as pragas", esse eventos devem ser entendidos como sinais (*ôt*) operados por Deus por meio de Moisés e Arão para conseguir a libertação do povo (Êx 4.17; 7.3; 10.1,2). O propósito específico dos sinais era mostrar a israelitas e egípcios que JAVÉ, o Deus dos hebreus, era Senhor absoluto sobre céus e terra. Podemos ver esse propósito no "refrão" que perpassa os encontros: [...] *saberão que eu sou o* SENHOR (Êx 7.5).[271]

---

[271] Êxodo 6.7; 7.17; 8.22; 10.2; 14.4,18.

148 O DEUS DE ISRAEL

A "prova" da vitória final de JAVÉ sobre os egípcios se encontra em Êxodo 14, que relata o ato de Deus de abrir o mar para que o povo passasse. É chamado "salvação" pelo menos duas vezes no capítulo:

> Moisés, porém, disse ao povo: Não temais. Acalmai-vos e vede o livramento [yeshua] que o Senhor vos trará hoje; porque nunca mais vereis os egípcios que hoje vedes (v. 13).

> Assim, naquele dia, o Senhor salvou [yasha] Israel da mão dos egípcios, e Israel viu os egípcios mortos na praia do mar (v. 30).

A salvação foi efetuada em termos de livramento de um perigo iminente. Depois de presenciar o livramento, o povo creu no Senhor Deus porque ele agira de maneira poderosa para perpetrar sua salvação.

A salvação celebrada

Depois da passagem pelo mar, Êxodo 15 registra dois cânticos de vitória: o cântico maior, chamado o "cântico de Moisés" (v. 1-18), e o menor, chamado o "cântico de Miriã" (v. 20,21).

> Então Moisés e os israelitas entoaram este cântico ao Senhor: Cantarei ao Senhor, pois triunfou gloriosamente; lançou no mar o cavalo e o seu cavaleiro.
> O Senhor é a minha força e o meu cântico; ele se tornou a minha salvação; ele é o meu Deus, portanto, eu o louvarei; é o Deus de meu pai, por isso o exaltarei.
> O Senhor é homem de guerra; Senhor é o seu nome.
> Lançou no mar os carros do faraó e o seu exército; os seus capitães de elite foram afogados no mar Vermelho.
> [...]
> Quem entre os deuses é como tu, ó Senhor? Quem é como tu, poderoso em santidade, admirável em louvores, capaz de maravilhas?
> [...]
> Ó Senhor, tu os conduzirás e os plantarás no monte da tua herança, no lugar que preparaste para a tua habitação, no santuário que as tuas mãos estabeleceram, ó Senhor.
> O Senhor reinará eterna e perpetuamente (v. 1-4,11,17,18).

A salvação efetuada foi celebrada como uma grande vitória de Deus sobre as forças dos inimigos de seu povo e, por implicação, sobre seus inimigos. No cântico, o Senhor é descrito como guerreiro que lutara contra o inimigo para conseguir a salvação. Smith notou que a salvação efetuada no deserto precedeu o estabelecimento da aliança. A implicação, do ponto de vista do autor, é que "Israel conheceu Deus como Salvador antes de conhe-cê-lo como SENHOR".[272]

Finalmente, Deus salvou para estabelecer comunhão com seu povo. Essa comunhão foi realizada principalmente por meio da aliança. O livro de Êxodo trata da salvação de Deus com o objetivo de estabelecer aliança com o povo que iniciara uma vida de comunhão com Deus:

> Vistes o que fiz aos egípcios e como vos carreguei sobre asas de águias e vos trouxe a mim.
>
> Agora, portanto, se ouvirdes atentamente a minha voz e guardardes a minha aliança, sereis minha propriedade exclusiva dentre todos os povos, porque toda a terra é minha; mas vós sereis para mim reino de sacerdotes e nação santa. Essas são as palavras que fala-rás aos israelitas (Êx 19.4-6).

A aliança feita por Deus com o povo após o êxodo tinha as mesma bases das primeiras duas alianças (com Noé e Abrão) e visava ao cumprimento de um dos aspectos mais importantes da aliança com Abrão, isto é, abençoar todas as famílias da terra. A maneira pela qual Deus faria isso seria por meio do testemunho do povo que acabava de ser salvo por ele. A salvação efetuada no êxodo, em alguns momentos, se tornou uma das bases das proclamações dos profetas.

A SALVAÇÃO E OS PROFETAS

Um dos temas dos profetas no AT é a proclamação da salvação. Em uma análise dos oráculos proféticos do AT, Claus Westermann identificou vários temas nessas proclamações.[273] O autor incluiu diversos elementos da ação salvadora de Deus no AT que vão muito além da proclamação explícita de salvação ou livramento. Por exemplo, identificou oráculos de libertação e restauração, o retorno de Deus a seu povo, sua intervenção, a derrota do inimigo, a volta do povo e a restauração, e a promessa de bênção. A obra de Westermann é extensa, detalhada e tem como base principalmente o estudo das formas literárias que encontrou nos Profetas; portanto, não há como reproduzir aqui o que ele fez. Dessa forma, trataremos apenas de alguns temas-chave.

---

[272] SMITH, Teologia..., p. 158.

[273] Prophetic Oracles of Salvation in the Old Testament. Trad. Keith Crim. Louisville: Westminster: John Knox, 1991.

A salvação é de JAVÉ

Nos livros proféticos, não há dúvida de onde vem a salvação — sempre foi JAVÉ que salvou. Isaías proclamou: *Deus é a minha salvação. Confiarei e não temerei, porque o Senhor Deus é a minha força e o meu cântico; ele é a minha salvação* (12.2). Uma vez que é a salvação, o Deus de Israel está sempre pronto para atender ao clamor de seu povo:

> *Porque o Senhor é o nosso juiz; o Senhor é o nosso legislador; o Senhor é o nosso rei; ele nos salvará* (Is 33.22).

> *Mas Israel será salvo pelo Senhor com uma salvação eterna; não sereis jamais envergonhados nem decepcionados, por toda a eternidade* (Is 45.17).

Em contraste, os ídolos dos povos não podiam oferecer salvação. Os que fabricavam os ídolos tinham que carregá-los porque eram incapazes de se mover, muito menos de salvar:

> *Reuni-vos e vinde; chegai-vos, fugitivos das nações. Os que conduzem em procissão as suas imagens de escultura, feitas de madeira, e rogam a um deus que não pode salvar, não sabem nada* (Is 45.20).

> *Alguns derramam ouro de suas bolsas e pesam prata na balança; contratam um ourives para transformá-lo num deus, inclinam-se e o adoram. Erguem-no ao ombro e o carregam; põem-no de pé em seu lugar, e ali ele fica. Daquele local não consegue se mexer. Embora alguém o invoque, ele não responde; é incapaz de salvá-lo de seus problemas* (Is 46.6,7, NVI).

A derrota dos inimigos

Mesmo podendo antever uma época futura em que Israel seria restaurado, os profetas viviam em um mundo real e proclamavam ameaças reais. Houve poucas épocas em que Israel não sofreu ataques de nações vizinhas ou impérios conquistadores. O livro dos Juízes registra a ação de Deus ao levantar "libertadores" do meio do povo para libertar as tribos dos vários opressores da época.[274]

A proclamação da derrota dos inimigos continuou sendo um dos temas dos profetas clássicos. JAVÉ foi chamado "homem poderoso" e "guerreiro" porque traria vitória para Israel sobre seus inimigos (Is 42.13). Em uma passagem gráfica, o profeta falou de uma época quando JAVÉ lutaria em favor do povo. Disse Deus:

---

[274] Juízes 2.16,18; 3.9,31; 6.14ss,31,36ss; 7.2,7; 8.22; 10.1,12ss; 12.2.

E darei aos teus opressores a carne deles próprios, e eles se embriagarão com o próprio sangue, como se fosse vinho; e todos saberão que eu sou o Senhor, o teu Salvador e o teu Redentor, o Poderoso de Jacó (Is 49.26).

O anúncio da derrota final dos inimigos de Israel em Ezequiel 38 e 39 uniu vários temas além da promessa da vitória.[275] Classificado como apocalíptico,[276] o texto relata o ataque das forças de Gogue da terra de Magogue contra um *povo reunido dentre muitos povos nos montes de Israel* (Ez 38.8). Como consequência desse ataque, os inimigos desse povo restaurado seriam julgados conforme a promessa de Deus:

> *Convocarei a espada contra ele sobre todos os meus montes, diz o Senhor Deus; a espada de cada um se voltará contra seu irmão.*
>
> *Também executarei juízo contra ele por meio da praga e do sangue. Farei cair chuva torrencial, granizo, fogo e enxofre sobre ele, as suas tropas e os muitos povos que estão com ele.*
>
> *Assim eu me engrandecerei e me santificarei; e me tornarei conhecido aos olhos de muitas nações; e saberão que eu sou o Senhor* (Ez 38.21-23).

Após o julgamento, JAVÉ prometeu restaurar a sorte de Israel. Tudo isso aconteceria para que tanto as nações quanto Israel soubesse que JAVÉ é o Senhor (v. 25-28).

O retorno e restauração do povo

Uma das esperanças que os profetas proclamaram foi a promessa de trazer de volta o povo das terras para onde Deus os enviara. Como observou John Hartley: "A volta de Israel do cativeiro é antevista no linguajar da salvação".[277] O profeta Oseias declarou: *Os do Egito também virão tremendo como um passarinho, e os da terra da Assíria, como uma pomba*; além disso, o Senhor estabeleceria seu povo novamente na terra (Os 11.11). Isaías disse que Deus prometeu um novo êxodo, trazendo o remanescente do povo de volta (Is 11.16). O dia do retorno seria conhecido como o "dia da salvação", conforme proclamou o profeta:

> *Assim diz o Senhor: Eu te ouvi no tempo aceitável e te ajudei no dia da salvação; eu te guardarei e te farei mediador da aliança com o povo, para restaurares a terra e lhe dares por herança as propriedades destruídas; para dizeres aos presos: Saí; e aos que estão nas trevas: Aparecei* (Is 49.8).

---

[275] Blackwood, Andrew W. *Ezekiel: Prophecy of Hope*. Grand Rapids: Baker, 1965. p. 226-233; Westermann, *Prophetic Oracles*, p. 175-177.

[276] Ibid., p. 175.

[277] Hartley, *yasha*. In: *DITAT*, p. 683.

152 O DEUS DE ISRAEL

Numa visão impressionante, o profeta Ezequiel viu um vale de ossos secos que reviviam. Nessa visão, que está inserida numa série de passagens que tratam da restauração, o profeta vê Deus abrindo os "túmulos" dos exilados para trazê-los de volta à terra (Ez 37.1-21) a fim de unir novamente Israel e Judá (37.17-21). Zacarias ecoou a mesma esperança:

> Embora os tenha espalhado entre os povos, eles se lembrarão de mim em terras remotas; viverão e voltarão com seus filhos.
> Pois eu os farei voltar da terra do Egito e os congregarei da Assíria; e os trarei à terra de Gileade e do Líbano; e não haverá lugar suficiente para eles (Zc 10.9,10).

A vinda do rei-servo prometido

A época futura em que Deus iria operar a salvação incluiu a vinda de um rei que traria justiça e retidão. Westermann notou que o rei de que os textos falam não seria conforme as expectativas políticas da época. Não seria um "poderoso guerreiro" que reinaria sobre uma grande nação, mas um rei que governaria com justiça e retidão.[278] Isaías falou de um "menino" que se tornaria governador e que estabeleceria seu reino e trono para sempre (Is 9.2-7). Retidão e fidelidade seriam suas vestes; ele executaria justiça para os pobres e necessitados (Is 11.1-5). O restante do povo voltaria com ele, e ele seria sua paz (Mq 5.2-5a). Conforme Jeremias: *E virão dias [...] em que levantarei para Davi um Renovo justo, um rei que reinará e agirá com sabedoria, executando a justiça e o direito na terra. Nos seus dias, Judá será salva* (Jr 23.5,6a). Zacarias ecoou a mesma noção dizendo que o rei seria humilde e que entraria no cenário montado num jumento, mas que traria a salvação: *Alegra-te muito, ó filha de Sião; exulta, ó filha de Jerusalém: eis aí te vem o teu Rei, justo e salvador,*[279] *humilde, montado em jumento, num jumentinho, cria de jumenta* (Zc 9.9, ARA).

Em termos gerais, os escritores do AT falavam de JAVÉ como o único salvador. Seria JAVÉ que salvaria o povo: *Eu, eu sou o Senhor, e além de mim não há salvador algum* (Is 43.11). A figura que nós conhecemos como o Messias não foi vista como "salvador" no sentido em que hoje a Igreja se refere a Jesus Cristo. Assim, o Messias foi visto como instrumento nas mãos de JAVÉ para realizar seus propósitos na história. Uma das figuras que receberiam papel

---

[278] Westermann, *Prophetic Oracles*, p. 166.

[279] A *NVI* traduziu a palavra "salvador" (particípio do verbo *yasha*) pelo substantivo "vitorioso".

essencial nos planos de Deus foi introduzida na segunda parte do livro do profeta Isaías e é o indivíduo que conhecemos como o servo do Senhor.[280]

A expressão "servo do Senhor" (*ebed-javé*) aparece com mais frequência no livro de Josué e refere-se principalmente a Moisés;[281] e uma vez a Josué (Js 24.29). A expressão "meu servo" foi aplicada a Abrão (Gn 26.24), Calebe (Nm 14.24), Moisés (Js 1.2), Davi (2Sm 3.18; 7.5,8; Sl 89.3), Jó (Jó 1.8), Isaías (Is 20.3) e até mesmo ao rei Nabucodonosor (Jr 25.9). Quando o termo "servo" aparece na segunda parte de Isaías, porém, não há consenso quanto a sua identidade. Em algumas referências, a identidade é clara; o profeta chamou o próprio povo de Israel de "servo" (Is 41.8,9; 44.1,2,21). Em outros momentos, no entanto, o referente é ambíguo. Por exemplo, o profeta anunciou:

> Ó ilhas, ouvi-me, e escutai vós, povos de longe: O Senhor chamou-me desde que nasci, fez menção do meu nome desde o ventre de minha mãe
> [...] e me disse: Tu és meu servo; és Israel, por quem serei glorificado (49.1,3).

No versículo 1, parece que o profeta se refere ao nascimento de um indivíduo, mas no versículo 3 esse "indivíduo" é identificado como "Israel". Pode ser um tipo de "personificação" de Israel em uma pessoa porque entre as tarefas que esse servo recebera estava a de levar de volta as tribos de Israel e Jacó à terra:

> Ele diz: Não basta que sejas o meu servo para restaurares as tribos de Jacó e trazeres de volta os remanescentes de Israel. Também te porei para luz das nações, para seres a minha salvação até a extremidade da terra (Is 49.6).

É no último cântico do Servo (Is 52.13-53), muitas vezes chamado o cântico do "Servo sofredor", que essa figura anônima assume uma "personalidade" mais claramente definida. *Sem formosura ou beleza* (53.2), *foi desprezado e rejeitado pelos homens; homem de dores e experimentado nos sofrimentos* (53.3). Mesmo sofrendo o desprezo de outros, cumpriu fielmente sua missão de levar as iniquidades de outros sobre si mesmo, *ferido por causa das nossas transgressões* (53.5). Depois de sofrer o pior que a humanidade pode oferecer, sendo *oprimido e afligido* e finalmente *levado para o matadouro* (53.7), teve sua vindicação (53.11,12).

---

[280] Para uma exposição mais completa do tema, v. North, Christopher R. The *Suffering Servant in Deutero-Isaiah: An Historical and Critical Study*. 2. ed. London: Oxford, 1956; Rowley, H. H. *The Servant of the Lord and Other Essays on the Old Testament*. 2. ed. Oxford: Basil Blackwell, 1952.

[281] Josué 1.1,13,15; 8.31,33; 11.12; 12.6; 13.8; 14.7; 18.7; 22.2,4ss.

154 O DEUS DE ISRAEL

Quem foi, afinal, esse servo? Pela descrição, parece mais um profeta que um rei, manifestando qualidades ideais de um messias, como Jesus entendia sua missão. Ele foi o "servo ideal" que cumpriu sua missão como sacrifício vicário, oferecido em favor de todos. Nesse sentido, pode ser chamado de figura messiânica.[282]

A SALVAÇÃO EM SALMOS

Um dos temas que se repete no livro de Salmos é a salvação. O interesse dos salmistas na salvação pode ser demonstrado pelo vocabulário usado para falar das ações de Deus em favor ou do indivíduo ou da nação. Além das palavras já mencionadas, *yasha* e *ga'al*, também aparecem *halatz*, traduzida por "livrar", e *palat*, também traduzida por "livrar", mas que pode significar "escapar" ou "salvar". Muitas vezes, os salmistas usaram mais que uma palavra no mesmo versículo, indicando que podem ser consideradas sinônimas. Os salmistas se interessaram pela salvação que Deus estava para dar tanto à nação de Israel quanto ao indivíduo. Vamos considerar brevemente esses dois aspectos da salvação conforme aparecem no livro de Salmos.

Não é exagero dizer que é em Salmos que a questão da salvação do indivíduo alcança sua expressão poética mais elevada e sublime. Expressões como *Levanta-te, Senhor! Salva-me, meu Deus!* (v. 3.7) e *Ó Senhor, Deus da minha salvação, dia e noite clamo a ti* (v. 88.1) aparecem em vários contextos. Os poetas de Israel ou experimentaram pessoalmente a salvação de Deus ou conheceram pessoas que passavam por dificuldades, que clamavam ao Senhor e tinham sido salvas dos perigos da vida. O salmista declarou: *Volta-te, Senhor, e livra-me; salva-me por tua misericórdia* (6.4[H5]). Não podemos saber com certeza o motivo de seu clamor, se foi por causa de uma doença (6.2[H3]) ou outro problema. O que podemos dizer é que esse indivíduo confiou na misericórdia de Deus como motivo da resposta que ele esperava receber. O servo de Deus podia contar com a ajuda divina na hora da necessidade. Por isso, pediu: *Preserva minha vida, pois sou piedoso; ó meu Deus, salva teu servo, que confia em ti* (86.2). Tinham a confiança de que JAVÉ salvaria os servos de seus inimigos (138.7). Essa confiança estendia-se até mesmo à salvação da morte (49.15[H16]).

Seria um erro, porém, pensar que Salmos só fala da salvação do indivíduo. Os salmistas entenderam bem o interesse de Deus na salvação e na proteção da nação; por isso, aparecem com frequência expressões da

---

[282] Cf. North, Christopher R. *The Servant of the Lord*. In: *IBD*, v. 4, p. 293.

O DEUS QUE SALVA   155

salvação "coletiva". A lamentação no Salmo 79 expressa bem a questão da salvação de Israel como nação. O salmista introduziu sua queixa assim: *Ó Deus, as nações invadiram tua herança; profanaram teu santo templo; deixaram Jerusalém em ruínas* (79.1). Não sabemos a que invasão ele se referia, mas supomos que se referia à invasão dos babilônios, por causa da referência à destruição de Jerusalém e do templo. A destruição e a desolação levaram o poeta a clamar: Ó Deus da nossa salvação, ajuda-nos pela glória do teu nome; livra-nos e perdoa nossos pecados, por amor do teu nome (79.9). Em outra lamentação, o salmista pediu a ajuda de Deus por causa de uma calamidade não especificada: Ó Deus, restaura-nos; faze resplandecer teu rosto, para que sejamos salvos (80.3).

Além da nação, os salmistas sabiam que o Deus de Israel se preocupou com os pobres, necessitados e os retos de coração. O Salmo 12 declara:

> *Salva-nos, SENHOR, pois não existe quem seja fiel; os fiéis desapareceram dentre os filhos dos homens [...] Por causa da opressão dos pobres e do gemido dos necessitados, eu me levantarei agora, diz o SENHOR. Trarei segurança a quem anseia por ela* (Sl 12.1,5).

Por saber que Deus teria compaixão dele na hora de necessidade, o necessitado podia clamar ao Senhor com a confiança:

> *Salva-me, ó Deus!, pois as águas subiram até o meu pescoço [...] Os necessitados o verão e se alegrarão; a vocês que buscam a Deus, vida ao seu coração! O SENHOR ouve o pobre e não despreza o seu povo aprisionado* (Sl 69.1,32,33, NVI).

Saber que JAVÉ era um Deus compassivo e misericordioso, mesmo quando seu povo se desviava dele, foi uma das grandes confissões dos salmistas. Sua esperança de salvação vinha unicamente do Deus que se havia revelado a Moisés no deserto, comunicando seu interesse e vontade na salvação de um povo descendente de Jacó.

A ESPERANÇA DE SALVAÇÃO NO AT

A primeira coisa que devemos afirmar é que, em termos gerais, a salvação no AT foi vista pelos hebreus como um evento "contínuo", isto é, Deus sempre estava salvando seu povo em momentos específicos da história. Eventos como o êxodo, a conquista, a libertação na época dos juízes, a proteção do povo e da cidade de Jerusalém em diversos momentos oferecem uma prova desse fato. Por dar Deus prova de sua capacidade e vontade de salvar, Israel confiava em sua salvação futura.

156   O DEUS DE ISRAEL

A salvação de Deus no AT foi entendida tanto como um evento histórico do passado como algo que Deus faria acontecer. Os salmistas expressaram de várias maneiras tal esperança. Relembrando os atos divinos no passado, um salmista clama ao Senhor com a certeza de que seu pedido seria atendido:

> *Clamaram a ti e foram salvos; confiaram em ti e não se decepcionaram* [...] *Salva-me da boca do leão, sim, livra-me dos chifres do boi selvagem* (Sl 22.5,21).

Confrontado pelo barulho do inimigo, diante da gritaria dos ímpios, o salmista teve a confiança de que, ao pedir socorro a Deus, este lhe responderia:

> *Mas eu invocarei a Deus, e o Senhor me salvará* (Sl 55.16).

> *Clamarei ao Deus altíssimo, ao Deus que tudo executa por mim.*
> *Ele enviará seu auxílio do céu e me salvará. Envergonhará meu opressor.* [*Interlúdio*]
> *Deus enviará sua misericórdia e sua verdade* (Sl 57.2,3a).

A esperança de salvação no futuro baseada nas provas históricas recebeu expressão máxima no Salmo 106. Relembrando o êxodo, o salmista declara:

> *Nossos pais não atentaram para tuas maravilhas no Egito, não se lembraram do teu imenso amor; pelo contrário, rebelaram-se contra o altíssimo junto ao mar Vermelho.*
> *Apesar disso, ele os salvou, por amor do seu nome, para manifestar seu poder* (Sl 106.7,8).

A salvação que JAVÉ operou no mar Vermelho tornou-se a base da esperança de um ato de salvação futuro: *Salva-nos, Senhor, nosso Deus, e congrega-nos dentre as nações, para que louvemos teu santo nome e nos gloriemos em teu louvor* (Sl 106.47).

A salvação que Israel esperava de Deus também tinha um aspecto "escatológico". Israel esperava uma demonstração de salvação dentro da história e no fim dela. Havia a esperança da criação de "novos céus e nova terra" (Is 65.17). A renovação do universo traria mudanças na própria natureza, especialmente entre os animais:

> *O lobo habitará com o cordeiro, e o leopardo se deitará com o cabrito. O bezerro, o leão e o animal de engorda viverão juntos; e um menino pequeno os conduzirá* (Is 11.6)

> *O lobo e o cordeiro pastarão juntos, o leão comerá feno como o boi; e a comida da serpente será o pó. Não farão mal nem dano algum em todo o meu santo monte, diz o Senhor* (Is 65.25).

De acordo com Alan Richardson, até o final da época do AT, a esperança de salvação se tornou principalmente "escatológica".[283] O dia do Senhor que os profetas do século VIII a.c. anunciaram como o dia de *trevas e não de luz* (Am 5.18) foi interpretado como o dia quando Deus derramaria seu espírito sobre todas as pessoas (Jl 2.28). O evento, acompanhado de sinais "escatológicos" (v. 30), seria um convite a todos para que invocassem o nome de JAVÉ a fim de ser salvos (v. 31).

SALVAÇÃO, ARREPENDIMENTO, FÉ E REGENERAÇÃO NO AT

Quando a questão de salvação no AT é tratada no contexto da igreja, o pensamento de muitos imediatamente migra para questões de arrependimento, fé e regeneração que fazem parte da linguagem das confissões doutrinárias que muitas igrejas cristãs mantêm. A questão que surge na mente dos cristãos que aceitam tais declarações é simples: O "caminho" da salvação no AT é o mesmo que encontramos no NT? Qual o papel do arrependimento, da fé e da regeneração no AT? Todas essas coisas foram pré-requisitos para ser salvo no AT? Nesta parte do trabalho, tentaremos pôr essas questões em foco.

O arrependimento e a salvação

É uma das premissas básicas em declarações doutrinárias de igrejas evangélicas que o arrependimento é essencial para o indivíduo receber a salvação que vem de Deus. Por exemplo, uma declaração de fé diz: "A salvação é outorgada por Deus pela sua graça, mediante arrependimento do pecador e da sua fé em Jesus Cristo como único Salvador e Senhor".[284] Na *Confissão de Westminster*, "o arrependimento para a vida é uma graça evangélica, doutrina esta que deve ser pregada por todo ministro do evangelho tanto quanto a fé de Cristo".[285] No AT, qual foi o papel do arrependimento para a salvação da nação como também do indivíduo?

No hebraico, é a palavra "voltar" (*shub*) que reflete como os escritores entenderam o ato de arrepender-se. Isaías disse: *Mas o povo não se voltou para quem o feriu, nem buscou o Senhor dos Exércitos* (Is 9.13[H12]). Oseias viu o dia quando o povo deixaria sua infidelidade e se voltaria para Deus: *Depois os*

---

[283] Richardson, Salvation. In: *IDB*, v. 4, p. 174.

[284] Declaração doutrinária da Convenção Batista Brasileira, p. 5. Disponível em: <http://www.batistas.com/index.php?option=com_content&view=article&id=15&limitstart=4>. Acesso em: 11 fev. 2014.

[285] Confissão de Westminster, cap. XV, parágrafo 1. Disponível em: <http://new.pippaod.com/accounts/54/474/BBB837ED-39B7-4440-9D72E49F9BC37042.pdf>. Acesso em: 7 nov. 2014.

israelitas voltarão e buscarão o Senhor, seu Deus, e Davi, seu rei; e, nos últimos dias, tremendo, eles se aproximarão do Senhor e da sua bondade (Os 3.5). Por meio de Jeremias, Deus pediu a "volta" do povo: *Vai e proclama estas palavras para a região do norte: Volta, ó rebelde Israel, diz o Senhor. Não te tratarei com ira, porque sou fiel, diz o Senhor, e não guardarei para sempre o rancor* (Jr 3.12). Em Isaías 30.15, o retorno do povo e a salvação aparecem lado a lado: *Diz o Soberano Senhor, o Santo de Israel: "No arrependimento [shuba)] e no descanso está a salvação de vocês, na quietude e na confiança está o seu vigor, mas vocês não quiseram"*. Parece que neste contexto o profeta vinculou a promessa de salvação ao arrependimento. Essa formulação leva à questão se, no AT, a salvação podia ser entendida em termos "condicionais", isto é, que Deus salva somente aqueles que se arrependem.

Consideremos a oração de Salomão na ocasião da dedicação do templo:

> *Quando pecarem contra ti, pois não há homem que não peque, e tu te indignares contra eles e os entregares ao inimigo, de modo que os levem em cativeiro para a terra inimiga, distante ou próxima; se na terra aonde forem levados em cativeiro caírem em si e se converterem, e na terra do seu cativeiro te suplicarem, dizendo: Pecamos, nos desviamos e agimos com maldade; se voltarem a ti de todo o coração e de toda a alma, na terra de seus inimigos que os tenham levado em cativeiro, e orarem a ti, voltados para a sua terra, que deste aos seus pais, para a cidade que escolheste e para o templo que edifiquei ao teu nome, ouve do céu, lugar da tua habitação, a sua oração e a sua súplica e defende a sua causa* (1Rs 8.46-49).

Essa oração fala de uma época quando o povo não mais estava na terra de Israel como consequência do pecado. Conforme a oração, se o povo "caísse em si", isto é, entendesse que pecara contra Deus e "se voltasse" para Deus "de todo o coração e de toda a alma", Deus atenderia a seu pedido e defenderia sua causa. O aspecto "condicional" da salvação podia ser visto em outros momentos, especialmente na proclamação dos profetas:

> *Sião será resgatada pela justiça, e os seus convertidos, pela retidão* (Is 1.27).

> *E virá um Redentor a Sião e aos que se desviarem da transgressão em Jacó, diz o Senhor* (Is 59.20).

Na visita que Jeremias fez à casa do oleiro, podemos ver o elemento condicional na promessa de Deus de agir em favor de um povo. Quando o profeta viu como o oleiro fazia e refazia o barro, finalmente entendeu como Deus podia tratar as nações:

Se em algum momento eu falar em arrancar, derrubar e demolir uma nação ou um reino, e aquela nação contra a qual eu falar se converter da sua maldade, também eu me arrependerei do mal que planejava fazer-lhe (Jr 18.7,8).

O propósito de Deus parece claro aqui. Era sua intenção julgar o povo por sua obstinação, mas sempre existia a oportunidade de evitar o juízo mediante o arrependimento.

Apesar do aspecto "condicional" em algumas passagens, é importante notar que a salvação que Deus operara na história de Israel não havia sido pelo "mérito" do povo. Aliás, os escritores declaravam exatamente o oposto:

O Senhor não se agradou de vós nem vos escolheu porque fôsseis mais numerosos do que todos os outros povos, pois éreis menos numerosos do que qualquer outro povo; mas o Senhor vos tirou com mão forte e vos resgatou da casa da escravidão, da mão do faraó, rei do Egito, porque vos amou e quis manter o juramento que havia feito a vossos pais (Dt 7.7,8).

O pecado e a rebelião podiam ser motivos para Deus não agir em determinado momento (Is 59.1,2), mas sua vontade é sempre perdoar a iniquidade do povo:

Quem é Deus semelhante a ti, que perdoas a maldade e te esqueces da transgressão do remanescente da tua herança? O Senhor não retém a sua ira para sempre, porque ele tem prazer na misericórdia. Tornará a ter compaixão de nós; pisará as nossas maldades. Tu lançarás todos os nossos pecados nas profundezas do mar (Mq 7.18,19).

A fé e a salvação

No AT a fé se expressou principalmente pela confiança que uma pessoa ou um povo tinha no poder de Deus de agir, proteger, guardar e preservar. Pode ser entendida como uma atitude no coração que se demonstrou pela maneira em que esse indivíduo ou povo conduzia a própria vida. Não existe no AT apenas uma palavra que limite o conceito de fé ou confiança. Uma das palavras que expressa fé é *aman*, de onde vem a palavra traduzida por "amém". Ao ouvir que Deus ia multiplicar seus descendentes como as estrelas do céu *Abrão creu no Senhor; e o Senhor atribuiu-lhe isso como justiça* (Gn 15.6). Com o sentido de confirmar, estabelecer, ter certeza e crer, *aman* se encontra em vários contextos. Ao ver o livramento que Deus operou no mar, o povo *temeu ao Senhor e pôs nele a sua confiança [amam], como também em Moisés, seu servo* (Êx 14.31, *NVI*). O salmista declarou:

160   O DEUS DE ISRAEL

Não me entregues à vontade dos meus adversários; pois as falsas testemunhas e os que respiram violência levantaram-se contra mim.
Creio que verei a bondade do SENHOR na terra dos viventes (Sl 27.12,13).

A premissa básica da fé no AT é que a confiança do indivíduo e do povo só devia ser depositada em JAVÉ. A palavra *batah* foi usada muitas vezes para expressar essa confiança. O sábio exortou os alunos: *Confia [batah] no SENHOR de todo o coração, e não no teu próprio entendimento* (Pv 3.5) porque *quem teme o homem arma-lhe ciladas, mas quem confia [batah] no SENHOR está seguro* (Pv 29.25). Os salmistas entenderam o vínculo entre fé e confiança em JAVÉ e a salvação. Declarou o salmista: *Mas eu confio na tua misericórdia; meu coração se alegra na tua salvação* (Sl 13.5). Outro poeta, quando refletiu sobre a história de seu povo, afirmou: *Nossos pais confiaram em ti; confiaram, e tu os livraste. Clamaram a ti e foram salvos; confiaram em ti e não se decepcionaram* (Sl 22.4,5[H5,6]). A mesma confiança achou expressão na proclamação de Isaias:

Deus é a minha salvação. Confiarei e não temerei, porque o SENHOR Deus é a minha força e o meu cântico; ele é a minha salvação (Is 12.2).

As experiências que o povo teve com JAVÉ ao longo da história formaram as bases de sua confiança tanto para o presente como para o futuro. Israel, individual e coletivamente, podia manter-se firme na fé porque JAVÉ se demonstrou fiel e digno de confiança. Por isso, Habacuque podia declarar:

E contra quem se indignou por quarenta anos? Não foi contra os que pecaram, cujos corpos caíram no deserto? E a quem jurou que não entrariam no seu descanso? Não foi aos desobedientes? (Hb 3.17,18).

A regeneração no AT[286]

Finalmente, vamos considerar a questão da salvação e a regeneração do indivíduo. A regeneração fez parte da experiência de salvação no AT? Em primeiro lugar, não existe uma palavra hebraica que corresponda à noção no NT de regeneração ou novo nascimento. Existem, porém, referências no AT que apontam para a noção de regeneração.

---

[286] A questão da regeneração no AT é normalmente um assunto tratado em discussões de dispensacionalismo e normalmente não ocupam muito espaço numa TAT. Exemplo do tratamento que a questão recebeu em uma teologia sistemática de linha dispensacionalista pode ser encontrado em Lewis Sperry CHAFER. Sobre a regeneração no AT, disse esse autor: "Com respeito à regeneração, os santos do Antigo Testamento foram evidentemente renovados; mas, como não há uma doutrina definida relativa ao alcance e caráter dessa renovação, nenhuma declaração positiva pode ser feita". In: *Teologia Sistemática*. Trad. Heber Carlos de Campos. São Paulo: Hagnos, 2003. v. 5 e 6, p. 418.

Em Deuteronômio, por exemplo, encontramos expressões do desejo por parte de Deus de ver mudança em seu povo não somente no que se refere a comportamento exterior, mas também a "transformação", que começaria no próprio coração:

Quem dera o coração deles fosse tal que me temessem e guardassem todos os meus mandamentos em todo o tempo, para que eles e seus filhos vivessem bem para sempre! (Dt 5.29).

E estas palavras, que hoje te ordeno, estarão no teu coração (Dt 6.6).

O SENHOR, teu Deus, circuncidará o teu coração, e o coração da tua descendência, a fim de que ames o SENHOR, teu Deus, de todo o teu coração e com toda a alma, para que vivas (Dt 30.6).

Millard Erickson achou evidências da regeneração de pessoas no AT.[287] O argumento do autor baseia-se na semelhança de linguagem entre AT e NT. Um exemplo foi a conversa entre Samuel e Saul. Samuel disse que Saul experimentaria uma "transformação" de vida depois de ter um encontro com determinada escola de profetas: *O Espírito do SENHOR se apoderará de ti, e terás manifestações proféticas com eles; e serás transformado em outro homem* (1Sm 10.6). Não há como saber se tal transformação permaneceu na vida de Saul. Talvez seja difícil afirmar a permanência dessa mudança à luz de seu comportamento como rei, especialmente em seu relacionamento com Davi.

Em outras passagens, encontramos promessas que Deus ia efetuar uma transformação no coração do seu povo. Quando o profeta Jeremias falou da volta do povo do exílio em Babilônia, prometeu dar ao povo um coração que o faria voltar-se para Deus: *Eu lhes darei coração para que saibam que eu sou o SENHOR. Eles serão o meu povo, e eu serei o seu Deus; pois se voltarão para mim de todo o coração* (Jr 24.7). Do ponto de vista do profeta, a única maneira de "garantir" que o povo pudesse cumprir as responsabilidades da aliança seria por uma total mudança interna, substituindo o antigo coração por outro capaz de conhecer Deus e entender que só JAVÉ é o Senhor.

No livro de Isaías, temos a promessa de uma época em que Deus daria ao povo um novo "ânimo":

Pois assim diz o Alto e Sublime, que vive para sempre, e cujo nome é santo: "Habito num lugar alto e santo, mas habito também com o contrito e humilde de espírito, para dar novo ânimo ao espírito do humilde e novo alento ao coração do contrito (Is 57.15, *NVI*).

---

[287] ERICKSON, *Christian Theology*, p. 980-983.

A palavra traduzida por "ânimo" na NVI é *hayah*, que literalmente quer dizer "viver", "vivificar" ou "reviver" no sentido de ser reanimado. Se o profeta estava falando meramente em termos metafóricos em que a volta dos exilados daria um novo alento ao povo ou se estava se referindo a uma regeneração completa da pessoa, é impossível atestar.

Foi o profeta Ezequiel quem apresentou uma "prova" mais clara da possibilidade de regeneração espiritual. Esse profeta falou de uma época em que Deus operaria uma mudança radical na vida do povo:

> *Também vos darei um coração novo e porei um espírito novo dentro de vós; tirarei de vós o coração de pedra e vos darei um coração de carne.*
> *Também porei o meu Espírito dentro de vós e farei com que andeis nos meus estatutos; e obedecereis aos meus mandamentos e os praticareis* (Ez 36.26,27).

À luz do contexto, é possível concluir que a regeneração do coração do povo de Israel seria uma que se daria no futuro, quando Deus enviaria seu Espírito de maneira abrangente. Certamente algo novo aconteceu no dia de Pentecoste, conforme registra Lucas no livro de Atos.

9.

O DEUS QUE ESCOLHEU
E FEZ ALIANÇAS

Se Deus escolhe os dignos,
então questiona-se sua graça;
se ele escolhe os indignos,
então questiona-se sua justiça.[288]

H. H. ROWLEY

Que estranho que Deus escolheu os judeus.

frase atribuída a WILLIAM NORMAN EWER

Em termos gerais, a história do Israel antigo no AT pode ser resumida na escolha do povo por parte de JAVÉ, da aliança feita com ele e da vida desse povo sob a orientação da aliança. Com isso em mente, é possível dizer que o propósito da eleição de Israel foi a aliança; consequentemente, a vida do povo de Israel debaixo da aliança refletiu sua eleição. Existe um vínculo histórico e temático entre a escolha de Israel e a aliança. Por isso, os temas "eleição" e "aliança" estão vinculados e, pelo menos, em uma ocasião podem ser entendidos como sinônimos (Sl 89.3). Por motivos pedagógicos, vamos tratá-los separadamente, começando pela eleição.

A ELEIÇÃO NO AT

Conforme Walther Eichrodt, a fé de Israel foi uma "religião de eleição".[289] Com isso, Eichrodt queria dizer que o que separara a fé de Israel das demais religiões do Oriente Médio antigo era sua eleição por JAVÉ. Como devemos

---

[288] V. tradução em SMITH, *Teologia...*, p. 130.

[289] EICHRODT, *Teologia...*, p. 30.

entender a questão da eleição de Israel no AT? Implica a elevação dessa nação a uma posição privilegiada diante de Deus e dos demais povos? De fato, a história do Israel antigo mostra que o povo chegou a ponto de imaginar que sua eleição significava *principalmente*, se não *unicamente*, privilégio, e não responsabilidade. O profeta Amós criticou sua geração porque aparentemente o povo havia se esquecido de sua responsabilidade como nação eleita:

> De todas as famílias da terra, escolhi somente a vós; portanto, eu vos punirei por todas as vossas maldades. Por acaso andarão duas pessoas juntas, se não estiverem de acordo? (Am 3.2,3)

Do ponto de vista bíblico, a eleição pode ser definida como o ato de Deus de iniciar um relacionamento com uma pessoa ou nação. É entendida como um ato da vontade de Deus pelo qual escolheu lugares, pessoas ou nações para um propósito específico. Edmond Jacob concluiu que a eleição por parte de JAVÉ foi mais abrangente do que a escolha da nação de Israel e inclui qualquer intervenção de Deus na história humana.[290] Eleição, nesse sentido, significa que Deus escolhe a hora, o lugar e os alvos de sua intervenção. Sendo um ato do Deus soberano, representa o livre-arbítrio supremo. Deus é completamente livre em suas decisões e ações. Portanto, escolher uma nação, e não outra, é um ato inquestionável do ponto de vista de sua suprema soberania.

A terminologia da eleição[291]

Para entender melhor a natureza da eleição no AT, comecemos pela terminologia. Antes disso, é bom mencionar a observação feita por Horst Preuss a respeito da metodologia teológica da eleição: "A teologia do Antigo Testamento não tem origem em observar a presença ou a ausência da palavra 'eleição' para em seguida decidir esboçar ou rejeitar determinadas conclusões".[292] Para Preuss, a eleição é em primeiro lugar uma ação, não uma condição.[293] Conforme diz o autor: "'Eleição' no AT não se refere a um decreto divino primevo ou supratemporal, mas, sim, a uma ação histórica de JAVÉ".[294]

---

[290] Cf. JACOB, *Théologie...*, p. 164.

[291] Cf. SMITH, *Teologia...*, p. 126-127. V. tb. PREUSS, Horst Dietrich. *Old Testament Theology*. Trad. Leo G. Perdue. Louisville: Westminster John Knox, 1995. v. 1, p. 31-33.

[292] Cf. PREUSS, *Old Testament...*, p. 27 (tradução nossa).

[293] Preuss diz que no AT o termo *bhr* ocorre na forma verbal (*eleger*), não como substantivo abstrato (*eleição*). Ibid., p. 28.

[294] Ibid., p. 37 (tradução nossa).

É possível verificar a posição de Preuss observando os contextos em que a terminologia da eleição aparecem na Bíblia. No AT existem várias palavras que expressam a noção de eleição. O verbo hebraico que em geral denota o ato de "eleger" ou "escolher" é *bahar*; significa o ato de escolher entre várias opções. É normalmente entendido como uma escolha feita *voluntariamente, não obrigatoriamente*. Essa palavra é usada para descrever a escolha que Ló fez quando Abraão propôs a separação entre seus pastores e os de Ló (Gn 13.11). Descreve a escolha de uma pessoa específica; por exemplo, Jacó (Sl 135.4) e Davi (Sl 78.70). Refere-se à escolha de lugares como Sião (Dt 12.5; Sl 78.68) e Israel (Dt 4.37).

Em alguns contextos, ser eleito ou escolhido significava também ser chamado. O verbo hebraico normalmente traduzido por "chamar" é *qara'*. Apesar do fato de o verbo aparecer poucas vezes com esse sentido e principalmente nos Profetas, trata-se de ocorrências de grande importância. Em Isaías 51.2, o profeta diz que Deus chamara Abraão; em Oseias 11.1, refere-se à escolha de Israel. Oseias declarou que o amor de JAVÉ por Israel fora o motivo de sua escolha: *Quando Israel era menino, eu o amei, e do Egito chamei* [*qara'*] *o meu filho.* Em Isaías 41.8,9, o verbo é usado em construção paralela com o verbo *bahar* e refere-se ao chamado de Israel como servo do Senhor:

> *Você, porém, ó Israel, meu servo,*
> *Jacó, a quem escolhi* [*bahar*],
> *vocês, descendentes de Abraão, meu amigo,*
> *eu os tirei dos confins da terra,*
> *de seus recantos mais distantes*
> *eu os chamei* [*qara'*]. *Eu disse: "Você é meu servo";*
> *eu o escolhi* [*bahar*] *e não o rejeitei* (NVI).

Ser escolhido também quer dizer ser conhecido. O verbo *yada'*, que quer dizer "conhecer", pode se referir à eleição de indivíduos e nações. Vamos considerar a escolha de Abraão:

> *Pois eu o escolhi* [*yada'*], *para que ordene aos seus filhos e aos seus descendentes que se conservem no caminho do* Senhor, *fazendo o que é justo e direito, para que o* Senhor *faça vir a Abraão o que lhe prometeu* (Gn 18.19, NVI).

Nessa última passagem, Deus escolheu ou "conheceu" Abraão a fim de que ele ordenasse seus filhos a que guardassem seus caminhos e praticassem a justiça para que viesse sobre ele tudo o que o Senhor havia falado a seu respeito. Entendida assim, a escolha de pessoas por parte de JAVÉ implica seu chamado ao serviço.

A eleição de Israel: eleito para servir

O AT não nos dá um motivo claro por que Deus escolheu Israel, exceto o amor, já mencionado pelo profeta Oseias. Aliás, a implicação é que a escolha se trata de um ato da vontade da pessoa que escolhe. Portanto, a única resposta possível para a escolha de Israel é que JAVÉ queria escolher essa nação como demonstração de seu amor:

> O Senhor não se afeiçoou a vocês nem os escolheu por serem mais numerosos do que os outros povos, pois vocês eram o menor de todos os povos.
> Mas foi porque o Senhor os amou e por causa do juramento que fez aos seus antepassados. Por isso ele os tirou com mão poderosa e os redimiu da terra da escravidão, do poder do faraó, rei do Egito (Dt 7.7,8, NVI).
>
> No entanto, o Senhor se afeiçoou aos seus antepassados e os amou, e a vocês, descendentes deles, escolheu entre todas as nações, como hoje se vê (Dt 10.15, NVI).

Portanto, sendo a eleição de Israel o resultado de uma ação voluntária por parte de Deus, escolher uma nação deve ser entendido principalmente como um convite cuja base é o amor de Deus. Uma vez que JAVÉ é soberano, ele não necessita dar motivos de sua escolha.

Se não podemos identificar precisamente o *motivo* da escolha de Israel, pelo menos podemos dizer algo sobre seu *propósito*. Uma maneira de entender o propósito da escolha de Israel era tornar-se um instrumento nas mãos de Deus. Um dos aspectos de sua escolha foi a ocupação da terra de Canaã a fim de realizar os propósitos de Deus no mundo:

> Porque amou vossos pais, não somente escolheu a descendência deles, mas também vos tirou do Egito com sua presença e com sua grande força; para expulsar de diante de vós nações maiores e mais poderosas, para ali vos levar e dar por herança a terra delas, como se vê neste dia (Dt 4.37).

A ocupação da terra como expressão da vontade de JAVÉ, porém, deve ser entendida como o meio pelo qual Deus usaria Israel para cumprir uma missão mais importante. Sua "posição" como a nação escolhida de Deus visava à tarefa de ser servo de Deus na terra (cf. Êx 19.6). A missão de Israel de ser utilizada por JAVÉ mais tarde se refletiu nas passagens conhecidas como "cânticos do servo do Senhor". Em Isaías 42.1-7, encontramos uma expressão do propósito pelo qual JAVÉ chamou-o "servo":

> *Aqui está o meu servo, a quem sustento; o meu escolhido, em quem me alegro; pus o meu Espírito sobre ele; ele trará justiça às nações.*
>
> *Ele não gritará, não se exaltará, nem fará ouvir a sua voz na rua.*
>
> *Não quebrará a cana esmagada, nem apagará o pavio que esfumaça; trará a justiça com fidelidade;*
>
> *não falhará nem se quebrará, até que estabeleça a justiça na terra; e as ilhas aguardarão a sua lei.*
>
> *Assim diz Deus, o Senhor, que criou os céus e os desenrolou, e estendeu a terra e o que dela brota; que dá fôlego ao povo que nela habita e vida aos que andam por ela.*
>
> *Eu, o Senhor, te chamei em justiça; tomei-te pela mão e guardei-te; eu te fiz mediador da aliança com o povo e luz para as nações;*
>
> *para abrir os olhos dos cegos, para tirar da prisão os presos e do cárcere os que habitam em trevas.*

Deve estar claro que a eleição do servo, que nessa passagem pode ser identificado como a nação de Israel,[295] visava a um propósito intermediário nas mãos de Deus para proclamar luz aos gentios e livrar os oprimidos. Assim, a eleição não visava à elevação de uma nação acima das demais, e, sim à responsabilidade de servir às nações. Citando Rowley, Smith diz: "O propósito de Deus na eleição era a revelação e o serviço".[296]

Eleição e a missão de Israel

Edmund Jacob entendeu a eleição como o instrumento pelo qual JAVÉ escolheu Israel para que este assumisse sua responsabilidade missionária.[297] Conforme o autor, essa missão, que começou pelo chamado de Abraão em Gênesis 12.1-3, incluiu a responsabilidade de propagar a mensagem da superioridade de JAVÉ sobre as nações e seus falsos deuses. De acordo com Jacob, Israel sempre entendeu que JAVÉ fora superior aos deuses das demais nações. De fato, Jacob chamou Moisés de "missionário aos egípcios".[298]

---

[295] Conhecemos a questão da ambiguidade a respeito da identificação do servo. Esta passagem, porém, é citada aqui não como tentativa de identificar seu referente, mas para mostrar o vínculo entre eleição e responsabilidade missionária.

[296] Smith, *Teologia...*, p. 130.

[297] Jacob, *Théologie...*, p. 177.

[298] Ibid. G. E. Wright, no artigo *The Old Testament Basis for the Christian Mission* (p. 17-18), citou a obra de H. H. Rowley, *The Missionary Message of the Old Testament* (London: Carey, 1945), que também fez essa afirmação.

168 O DEUS DE ISRAEL

Mais recentemente, a questão do papel da nação de Israel e sua eleição foi abordada por Christopher Wright.[299] Wright desenvolveu de maneira extensa o vínculo entre a eleição de Israel e sua missão como povo particular de Deus. O autor trata da eleição de Israel no âmbito do caráter universal de Deus, que vetava uma doutrina de exclusivismo para o povo de Deus. Para Wright, o "propósito que Deus tem para Israel está inextricavelmente vinculado a sua universalidade.[300] Por isso, Wright declarou que a eleição de Israel é "fundamentalmente missional, não somente soteriológica".[301] O autor continua, dizendo: "De fato, eleição é, à luz da Bíblia toda, eleição para a salvação. Em primeiro lugar, porém, é eleição para missão".[302]

Tal responsabilidade podia ser uma das implicações da aliança proposta por JAVÉ em Êxodo 19.4-6. Quando JAVÉ propôs aliança com Israel, ele chamou Israel para ser *reino de sacerdotes e nação santa* (Êx 19.6). Wright considerou o texto de Êxodo 19.5,6 um texto essencial que comunicou a Israel seu propósito na história e o alvo do futuro da nação.[303]

Além disso, Êxodo 19.5,6 serve de "elo" entre a saída do povo do Egito (Êx 1-18) e o estabelecimento da aliança (Êx 20—24), criando um vínculo entre a eleição de Israel e a aliança no AT. Se JAVÉ escolheu Israel para ser seu instrumento, a aliança estabeleceu de forma oficial as responsabilidades e os limites específicos para Israel servir como o servo do Senhor, questão esta que passaremos a examinar.

ALIANÇAS NO AT

A importância da aliança não pode ser subestimada para compreender a fé de Israel no AT. O conceito da aliança é um tema que domina várias teologias contemporâneas do AT. George Knight declarou: "A ideia da aliança domina todo o AT".[304] Conforme Walther Eichrodt, o tema da aliança "demonstra desde o princípio a singularidade do conhecimento israelita de Deus."[305] Edmund Jacob entendia que, mesmo sendo a eleição um acontecimento fundamental, "é praticada dentro da estrutura da aliança".[306] Para

---

[299] Cf. *The Mission of God*, 2006.

[300] Ibid., p. 263.

[301] Ibid.

[302] Ibid., p. 264.

[303] Ibid., p. 224, 226.

[304] Cf. KNIGHT, *A Christian Theology...*, p. 218 (tradução nossa).

[305] EICHRODT, *Teologia...*, p. 23.

[306] Cf. JACOB, *Théologie...*, p. 170 (tradução nossa).

entender melhor a aliança no AT, precisamos compreender o tema à luz da cultura do Oriente Médio antigo.

Tratados e alianças do Oriente Médio antigo

Pesquisas feitas de documentos antigos do Oriente Médio antigo mostram que os povos da Antiguidade faziam tratados e alianças como meio de estabelecer e definir relacionamentos políticos, comerciais e pessoais. Pelo menos três tipos de tratados foram utilizados entre povos e nações antigos. O primeiro é chamado de "tratado de paridade". Esse tipo de tratado era normalmente estabelecido entre duas pessoas no mesmo nível; por exemplo, entre dois reis. Em tratados de paridade, as obrigações de ambas as partes eram mais ou menos iguais.[307] No AT, foram feitos tratados de paridade entre Abraão e Abimeleque (Gn 21.27), Jônatas e Davi (1Sm 18.3) e Salomão e Hirão (1Rs 5.12[H26]). O segundo tipo de tratado é conhecido como de "concessão real" (*royal grant*) em que o suserano dava garantias de proteção aos diretos do vassalo que demonstrara fidelidade ao suserano.[308] Weinfeld entendia que esse tipo de tratado era incondicional por parte do vassalo. O soberano dava principalmente terras ou o direito de estabelecer um reino, sem exigir nada em troca.[309] As alianças estabelecidas com Abraão (Gn 15.18; 17.2) e Davi (Sl 89.4) podem ser consideradas desse tipo.

O terceiro tipo de tratado é o "tratado de suserania e vassalagem". De todos os tratados do Oriente Médio antigo, os dos hititas têm sido preservados em número expressivo. Os tratados hititas definiam a natureza do relacionamento entre o império e os Estados vassalos dominados pelo império. Conforme George Mendenhall, o tratado prometia proteção do império para o Estado vassalo e punha os recursos militares do vassalo à disposição do império.[310] Nesses documentos é possível identificar padrões para o estabelecimento de alianças.[311] Normalmente, os tratados de suserania começavam com um preâmbulo ou introdução que identificava as partes envolvidas na formação da aliança. A seguir, havia um prólogo histórico que relatava a história da aliança ou a razão pela qual a aliança

---

[307] Cf. THOMPSON, J. A. *The Ancient Near Eastern Treaties and the Old Testament*. London: Tyndale, 1963. p. 12.

[308] WEINFELD, Moshe. *The Covenant of Grant in the Old Testament and in the Ancient Near East*. In: GREENSPAHN, Frederick E. (Ed.). *Essential Papers on Israel and the Ancient Near East*. New York: New York University, 1991. p. 70

[309] Ibid., p. 73.

[310] Covenant. In: *IDB*, v. 1, p. 714.

[311] Ibid., p. 714-715.

foi estabelecida. Depois do prólogo vieram as estipulações da aliança que definiram as obrigações dos participantes na aliança. As obrigações do Estado vassalo incluíam a proibição da formação de outras alianças além de ser "amigo" do império e "inimigo" dos inimigos do império. Em seguida, juramentos de fidelidade à aliança eram feitos e uma lista de bênçãos para a obediência e o cumprimento das obrigações e maldições para a desobediência e o não cumprimento delas. Finalmente, os deuses eram invocados como testemunhas.

Como Mendenhall observou, estes elementos representavam apenas uma forma esquemática de tratado de suserania e não eram necessariamente a forma uniforme e obrigatória de todas as alianças da Antiguidade.[312] Além disso, é difícil identificar nas várias alianças da Antiguidade todos os elementos esboçados. Das alianças registradas no AT, a maioria foi feita entre pessoas ou grupos de níveis diferentes. Normalmente, a pessoa ou grupo que tinha mais poder e superioridade foi quem fazia a aliança com o mais fraco. Um exemplo deste tipo foi a aliança entre os israelitas e os gibeonitas em Josué 9. Nesta narrativa, os gibeonitas reconheceram a superioridade militar dos israelitas e utilizaram um engano para conseguir uma aliança favorável a eles. Neste caso os israelitas foram a parte mais forte, e os gibeonitas, os "vassalos." Depois de descobrir o engano, Josué não podia atacar os gibeonitas porque os israelitas fizeram "um juramento em nome do SENHOR" (Js 9.19). Outras alianças "seculares" que são registradas no AT incluem a aliança entre Abraão e Abimeleque (Gn 21.22-34) e entre Jônatas e Davi (1Sm 18.1-4).

A terminologia da aliança no AT

A terminologia da aliança no AT é extensa e tem sido investigada em outras obras com detalhes.[313] A palavra hebraica normalmente traduzida por "aliança" é *berit*, que pode ser usada para descrever todo tipo de pacto ou aliança no AT.[314] A raiz da palavra é incerta, mas sugestões incluem o verbo acadiano *burru*, que quer dizer "estabelecer uma situação legal por meio de um testemunho acompanhado de juramento", e o substantivo acadiano *burtu*, que quer dizer "grilhão".[315] É importante notar que a palavra hebraica *berit* não é usada no AT nesse sentido, mas sempre se refere a um acordo ou tratado

---

[312] Ibid., p. 715.

[313] V., p. ex., WEINFEL, *berit*. In: *TDOT*, p. 253-279; SMICK, *berit*. In: *DITAT*, p. 214-218.

[314] THOMPSON, *The Ancient Near...*, p. 18.

[315] SMICK, Aliança. In: *DITAT*, p. 282.

entre pessoas ou nações. O sentido original da palavra em hebraico implica "imposição", "responsabilidade", ou "obrigação".[316]

É comum encontrar a palavra *berit* ao lado de um verbo de ação que descreve como a aliança é feita. No livro de Gênesis, encontramos pelo menos quatro vezes a expressão "estabelecer aliança".[317] Nas quatro ocorrências, foi sempre o Senhor quem a estabeleceu. Mais comum é encontrar a expressão "fazer (literalmente, 'cortar') uma aliança".[318] A expressão "cortar aliança" sugere o estabelecimento de uma aliança por meio de sacrifício de sangue e/ou de uma refeição em que os sacrifícios tinham sido digeridos. Podemos ver o ato de sacrificar ou de "cortar" animais no estabelecimento da aliança entre JAVÉ e Noé (Gn 8.20), Abraão (Gn 15.9,10) e a cerimônia do estabelecimento da aliança no deserto do Sinai (Êx 24.5). O estabelecimento da aliança com Abraão envolvera uma cerimônia mais completa, na qual animais foram cortados ao meio e fogo passou entre as metades.

Além de sacrifícios, a formação de alianças no AT normalmente incluía o estabelecimento de elementos simbólicos ou de um "sinal". Ao iniciar a aliança com Noé e sua família, Deus disse:

> [...] *Este é o sinal da aliança que firmo entre mim e vós e com todo ser vivo que está convosco, por gerações perpétuas: Coloquei o meu arco nas nuvens; ele será o sinal de uma aliança entre mim e a terra* (Gn 9.12,13).

A aliança que JAVÉ fez com Abraão incluía a circuncisão como sinal (Gn 17.11). No caso dessa aliança, o sinal de circuncisão não deve ser entendido como condição para a instituição da aliança, mas como ato de obediência. Abraão, sua família e todos os descendentes deveriam aceitar o sinal da aliança como símbolo de obediência. Estava implícito no sinal o reconhecimento da soberania e da autoridade de JAVÉ em exigir obediência aos termos da aliança.

Berit e *torá*

Existe uma associação mútua entre *berit* e *torá* no AT. O estabelecimento da aliança com Israel no acampamento do Sinai é o exemplo mais claro. Antes do término da cerimônia em que a aliança fora feita, Moisés leu o livro da lei perante o povo. Depois da aceitação das leis registradas no livro, Moisés foi

---

[316] Weinfeld, *berit*. In: *TDOT*, p. 255.

[317] Cf. Gênesis 6.18; 9.11; 17.7,19.

[318] P. ex., Gênesis 15.18; Êxodo 34.10; Deuteronômio 4.23; 5.2; 29.24; 1Samuel 11.1; 1Reis 8.21; 2Coríntios 6.11; Jeremias 34.8; Oseias 10.4.

convidado a subir à montanha para receber "a lei [torá] e os mandamentos" para ensinar o povo a respeito das obrigações da aliança. Esta associação pode ser vista na confirmação da aliança depois da conquista de Canaã:

> E naquele dia Josué fez uma aliança com o povo e lhe deu leis e normas em Siquém. Josué escreveu essas palavras no livro da lei [torá] de Deus; e, tomando uma grande pedra, a pôs ali debaixo do carvalho que estava junto ao santuário do Senhor (Js 24.25,26).

Em alguns textos torá e aliança podem ser consideradas sinônimos. Em Salmo 78.10, os homens de Efraim foram acusados de não guardar a aliança (berit) de Deus e se recusar a andar em sua lei (torá). Essa acusação ecoou na voz dos profetas:

> Na verdade, a terra está contaminada por causa de seus habitantes, pois desobedecem às leis [torá], deturpam os estatutos e quebram a aliança [berit] eterna (Is 24.5).

> Põe a trombeta à tua boca. Ele vem como águia contra o templo do Senhor; porque quebraram a minha aliança [berit] e se rebelaram contra a minha lei [torá] (Os 8.1).

O profeta Jeremias viu o dia quando o povo de Deus não seria mais rebelde e desobediente porque Deus estabeleceria uma nova aliança com seu povo. Um dos aspectos da aliança era estabelecer seu cerne no coração das pessoas. Vejamos um pouco mais a esse respeito.

Berit e hesed

A palavra berit aparece pelo menos cinco vezes na expressão "a aliança e a bondade" (NVI).[319] A palavra traduzida por "bondade" pela NVI é hesed, que pode ser traduzida também pelas palavras "misericórdia"(ARA) ou "amor"(BJ). Em cada ocorrência, o verbo que acompanha a expressão é "manter"(NVI) ou "guardar" (ARA). Foi o hesed de Deus, seu "amor eterno" e sua "fidelidade" que motivaram não somente a eleição de Israel, mas também sua fidelidade à aliança. Além da aliança de bondade, há referências de uma aliança de paz (shalom). Uma aliança de paz foi feita com Fineias depois do pecado em Baal-Peor (Nm 25.12) e seria feita com sacerdotes (Ml 2.5), com Jerusalém (Is 54.10), com o remanescente (Ez 34.25) e com Israel restaurado (Ez 37.26).

---

[319] Deuteronômio 7.9; 1Reis 8.23; 2Crônicas 6.14; Neemias 9.32; Daniel 9.4. Outras referências que berit e hesed aparecem juntos são Deuteronômio 7.12; Salmo 89.29; Isaías 54.10 e 55.3. V. discussão em Eichrodt, Teologia..., p. 205-206.

George Knight entendeu o significado de *berit* à luz da lealdade (*hesed*) e graça (*hen*) de JAVÉ. Para ele, a aliança que JAVÉ fez com Israel tinha duas partes, a parte exterior, que era a própria aliança, e a parte interior, que era o *hesed* de JAVÉ. A parte interior, que incluiu os aspectos jurídicos e morais, podia ser resumida na palavra *hesed*. Tanto para Deus como para Israel, *hesed* descrevia a maneira pela qual a aliança seria mantida.[320] O vínculo entre *berit* e *hesed* foi examinado também na obra inspiradora de Nelson Glueck. Para Glueck, a essência real da aliança é *hesed*.[321] Falaremos da palavra *hesed* mais adiante.

Não havia aliança sem a eleição ou o *hesed* de Deus. A implicação é que, pela instituição da aliança, JAVÉ demonstrou sua misericórdia para com o povo. Sua misericórdia visava ao estabelecimento de um vínculo de paz (*shalom*) entre ele e seu povo. O vínculo entre a aliança e o *hesed* de JAVÉ pode ser visto claramente no desenvolvimento do conceito de aliança ao longo da história de Israel. É este aspecto da aliança que consideraremos agora.

A ALIANÇA E A HISTÓRIA DO ISRAEL ANTIGO

O AT nos mostra o desenvolvimento do conceito de aliança ao longo da história de Israel. Pesquisas recentes[322] e o próprio texto bíblico indicam que a aliança no AT não foi um conceito estático, mas, sim, dinâmico. Uma breve revisão das alianças registradas no AT mostra esse dinamismo.

A aliança com Noé

A primeira aliança explícita que se encontra no AT foi a aliança com Noé.[323] Na narrativa de Gênesis 6.8—9.19 observamos duas ocorrências da palavra *berit*. A primeira se encontra em 6.18 e é normalmente traduzida no futuro simples: *Mas estabelecerei contigo a minha aliança; tu entrarás na arca, e contigo, teus*

---

[320] KNIGHT, *A Christian Theology...*, p. 224-229.

[321] GLUECK, Nelson. *Hesed in the Bible*. Eugene, OR: Wipf & Stock, 2011. p. 47.

[322] P. ex., Eichrodt, ao tratar da questão histórica da aliança, escreveu sobre a reformulação do conceito de aliança (EICHRODT, *Teologia...*, p. 53).

[323] Alguns eruditos traçam a ideia da aliança chegando às narrativas de criação. Dumbrell argumentou pela existência de uma aliança entre Deus e a criação, e Gênesis 9.1,2 é a renovação do mandato cultural dado à humanidade em Gênesis 1.28 (cf. DUMBRELL, *Creation and Covenant: An Old Testament Covenantal Theology*, p. 33-43). Merrill argumentou de maneira semelhante dizendo que a aliança com Noé é uma "reefetuação" de uma aliança implícita em Gênesis 1.26-28 (cf. MERRILL, *Teologia...*, p. 239). William Dyrness concluiu que a "ideia da aliança já estava implícita na promessa feita a Adão e Eva em Gênesis 3.15 e se refletia na promessa misericordiosa de Deus a Caim (Gn 4.15) quando pôr nele o sinal para que ninguém o matasse" (cf. William DYRNESS, *Themes...*, p. 116). Bruce Waltke descreveu duas alianças entre Deus e Adão, uma antes da queda e outra posterior a ela (cf. WALTKE, *Old Testament Theology*, p. 288-289). Nossa posição é que, na falta de uma declaração explícita, seria difícil argumentar a favor de uma "aliança", ou com a criação, ou com Adão.

filhos, tua mulher e as mulheres de teus filhos. Essa tradução é a preferida pelos tradutores contemporâneos e provavelmente deve ser interpretada em termos antecipatórios, ou seja, Deus anunciou o estabelecimento futuro de uma aliança com Noé e sua família.[324]

Ao anunciar sua intenção, Deus disse que estabeleceria "minha aliança" com Noé. Como devemos entender o uso do pronome possessivo neste contexto? Devemos seguir Dumbrell e Merrill, que entenderam o pronome como referência a um acordo preexistente e que devia ser preservado, neste caso uma aliança já estabelecida com a criação?[325] Nossa posição é que não há evidências textuais suficientes no livro de Gênesis para afirmar a existência de uma aliança antes de Noé. O uso do pronome possessivo "minha" simplesmente pode indicar que é o próprio Deus que faria a aliança, não o ser humano. Num mundo em *que toda a imaginação dos pensamentos de seu coração era continuamente má* (Gn 6.5), o estabelecimento de uma aliança teria que surgir da parte de Deus, pois o coração do ser humano não estava disposto a fazer tal aliança.

Entre todas as alianças registradas no AT, talvez esta seja a mais abrangente porque incluiu não apenas Noé e sua família, mas todos os animais que entraram na arca, tanto quanto todos da face da terra. Uma vez que esta aliança incluiu a promessa de não destruir a terra com outro dilúvio, podemos dizer que incluiu a própria terra criada. É apresentada como uma aliança incondicional e eterna:

> *Faço agora a minha aliança convosco e com a vossa descendência, e com todo ser vivo que está convosco, com as aves, com o gado e com todo animal selvagem; com todos os que saíram da arca, sim, com todo animal da terra. Sim, faço a minha aliança convosco; todas as criaturas nunca mais serão destruídas pelas águas do dilúvio; nunca mais haverá dilúvio para destruir a terra. E Deus disse: Este é o sinal da aliança que firmo entre mim e vós e com todo ser vivo que está convosco, por gerações perpétuas. Coloquei o meu arco nas nuvens; ele será o sinal de uma aliança entre mim e a terra* (Gn 9.9-13).

A linguagem indica que esta aliança foi estabelecida "por gerações perpétuas", isto é, por um período de tempo prolongado, mas não específico e sem previsão de término. Nesse sentido, é uma aliança perpétua com prazo de

---

[324] V. a discussão de DUMBRELL, *Creation...*, p. 24.

[325] DUMBRELL, *Creation...*, p. 24; MERRILL, *Teologia...*, p. 239-240. Merrill disse que o uso do verbo estabelecer (*qum*) no *hifil* indica que Deus reafirmou uma aliança já estabelecida com a criação. Weinfeld argumentou que, no caso da forma do verbo usado em Gênesis 9.9, "a ideia de 'estabelecer' é dominante" (WEINFELD, *TDOT*, p. 260). K. A. Mathews argumentou que este verbo pode ser entendido no sentido de inaugurar (MATHEWS, *Genesis 1-11.26*, p. 367).

validade enquanto a terra existir. É incondicional porque não há condição estabelecida para que entre em vigor, mas, quanto a sua permanência, depende da presença dos descendentes de Noé e da própria terra.

A aliança com Abraão

A segunda aliança registrada no AT foi feita com Abraão. De acordo com Weinfeld, segue o tipo "concessão real", em que Deus é o suserano que se compromete com Abraão e jura guardar suas promessas.[326] A aliança com Abraão é registrada no AT em duas passagens: Gênesis 15 e 17, mas a história desta aliança começa com o chamado de Abraão registrado no capítulo 12. A conexão entre o chamado, em Gênesis 12, e o estabelecimento da aliança, no capítulo 15, é reconhecida principalmente pela promessa de dar a Abraão a terra de Canaã. Por isso, pode ser chamada de "aliança promissória", isto é, caracterizada por algo específico que Deus promete conceder.

> E naquele mesmo dia o Senhor fez uma aliança com Abrão, dizendo: À tua descendência tenho dado esta terra, desde o rio do Egito até o grande rio Eufrates; terra do queneu, do quenezeu, do cadmoneu, do heteu, do perizeu, dos refains, do amorreu, do cananeu, do girgaseu e do jebuseu (Gn 15.18-21).

Esta aliança é normalmente entendida como algo incondicional, ou seja, não houve nenhuma condição previamente estabelecida por Deus para que fosse posta em prática. Chamá-la de incondicional, porém, não anula a responsabilidade de Abraão como escolhido de Deus. JAVÉ ofereceu a Abraão uma aliança sem condição, mas exigiu dele a confiança na promessa de dar-lhe um herdeiro. Abraão já havia "adotado" certo homem chamado Eliézer como herdeiro direto. No entanto, Deus declara que ele não seria o herdeiro, mas, sim, um filho que o próprio Abraão geraria (Gn 15.4). Abraão *creu no Senhor; e o Senhor atribuiu-lhe isso como justiça* (v. 6).

A confirmação da aliança no capítulo 17 destaca a responsabilidade que tinha Abraão de andar na presença de Deus e de ser íntegro[327] (Gn 17.1). O texto não indica que essas eram as condições para reconfirmar a aliança, mas que podiam ser entendidas como a responsabilidade de Abraão como beneficiário da aliança. Inclui, portanto, a incumbência do beneficiário do pacto viver de maneira "digna" das obrigações estabelecidas pelo Soberano que oferecera o acordo.

---

[326] Weinfeld, *The Covenant of Grant in the Old Testament and in the Ancient Near East*, p. 79.

[327] A tradução da palavra hebraica *tamim* por "íntegro" na *Almeida 21* e na *NVI* é a preferida. Implica a responsabilidade de viver de acordo com a verdade e de ser sincero e maduro. A mesma palavra descreve Noé em Gênesis 6.9.

Em Gênesis 17, JAVÉ promete estabelecer sua aliança com Abraão. No versículo 2 a palavra traduzida por "estabelecerei" na *NVI* tem o sentido do verbo "dar".[328] A tradução sugerida pela NVI é a preferida à luz do contexto do capítulo. JAVÉ reafirma a intenção de estabelecer a aliança pelo uso do verbo *qûm*[329] nos versículos 7, 19 e 21. Nestes versículos a relação estabelecida é de reconfirmar a aliança que ele já fizera com Abraão no capítulo 15.

O estabelecimento e a reconfirmação incondicional[330] da aliança com Abraão tinham consequências importantes não somente para Abraão, mas também para a história de Israel e o mundo em geral. À luz das promessas encontradas em Gênesis 12.2,3, entendemos que a promessa de abençoar *todas as famílias da terra* (v. 3b) também foi reconfirmada por essa aliança. Com o chamado de Abraão, JAVÉ propôs um "plano" por meio do qual sua vontade se estenderia até os confins da terra. A leitura do livro de Gênesis mostra claramente o propósito de Deus de estender suas promessas às gerações subsequentes a Abraão. Em Gênesis 22, a promessa fora reafirmada a Abraão. Esse capítulo é considerado de suma importância para Wenham e Wright.[331] De acordo com Wright, "sacrificar o filho da promessa diante da ordem de Deus retrata o desafio supremo da confiança e obediência de Abraão".[332] As promessas feitas a Abraão foram reconfirmadas a Isaque (Gn 26.3-5) e a Jacó (Gn 28.13-15; 35.11,12). Wright interpretou o chamado de Abraão e a sequência de alianças estabelecidas com ele, Isaque e Jacó com uma demonstração clara da natureza da missão de Israel em levar a bênção de Abraão ao mundo.[333] Comentando sobre a importância da aliança, N. T. Wright afirmou:

> *Primeiramente, a aliança existe para resolver os problemas dentro da criação. Deus chamou Abraão para resolver o problema do mal, o problema de Adão, o problema do mundo [...] O chamado de Israel é manter-se firme por meio da aliança. Através de Israel, Deus tratará e resolverá os problemas do mundo, trazendo justiça e salvação aos confins da terra.*[334]

---

[328] *natan* no *qal* imperfeito.

[329] Nesses versículos o verbo *qum* está no *hifil* e pode ser traduzido por "estabelecer", "levantar", "suscitar", "pôr" ou "cumprir".

[330] Wright considerou a escolha de Abraão e das promessas a ele feitas uma "condicionalidade implícita" (*implied conditionality*) porque tudo dependia da vontade de Abraão em obedecer e seguir a ordem de Deus para ir à terra de Canaã (Christopher WRIGHT, *The Mission of...*, p. 206).

[331] Ibid., p. 205.

[332] Ibid. (tradução nossa).

[333] Ibid.

[334] Cf. artigo de N. T. WRIGHT, *Creation and Covenant* em: <http://www.ntwrightpage.com/Wright_Creation_Covenant.htm#_ftnref1>. Acesso em: 1 de dez. de 2011.

A aliança com o povo de Israel

O pacto estabelecido por Deus com Israel no acampamento do Sinai tinha origem nas alianças anteriores, especialmente a feita com Abraão. De acordo com William Dyrness: "Por um lado, a tradição pactual era a base fundamental da nação de Israel; por outro, a continuidade com as promessas anteriores era óbvia a todos (v. Êx 3.15)".[335] Essa continuidade foi estabelecida também no livro de Deuteronômio (Dt 7.7,8).

A aliança que Deus estabeleceu com Israel pode ser comparada, pelo menos em parte, aos tratados de vassalagem encontrados nos registros literários do Oriente Médio antigo. Um dos elementos que diferencia a aliança sinaítica das demais alianças é sua condicionalidade explícita. O texto de Êxodo 19.5,6 expressa claramente a natureza condicional da aliança:

> *Agora, portanto, se ouvirdes atentamente a minha voz e guardardes a minha aliança, sereis minha propriedade exclusiva dentre todos os povos, porque toda a terra é minha; mas vós sereis para mim reino de sacerdotes e nação santa. Essas são as palavras que falarás aos israelitas.*

O elemento condicional da aliança foi reconhecido pelo povo, tanto antes de sua ratificação como depois. Ao ouvir a intenção de Deus de oferecer a aliança e as leis do pacto, o povo respondeu positivamente: *Faremos tudo que o* SENHOR *falou* (Êx 19.8; 24.3,7). Por meio dessa declaração, Israel se comprometia a viver conforme as obrigações propostas por Deus. O ponto focal de tais responsabilidades se resumia na lei, a *Torá*.

A aliança e a Torá

Não seria um exagero dizer que os mandamentos e as leis da aliança foram o critério pelo qual a obediência do povo seria avaliada.[336] Deus escolheu os hebreus, tirou-os do Egito e levou-os para si com a intenção de formar e formalizar um relacionamento particular. Esse relacionamento fora definido tanto pela graça e misericórdia de Deus quanto pela necessidade de que o povo obedecesse às estipulações da aliança e vivesse de acordo com o pacto. A palavra mais traduzida pela palavra "lei" é *torá* e pode ser entendida como "instrução" ou "ensinos", especialmente na literatura sapiencial.[337] As obrigações da

---

[335] Cf. DYRNESS, *Themes...*, p. 118.

[336] Dyrness entendeu as leis como estipulações para que o povo continuasse recebendo as bênçãos de Deus, mas não como a base do estabelecimento da aliança (Ibid., p. 119).

[337] V., p. ex., Provérbios 1.8; 4.2; 6.20, 23.

aliança foram registradas em vários "códigos" ou coleções de leis. Os códigos mais conhecidos são os Dez Mandamentos, o livro da aliança, o código levítico, que incluiu o código de santidade, e o código deuteronômico.[338]

A inserção dos Dez Mandamentos antes da apresentação das demais leis nos livros de Êxodo e Levítico e no livro de Deuteronômio aponta para sua importância no que diz respeito à compreensão da legislação israelita. Eles formam a base tanto da "teologia" de Israel como de sua ética.[339]A estrutura dos mandamentos mostra a importância do relacionamento do povo com Deus e com a sociedade. Os mandamentos que tratam de relacionamentos entre pessoas estão fundamentados nos mandamentos que descrevem a natureza do nosso relacionamento com Deus. Em termos gerais, os demais estatutos e ordenanças entregues a Israel refletem as duas dimensões do relacionamento.

Os códigos de leis da *Torá* proporcionaram orientações pelas quais Israel devia viver como reino sacerdotal e nação santa. O livro da aliança, que segue o Decálogo em Êxodo, trata de casos específicos. Mostra como JAVÉ deve ser adorado (20.23-26) e como pessoas, incluindo os escravos, devem ser tratadas (21.1-32). Existem leis que regulamentam a propriedade (21.33—22.15), leis acerca de deveres morais e cerimoniais (22.16-31), prática da justiça (23.1-9) e manutenção da aliança (23.10-19).

O código levítico aborda tanto as leis pertinentes aos sacerdotes e levitas como as leis de santidade destinadas à congregação de Israel. No código de santidade (Lv 17—26), encontramos diversas leis designadas para que Israel se mantivesse uma nação separada das demais.[340] A separação ou a santidade de Israel devia ser demonstrada em sua conduta nas várias situações da vida: no culto (Lv 17), na vida familiar (Lv 18), nas relações sexuais (Lv 20), na vida religiosa (Lv 23) e na agricultura (Lv 25). O propósito fundamental de tais leis e ordenanças era a preservação do povo como escolhido por JAVÉ para ser um instrumento em suas mãos.

O código deuteronomista apresentou uma releitura das leis, inclusive do Decálogo, a uma nação que estava a ponto de entrar na terra de Canaã. Após a reiteração dos Dez Mandamentos (Dt 5.6-21), encontramos orientações a respeito da necessidade de manter uma vida de obediência a JAVÉ. Começando pelo *Shemá*, Moisés exortou o povo à *obediência incondicional* (8.1,6; 10.12;

---

[338] V. introdução à lei em HARRELSON, W. J. *Law in the OT*. In: *IDB*, Nashville: Abingdon, 1962. v. 3, p. 77-89.

[339] A questão da ética no AT, especialmente no Decálogo, será tratada adiante.

[340] Exemplos das leis de separação podem ser encontradas em Levítico 18.3,30; 20.25,26.

11.1). Deus prometeu a permanência na terra como consequência da obediência (8.1) e a destruição pela infidelidade (8.19,20). Prometeu expulsar as demais nações de Canaã não porque Israel fosse mais justo que as demais nações, mas por causa da iniquidade dessas nações e porque Deus era fiel às promessas feitas aos patriarcas (9.1-8). A resposta mais adequada a esse Deus era o amor, a obediência (11.1) e a adoração pura e verdadeira (12.1-32). A idolatria estava expressamente proibida (16.21-17.7); qualquer pessoa que se chamasse profeta e que tentasse levar o povo a abandonar o Senhor devia ser morta (13.5). O povo deveria demonstrar sua dedicação ao Senhor pela observação fiel ao calendário religioso (16.1-17).

Deuteronômio não se importou somente com os aspectos religiosos da nação de Israel. O livro também tratou de vários aspectos da sociedade humana. As questões de liderança, guerra, crimes, relações familiares, questões econômicas e comerciais faziam parte das orientações que Moisés dera ao povo. O livro incluiu diversas instruções que visavam à proteção da família e do casamento (22.13-30; 24.1-5), a devolução de animais perdidos (22.1-4), a segurança pública na construção (22.8), a preservação de famílias (25.5-10) e a necessidade da observância de práticas comerciais justas (25.13-16). O povo que se chama pelo nome do Senhor devia mostrar as características de seu Deus em todas as áreas da vida.

Do ponto de vista da Igreja, devemos reconhecer duas questões importantes quanto ao uso e à interpretação das leis. A primeira é a questão prática de dividir as leis do AT em leis "civis", "cerimoniais" e "morais".[341] Tal classificação, porém, pode impedir uma interpretação válida das leis no contexto da igreja. Apesar do fato de as leis tratarem de tais casos da sociedade, não existe evidência de que Israel fez tal separação. Israel não dividia a vida social em "categorias" designadas como civil, cerimonial e moral porque não fazia separação nítida entre vida "secular" e "religiosa". Obedecer a leis identificadas como "civis" era entendido como obediência a Deus e, portanto, uma obrigação moral. Disse Dorsey: "Qual lei das 613 não é 'moral'?"[342] As leis designadas como "cerimoniais" expressariam o compromisso do povo em aderir fielmente às exigências de Deus quanto ao calendário religioso. Na nossa opinião, designar as leis do AT como civis, cerimoniais e morais seria o mesmo que impor uma estrutura estranha ao texto do AT.

---

[341] A divisão tripartite da lei pode ser traçada até a Reforma, mas suas raízes podem estender-se até a época patrística. Um resumo de posições recentes pode se encontrado em Dorsey, David A. *The Law of Moses and the Christian*: A Compromise. *JETS* 34, n. 3, p. 321-334.

[342] Ibid., p. 330.

180   O DEUS DE ISRAEL

A segunda questão refere-se às leis e à salvação. O salmista escreveu: Senhor, *espero na tua salvação e cumpro teus mandamentos* (Sl 119.166) e Senhor, *anseio por tua salvação; tua lei é meu prazer* (v. 174). O AT não apresenta a *Torá* como o caminho de salvação para Israel, mas como a resposta obediente de um povo já salvo por Deus.[343] As leis da *Torá* foram dadas a um povo já escolhido que também se comprometeu a obedecer às leis estabelecidas. A obediência visava à manutenção da condição de separação (santificação) do povo.

A aliança com Davi

Existem poucas referências explícitas à aliança estabelecida entre JAVÉ e Davi.[344] A falta de referências específicas, porém, não diminuiu sua importância para Israel. A base da aliança davídica encontra-se na promessa que JAVÉ fez a Davi por meio do profeta Natã em 2Samuel 7. A ocasião da promessa diz respeito ao desejo de Davi construir um templo em Jerusalém que serviria como ponto-chave do culto a JAVÉ e lugar adequado para guardar a arca. Por meio do profeta Natã, Deus informou a Davi que a responsabilidade de construir um templo não seria sua, mas de um de seus filhos. Deus, porém, prometeu estabelecer uma dinastia eterna para Davi.

A linguagem que encontramos no texto merece atenção, especialmente os verbos usados para descrever tanto os atos de Deus como suas promessas. Depois de declarar que Davi não seria o edificador do templo, lemos que Deus *tirara* Davi dos campos de ovelhas para que ele *fosse* líder do povo. Acrescenta que Deus *estava* com ele e *destruíra* os inimigos de Davi (v. 8,9). A *Almeida 21* traduziu esses verbos no passado, indicando atos que Deus já havia feito na vida de Davi. Com base no verbo *fazer* (v. 9b), a NVI traduz no futuro, indicando os aspectos promissários da promessa. Deus *faria* o nome de Davi grande[345] e *providenciaria* um lugar para o povo. Ele promete que os inimigos de Israel não *oprimiriam* mais o povo, e que ele *subjugaria* todos os inimigos. Finalmente, Deus *estabeleceria* a dinastia de Davi, *escolheria* um de seus filhos para ser o sucessor e *estabeleceria* seu reino. Nunca *retiraria* dele seu amor, e seu trono *permaneceria* para sempre.

Christopher Wright entendeu que a aliança entre Deus e Davi fez ecoar as palavras da aliança com Abraão. Além de ser uma aliança iniciada por JAVÉ, tratava-se de um pacto feito com um indivíduo cujas implicações

---

[343] V. questão da salvação no AT no capítulo 8 deste trabalho.

[344] 2Samuel 23.5; Salmos 89.3,28; 132.11,12; Jeremias 33.21; 2Crônicas 13.5; 21.7.

[345] A alusão à linguagem do chamado de Abrão em Gênesis 12.2 foi notada por Dumbrell, *Faith...*, p. 87.

chegariam a seus descendentes. Deus prometeu dar continuidade ao trono davídico por meio de um descendente. Desse modo, essa aliança se tornou a base para a esperança messiânica no AT, especificamente a esperança do estabelecimento de um reino governado por um dos descendentes de Davi. As implicações de tal esperança podem ser vistas claramente no tratamento do ministério de Jesus no NT.[346]

A nova aliança

A expressão "nova aliança" só aparece uma vez no AT, mas à luz do significado podemos dizer que sua menção no AT é significativa.

> *Dias virão, diz o SENHOR, em que farei uma NOVA ALIANÇA com a casa de Israel e com a casa de Judá. Ela não será como a aliança que fiz com seus pais, quando os peguei pela mão para tirá-los da terra do Egito, pois eles quebraram a minha aliança, mesmo sendo eu o senhor deles, diz o SENHOR. Mas esta é a aliança que farei com a casa de Israel depois daqueles dias, diz o SENHOR: Porei a minha lei na sua mente e a escreverei no seu coração. Eu serei o seu Deus, e eles serão o meu povo. E não ensinarão mais cada um a seu próximo, nem cada um a seu irmão, dizendo: Conhecei o SENHOR; porque todos me conhecerão, do mais pobre ao mais rico, diz o SENHOR. Porque perdoarei a sua maldade e não me lembrarei mais dos seus pecados* (Jr 31.31-34, destaque nosso).

A promessa de uma nova aliança faz parte de uma série de oráculos proféticos que começou em Jeremias 30 e do "Livro de Consolação".[347] Nessa sequência de mensagens, o profeta declarou a intenção de JAVÉ de restaurar a sorte de Israel, trazendo os cativos de volta à terra prometida (Jr 30.3). Deus destruiria o jugo que os atava e tiraria suas algemas (30.8). Seus adversários seriam levados para o cativeiro (30.16) e a cidade de Jerusalém seria reedificada (30.18). A voz de júbilo seria ouvida mais uma vez em Sião (31.4-6) quando os cativos retornassem para a cidade (31.7,8) e o próprio JAVÉ fosse o pastor do rebanho (31.10). Deus faria todas essas coisas por dois motivos principais. Primeiro porque o povo reconheceria seu pecado, se arrependeria e voltaria para JAVÉ (31.18,19). Segundo, porque o amor de JAVÉ para com Israel é eterno (31.3).

A linguagem do profeta Jeremias indica que essa aliança assinalava tanto a descontinuidade da aliança feita no Sinai quanto a continuidade da nova aliança. A descontinuidade pode ser vista na declaração do profeta de

---

[346] WRIGHT, *Salvation*, p. 91-93.

[347] V. comentário de BRIGHT, John. *Jeremiah*, v. 21, p. 267-298; KEOWN, Gerald L.; SCALISE, Pamela J.; SMOTHERS, Thomas G. *Jeremiah 26-52*. v. 27, p. 82-139.

que Deus faria uma nova aliança com Israel e Judá (31.31). A nova aliança não seria como a anterior — que o povo não seguira (31.32). Mas também não seria totalmente nova porque daria continuidade à comunhão que a primeira estabelecera entre JAVÉ e Israel. Sob a nova aliança, Israel e Judá ainda seriam chamados o povo de JAVÉ: *Eu serei o seu Deus, e eles serão o meu povo* (31.33).[348]

Está implícito na formação da nova aliança o fato de ela ser firmada no coração, dispensando a necessidade de um comprovante exterior como as tábuas de pedra que haviam marcado a primeira aliança. Podemos dizer que a nova aliança visava "corrigir" a antiga, então desfeita pelo povo? Isso não quer dizer que a antiga era "defeituosa", mas que certamente Deus queria que tivesse sido "internalizada" no coração das pessoas. Deuteronômio 6.6 declara: *E estas palavras, que hoje te ordeno, estarão no teu coração.* O profeta Ezequiel também falou de uma mudança fundamental na época em que Deus restauraria seu povo:

> *Também vos darei um coração novo e porei um espírito novo dentro de vós; tirarei de vós o coração de pedra e vos darei um coração de carne. Também porei o meu Espírito dentro de vós e farei com que andeis nos meus estatutos; e obedecereis aos meus mandamentos e os praticareis* (36.26,27).

A linguagem dessa passagem é semelhante ao texto do profeta Jeremias. O profeta falou de uma mudança no interior do indivíduo. O texto é claro ao afirmar que será o próprio Deus o responsável por tal mudança e que o propósito dessa mudança será a obediência do povo.

A importância da aliança para o povo de Deus

Como a aliança (ou as alianças) influenciou o pensamento do povo de Israel? Quais as implicações das alianças no AT para a Igreja? Em palavras sucintas podemos dizer que a aliança trouxe segurança e esperança.

A aliança não era meramente uma coletânea de leis a ser obedecidas ou limitações divinas para a vida humana, mas, sim, uma definição da natureza do relacionamento entre Deus e o povo de Israel. Num mundo em que predominava o politeísmo, muitos povos temiam o capricho de seus deuses porque não tinham certeza de seus desígnios, nem mesmo se conseguiriam aplacar sua ira com atos de adoração.

Os hebreus, porém, tinham a certeza das exigências do Deus verdadeiro e como deviam viver em sua presença. As leis contidas nos vários códigos

---

[348] KEOWN, SCALISE e SMOTHERS usaram a palavra "descontinuidade" (Ibid., p. 130).

detalhavam não somente o que Deus esperava do povo, mas o que o povo podia esperar de Deus. A aliança sinaítica prometia a expiação do pecado mediante ofertas justas. Dizia que o povo sempre teria acesso a Deus e a seu perdão. Afirmava que Deus levantaria seus mensageiros para comunicar sua vontade ao povo (Dt 18.15). Prometia suas bênçãos (e maldições!) como consequência da obediência (ou desobediência) (Dt 28). A certeza baseava-se na declaração de um relacionamento mútuo: *Eu serei o seu Deus, e eles serão o meu povo* (Jr 31.33).

Além da segurança ao povo, as alianças preservavam esperanças específicas. O povo sabia que, apesar de seu pecado e rebelião, Deus nunca voltaria a destruir a terra por meio das águas de um dilúvio (Gn 9.11). Ao longo da história de Israel, a promessa de fazer de Abraão uma grande nação e dar a essa nação uma terra se tornou parte integral de suas confissões de fé (Dt 26.8,9; Js 24.2-13). Mesmo depois de sofrer o julgamento de Deus, as imagens da salvação que Deus operara no passado se tornaram a base da esperança para a restauração futura (Is 11.15,16; 43.1-3,19). Nas palavras de Dyrness:

> A aliança, como é cumprida na lei, ajuda o homem a entender sua situação no mundo. Ele pode contar com algo porque um elemento estável foi introduzido em sua vida e história. É possível confiar; o capricho paralisante dos deuses do Oriente Médio é completamente excluído. Ao mesmo tempo, cada homem e mulher, e cada família são chamados a render-se em obediência e amor.[349]

As alianças no AT foram estabelecidas no contexto da história da revelação de Deus aos israelitas. Tratam do relacionamento do Deus, criador dos céus e da terra, com um povo escolhido entre todos os demais para ser instrumento nas mãos de Deus a fim de trazer sua bênção a todas as famílias da terra e proclamar que só nele há salvação.

---

[349] DYRNESS, *Themes...*, p. 125 (tradução nossa).

10.

O DEUS QUE REINA

Deus é o Senhor que reina:
esta é a declaração fundamental
da teologia do Antigo Testamento.

Ludwig Köhler

A fé do Antigo Testamento [...]
anunciou a vinda do reino de Deus.

John Bright

Aleluia! Porque o Senhor nosso Deus, o Todo-poderoso, já reina.

Apocalipse 19.6

A questão do reino de Deus no AT é polêmica. É polêmica porque o termo "reino de Deus" não se encontra no AT.[350] Então, se a expressão não consta no texto do AT, devemos tratar do tema numa TAT? Gerhard von Rad quase não tratou da questão, deixando o assunto para o final da sua teologia.[351] No caso de Crabtree, mesmo declarando que a expressão exata não consta no AT, ele incluiu um capítulo com o título "O reino de Deus".[352] John Bright, por sua vez, dedicou um livro inteiro ao assunto, do qual mais de 50% traça a questão nos livros do AT.[353] Então, se nós não podemos encontrar a expressão "o reino de Deus" no AT, por que tanto debate? Otto Baab defendeu a posição de incluir o tema em sua obra, dizendo: "Como justificativa, pode-se dizer que o fundamento para a formulação

---

[350] V., p. ex., Baab, *The Theology*..., p. 156; Crabtree, *Teologia*..., p. 215; Smith, *Teologia*..., p. 388.

[351] Von Rad, *TAT*, 2v.

[352] Cf. Crabtree, *Teologia*..., p. 215-240.

[353] Bright, John. *The Kingdom of God*. Nashville: Abingdon, 1953.

desse conceito foi estabelecido nos escritos do AT, embora os escritores bíblicos não tenham identificado os resultados com essa expressão".[354]Além disso, a questão exige que o tema seja tratado na TAT em razão das evidentes declarações de que JAVÉ, o Deus de Israel, reina. Comecemos pelo conceito da teocracia em Israel.

AS ORIGENS DA TEOCRACIA EM ISRAEL

A palavra "teocracia" normalmente se refere a um tipo de "governo" em que a divindade é considerada rei ou soberano. Pode ou não haver uma forma de governo civil, mas as leis de uma teocracia normalmente são as próprias leis da divindade. Em vez de um rei humano, as autoridades civis de uma teocracia normalmente fazem parte de uma ordem religiosa ou sacerdócio.

No caso de Israel, podemos ver o início de uma teocracia na experiência do êxodo.[355] No livro de Êxodo, encontramos a história da saída do povo hebreu do Egito, onde, conforme o texto bíblico, era escravo do governo egípcio. Tudo que aconteceu durante a história da saída serviu para demonstrar que JAVÉ é o Senhor da história (Êx 6.7; 7.5,17; 8.22; 10.2; 14.4; 18). A saída fora vista como ato de JAVÉ, prometida séculos antes, e acompanhada de sinais e maravilhas por parte de JAVÉ (Êx 7.3).

O ato que se destacou em toda essa experiência foi a travessia do povo pelo mar. O texto bíblico descreve como Moisés conduziu o povo depois de Deus ter aberto uma passagem por meio de um vento oriental que soprou a noite inteira, secando o leito do mar para que todos pudessem atravessá-lo e, assim, escapar do exército egípcio. Quando o povo completou a passagem, Deus "fechou" a abertura no mar, afogando os egípcios que ousaram perseguir os hebreus. A vitória de JAVÉ é celebrada no cântico de Moisés, que está registrado em Êxodo 15.1-18.[356] Nessa celebração poética encontramos uma descrição da vitória de JAVÉ como a vitória de um guerreiro na batalha. O cântico inicia-se com um convite à adoração: *Cantarei ao* SENHOR, *pois triunfou*

---

[354] BAAB, p. 156 (tradução nossa).

[355] A questão da origem do conceito do reinado de JAVÉ no Israel antigo já recebeu tratamento em outros lugares, e não há espaço aqui para uma investigação detalhada. Para Martin BUBER, o início do conceito está no estabelecimento da "aliança real" no Sinai (*Kingship of God*, London: SCM, 1967. p. 130). Essa também é a posição de John BRIGHT, que entendeu o início com o estabelecimento da aliança no Sinai (*Kingdom...*, p. 28). Albrecht ALT entendeu que "o conceito do reinado de Yahweh parece não ter sido um elemento constitutivo na forma antiga da religião israelita" (Gedanbem über das Königtum Jahwehs. In: *Kleine Schriften zur Geschichte des Volkes Israel*. Munich: Beck., v. 1, p. 348, apud Hans-Joachim KRAUS, *Theology of the Psalms*. Minneapolis: Fortress, 1992).

[356] V. discussão de Êxodo 15.1-18 como cântico de vitória em PATTERSON, Richard D. Victory at Sea: Prose and Poetry in Exodus 14-15. *Bibliotheca Sacra* 161 (January-March 2004), p. 42-54.

gloriosamente. Sua vitória é relembrada em frases que levou o adorador a entender que JAVÉ é um guerreiro:

> *Lançou no mar o cavalo e o seu cavaleiro.*
>
> *O Senhor é a minha força e o meu cântico; ele se tornou a minha salvação; ele é o meu Deus, portanto, eu o louvarei; é o Deus de meu pai, por isso o exaltarei.*
>
> *O Senhor é homem de guerra; Senhor é o seu nome.*
>
> *Lançou no mar os carros do faraó e o seu exército; os seus capitães de elite foram afogados no mar Vermelho* (15.1b-4)

A vitória de JAVÉ não foi meramente uma vitória militar sobre um exército humano. Foi sobretudo a derrota dos deuses egípcios:

> *Quem entre os deuses é como tu, ó Senhor? Quem é como tu, poderoso em santidade, admirável em louvores, capaz de maravilhas?* (v. 11)

O contexto dessa declaração é a vitória de JAVÉ sobre as divindades dos egípcios, especialmente o faraó, também considerado a manifestação de uma divindade. Os "sinais e maravilhas" revelados na terra do Egito, bem como a vitória sobre o exército no mar, mostraram a superioridade de JAVÉ sobre o panteão egípcio. Nenhum deus, ou deusa, era comparável a JAVÉ. Ele é o Deus que superou os demais e reina acima de todos. Por isso, no fim do cântico, encontramos a primeira declaração evidente de que JAVÉ, além de ser guerreiro, também é rei: *O Senhor reinará eterna e perpetuamente* (v. 18).

A esta altura, não podemos dizer com certeza se o escritor bíblico entendeu a declaração como início da teocracia. O que podemos dizer é que JAVÉ demonstrou sua soberania absoluta sobre os deuses dos egípcios e que o domínio de JAVÉ foi reconhecido como eterno. Sua soberania também foi demonstrada pela maneira em que JAVÉ propôs aliança com Israel. Êxodo 19.4 é uma breve recitação histórica que introduz o convite à aliança: *Vistes o que fiz aos egípcios e como vos carreguei sobre asas de águias e vos trouxe a mim.* A maneira pela qual JAVÉ conduz o povo pelo mar e pelo deserto é uma demonstração de poder e soberania. O propósito de JAVÉ encontra-se em Êxodo 19.6: *mas vós sereis para mim reino de sacerdotes e nação santa. Essas são as palavras que falarás aos israelitas.*

Nessa declaração é possível ver claramente a intenção de JAVÉ de criar uma nação de um povo ainda não organizado. Considerando que foi JAVÉ quem chamou os hebreus para ser seu povo particular, a implicação é que

Deus reinaria sobre a "nação santa". Em hipótese alguma podemos dizer que essa "nação" ainda não criada seria o "reino de Deus". O propósito foi criar uma nação sobre a qual JAVÉ reinaria como Deus supremo. As leis da aliança que Moisés recebeu de JAVÉ para o povo foram as ordenanças da nova comunidade que JAVÉ estava formando. O santuário da comunidade foi o tabernáculo, e seus oficiais foram os sacerdotes e levitas. Moisés, como sumo sacerdote, profeta e líder, dividiu as tarefas administrativas entre pessoas que preenchiam as exigências para a liderança (Êx 18). Não havia dúvida, porém, de quem seria o soberano de Israel. JAVÉ reinaria sobre a nação.

É impossível saber se o povo no deserto do Sinai entendia a nova realidade como teocracia. A presença do tabernáculo no meio do acampamento serviu para demonstrar que JAVÉ era o ponto focal da vida em comunidade. Mesmo reconhecendo a presença de JAVÉ no meio da comunidade, Moisés continuou como líder humano da comunidade de Israel, e sua autoridade como líder foi reconhecida tanto pelo povo como pelos líderes da comunidade.[357] Sua autoridade foi confirmada de várias maneiras, mas talvez mais claramente pelo uso da frase *o Senhor falou a Moisés*.[358] Sua autoridade foi reconfirmada por JAVÉ quando sua liderança foi criticada por Arão e Miriã (Nm 12.1-16).

A presença de uma autoridade intermediária entre JAVÉ e o povo tornou-se uma das características da teocracia em Israel. A implicação é que JAVÉ não deixaria o povo sem um representante que agisse com autoridade divina. A transferência da autoridade de um líder da comunidade para outro pode ser vista em Josué como o sucessor de Moisés (Nm 27.12-23). O pedido por um sucessor foi feito por Moisés, mas a escolha foi de JAVÉ. A seleção de Josué foi um evento "sacral", isto é, motivado pela presença do Espírito em Josué e pela imposição das mãos de Moisés (Nm 27.18) na presença do sumo sacerdote e do povo (Nm 27.19). A teocracia continuava submissa à soberania do mesmo Deus, mas sob a orientação de um novo líder humano.

A TEOCRACIA E A CONQUISTA DE CANAÃ

Depois da saída do povo do Egito, o evento que marcou definitivamente a formação da nação de Israel foi a entrada na terra de Canaã e sua conquista. Bright notou que "Israel começou sua história como povo na terra

---

[357] V. Êxodo 18.

[358] V. Êxodo 6.13,28; Levítico 16.1; Números 1.1; 9.1.

prometida".[359] A natureza da organização do povo após a entrada na terra é uma questão debatida na literatura contemporânea. Nesse trabalho, a expressão "liga tribal" foi escolhida para identificar a união das tribos que entraram na terra e a ocuparam.[360] No caso de Israel, significa uma confederação de grupos de pessoas organizada de acordo com vínculos familiares, históricos e religiosos. Não havia um governo central, nem oficiais eleitos ou escolhidos para exercer cargos administrativos. Apesar da importância de alguns lugares como Siló, Gilgal, Ramá e Siquém, não havia uma cidade que pudesse ser chamada de capital.

A liderança da liga centralizava-se em dois tipos de pessoas, os anciãos e os juízes. Os anciãos eram os homens mais velhos da comunidade, os chefes das famílias ou clãs, "as pessoas notáveis do lugar".[361] Os anciãos faziam parte da estrutura civil do povo desde os dias no Egito (Êx 3.16; 4.29; 12.21). No livro de Deuteronômio, encontramos várias leis que atribuem responsabilidades administrativas aos anciãos (Dt 19.12; 21.2,3,6,19,20; 22.15,16,17,18; 25.7,8,9). Não há uma indicação de como os anciãos eram escolhidos. Outra forma de liderança na época da conquista da terra e depois foram os juízes.[362] A palavra vem de um verbo que pode ser traduzido por "julgar", "governar", "decidir" ou "discriminar". O verbo foi usado nesse sentido para descrever uma das atividades de Moisés durante a jornada no deserto do Sinai (Êx 18.13).

No livro de Juízes, a palavra é usada principalmente para descrever o ato de liderar o povo contra uma ameaça militar. Normalmente, o juiz servia somente durante o período da libertação do perigo iminente, mas há evidências de que a autoridade do juiz foi reconhecida na comunidade fora de épocas de perigo (Jz 2.18,19; 4.4,5). De acordo com William Dumbrell, a influência e a autoridade do juiz não pertenciam apenas ao âmbito regional, mas também foram reconhecidas em "todo o Israel" pelo número de vezes que a palavra "Israel" aparece em relação às atividades dos juízes.[363]

---

[359] BRIGHT, *Kingdom...*, p. 24.

[360] BRIGHT, *Kingdom...*, p. 31. Outras designações incluem "o sistema tribal", "o sistema de doze tribos" e "liga sacral". A designação "anfictionia", proposta por Heinrich Ewald em *Geschichte dês Volkes Israel* e Albrecht ALT em *Des Gott der Väter* e *Die Staatenbildung der Israelitem in Palästina*, e popularizada por Martin NOTH em *Das System der zwölf Stämme Israels* não tem a mesma aceitação que tinha quando foi proposta. V. discussão de VAUX, Roland de. *The Early History of Israel*. Trad. David Smith. Philadelphia: Westminster, 1978. p. 695-715.

[361] VAUX, *Instituições...*, p. 187.

[362] *shofetim* no hebraico.

[363] DUMBRELL, *Faith...*, p. 78. V., p. ex., expressões como "os homens de Israel" (Jz 8.22), "todo o povo de Israel" (Jz 8.27), "Israel se apoderou" (Jz 11.21) e "todas as tribos de Israel" (Jz 20.2).

190   O DEUS DE ISRAEL

A instituição dos juízes foi a maior evidência da natureza da teocracia em Israel. Uma das frases mais associadas à atividade dos juízes é *Veio sobre ele o Espírito do* SENHOR. Essa frase expressa a natureza "carismática" da atividade dos juízes, isto é, os juízes eram levantados por Deus como resposta ao clamor do povo que sofria em resultado da opressão de seu inimigo. A tarefa específica do juiz era libertá-lo do opressor e estabelecer novamente a paz na terra.[364] O texto afirma que a atuação do juiz originou-se no chamado e na capacitação do juiz por Deus, não pela sucessão dinástica. Filho de juiz não era juiz.

Os juízes como representantes humanos da teocracia não agradavam todo mundo. Houve pelo menos um movimento popular durante a época de Gideão que buscou substituir o ofício carismático dos juízes pela implantação de uma monarquia. De acordo com o texto, após a vitória de Gideão sobre os midianitas, os israelitas pediram o estabelecimento de uma monarquia dinástica: *Reina sobre nós, tu, teu filho e o filho de teu filho, pois nos livraste das mãos dos midianitas* (Jz 8.22). A resposta da parte de Gideão indica que quem estava reinando e dominando sobre Israel era o próprio Deus: *Nem eu nem meu filho reinaremos sobre vós, mas o* SENHOR *reinará sobre vós* (Jz 8.23). A intenção clara do escritor é que a teocracia fora a forma de governo "autorizada" em Israel. Outros pretendentes a ocupar a função de rei foram comparados ao espinheiro que visava somente a dominar e oprimir o povo.[365] Dumbrell concluiu:

> O livro de Juízes enfatiza o caráter de Israel como teocracia. Tudo nesses relatórios bizarros afirma a liderança imediata de Deus sobre seu povo como única garantia do futuro de Israel. O verdadeiro juiz nos bastidores é JAVÉ (v. 11.27). Sempre foi e sempre será o reinado de Deus que sustentará a nação.[366]

A TEOCRACIA E O ESTABELECIMENTO DA MONARQUIA

O desejo dos israelitas de ter um rei não cessou até a época de Samuel. Os livros de Samuel fornecem uma continuidade natural dos eventos que encontramos no livro de Juízes.[367] Apesar do exemplo de fé demonstrado por Ana, a situação política e religiosa em Israel piorou. A história da família de Eli serve para ilustrar esse fato. Seus filhos foram considerados

---

[364] O chamado "ciclo dos juízes" é reconhecido como a estrutura geral das várias narrativas dos juízes. O "ciclo" é composto de frases que mostram apostasia, opressão, clamor e libertação. Cf. LASOR, *Introdução...*, p. 167. DILLARD; LONGMAN, *Introdução...*, p. 121. HILL; WALTON, *Panorama...*, p. 215.

[365] V. a "fábula" do espinheiro de Jotão como resposta ao pedido de Abimeleque em Juízes 9.1-22.

[366] DUMBRELL, *Faith...*, p. 80 (tradução nossa).

[367] Ibid., p. 81.

"ímpios", isto é, homens "sem valor" porque haviam pervertido o ofício do sacerdócio (1Sm 2.13-17). Como resultado dessa situação, o texto indica que *Naqueles dias a palavra do SENHOR era muito rara, e as visões não eram frequentes* (1Sm 3.1).

Nos dias de Samuel, a liga tribal enfrentou duas crises sérias. A primeira originou-se da falência espiritual da casa de Eli e do sacerdócio que estava sob sua supervisão. Por isso, veio um "homem de Deus" que declarou o julgamento de Deus sobre a casa de Eli (1Sm 2.27-33) e que anunciou que Deus levantaria um "sacerdote fiel" para substituí-lo (1Sm 2.35).[368] A segunda crise foi a ameaça constante dos filisteus. A liga tribal não somente não conseguiu dominar a terra dos filisteus, como tampouco podia proteger seu próprio território das constantes incursões das tropas filisteias (1Sm 4.1; 13.23). Os filisteus conseguiram derrotar os israelitas em vários momentos e até tomaram a arca da aliança como "prêmio" (1Sm 5.1).

À luz das duas crises mencionadas, os anciãos de Israel se reuniram em Ramá para falar com Samuel. Levavam uma queixa e um pedido. Reclamavam que os filhos de Samuel, que ele próprio havia nomeado como líderes (juízes), não andavam nos caminhos do pai e pediam que Samuel escolhesse um rei para Israel como as demais nações tinham (1Sm 8.5). O pedido dos anciãos não agradou Samuel, que levou a questão a JAVÉ (v. 6). A resposta de JAVÉ indica que o pedido foi considerado uma rejeição do povo à teocracia: *Atende ao povo em tudo quanto te pedir, pois não é a ti que rejeita, mas a mim, para que eu não reine sobre ele* (1Sm 8.7).

Mesmo significando uma rejeição à teocracia, Deus aceita o pedido (1Sm 8.22). De acordo com Dumbrell, havia uma incompatibilidade inerente no pedido. Ao pedir um rei *como o têm todas as nações*, o povo pedia uma monarquia dinástica, uma forma de governo totalmente diferente da liderança carismática dos juízes. Conforme indica o autor:

---

[368] Não há consenso entre pesquisadores contemporâneos sobre a identidade do "sacerdote fiel". As sugestões mais encontradas são o próprio Samuel e Zadoque. Zadoque foi sacerdote durante o reinado de Davi (2Sm 8.17) e foi fiel a Davi quando Adonias tentou usurpar o trono (1Rs 1.8). Samuel, mesmo não sendo da família sacerdotal, é um nome possível, porque, no livro de 1Samuel, aparece em contraposição aos filhos de Eli (1Sm 2.34-36), e sua palavra foi confirmada em todo o Israel (1Sm 3.20); além, disso, o verbo traduzido por "levantar" ou "escolher" em 2.35 é o mesmo verbo usado para referir-se ao chamado dos juízes, indicando que o "sacerdócio" de Samuel poderia ter sido um ofício especial, pois ele assumiu a responsabilidade do sacerdócio de oferecer holocausto (1Sm 7.9). V. comentário de KIRKPATRICK, A. F. *The First Book of Samuel.* Cambridge Bible for Schools and Colleges. Cambridge: University Press, 1899. p. 62-63.

192 O DEUS DE ISRAEL

A monarquia dinástica eliminaria de Israel a espontaneidade e direção de JAVÉ que caracterizavam o juizado. Portanto, seria desfeito o laço espiritual que a orientação de JAVÉ havia dispensado sobre Israel até então, substituindo-o por doutrina de sucessão organizada.[369]

A esta altura, é possível ver o dilema que os escritores bíblicos enfrentaram. De um lado, o pedido para o estabelecimento de uma monarquia "secular" foi, ao mesmo tempo, a rejeição da teocracia de JAVÉ. Do outro, o próprio JAVÉ "autorizou" o pedido e chegou a orientar Samuel na escolha do primeiro rei. Isso quer dizer que JAVÉ aprovou a monarquia? Podemos dizer que o restante da história registrada nos livros de Samuel e Reis se preocupa, pelo menos em parte, em solucionar esse dilema.[370]

Esses livros indicam que JAVÉ participou não somente da escolha de Saul como primeiro rei, mas também de sua "demissão", escolhendo Davi para substituí-lo. JAVÉ envolveu-se diretamente na direção dos primeiros passos da monarquia e não renunciou a sua autoridade como rei supremo de Israel, um fato que Samuel entendeu bem de perto.

Depois de ungir Saul como primeiro rei (1Sm 10.1) e de reafirmar o reinado de JAVÉ (11.14,15), Samuel exortou Israel a que obedecesse à aliança, recitando de forma resumida a natureza da liderança divina na história da formação da nação de Israel. Foi JAVÉ quem escolheu Moisés e Arão e tirou o povo do Egito (1Sm 12.6). Depois de entrar na terra, foi JAVÉ que entregou o povo nas mãos de opressores como Sísera, os filisteus e os moabitas (1Sm 12.9). Quando o povo clamou ao Senhor por livramento, JAVÉ levantou juízes como Jerubaal, Baruque, Jeftá e o próprio Samuel como libertadores (12.11). Para Samuel, a teocracia estava funcionado bem, mas, quando surge a ameaça dos amonitas, o povo pede um rei, cometendo pecado na concepção de JAVÉ (12.17). A desobediência do povo em pedir um rei levaria Israel por outro caminho que não fora "projetado" pela aliança do Sinai. Para conciliar as cláusulas da aliança do Sinai e a situação trazida com a monarquia, era necessário um "reajuste teológico". Disse Dumbrell:

> A aliança do Sinai (Êx 19.3-6) previra um Israel separado, que daria testemunho ao mundo por meio das diferenças que o caracterizavam. É notório que a solicitação por um reinado semelhante ao que tinha as outras nações identifica

---

[369] DUMBRELL, William J. *The Content and Significance of the Books of Samuel: Their Place and Purpose within the Former Prophets*. JETS 33, n. 1, p. 49-62.

[370] DUMBRELL, *Faith...*, p. 83.

Israel com o mundo; portanto, a nação deveria ser realinhada para se tornar compatível à aliança.[371]

A TEOLOGIA REAL

O "reajuste teológico" pode ser visto no desenvolvimento de uma *teologia real*.[372] Não há como duvidar do interesse dos escritores bíblicos pela pessoa e pela história de Davi e de uma "teologia" que se formou em torno do aparecimento dessa personagem nas narrativas dos livros de Samuel.[373] Quando a experiência com Saul terminou mal, Davi, um homem segundo o coração de Deus (1Sm 13.14), foi ungido no lugar dele. Mesmo antes de Davi assumir o trono, é evidente que os escritores favoreceram Davi em detrimento de Saul. A retirada do Espírito do Senhor de Saul e a presença do Espírito do Senhor em Davi marcaram o início da ascensão de Davi e o declínio de Saul (16.13,14). A popularidade de Davi começou a crescer rapidamente, e sua fama podia ser vista na avaliação pública do desempenho militar de ambos: *Saul feriu milhares, mas Davi dez milhares* (18.7). A habilidade de Davi como líder militar foi demonstrada em suas vitórias, especialmente sobre os filisteus (v. 30). Tudo isso aconteceu porque *o Senhor estava com Davi* (1Sm 17.37; 18.12,14,28; 20.13; 2Sm 5.10).

Com a morte de Saul, a política de Israel entrou em crise. A tribo de Judá, que não queria nada com a casa de Saul, ungiu Davi como rei em Hebrom (2Sm 2.4), e uma guerra foi travada entre o sul e o norte (3.1). Nesse período, a casa de Davi começava a ficar mais forte enquanto a casa de Saul enfraquecia (4.1). A situação chegou ao ponto crítico quando Abner, o general de Saul, veio falar com Davi em Hebrom e prometeu transferir a sua aliança de Isbosete, o filho de Saul que reinava sobre as tribos do norte, para Davi. Davi fez aliança com Abner, que voltou em paz para o norte. Quando Joabe, o general do exército de Davi descobriu o que Abner fez, foi atrás de Abner e o assassinou. Com a morte de Abner, Isbosete perdeu seu apoio entre as tribos do norte e foi assassinado por dois dos seus oficiais. Querendo evitar que a situação piorasse, os anciãos do norte vieram a Hebrom para ungir Davi rei do norte (5.1-4), e Davi se tornou rei de todo o Israel.[374]

---

[371] Ibid. (tradução nossa).

[372] V. discussão sobre teologia real em Birch, Bruce C. et al. *A Theological Introduction to the Old Testament*. Nashville: Abingdon, 1999. p. 237-241, e Dumbrell, *Faith...*, p. 83-86.

[373] Birch et al. escreveram que *Davi foi o novo futuro para Israel* (p. 243, tradução nossa).

[374] Bright, John. *História...*, p. 242-245.

Não há dúvida de que o reinado de Davi foi confirmado por Deus e pela tradição israelita. Deus confirmou a Davi seu reinado por meio da promessa que recebera do profeta Natã:

> A ti, porém, darei descanso de todos os teus inimigos. Também o SENHOR te declara que ele te edificará uma casa. Quando os teus dias se completarem e descansares com teus pais, providenciarei um sucessor da tua descendência, que procederá de ti; e estabelecerei o reino dele. [...]
> Mas a tua casa e o teu reino serão firmados para sempre diante de ti; teu trono será estabelecido para sempre (2Sm 7.11b,12,16).

Nessa passagem, o desejo de Davi de construir uma "casa" para Deus recebe aprovação provisória do profeta. Mais tarde, porém, o mesmo profeta entrega a Davi uma mensagem "revisada", segundo a qual Davi não seria a pessoa que construiria o templo, mas um descendente dele (2Sm 7.13). Em recompensa, o profeta disse que JAVÉ estabeleceria para Davi "uma dinastia"[375] que permaneceria para sempre.

A importância de 2Samuel 7 para o estabelecimento de uma teologia real em Israel não pode ser subestimada. A monarquia davídica tornou-se um instrumento novo por meio do qual JAVÉ se relacionaria com Israel. As influências dessa nova teologia podem ser vistas em alguns salmos. O Salmo 78 reafirma a escolha de Davi como "pastor" de Israel que apascentara Israel segundo a integridade do seu coração (Sl 78.70,72). Nesse sentido, entende-se que o próprio Deus conduziu o povo pelas mãos experientes de Davi. O Salmo 89 não somente reflete a teologia real, mas usa a palavra "aliança" para descrever o relacionamento entre JAVÉ e seu rei, uma "aliança" que permaneceria "para sempre" (Sl 89.3,4). Aqui a providência de JAVÉ destaca-se claramente na escolha e no estabelecimento da dinastia davídica. Fora ele quem exaltara um escolhido dentre o povo (v. 19). Fora ele quem encontrara e ungira Davi (v. 20). A mão de JAVÉ sustentava Davi e o fortalecia (v. 21), dando-lhe vitória sobre seus inimigos (v. 23)[376]. Seu domínio se estenderia até o mar (89.25). O Salmo 132, por sua vez, é uma súplica do salmista a JAVÉ para que se lembre da aliança e mantenha um descendente de Davi no trono (Sl 132.10,11). Nesse salmo encontramos um aspecto ausente na promessa que Natã fizera a Davi em 2Samuel 7. No Salmo 132, a permanência de um descendente de Davi no trono é condicional. A condição é a obediência dos descendentes às cláusulas da aliança (v. 12).[377]

---

[375] O Texto Massorético diz: "tua casa e teu reino".

[376] V. Salmo 144.10.

[377] V. discussão em BIRCH et al., Introduction..., p. 240. V. tb. 1Reis 2.4.

OS PROFETAS E A MONARQUIA[378]

Como os profetas viram a instituição da monarquia? Já vimos que o início da monarquia, mesmo interpretada como rejeição de JAVÉ como rei, recebeu a aprovação inicial dos profetas a partir de Samuel. Natã comunicou o desejo de JAVÉ em estabelecer uma dinastia eterna por meio da linhagem davídica, e o desenvolvimento de uma teologia real parece confirmar a monarquia como instituição aceita tanto por JAVÉ quanto pelo povo.

Os profetas depois de Samuel e Natã deram evidências do envolvimento contínuo de JAVÉ nessa instituição. Antes da morte de Salomão, o profeta Aías anunciou a Jeroboão que Deus tiraria as dez tribos do norte das mãos de Salomão e que as entregaria a Jeroboão (1Rs 11.29-31). A mensagem incluiu a promessa de construir "uma dinastia permanente" para Jeroboão, isto é, uma dinastia comparável à dinastia davídica. A condição para estabelecer o reinado de Jeroboão foi sua obediência (1Rs 11.37,38). Mais tarde, esse mesmo profeta anunciou o fim do reinado de Jeroboão por causa de sua desobediência (1Rs 14.7-10).

A história do envolvimento dos profetas e das casas de Judá e Israel é diversificada, mas pode ser resumida em que os profetas não estavam contra a monarquia como instituição, mas contra a desobediência de seus reis. O apoio à "ideia" de monarquia ficou evidente nas profecias que apregoavam a vinda de um rei futuro. Amós anunciou o que Deus faria: *Naquele dia, levantarei o tabernáculo de Davi que está caído e repararei suas brechas, levantarei as suas ruínas e as reedificarei como nos dias antigos* (Am 9.11). Isaías profetizou a vinda de um menino que governaria, trazendo paz:

> *O seu domínio aumentará, e haverá paz sem fim sobre o trono de Davi e sobre o seu reino, para estabelecê-lo e firmá-lo em retidão e em justiça, desde agora e para sempre. O zelo do Senhor dos Exércitos fará isso* (Is 9.7).

Isaías também profetizou sobre a época em que *Um ramo brotará do tronco de Jessé, e um renovo frutificará das suas raízes* (11.1). Esse profeta tinha grandes esperanças de um futuro de paz e prosperidade para o reino sob a orientação de um rei justo: *Atenção, um rei reinará com justiça, e príncipes governarão com retidão* (32.1).[379]

Jeremias ecoou esta promessa profetizando a vinda de uma Renovo justo: *E virão dias, diz o Senhor, em que levantarei para Davi um Renovo justo, um rei que reinará*

---

[378] V. tratamento excelente em Birch et al., *Introduction...*, p. 253-318.
[379] Ibid., p. 315.

e agirá com sabedoria, executando a justiça e o direito na terra (Jr 23.5). Nos dias da restauração, esse mesmo profeta proclamou que o povo serviria *ao Senhor, seu Deus, como também a Davi, seu rei, que lhes designa*[ra] (30.9) e que nunca faltaria para Davi um homem que se assentasse no trono da casa de Israel (33.17). Ezequiel profetizou a continuidade da dinastia davídica nos dias da restauração de Israel, dizendo que JAVÉ levantaria um pastor (Ez 34.23,24) e rei (37.24,25) davídico para governar o povo.

Apesar do apoio à instituição da monarquia, em geral vemos que os profetas se puseram contra as práticas da maioria dos reis. Na história deuteronomista poucos são os reis que receberam aprovação do historiador. A avaliação recebida pela maioria foi: *fez o que era mau perante o Senhor*.[380]

Encontros entre profetas e reis foram comuns durante a história de Israel e nem sempre significavam más notícias para os reis. Em um encontro com Davi, Natã lhe anunciou a promessa de que Deus estabeleceria o trono de Davi para sempre (2Sm 7.13). Ezequias recebeu o apoio do profeta Isaías quando foi ameaçado pelo rei Senaqueribe (2Rs 19.20-37), e, quando este adoeceu, Deus lhe prometeu mais quinze anos de vida em razão de sua obediência (20.6).

Na maioria dos encontros, porém, os profetas repreenderam os reis principalmente pela desobediência. Vemos isso claramente na história do reino do norte. A começar pelo julgamento da casa de Jeroboão I emitida pelo profeta Aías (1Rs 14.1-16), todos os reis do norte receberam "más notícias" dos profetas. A história deuteronomista registrou encontros notáveis entre uma variedade de profetas e reis. Entre os profetas mais ousados certamente estava Elias. Chamado de "um novo Moisés",[381] Elias entrou no cenário histórico durante o reinado de Acabe no reino do norte.

Em alguns sentidos, Elias tipificou o problema principal dos reinados, especialmente do norte. Desde os dias de Jeroboão I, o norte fora conduzido cada vez mais em direção ao sincretismo. A questão do sincretismo religioso no norte foi acentuada durante a dinastia de Onri. O historiador deuteronomista não poupou palavras para o pecado de Onri: *Ele foi pior do que todos os que o antecederam* (1Rs 16.25). Seu filho Acabe não apenas seguiu suas práticas idólatras, como também introduziu "oficialmente" o culto a Baal em seu reino após casar-se com a sidônia Jezabel (v. 31). É nesse ponto que as narrativas de Elias passam a fazer parte da história.

---

[380] V., p. ex., 1Reis 15.26,34; 22.52; 2Reis 3.2; 8.18,27; 13.2,11; 14.24; 15.9, 18,24,28; 17.2; 21.20.

[381] Birch et al., *Introduction...*, p. 267.

A inserção das narrativas de Elias no curso das histórias de reis e reinados não acontece por acaso.[382] Visto por Acabe como o "perturbador de Israel" (1Rs 18.17), Elias chega com a tarefa de desafiar as tendências sincréticas da dinastia de Onri em nome de JAVÉ. Em uma demonstração poderosa e até surpreendente, Elias confronta não somente o rei, mas também a população do norte com suas crendices sobre Baal, mostrando que somente JAVÉ era Deus em Israel. Se o povo não se convenceu apenas com os argumentos do profeta, pelo menos acreditou na demonstração "prática" (v. 39).

O conflito entre Elias e Acabe não termina no monte Carmelo. Mais tarde, Elias confronta Acabe com a exigência ética de JAVÉ quando Acabe usa de astúcia para obter a vinha de Nabote. Na narrativa que conta esse fato, o historiador mostra que Deus não apenas é capaz de acender fogo, mas também de exigir comportamento justo e ético, especialmente dos governantes.

As exigências éticas de JAVÉ a respeito da monarquia e aos monarcas recebem destaque nas falas dos profetas clássicos. Não há espaço aqui para tratamento adequado do papel dos profetas na história da monarquia em Israel. Consideremos somente alguns exemplos importantes.

Entre os profetas notáveis que confrontam os poderes políticos e religiosos dos séculos VII e VIII a.C., estão Amós, Isaías e Jeremias. Amós sai do reino do sul para proclamar a mensagem de Deus contra o reinado de Jeroboão II, do norte. Os "crimes" éticos do norte, especialmente durante o reinado desse rei, eram conhecidos (Am 2.6-12; 4.1-5; 6.1-6). A influência da pregação de Amós na política do norte chega a um ponto crítico quando ele profetiza especificamente contra a casa de Jeroboão II:

> Portanto, assim diz o Senhor: Tua mulher se prostituirá na cidade, e teus filhos e tuas filhas morrerão pela espada, e tua terra será loteada; e tu morrerás numa terra pagã, e Israel certamente será levado cativo para fora da sua terra (7.17).

A ousadia de Amós contra Jeroboão e sua família certamente é o motivo principal por sua exclusão do norte (Am 7.12).

Isaías não foi menos ousado ao ir ao encontro do rei Acaz durante a crise sírio-efraimita. Enfrentando o ataque de uma coalizão entre Síria e Israel, Acaz toma a decisão de procurar a ajuda do império assírio em vez de confiar na palavra de JAVÉ entregue pelo profeta (Is 7.7-9). Sua decisão de rejeitar o conselho divino e de se apoiar na sabedoria humana resulta em consequências desastrosas para seu reinado e para o sul. O reino do sul se torna vassalo

---

[382] Ibid., p. 266-267.

198 O DEUS DE ISRAEL

do império assírio e mais tarde, durante o reinado de Ezequias, sofre o ataque de Senaqueribe. Somente com a intervenção divina é que seu reinado se livra da destruição (2Rs 19.35-37).

As proclamações agudas de Jeremias indicam a profundidade da infidelidade e da rebelião de Judá contra os desígnios de JAVÉ. Ao descrever o pecado do povo, Jeremias declara: *Porque o meu povo cometeu dois delitos: eles me abandonaram, a fonte de águas vivas, e cavaram para si cisternas, cisternas furadas, que não retêm água* (Jr 2.13). A apostasia de Judá leva o profeta a proclamar uma das mensagens mais ousadas até então no que diz respeito ao "plano internacional" de Deus que incluía Judá. Durante o reinado de Zedequias,[383] Jeremias chega à presença do rei com um jugo no pescoço como símbolo da sujeição que Deus imporia a Judá. A mensagem de Deus também é muito clara:

> E agora entrego todas estas terras na mão de Nabucodonosor, rei da Babilônia, meu servo; dou-lhe até mesmo os animais selvagens, para que o sirvam.
> Todas as nações servirão a ele e a seu filho, e ao filho de seu filho, até que chegue o tempo de sua própria terra servir a muitas nações e grandes reis (27.6,7).

As mensagens desses profetas indicam que eles não estavam isolados da política de sua época. Suas palavras identificam a soberania absoluta de JAVÉ sobre a política e os políticos. Não existem reinos ou governantes que possam agir alheios a essa soberania. Mesmo contendo julgamentos severos, demonstram também o desejo de Deus em preservar seu povo. As esperanças de restauração e reconstrução são evidentes em suas pregações. Mesmo nos discursos de julgamento, JAVÉ ainda reina sobre Israel.

"O SENHOR REINA": DEUS COMO REI EM SALMOS

De toda a literatura do AT em que há referências a Deus como rei, destaca-se o livro de Salmos. Os salmistas proclamaram ousadamente a soberania de Deus como rei de toda a terra. Nesta parte do trabalho, vamos considerar alguns poemas em que um Deus que reina pode ser encontrado. Comecemos pelo Salmo 2.

Salmo 2

Em um capítulo breve de sua introdução à teologia de Salmos, J. Clinton McCann chamou a nossa atenção para a possibilidade de os Salmos 1 e 2 formarem uma introdução ao tema de todo o livro. Enquanto o Salmo 1

---

[383] Ou Jeoiaquim.

introduz o tema de instrução, o Salmo 2 introduz o conteúdo dessa instrução. Conforme McCann, esse conteúdo se resume na frase "O SENHOR reina!"[384]

Classificado pelos críticos como salmo real,[385] o consenso da opinião crítica é que o salmo se refere à coroação do monarca. Expressões como "seu ungido" (2.2) e "constituí o meu rei em Sião" (2.6) reforçam essa interpretação. McCann, porém, pensa ser falha essa interpretação porque não leva em consideração a posição do salmo no Saltério. Lido em conjunto com o Salmo 1, para o autor o Salmo 2 diz "mais sobre o reino de Deus do que sobre a monarquia".[386] Conforme McCann, a questão principal é: "Quem governa o mundo?". À luz da linguagem do salmo, a resposta é claramente JAVÉ. Quando os reis da terra armam uma conspiração contra o rei de Israel, esta é ao mesmo tempo contra Deus, pois é ele que estabelece o rei no trono:

> *Os reis da terra se levantam, e os príncipes conspiram unidos contra o SENHOR e seu ungido, dizendo:*
> *Rompamos suas correntes e livremo-nos de suas algemas.*
> *Aquele que está sentado nos céus se ri; o Senhor zomba deles.*
> *Então ele os repreende na sua ira e os aterroriza no seu furor, dizendo:*
> *Eu mesmo constituí o meu rei em Sião, meu santo monte* (2.2-6).

Considerando que o SENHOR é quem governa o universo e estabelece o rei em Sião, a única resposta apropriada, tanto para o povo quanto para o próprio rei, é cultuar o SENHOR com temor (Sl 2.11).

Salmo 47

O Salmo 47 faz parte de um "conjunto" de salmos conhecidos pelos críticos literários como "hinos de entronização"[387] ou "cânticos de ascensão".[388] Do

---

[384] McCANN, *Theological Introduction...*, p. 41. V. tb. GERSTENBERGER, Erhard. *Psalms, Part 1, with an Introduction to Cultic Poetry.* In: *The Forms of Old Testament Literature.* Grand Rapids: Eerdmans, 1988. v. 14, p. 49, que disse: "o verdadeiro SENHOR do mundo é JAVÉ".

[385] Comentando sobre esse gênero, Gunkel disse que a "unidade interna desses salmos deriva-se do fato de que estão completamente entrelaçados com os reis" (GUNKEL, *Introduction...*, p. 99). Sobre a classificação, v. tb. EISSFELDT, *The Old Testament...*, p. 103; KRAUS, *Theology...*, p. 107. Smith classificou o Salmo 2 como "cântico de coroação". Cf. SMITH, Ralph L. The Use and Influence of the Psalms, *Southwestern Journal of Theology*, 27 (Fall 1984, p. 15). Outros identificam o salmo pelo título "messiânico". V., p. ex., COELHO FILHO, *Teologia dos Salmos...*, p. 99-134. GERSTENBERGER, *Psalms*, p. 44, classificou o salmo como "proclamação real; hino messiânico".

[386] McCANN, *Theological Introduction...*, p. 42.

[387] Outros incluídos nesta categoria são os Salmos 93, 96, 97 e 99 (GUNKEL, *Introduction...*, p. 66). V. tb. PERDUE, Leo G. *Yahweh is King Over All the Earth: An Exegesis of Psalm 47, Restoration Quarterly* (17.3), p. 162-184.

[388] EISSFELDT, *The Old Testament...*, p. 109-110.

200   O DEUS DE ISRAEL

ponto de vista de Eissfeldt, esses salmos "exaltam o início do governo real de JAVÉ ou pelo menos o fato de sua realeza".[389] Do ponto de vista de alguns estudiosos, esses salmos fornecem evidência de uma "cerimônia" de entronização realizada durante a festa de ano-novo em Israel e outros povos do Oriente Médio antigo.[390] O Salmo 47 é o salmo-chave para defender tal posição.

O salmo começa com o apelo para que a congregação participe na adoração de JAVÉ por meio de palmas e aclamação (47.1[H2]).[391] O motivo principal disso é apresentado no versículo 2[H3]): *Porque o Senhor altíssimo é tremendo, é o grande rei sobre toda a terra*. A evidência de que o Senhor reina responde por seus atos em favor do povo, subjugando as nações e escolhendo Jacó (Israel) (47.3,4[H4,5]). O "ponto central" do salmo, conforme Perdue, é o versículo 5[H6].[392]

O salmista declarou que *Deus subiu entre aclamações* (47.5[H6]). Do ponto de vista de Gunkel, a frase indica que havia uma "encenação" durante o culto em que JAVÉ "subiu" e ocupou novamente o trono, fornecendo evidências da prática de entronizar JAVÉ (anualmente?) entre os hebreus.[393] Muito já foi escrito sobre o significado dessa frase, e não há espaço aqui para repetir os argumentos.[394] A interpretação envolve a maneira pela qual o versículo 8[H9] é traduzido; especificamente o verbo *mlk*, "reinar". As versões em português normalmente traduzem o versículo "Deus reina", exatamente como sugere Gunkel, não "Deus se tornou rei".[395] Mesmo podendo traduzir de outra maneira, a evidência nos demais salmos chamados de entronização milita contra a última tradução.[396] A evidência bíblica mostra que o Deus soberano não

---

[389] Ibid. (tradução nossa).

[390] O estudioso mais associado a essa visão foi Sigmund Mowinckel. Mowinckel e outros, como Ivan Engnell, G. Widengren e Aage Bentzen, formaram o que é geralmente conhecida como a escola de Uppsala. Outra "escola" que advogava as mesmas ideias é designada "Mito e Ritual" associada ao nome de S. H. Hooke.

[391] Perdue, seguindo Mowinckel, afirmou que os atos de bater palmas e de aclamar faziam parte da cerimônia de entronização dos reis israelitas. No entanto, não há evidência textual clara disso. V. posição de Perdue, *Yahweh Is King*, p. 92.

[392] Ibid., p. 94.

[393] Gunkel, *Introduction...*, p. 66.

[394] Perdue resumiu as várias posições e apresentou sua exegese do salmo no artigo *Yahweh Is King*.

[395] Para Gunkel a frase "JAVÉ se tornou rei" não é a melhor tradução do texto porque o verbo *mlk* (reinar) aparece na 3ª pessoa do *qal* perfeito, que se traduz geralmente por "ele reina". V. outras ocorrências do verbo no contexto cultual de Salmos 96.10 e 99.1. A tradução preferida pela *TANAK: The Holy Scriptures* (Philadelphia: Jewish Publication Society, 1988) é "O Senhor é rei".

[396] V. argumento de Kraus, *Theology...*, p. 87-90. Quanto às considerações sintáticas, Kraus sugere que somente o Salmo 47 podia se referir a uma proclamação de entronização. O peso da evidência, porém, indica que a intenção dos salmistas é proclamar que não havia outro rei, a não ser o Senhor .

precisa da ajuda humana para "subir" e ocupar o trono porque nunca saiu, como disseram os salmistas:

> *O teu trono, ó Deus, subsiste pelos séculos dos séculos, e o cetro do teu reino é cetro de equidade* (45.6).

> *Pelo seu poder, ele governa para sempre, seus olhos vigiam as nações; que os rebeldes não se exaltem* (66.7).

> *Mas tu, SENHOR, estás entronizado para sempre; teu nome será lembrado por todas as gerações* (102.12).

> *O SENHOR reinará para sempre! Ó Sião, o teu Deus reinará por todas as gerações. Aleluia!* (146.10).

Salmo 93

O salmo começa com a afirmação de que o SENHOR reina.[397] Aqui podemos ver palavras associadas a realeza e reino por todo o texto: *está vestido de majestade* (93.1), *se revestiu de força* (93.1), *teu trono* (93.2). Como rei devidamente "armado", o SENHOR exerce domínio completo sobre a criação e "luta" contra tudo que se levantaria contra ela, inclusive o caos representado pelas *águas turbulentas* (93.4) que ameaçam esse domínio. Essa linguagem leva alguns a sugerir que Deus, como rei soberano, é um guerreiro que milita contra qualquer coisa que surja contra seu domínio.[398] O salmista expressa sua confiança absoluta no poder de Deus, capaz de superar qualquer ameaça da própria criação, porque *O SENHOR é mais poderoso nas alturas do que o ruído de águas turbulentas, mais do que as ondas estrondosas do mar* (93.4). Seu domínio é absoluto.

Salmo 95

É bem provável que o contexto cultual deste salmo seja o culto no templo. Começa com o convite de se cantar ao SENHOR com alegria, um aspecto que faz parte de vários salmos.[399] A salvação (v. 1) é um dos motivos que marcam os cânticos alegres e também o fato de o SENHOR ser um Deus grande Deus, *o grande rei acima de todos os deuses* (93.3). Como rei "acima de todos os deuses",

---

[397] O salmista usou o mesmo verbo usado no Salmo 47, *mlk*, mas inverteu a ordem das palavras, antepondo o nome SENHOR ao verbo "reina".

[398] V. KRAUS, *Theology...*, p. 128-129. A imagem de JAVÉ como guerreiro pode ser vista em outras poesias; p. ex., Êxodo 15.1-18. Neste cântico, depois de descrever a vitória de JAVÉ sobre os egípcios, a poesia termina declarando que "O SENHOR reinará eternamente" (Êx 15.18).

[399] V., p. ex., 20.5; 32.11; 33.1; 59.17; 63.7; 67.5; 71.23; 81.2; 84.2; 90.14; 92.4; 98.4; 132.9,16; 145.7; 149.5.

O DEUS DE ISRAEL

toda a criação pertence a ele, as profundezas da terra, os altos dos montes (95.4) e o mar (95.5). Israel é convidado a adorá-lo, prostrar-se e ajoelhar-se diante do Senhor porque ele é o criador (v. 6) e o pastor de seu povo (v. 7).

Depois de convidar os leitores/ouvintes a um ato de adoração, o salmista faz outro chamamento resultante do primeiro. Como o Senhor é o "grande rei", então o povo devia ouvi-lo com a intenção de obedecer a ele. Como maneira de incentivar a obediência, o salmista chama a atenção dos adoradores para a rebelião praticada no passado quando o povo peregrinava pelo deserto após o êxodo do Egito (95.8). Para McCann, o salmo é um apelo para o povo tomar a decisão de obedecer ao Senhor, por ser ele o rei. Portanto, repetir a rebelião do passado representaria um perigo para o povo que já havia entrado no descanso do Senhor (v. 11).[400]

Salmo 96

O convite estendido aos adoradores no Salmo 95 se repete no Salmo 96. São repetidos também os motivos pelos quais os adoradores deviam cantar "um novo cântico". Ele é *grande e digno de ser louvado, mais temível do que todos os deuses* (96.4). Como criador dos céus e da terra, Deus está acima de todos os ídolos (96.5). Ele está rodeado de majestade e esplendor que refletem seu poder (96.6). Por causa de sua natureza, os adoradores deviam dar a ele a glória que seu nome merece (96.8).

O núcleo do louvor expresso pelo salmista encontra-se na declaração *O Senhor reina* (96.10). O que se destaca nessa proclamação é o fato de ela ser dirigida às nações. É claro que para o salmista o Senhor não se restringe a um âmbito local ou nacional. Prova disso, entre outras coisas, é a promessa feita de que esse Deus viria para julgar todos os povos com justiça (96.10). Seu julgamento será com justiça ("equidade", *meshar*);[401] por isso, os povos podiam alegrar-se e cantar, uma vez que o juízo emitido seria digno de confiança.

Salmo 99

Elementos dos demais salmos de entronização também aparecem no último salmo que indicamos nesta série de composições. Nele, o poeta inicia com a declaração *O Senhor reina!* (99.1). Novamente, a forma do verbo

---

[400] McCann, *Theological Introduction…*, p. 47.

[401] A palavra pode referir-se a uma pessoa moralmente correta e, portanto, qualificada para exercer justiça. V. Wiseman, *yashar*. In: *DITAT*, p. 929-933.

O DEUS QUE REINA   203

indica que seu reino é "perfeito", isto é, completo. Não se menciona uma "reentronização", pois o salmista reconhece o reino contínuo do Senhor. Confrontadas pela declaração inicial do reinado do Senhor, as nações tremem (v. 1). Isso significa que o reinado de JAVÉ é consequencial.[402] É impossível entrar na presença de Deus sem entender a amplitude de seu poder e autoridade.

Dois elementos destacam-se nesta composição poética. O primeiro é o tema da justiça, que aparece no Salmo 96 e reaparece no Salmo 99. O Senhor é chamado de rei poderoso que ama a justiça que estabelece equidade e executa justiça (99.4). O Deus que reina é um Deus justo, que mostra sua justiça ao longo da história. O segundo elemento é a revelação que Deus proporcionou a seus servos Moisés, Arão e Samuel. O salmista dirige a atenção do adorador aos atos de Deus no passado, quando Deus se revelou ao povo. Como rei, ele não deixa seus "súditos" sem orientação. A revelação de Deus, porém, exige uma resposta por parte do povo. Ao receber os mandamentos de Deus, esses servos obedeciam a eles (v. 7). O Deus que reina tem como característica o perdão, mas ao mesmo tempo castiga atos de rebelião (99.8). Por ser o Deus santo, o povo deve prostrar-se diante dele em adoração (v. 9).

Neste breve resumo dos salmos chamados de entronização, vimos elementos que eles têm em comum. O ponto central nos textos é a proclamação de que somente o Senhor reina, não somente em Israel, mas em todo o mundo. Ele é soberano sobre as nações; a criação e seu reinado nunca serão abalados. Sua majestade e autoridade foram reconhecidas pelo fato de que ele agiu na história para libertar e orientar seu povo. Não há evidências suficientes para afirmar que Israel realizava uma cerimônia de entronização anual; mesmo tratando Deus como rei, tampouco há motivo para associar esses salmos a um ritual "mítico" que Israel teria tomado emprestado das nações vizinhas. Bernard Anderson resumiu a questão da seguinte forma:

> Esses salmos são explícitos em dizer que o trono do Senhor está firmado "desde a Antiguidade", e seu reinado, "desde a eternidade" (Sl 93.2). Seu reinado não depende de uma nova vitória no início de um novo ano. O Deus cujo reinado foi estabelecido desde a Antiguidade, e que virá em poder para estabelecer seu reinado final, está entronizado nos louvores de seu povo *agora*. O passado, o presente e o futuro se unem na exclamação cultual *o Senhor reina!*[403]

---

[402] Durham, Psalms, p. 372.

[403] Anderson, Bernard. *Out of the Depths*. Ed. rev. Philadelphia: Westminster, 1983. p. 137, apud Smith, *The Use and Influence of the Psalms*, p. 15 (tradução nossa).

O FUTURO DO REINO E O REINO DO FUTURO

Os salmos de entronização também afirmam que o reino do Senhor continuará. Nesses salmos, o Senhor é retratado como o rei Eterno que nunca abdicaria. Seu trono foi estabelecido desde a Antiguidade, e seu reinado permanecerá para sempre. Firmado nessa declaração, Israel sempre esperou a ação futura de Deus.

Como o AT descreve o futuro de Israel no que se refere a ser um povo e nação? Qual foi a natureza de sua esperança nacional? A descrição por vezes é um paradoxo. Em alguns momentos, a visão de Israel para seu futuro baseava-se na continuidade de seu relacionamento com Deus. Em outros momentos, porém, o texto bíblico indica que Deus faria algo completamente novo e que o futuro não seria uma continuidade do presente, mas algo diferente. George A. F. Knight afirmou que os escritores sagrados de Israel "olharam para a frente e para trás ao mesmo tempo".[404] Rolf Knierim levou a questão adiante quando propôs que a esperança no AT "pressupõe a incerteza ou a tensão entre a situação presente e a situação esperada, entre o presente conhecido e o futuro desconhecido, e entre o desejo e a satisfação em seu cumprimento".[405] Nesta parte do trabalho, consideraremos dois aspectos principais da esperança futura para o reinado de Israel: o julgamento futuro e o reinado futuro.

O julgamento futuro

Desde o início da monarquia o futuro da instituição sempre incluía a possibilidade de julgar seus reis, o povo e o próprio reino. Na visão de Robin Routledge, a história deuteronomista tratava a questão em termos de uma escolha entre "dois caminhos": bênçãos para obediência e destruição para a desobediência.[406] Essa orientação pode ser vista claramente na exortação que Samuel dá ao povo por ocasião de sua "despedida". O profeta vincula a prosperidade do reino à obediência e adverte o rei e o povo das consequências da rebelião (1Sm 12.13-15).

A história do reino unido e dos reinados do norte e do sul mostra que o temido se tornou realidade, apesar dos múltiplos apelos proféticos para que o povo voltasse a cumprir as cláusulas da aliança. O julgamento, no entanto, veio lentamente, principalmente por causa da aliança que Deus mantinha com seu servo Davi (1Rs 11.13,34; 2Rs 8.19; 19.34). Começando pelo império de

---

[404] Knight, *A Christian Theology...*, p. 294. Smith adotou a mesma posição (*Teologia...*, p. 381).

[405] Knierim, *The Task...*, p. 248 (tradução nossa).

[406] Cf. Routledge, Robin. *Old Testament Theology: A Thematic Approach*. Downers Grove: InterVarsity, 2008. p. 261-272.

O DEUS QUE REINA **205**

Salomão e como consequência de sua apostasia, Deus levantou pelo menos dois adversários, o edomita Hadade (1Rs 11.14) e Rezom que governava a Síria (11.24,25). O juízo do império chegou ao ponto crítico quando a inflexibilidade de Roboão em face da demanda de Jeroboão e dos anciãos do norte impediu solucionar as diferenças entre as duas partes do império. O impasse trouxe o fim do império salomônico (11.26; 12.13-15). Do ponto de vista do historiador deuteronomista, a divisão do império foi o resultado direto da infidelidade de Salomão (11.33).

Jeroboão assumiu o reinado do norte após a divisão do império. Se ele tivesse sido fiel, seu reinado teria sido estabelecido (11.38), mas o legado que deixou foi fatal para o reino. Na tentativa de manter sua posição como rei, estabeleceu dois centros de culto no norte: um na cidade de Betel e outro na cidade de Dã. O "exemplo" que ele deixou se tornou o padrão que os demais reis seguiram, começando por seu filho (1Rs 15.25,26). O legado de idolatria que Jeroboão deixou e que os demais reis seguiram foi o motivo dado pelo historiador para o julgamento do norte que veio pela mão dos assírios (2Rs 17.6,7).

O julgamento futuro dos dois reinos foi profetizado pelos profetas da época. Amós falou do fim da casa de Jeroboão e do início do exílio (Am 7.17). Miqueias proclamou que, por causa de seus pecados, Deus faria de Samaria *um montão de pedras do campo, uma terra para plantar vinhas* (Mq 1.6); Sião seria *lavrada como um campo* e Jerusalém se tornaria *um montão de ruínas, e o monte desta casa, como uma elevação coberta de mato* (3.12). Isaías avisou o norte da futura invasão da Assíria (Is 8.5-8; 10.5-11) e do exílio babilônico para o reino do sul (Is 39.6,7). Jeremias anunciou com palavras e ações a vinda dos babilônios e o início do exílio que duraria setenta anos (Jr 25.8-11), e Ezequiel demonstrou de maneira gráfica o sítio da cidade de Jerusalém (Ez 4.1-3).

Não há melhor expressão para descrever a natureza do julgamento que Deus enviaria às nações de Israel e Judá do que o *yom de* JAVÉ, o dia do SENHOR.[407] Compreendido pelo povo em geral como o dia quando Deus venceria seus inimigos e estabeleceria seu reino em Jerusalém, recebeu dos profetas clássicos uma nova interpretação. Amós avisou todos os que estavam esperando a chegada desse dia, dizendo: *Ai de vocês que anseiam pelo dia do* SENHOR! *O que pensam vocês do dia do* SENHOR? *Será dia de trevas, não de luz* (Am 5.18, *NVI*). Certamente essas palavras não foram bem recebidas pelo povo da época, pois sempre imaginava que nada aconteceria para mudar a situação política e

---

[407] O tema do dia do SENHOR faz parte de muitas obras teológicas, e não há aqui a tentativa de reproduzir o que já foi escrito. V. as discussões em ROWLEY, *Fé em Israel*, p. 262-296; EICHRODT, *Teologia...*, p. 409-418; SMITH, *Teologia...*, p. 379-412.

206 O DEUS DE ISRAEL

social das nações de Israel e Judá. Amós vinculou a vinda desse dia ao culto vazio que o povo estava oferecendo a Deus e à falta de coisas mais importantes, como a prática da retidão e da justiça (5.21-25). Essa mensagem também foi reforçada por Isaías. A expressão completa "o dia do SENHOR" só aparece duas vezes no livro (Is 13.6,9). Quando o profeta queria falar desse dia, normalmente usava a forma abreviada "aquele dia".[408] "Aquele dia" seria um dia de julgamento, não de salvação, para a cidade de Jerusalém (3.1-26).

É impossível saber com precisão se os profetas falavam de um evento histórico específico ou se a expressão "o dia do SENHOR" se referia a vários "dias" em que Deus enviaria seu juízo. Por exemplo, Ezequiel usou "aquele dia" para falar do êxodo do Egito (Ez 20.6), o dia da queda de Jerusalém e a destruição do templo (Ez 24.26). Sobre o futuro de Edom, Obadias disse: *Naquele dia, diz o SENHOR, destruirei os sábios de Edom e o entendimento do monte de Esaú!* (Ob 1.8). Joel vinculou a vinda do dia do SENHOR à invasão de um exército de gafanhotos (Jl 2.1,11). À luz das evidências textuais, podemos dizer que as expressões "o dia do SENHOR" ou simplesmente "aquele dia" se referem a julgamento; os profetas interpretaram o dia como qualquer ação por parte de Deus para "acertar as contas" com Israel e Judá. Neste sentido, o *yôm* de JAVÉ deve ser entendido não em termos "escatológicos", mas históricos.[409]

Deve estar claro pelos poucos exemplos apresentados que o futuro "imediato" de Israel e Judá não foi bom. Os profetas e o historiador concordaram em que o julgamento veio por causa das transgressões de ambos os reinos, como proclamara Miqueias:

> *Tudo isso ocorre por causa da transgressão de Jacó e por causa dos pecados da casa de Israel. Qual é a transgressão de Jacó? Não é Samaria? Quais são os altares de Judá? Não é Jerusalém?* (1.5)

À luz do futuro de seus reis e reinos, ficou claro que a esperança de Israel não estava na continuidade de tais reinados. Deus teria que fazer algo para dar continuidade a seu povo na terra.

O reino futuro

O julgamento previsto pelos profetas não resultaria numa situação permanente. Esses mesmos profetas falaram também da época em que Deus agiria

---

[408] V., p. ex., 2.11,17,20; 3.7,18; 20.8,12,20,25.

[409] Smith notou a "ambiguidade da linguagem 'escatológica' do Antigo Testamento", dizendo que a expressão "aquele dia" pode se referir ao passado ou ao futuro, mas "não necessariamente escatológico" (SMITH, *Teologia...*, p. 379).

para restaurar a nação. Na promessa de um "novo início" é possível dizer que o julgamento visava à restauração. Esse novo início sairia das cinzas da antiga realidade. Comentando sobre o significado do exílio na Babilônia, Routledge disse: "A nação tinha que morrer antes de renascer; a renovação somente viria quando todas as pretensões e esperanças falsas fossem eliminadas".[410] Sobre os profetas, o julgamento e o surgimento do novo na base do antigo, Routledge cita Roland Clements, que afirma:

> Israel seria julgado, e a aliança chegaria ao fim. Contudo, além desse julgamento, os profetas apontaram para um novo início em que Israel renasceria e se tornaria mais uma vez o povo da aliança. As tradições antigas de eleição foram empregadas pelos profetas para retratar a "reeleição" de Israel e a nova aliança que JAVÉ faria com o povo. Agora, depois que havia passado o julgamento, se esperava o cumprimento das antigas promessas da aliança e o início de um novo tempo.[411]

Não há dúvida de que o reino que Israel esperava baseava-se, até certo ponto, em seu passado. Ao mesmo tempo, podemos ver que a esperança traria algo novo que surgiria do passado. O vínculo entre passado e futuro está evidente nos vários elementos que faziam parte da esperança de Israel. Consideramos os mais importantes a seguir.

A restauração da nação

A história do julgamento de Israel, as deportações da população e a destruição dos elementos físicos dessa sociedade contribuíram para moldar sua esperança futura. O retorno de pessoas deportadas a sua terra natal — bem como a reconstrução de cidades e edifícios importantes para a sociedade, especialmente o templo — era algo esperado. Esses aspectos da restauração foram retratados principalmente pelos profetas que visavam a uma restauração política e física. Em uma passagem que mostra o vínculo entre passado e futuro, Deus declarou por meio de Amós: *Naquele dia, levantarei o tabernáculo de Davi que está caído e repararei suas brechas, levantarei as suas ruínas e as reedificarei como nos dias antigos* (Am 9.11).

Para Israel e especialmente para seus profetas, a restauração da nação implicava a restauração da terra. Desde a época patriarcal, a terra era um dos dois elementos principais das promessas de Deus para o povo que ele formara

---

[410] ROUTLEDGE, *Old Testament*..., p. 266.

[411] CLEMENTS, Roland. *Prophecy and Covenant*. London: SCM, 1965. p. 118, apud ROUTLEDGE, *Old Testament*..., p. 266.

(Gn 15.18; Dt 31.7,20). Como o julgamento incluiu a perda da terra (Dt 29.9-29; 30.17,18; Ez 36.20), a restauração incluía também a restauração da terra (Is 26.1-12; 62.4; Jr 32.15,43; 33.11). Na visão de Ezequiel sobre o novo templo, as fronteiras seriam restabelecidas, e as tribos receberiam uma porção da terra restaurada como nos dias da conquista (Ez 47.13-23).[412]

Elemento essencial entre as previsões de restauração feitas pelos profetas foi a promessa de trazer o povo de volta à terra.[413] Várias imagens foram utilizadas nas pregações proféticas para descrever a natureza desse retorno. Isaías previu o dia em que Deus abriria um caminho para que os cativos voltassem a Judá, um evento recordativo do êxodo do Egito (11.15,16; 35.8; 40.3). Em imagem ainda mais dramática da visão do vale de ossos secos, Ezequiel "viu" o retorno dos exilados como uma espécie de "ressurreição":

> *Portanto, profetiza e dize-lhes: Assim diz o Senhor Deus: Eu abrirei as vossas sepulturas; eu vos farei sair das vossas sepulturas e vos trarei à terra de Israel, ó povo meu* (37.12).

O povo que o Senhor traria de volta à terra foi designado o "remanescente" ou "restante" (*shear*).[414] A palavra pode significar o que restou (Lv 5.9), o que falta fazer (Js 13.1), ou uma referência aos sobreviventes de um conflito ou crise (2Rs 24.14; Ne 1.2). No contexto da esperança de Israel, *shear* é usado principalmente no livro de Isaías para identificar a parte da população que Deus traria de volta à terra na época da restauração. Quando a palavra se refere à parte da população que sobreviveria ao exílio, o sentido é de natureza dupla. Em alguns casos, quer dizer o julgamento que Deus traria sobre a nação. É nesse sentido que Isaías usa a palavra em 10.22: *Porque ainda que o teu povo seja como a areia do mar, só um restante voltará, ó Israel. A destruição está determinada; virá trasbordando de justiça.*

Se apenas um remanescente voltaria, é porque a grande maioria seria destruída.[415] O contraste entre o julgamento da nação e o remanescente que Deus pouparia pode ser visto também na mensagem contra Efraim em Isaías 28 (v. 5). Como profecia de esperança, Isaías declara que Deus adquiriria de novo o povo espalhado entre as nações (Is 11.11,16). Em mensagem ao rei Ezequias na ocasião da ameaça de Senaqueribe e dos assírios, Isaías afirma que o remanescente seria o sinal de Deus de que Jerusalém sobreviveria ao sítio (37.30-32).

---

[412] V. discussão sobre o papel da terra, ecologia e escatologia em Wright, *OT Ethics...*, p. 137-14.

[413] V., p. ex., Isaías 43.5-7; Jeremias 30.3,10; 31.8; Ezequiel 20.41,42; 36.24.

[414] V. bibliografia de obras recentes sobre a questão em Routledge, p. 266.

[415] Ibid., p. 267.

É possível ver na profecia de Sofonias o aspecto "didático" do remanescente. Após o julgamento, Deus deixaria *no meio de ti um povo humilde e pobre; e eles confiarão no nome do Senhor* (Sf 3.12). Nas palavras do profeta Sofonias, o povo que Deus pouparia seria um povo exemplar: *O remanescente de Israel não praticará o mal, nem proferirá mentira, e não se achará língua enganosa na sua boca; pois se alimentarão e se deitarão, e não haverá quem os espante* (3.13). Seria este o povo que Deus perdoaria segundo o profeta Jeremias (Jr 50.20).

A esperança da volta do povo à terra andava "de mãos dadas" com a esperança da reunião dos antigos reinos do sul e do norte. A esperança da criação de uma nova nação política permaneceu no imaginário judaico até o período do NT, como bem mostra a pergunta dos discípulos feita a Jesus: *Senhor, é este o tempo em que restaurarás o reino para Israel?* (At 1.6).

Como a volta à terra prometida foi profetizada com imagens de um novo êxodo e da ressurreição, a reunião de Judá e Israel seguiu o mesmo padrão. Em ação simbólica, Ezequiel dramatizou a reunião dos dois reinos quando juntou dois pedaços de madeira, simbolizando as nações de Judá e Israel:

> *Dize-lhes: Assim diz o Senhor Deus: Pegarei os israelitas dentre as nações para onde foram, os reunirei de todas as partes e os introduzirei na sua terra. Farei deles uma só nação na terra, nos montes de Israel, e um só rei será rei de todos eles. Nunca mais serão duas nações, nem se dividirão em dois reinos, de maneira alguma, no futuro* (37.21,22).

Imagens agrícolas também foram usadas para descrever a natureza na época da restauração. Amós falou de um tempo de abundância e segurança que acompanharia a obra da restauração (Am 9.13-15. V. tb. Jl 2.21-26; 3.18).

A restauração da nação não seria completa sem a restauração da cidade de Jerusalém. A cidade que sofreu o castigo de Deus (Is 3.1; 10.12) seria reconstruída, repovoada e renovada. São os profetas, e especialmente Isaías, que ofereceram uma visão clara dessa esperança. Em sua visão do futuro da cidade "nos últimos dias", Isaías falou da proeminência que a cidade teria (Is 2.2) e de seu papel não somente para o povo de Israel, mas também para as nações. Sião seria o destino de muitos porque de Sião sairia a lei e a palavra do Senhor (v. 3). Entre os benefícios desse aprendizado, estava o fato de que muitas pessoas aprenderiam a viver em paz (v. 4). Deus anunciou boas-novas a Sião (40.9), o que incluiu a salvação e o livramento (Is 46.13; Jl 2.32[H3.5]; Ob 1.17) e consolação (Is 51.3; Zc 1.17). Jerusalém não teria que se preocupar porque seu Deus reina e retornará à cidade (Is 52.7,8; 59.20; 62.11; Jl 3.17,21[H4.17,21]; Mq 4.7; Zc 2.10; 8.3). O próprio Deus seria a única proteção de que a cidade precisaria (Zc 2.3-5).

210 O DEUS DE ISRAEL

Tudo isso aconteceria "naquele dia". Após o julgamento, haveria a restauração de Israel (Am 9.11). Nos "últimos dias" Deus restabeleceria a cidade de Jerusalém, recolhendo os que tropeçavam e que haviam sido expulsos (Mq 4.7). O Senhor protegeria a cidade de Jerusalém (Zc 12.3-9). "A sorte" de Judá e Jerusalém seria restaurada, trazendo segurança e prosperidade para a nação (Jl 3.1-21).

Uma nova aliança

A visão para o futuro de Israel estava vinculada à esperança da formação de uma nova aliança. Se um dos motivos pelo julgamento da antiga nação foi sua desobediência à aliança, a esperança oferecida para o futuro da nação estava na formação de uma nova aliança que o povo seria capaz de guardar.

Essa nova aliança foi anunciada principalmente por Jeremias (Jr 31.31-34). O profeta deixou claro que a nova aliança seria diferente da primeira (Jr 31.32). Um dos aspectos seria a "internalização" das leis de Deus: *Porei a minha lei na sua mente e a escreverei no seu coração* (Jr 31.33). Em verdade, esse aspecto não foi novo porque se esperava que as leis da antiga aliança fossem escritas não somente em tábuas de pedra, mas no coração de cada um (Dt 6.6). Tal integração da lei no coração dos indivíduos eliminaria a necessidade de intermediários entre Deus e o povo *porque todos me conhecerão, do mais pobre ao mais rico, diz o Senhor* (Jr 31.34).

Outros profetas anteviram a época quando Deus faria uma coisa nova no meio do povo. Ezequiel profetizou que Deus não somente restauraria a terra e as cidades (Ez 36.8-11), mas também faria uma renovação no interior de cada um:

> *Também vos darei um coração novo e porei um espírito novo dentro de vós; tirarei de vós o coração de pedra e vos darei um coração de carne.*
> *Também porei o meu Espírito dentro de vós e farei com que andeis nos meus estatutos; e obedecereis aos meus mandamentos e os praticareis* (Ez 36.26,27).

A esperança de uma nova base de relacionamento com Deus também foi prevista pelo profeta Joel. Ele falou do dia em que Deus derramaria o seu Espírito *sobre todos os povos* (Jl 2.28[H3.1], *NVI*)[416]. A presença do Espírito daria acesso direto a Deus por meio do povo de Deus.

Tais transformações esperadas "nos últimos dias" implicam a necessidade de uma mudança fundamental no interior do povo de Deus para que participem na comunidade da nova aliança. Atitudes e práticas antigas deixariam de

---

[416] Literalmente "carne" (*basar*, no hebraico).

ser "aceitáveis" no meio do povo. Para se tornar a *geração eleita, sacerdócio real, nação santa, povo de propriedade exclusiva de Deus* (1Pe 2.9), a transformação teria que começar de dentro para fora. Transformações que não passam do exterior não resolveria o problema.

A vinda de um novo rei

De acordo com John Bright, a esperança da chegada da figura chamada "Messias" "tinha suas raízes na fé e na história de Israel".[417] Mesmo que o título "Messias" não apareça no AT,[418] não há como falar do futuro de Israel sem entender que o estabelecimento de um novo reino precisaria de um novo rei.

Várias passagens que tratam da vinda do Messias utilizam linguagem de realeza ou de governo. Desde a promessa de que o *cetro não se afastar*[ia] *de Judá* (Gn 49.10), o elemento "político" fazia parte da esperança. Uma das passagens em que encontramos esse elemento é Miqueias 5.2-5. A figura esperada não viria de uma cidade "nobre", mas de uma pequena aldeia fora de Jerusalém. Desse povoado sairia *aquele que reinará sobre Israel*, e seu governo fazia parte do plano divino desde o início (Mq 5.2).[419] O papel do Messias como um tipo de governador faz parte da descrição do futuro rei em Isaías (Is 9.7).

O AT fala do novo rei como descendente da tribo de Judá e especificamente da família de Jessé e seu filho Davi. A primeira ocorrência do vínculo com Judá se encontra em Gênesis. Na ocasião em que Jacó abençoa cada um de seus filhos, a tribo de Judá recebeu a seguinte bênção: *O cetro não se afastará de Judá, nem o bastão de autoridade, de entre seus pés, até que venha aquele a quem pertence; e os povos obedecerão a ele* (Gn 49.10). Interpretada por muitos como uma profecia messiânica, a passagem apresenta dificuldades, inclusive de natureza textual.[420] Uma das dificuldades é a questão da natureza e interpretação

---

[417] Bright, *Kingdom...*, p. 18.

[418] A palavra traduzida por "Messias" (*mashiah*) na *ARC* em Daniel 9.25,26 é traduzida por "ungido" em outras versões bíblicas. À luz de outras ocasiões em que a palavra *mashiah* aparece no AT, uma interpretação 'messiânica', mesmo possível ou até preferível, não é a única maneira de entender a referência. P. ex., a palavra foi aplicada ao rei Ciro (Is 45.1).

[419] O verbo hebraico traduzido por "governante" na NVI é o particípio no *qal* de *mashal*, que é normalmente traduzido por "reinar" ou "ter domínio". É usado para falar do governo de Salomão (1Rs 5.1; 2Cr 9.26) ou do domínio de Deus sobre a criação (Sl 89.10).

[420] A questão textual diz respeito à tradução e interpretação da palavra "Siló". Modificações da vocalização produzem outras possibilidades. A *ARA* traduziu assim: "até que venha Siló". A *NVI* e a *Almeida 21* traduziram a frase "até que venha aquele a quem ele pertence". A *BJ* ofereceu esta tradução: "até que o tributo lhe seja trazido". As interpretações variam também em ser uma a referência ou a Davi ou ao Messias.

do cetro. A palavra "cetro" (*shebet*) tem uma variedade de usos. Pode se referir a uma vara (Êx 21.20; Lv 27.32), a uma arma (2Sm 23.21; Is 10.15) ou a uma tribo (Js 24.1). Muitas vezes a palavra é usada como metáfora. Em Salmo 23.4 representa os cuidados de Deus, e em Isaías 10.5 é símbolo do poder do império assírio. Em vários momentos é o símbolo da autoridade que tem um governante ou reino (Et 4.11; Is 9.4), do domínio dos ímpios (Sl 125.3) ou de Deus (Sl 45.6). Se entendermos o cetro de Judá como seu domínio, pode ser interpretado como símbolo da autoridade que viria à tribo em algum momento no futuro (Cf. Sl 60.7). Neste caso seria uma visão, mesmo ambígua, do futuro domínio da tribo de Judá, uma visão que parece ter confirmação em Números 24.17-19.

O fato de o rei futuro ser um descendente de Jessé recebeu maior ênfase nos textos que falam do futuro reino. Isaías profetizou que um *ramo brotará do tronco de Jessé, e um renovo frutificará das suas raízes* (Is 11.1). Aquele que ainda estava por vir assentaria sobre o trono de Davi (Is 9.7). A vinda do futuro rei descendente de Jessé proclamado na profecia de Natã se referia ao então rei Davi. Nessa ocasião, o profeta prometeu que a dinastia e o reino de Davi permaneceriam para sempre (2Sm 7.16), uma profecia renovada por Jeremias (Jr 33.17). Esse profeta chamou o governante futuro de *Renovo justo* (Jr 23.5), e no futuro o povo serviria a "Davi, seu rei" (Jr 30.9). Ezequiel falou também da época em que Deus estabeleceria "um só pastor", seu servo Davi, como "príncipe" e "rei" sobre Israel (Ez 34.23,24; 37.24,25).

A linguagem dos profetas indica que o novo rei, mesmo sendo descendente de Davi, seria diferente dos demais reis que se sentaram no trono de Davi, em Jerusalém. A diferença pode ser vista tanto nas qualidades desse rei como em seu reino. Ele governaria *em retidão e em justiça* (Is 9.7) e teria *o espírito de sabedoria, entendimento e conhecimento, e temor do Senhor* (Is 11.2). Por isso, seus juízos não se pautariam pela aparência ou pelo que ouvisse, mas pela retidão (Is 11.3,4). Portanto, entende-se que o novo rei não seria influenciado por posição social nem pelas opiniões que outros dariam, mas suas decisões seriam justas por terem como base a verdadeira justiça. Klaus Koch entendeu que os atributos do novo rei se encaixaram nos títulos atribuídos ao "rei-menino" de Isaías 9. Em seu comentário sobre o ministério de Isaías, o autor viu nas profecias do novo rei um retorno à ênfase profética de anunciar a vinda do rei, não em termos dinásticos, mas como obra "carismática" do Espírito de Deus.[421]

---

[421] Koch, *The Prophets*, p. 135.

A vinda do reino eterno

Não seria um exagero dizer que os hebreus esperavam o estabelecimento de um reinado político nos moldes do antigo reinado de Davi, filho de Salomão. Ao mesmo tempo, podemos concluir que o reino do futuro seria algo diferente do reinado histórico de Davi, mesmo sendo levantado sobre as ruínas desse reino (Am 9.11). Não há retrato mais claro a esse respeito do que o que encontramos no livro de Daniel.

Em duas passagens principais, Daniel fez uma previsão do futuro, pelo menos em termos das mudanças políticas que aconteceriam após a queda do novo império babilônico. Em Daniel 2, o sábio é convidado a interpretar o sonho que o rei Nabucodonosor tivera de uma estátua composta de vários metais e barro. Conforme a interpretação de Daniel, as partes simbolizavam uma sequência histórica e temporal de reinos humanos. No final, a estatura toda seria derrubada por uma *pedra [que] soltou-se do monte, sem auxílio de mãos* (Dn 2.45). Essa pedra simbolizava o estabelecimento de um reino que duraria para sempre (Dn 2.44). Em passagem paralela no capítulo 7, a mesma sequência de reinos é simbolizada por animais que se levantaram de um mar agitado. O último reino seria julgado e destruído para sempre, e Deus estabeleceria um reino eterno (Dn 7.26,27).

O livro de Daniel não descreveu a natureza desse último reino além do fato de ele ser eterno. A interpretação de sua natureza é complicada pelo fato de a visão de Daniel no capítulo 7 incluir elementos apocalípticos. O que podemos dizer com certeza é que tanto o sonho de Nabucodonosor como a visão de Daniel apontam para uma época histórica que não pertence aos eventos descritos no livro. Aliás, podemos dizer com certa segurança que o próprio autor não testemunhou o cumprimento nem do sonho nem da visão em sua própria época histórica. Para a Igreja, essa época coincide com o primeiro advento de Jesus. Ele veio para declarar, entre outras coisas, que "o reino de Deus está próximo".

"O REINO DE DEUS ESTÁ PRÓXIMO"

No início do capítulo, dissemos que a expressão "o reino de Deus" não aparece no AT e, por esse motivo, existe a polêmica de como o tema deve ser tratado. Quando chegamos ao NT, descobrimos que o tema ocupa um lugar importante, especialmente nos Evangelhos. Certamente que, considerando o tratamento do tema no NT, vemos que ele surge de um contexto. Aliás, alguns afirmam exatamente isso. Gentry e Wellum afirmaram: "O pano de

214   O DEUS DE ISRAEL

fundo do início do NT é o AT, que serve de base para seus ensinamentos sobre o reino".[422] John Bright foi ainda mais longe, ao dizer: "a doutrina bíblica do reino de Deus [...] é o tema unificador da Bíblia".[423]

Não vamos discutir aqui a questão do tema central da Bíblia (v. Introdução). O que diremos para concluir este tema do trabalho é que, de todos os temas que fazem parte de uma TAT, o do Deus que reina é um que aponta para além do próprio AT. A vinda desse reino previsto pelos escritores do AT foi anunciado claramente por Jesus: *Completou-se o tempo, e o reino de Deus está próximo. Arrependei-vos e crede no evangelho* (Mc 1.15). Na pessoa de Jesus, o reino se rompeu no mundo.[424]

A chegada do reino anunciada pela pregação de Jesus e dos evangelistas mostrou evidências de suas raízes nas antigas alianças estabelecidas entre Deus e Israel, especialmente a do deserto do Sinai. Na aliança do Sinai vemos que Deus convida pessoas a que participem da aliança a fim de formar uma "nação santa", separada e santificada (Êx 19.6). Os escritores do NT entenderam também que um dos aspectos da nova aliança foi o chamado de pessoas para participarem de um novo povo que Deus estava convocando. Falando aos fariseus que imaginavam já fazer parte do reino, Jesus anunciou: *Os sãos não precisam de médico, mas sim os doentes; eu não vim chamar os justos ao arrependimento, mas os pecadores* (Lc 5.31,32). Quando Pedro escreveu aos cristãos "peregrinos", disse: *Mas vós sois geração eleita, sacerdócio real, nação santa, povo de propriedade exclusiva de Deus, para que anuncieis as grandezas daquele que vos chamou das trevas para sua maravilhosa luz* (1Pe 2.9). A entrada no reino começa com o chamado de participar na comunidade que o próprio Deus forma e é confirmada pela obediência daqueles que aceitam o convite:

> *Agora, portanto, se ouvirdes atentamente a minha voz e guardardes a minha aliança, sereis minha propriedade exclusiva dentre todos os povos, porque toda a terra é minha* (Êx 19.5).

> *O reino, o domínio e a grandeza dos reinos debaixo de todo o céu serão dados à multidão dos santos do altíssimo. O seu reino será um reino eterno, e todos os domínios o servirão e lhe obedecerão* (Dn 7.27).

---

[422] GENTRY; WELLUM, *Kingdom Through Covenant*, p. 595 (tradução nossa).

[423] BRIGHT, *Kingdom ...*, p. 244. GOLDSWORTHY sugeriu que o tema "o reino de Deus" pode ser usado como matriz hermenêutica de toda a Bíblia. V. The Kingdom of God as Hermeneutic Grid, *Southern Baptist Journal of Theology*, ano 12, 2008, p. 4-15. Tratamento extensivo sobre a questão do vínculo entre o reino e as alianças foi feito por GENTRY, Peter J.; WELLUM, Stephen J. *Kingdom through Covenant: A Biblical-Theological Understanding of the Covenants*. Wheaton: Crossway, 2012.

[424] Ibid., p. 216.

O DEUS QUE REINA **215**

> *Pois assim vos será amplamente concedida a entrada no reino eterno do nosso Senhor e Salvador Jesus Cristo. Por essa razão, estarei sempre pronto para vos lembrar essas coisas, mesmo que já tenhais conhecimento delas e estejais firmados na verdade que já está convosco* (2Pe 1.10,11).

O anúncio da chegada do reino em Jesus Cristo apontou também para a promessa de que a realização completa do reino ainda está por vir. Nem Israel nem a Igreja podem ser identificados com o reino prometido; e está claro que os escritores bíblicos, tanto do AT como do NT, não chegaram a essa conclusão. Os profetas e a nação de Israel esperavam a chegada do grande Dia do SENHOR em que Deus daria fim à salvação e ao julgamento previsto.

Com a vinda de Jesus, a promessa do reino foi cumprida pelo menos de forma representativa.[425] Na base de um cumprimento "parcial", o próprio Jesus anunciou que Deus agiria na história humana de forma que completasse a vinda do reino que seu nascimento havia dado início. O NT afirmou a realidade do reino de um modo que não cabia ao AT, mas também dirigiu o foco para a época quando tudo se cumpriria. Assim como o povo de Israel vivia na esperança de um cumprimento futuro, a Igreja vive a tensão do cumprimento representativo já realizado e a promessa do cumprimento pleno no segundo advento, *aguardando a bendita esperança e o aparecimento da glória do nosso grande Deus e Salvador, Cristo Jesus* (Tt 2.13).

---

[425] GOLDSWORTHY, *The Kingdom of God...*, p. 14.

11.

O DEUS QUE AMA E JULGA

> Nos Livros de Moisés encontrei um Deus diferente daquele DEUS que
> Jesus nos descreveu; Moisés descreve um Deus rancoroso e vingativo,
> exigente e vaidoso, intransigente e egocêntrico, parcial e arbitrário.
>
> YURI RODRIGUES[426]

> *Com amor eterno te amei; por isso, com fidelidade te atraí.*
>
> JEREMIAS 31.3

> *Ele mesmo julga o mundo com justiça;*
> *governa os povos com retidão.*
>
> SALMO 9.8

É comum ouvir, pelo menos entre pessoas que não têm conhecimento profundo da Bíblia, que as Escrituras cristãs se contradizem quando falam da natureza de Deus. Em termos gerais, a ideia que é sugerida é que o Deus e Pai do nosso Senhor Jesus não pode ser o mesmo Deus que se encontra nas páginas do AT, porque no AT encontramos um Deus "rancoroso e vingativo, exigente e vaidoso, intransigente e egocêntrico, parcial e arbitrário", ao passo que no NT encontramos um Deus que é exatamente o oposto.

Até certo ponto, é possível entender de onde vem essa ideia. Os problemas surgem quando os leitores tentam dar sentido às declarações sobre o amor de Deus no NT e às narrativas do AT que relatam guerras feitas em nome de Deus. O leitor cuidadoso do AT não pode deixar de notar quantas vezes os escritores falaram do amor de Deus e as maneiras pelas quais seu amor foi

---

[426] Disponível em: <http://www.espirito.org.br/portal/artigos/geae/a-concepcao-de-deus.html>. Acesso em: 18 out. 2011.

218 O DEUS DE ISRAEL

demonstrado. O mais notável é que seu amor é demonstrado por suas ações. O título de um livro devocional acertou bem essa ideia: *Amor é um verbo.*[427]

O que muitas pessoas não entendem bem sobre a questão do amor, pelo menos do ponto de vista bíblico, é que amar também significa disciplinar. Às vezes, a disciplina inclui o castigo:

> *Ele vos fez ouvir a sua voz do céu para vos instruir e vos mostrou seu grande fogo sobre a terra, do meio do qual ouvistes suas palavras. Porque amou vossos pais, não somente escolheu a descendência deles, mas também vos tirou do Egito com sua presença e com sua grande força* (Dt 4.36,37).

O sábio entendeu bem a conexão entre o amor de Deus e a disciplina e correção que esse amor exigiu quando escreveu: "Meu filho, não rejeites a disciplina do Senhor, nem te canses da sua repreensão; porque o Senhor repreende a quem ama, assim como o pai repreende o filho a quem quer bem" (Pv 3.11,12).

Neste capítulo, queremos mostrar que o Deus de que os escritores do AT escreveram é um Deus que ama e julga, e não há incoerência entre seu amor e julgamento.[428] Aliás, quem ama, disciplina. Comecemos pela terminologia.

A TERMINOLOGIA DO AMOR NO AT

O AT fala de amor de diversas maneiras, usando uma variedade de palavras. Para entender melhor a natureza do amor como expressa no AT, é necessário entender o vocabulário. Comecemos pela palavra que pode ser considerada a palavra "genérica" de amor, *'ahab.*

A palavra *'ahab* e seus derivados aparecem de várias formas e em vários contextos no AT. As primeiras ocorrências da palavra se acham no livro de Gênesis e sempre se referem à preferência de alguém por alguma coisa ou pessoa. Por exemplo, para enganar Isaque a fim de que Jacó recebesse sua bênção, Rebeca preparou a comida que Isaque apreciava (Gn 27.4). Rebeca participou no engano porque ela "amava" Jacó, isto é, ela preferia Jacó a Esaú (Gn 25.28). Às vezes a palavra *'ahab* pode estar carregada de sentimento emotivo. Por exemplo, em Gênesis 24.67 Isaque casou-se com Rebeca porque "ele a amou". No contexto, o amor de Isaque para com Rebeca implicou um sentimento emotivo por parte dele. Em Gênesis 22.2, Deus provou a fé de Abraão, pedindo o sacrifício de seu filho Isaque, a quem ele amava.

---

[427] CHAPMAN, Gary. *Amor é um verbo.* Trad. Emirson Justino. São Paulo: Mundo Cristão, 2009.

[428] GILCHRIST, *yasar.* In: *DITAT,* p. 632-633.

Quando se refere ao relacionamento entre pessoas, o aspecto emotivo de *'ahab* pode implicar o compromisso que existe entre duas pessoas, especialmente por parte da pessoa que ama. Em Êxodo 21.5, depois de servir a seu senhor por sete anos, o servo podia decidir permanecer com seu senhor por amor a sua família. Esse elemento de compromisso pode ser visto ainda melhor quando se fala do amor de Israel para com Deus. Em Êxodo 20.6, o Senhor mostraria misericórdia (*hesed*) para com aqueles que o amavam e guardavam seus mandamentos. Descreve o amor que os israelitas deveriam mostrar para com seu próximo quando aceitaram as condições da aliança (Lv 19.18). Expressões de amor preferencial de pessoas para com *Deus* se encontram em várias referências em Salmos. Em Salmo 4.2[H3] Deus mostra desdém por aqueles que têm preferência por coisas vãs e mentiras, mas aqueles que amam a casa do Senhor odeiam a companhia de ímpios (Sl 26.5-8). Da mesma forma, aqueles que amam o Senhor detestam o mal (Sl 97.10). O amor preferencial implícito nestas e outras referências[429] implica um tipo de compromisso entre duas pessoas. Pode ser um laço de amizade, como no caso da amizade entre Davi e Jônatas (1Sm 20.17), um acordo comercial, como no caso de Salomão e Hirão (1Rs 5.1[H15]), ou o compromisso que deve existir entre o fiel e o Senhor no contexto da aliança (Sl 119.167).

É comum encontrar o verbo *'ahab* e seus derivados em relação a palavras que falam de justiça, Jerusalém e até mesmo de quem Deus corrige. O salmista declarou: *Porque o Senhor é justo; ele ama a justiça. Os que são retos verão o seu rosto* (Sl 11.7). Uma vez que a palavra do Senhor é reta; e todas as suas obras são fiéis, *ele ama a retidão e a justiça* (Sl 33.4,5). O profeta refletiu a mesma verdade: *Pois eu, o Senhor, amo o juízo* (Is 61.8). Deus amou a cidade de Jerusalém porque a escolheu como lugar onde seu templo seria edificado (Sl 78.68; 87.2). Ele ama até mesmo quem ele repreende (Pv 3.12).

Outra palavra que trata do amor é *hesed*. É difícil estabelecer uma única tradução para essa palavra. Edmund Jacob observou que a palavra *hesed* não tem equivalência exata em línguas modernas.[430] As sugestões dadas na literatura moderna incluem "amor leal", "amor fiel", "lealdade", "bondade", "benignidade", "mercê" e "misericórdia".[431] À luz dessas traduções, podemos concluir que, em termos gerais, *hesed* expressa dois aspectos principais: lealdade e misericórdia.

---

[429] V., p. ex., 1Samuel 1.5; 16.21; 18.16, 20, entre outras.

[430] Jacob, *Théologie...*, p. 82.

[431] V. lista de Harris, *hsd*. In: *DITAT*, p. 499.

A palavra *hesed* é usada em uma variedade de contextos e situações sociais e religiosos.[432] Às vezes, *hesed* descreve uma demonstração mútua de bondade entre duas pessoas. Quando estava na prisão, José fez amizade com o copeiro do faraó que também estava na prisão. José interpretou o sonho do copeiro e pediu que, ao sair ele dali, lembrasse de José, mostrando "compaixão" (*hesed*) dele (Gn 40.14). José faz esse pedido porque tinha interpretado o sonho do copeiro. Durante o reinado de Davi, o rei de Amom morreu, e o seu filho, Hanum, reinou em seu lugar. Davi declarou que, como o pai de Hanum demonstrara "bondade" (*hesed*) para com ele, Davi faria a mesma coisa para com Hanum (2Sm 10.2). Robin Routledge afirmou que a mutualidade é característica de uma demonstração de *hesed* no AT. Assim, quem recebeu *hesed* tem a obrigação social de mostrar *hesed*.[433] Falaremos mais sobre esse conceito no contexto do AT posteriormente.

Além das palavras *'ahab* e *hesed*, o AT tem palavras que expressam compaixão, misericórdia e graça.[434] O verbo *raham*, muitas vezes traduzido por "amar" (Sl 18.1[H2]), expressa o amor que existe em um pai (Sl 103.13) ou em uma mãe para com seu filho (Is 49.15). Expressa a compaixão ou a misericórdia de um pai ou uma mãe para com seu filho, com quem tem grande amor. A graça que Deus pode mostrar a indivíduos e nações normalmente é expressa pela palavra *hen*. Traduzida em português pelas palavras "favor" ou "graça", refere-se principalmente ao favor de Deus. Às vezes o *hen* de Deus foi concedido em resposta a um pedido por parte de alguém. Quando o anjo do Senhor apareceu na casa de Abraão, este pediu que o anjo permanecesse caso tivesse achado graça aos olhos de Deus (Gn 18.3). Moisés pediu que o Senhor mostrasse seus caminhos se tivesse achado o favor de Deus (Êx 33.13). Como ação de Deus, Provérbios 3.34 diz: *Ele zomba dos zombadores, mas concede graça [hen] aos humildes*.

HESED COMO EXPRESSÃO DO AMOR DO SENHOR

De todas as palavras usadas pelos escritores do AT, não há palavra que melhor descreva a qualidade do amor de Deus do que *hesed*. Como tema de vários

---

[432] O estudo de Nelson Glueck, *Das Wort Hesed im alttestamentlichen Sprachgebrauche als menschliche Verhaltungsweise in profaner und religiöser Bedeutung* (Jena, 1927) normalmente é citado como a primeira obra moderna que investiga a palavra *hesed* nos vários contextos do AT. Referências à obra de Glueck são feitas na edição em inglês *Hesed in the Bible*. Trad. Alfred Gottschalk (Philadelphia: Hebrew Union College, 1967) e reeditada por Wipf & Stock, s.d. Estudos mais recentes incluem Katharine Doob Sakenfeld, *The Meaning of Hesed in the Hebrew Bible: A New Inquiry* (Eugene, OR: Wipf & Stock, 1978) e Gordon R. Clark, *The Word Hesed in the Hebrew Bible* (Sheffield: JSOT, 1993).

[433] Routledge, *Hesed as Obligation: A Re-examination*, p. 181.

[434] Merrill introduziu algumas dessas palavras em *Teologia*, p. 74-79.

estudos acadêmicos,[435] essa palavra ocupa um lugar essencial em qualquer discussão teológica sobre o amor de Deus. Em razão da importância que é geralmente atribuída à obra seminal de Glueck, vamos resumir aqui os pontos principais da pesquisa desse autor.

Glueck identificou dois usos principais da palavra *hesed* no AT, como conduta humana e divina.[436] Como conduta humana, o autor identificou exemplos que chamou "seculares" e "religiosos". No caso de conduta secular, exemplos de *hesed* podem ser vistos nos vários relacionamentos que as pessoas mantinham em sociedade, relacionamentos entre tribos, hóspedes e visitas, amigos, marido e esposa. Glueck concluiu que as demonstrações de *hesed* nos relacionamentos seculares baseavam-se em obrigação mútua que os dois lados mantinham entre si.[437] Nesses casos, o *hesed* que uma pessoa ou grupo recebeu foi retribuído pelo receptor como fator cultural. Por exemplo, durante a época dos juízes, quando se preparavam para lutar contra a cidade de Betel, os espias hebreus encontraram um homem que saía da cidade e optaram por demonstrar "benevolência" (*hesed*) para com ele se este lhes mostrasse a entrada da cidade (Jz 1.24). A oferta de *hesed* foi entendida como obrigação por parte dos espias em troca da ajuda que o homem lhes daria.[438] Outro exemplo de *hesed* como obrigação "religiosa" pode ser visto na declaração de Oseias de que Deus tinha uma "contenda" com o povo porque, como participante na aliança, este não demonstrara fidelidade (*emeth*), amor (*hesed*), ou conhecimento (*da'at*) de Deus, obrigações que o Senhor esperava à luz do compromisso que o povo firmara com ele. Na opinião de Glueck, Israel acabou não cumprindo as condições estabelecidas pelo pacto.[439]

São as demonstrações de *hesed* por parte de Deus que compõem o ponto focal desta parte do trabalho. Trata-se de muitas e se encontram em vários contextos, desde a procura por uma esposa (Gn 24.12) até declarações quase "litúrgicas" (Êx 34.6,7). A variedade dos significados implica, entre outras coisas, a magnitude das expressões de *hesed* por Deus. O *hesed* pode ser entendido como seu favor mostrado ao indivíduo que pediu algo de Deus. Na viagem à terra de Labão para encontrar uma mulher que podia ser a esposa de Isaque, o servo de Abraão pediu que Deus fosse "bondoso" (*hesed*)

---

[435] V., p. ex., Glueck, Sakenfeld e Clark, op. cit.

[436] Glueck, p. v-vi. Sakenfeld seguiu as mesmas divisões de Glueck (Sakenfeld, p. v-vi).

[437] Ibid., p. 38-55.

[438] Ibid., p. 53.

[439] Ibid., p. 56-59.

222   O DEUS DE ISRAEL

para com ele, dando-lhe êxito em sua viagem. Ao encontrar Rebeca e a casa de Labão, declarou: *Bendito seja o* Senhor, *Deus de meu senhor Abraão, que não retirou do meu senhor a sua bondade [hesed] e a sua fidelidade* (Gn 24.27). Glueck entendia a demonstração desse sentimento por parte de Deus como o resultado das obrigações que Deus tinha para com Abraão por causa da aliança. A seguir, vamos examinar vários aspectos do amor de Deus, especialmente quanto a *'ahab* e *hesed*.

A NATUREZA DO AMOR DE DEUS NO AT

O amor de Deus no AT é muito mais que um sentimento ou emoção. Seu amor é sempre demonstrado de maneiras práticas que visavam beneficiar a criação, mesmo nos momentos em que ele corrigiu seu povo. É sempre "amor em ação". Investigaremos vários contextos em que aparecem as palavras-chave. À luz dos contextos em que essas palavras foram usadas, será possível verificar algo do caráter de Deus e a natureza de seu relacionamento com o povo escolhido.

"Deus misericordioso e compassivo": sua natureza amorosa

Os escritores do AT declararam que amar faz parte da própria natureza de JAVÉ. Sua natureza amorosa foi demonstrada em palavras, mas principalmente por suas ações históricas. Talvez a ação mais importante seja a disponibilidade demonstrada em perdoar os pecados do povo como resultado de seu *hesed*. Exemplos do vínculo entre o *hesed* de Deus e seu perdão podem ser vistos nas "fórmulas litúrgicas" que se encontram em vários momentos na história de Israel.[440] Um exemplo é Êxodo 34.6,7. Nessa passagem, Moisés estava novamente no monte Sinai para receber a segunda cópia dos Dez Mandamentos e pediu que o Senhor mostrasse sua glória. Quando o Senhor passou por Moisés, ele mesmo disse:

> Senhor, Senhor, *Deus misericordioso e compassivo, tardio em irar-se e cheio de bondade [hesed] e de fidelidade [emeth]; que usa de bondade com milhares; que perdoa a maldade, a transgressão e o pecado* (Êx 34.6,7a).

Deus mesmo se descreveu como compassivo, misericordioso, paciente, além de ser *cheio de bondade e de fidelidade*. A demonstração clara dessas características foi sua vontade em perdoar *a maldade, a transgressão e o pecado*.

---

[440] Outras referências "não históricas" estão em Salmos 86.5,15; 103.8.

O mesmo tratamento é encontrado no livro de Números. Na ocasião da rebelião do povo contra a ordem de entrar na terra de Canaã para possuí-la, Deus ameaçou destruir a recém-formada nação e começar de novo com Moisés. Ao ouvir isso, Moisés intercedeu pelo povo diante de Deus, apelando por sua paciência e fidelidade (*hesed*):

> O Senhor *é tardio em irar-se e grande em misericórdia; perdoa a culpa e a transgressão; ao culpado não considera inocente, mas castiga a culpa dos pais nos filhos até a terceira e a quarta geração. Rogo-te que perdoes o pecado deste povo, segundo a tua grande misericórdia, como tens perdoado desde o Egito até aqui. E o* Senhor *lhe disse: Por causa da tua palavra, eu o perdoo* (Nm 14.18-20).

Outro trecho em que aparece um tipo de "fórmula" está no livro de Neemias. Durante o período de restauração após o exílio, o povo se reuniu em Jerusalém para ouvir a leitura da Lei de Moisés por Esdras (Ne 8). Os levitas tomaram posições de liderança num culto de arrependimento e confissão e guiaram a assembleia numa "liturgia" de confissão que incluiu a recitação histórica dos eventos principais por meio dos quais Deus operara durante essa história, começando pela criação (9.5-38). Em meio à recitação, os levitas repetiram a "fórmula litúrgica" que fala do amor e da fidelidade de Deus:

> [...] *recusando-se a te ouvir e não se lembrando das maravilhas que fizeste entre eles. Em vez disso, tornaram-se obstinados e, na sua rebeldia, escolheram um líder, a fim de voltarem para a sua escravidão. Tu, porém, és um Deus pronto para perdoar, bondoso e misericordioso, muito paciente e cheio de amor, e não os abandonaste.*
> *Mesmo quando fundiram para si um ídolo em forma de bezerro e disseram: Este é o teu Deus, que te tirou do Egito, e, quando cometeram grandes blasfêmias,*
> *tu não os abandonaste no deserto por causa da tua grande compaixão. De dia, a coluna de nuvem não deixou de guiá-los pelo caminho, nem, de noite, a coluna de fogo deixou de iluminar o caminho em que deveriam andar* (Ne 9.17-19).

Um dos elementos notáveis nessa declaração é que Deus demonstra seu amor e compaixão não abandonando o povo, mas mantendo seu compromisso com a aliança mesmo quando o povo não cumpre a parte que lhe cabe.

Tudo isso mostra que no AT o Senhor era considerado fiel à aliança e misericordioso (Ne 1.5). Seu amor foi o motivo da escolha dessa nação, que seria infiel de incontáveis maneiras. Consideremos agora o amor de Deus como amor eletivo.

"Quando Israel era menino, eu o amei": o amor eletivo

O amor de Deus no AT nunca é visto sobretudo como sentimento, mas sempre é demonstrado por meio de ações específicas por parte de Deus. Uma das ações mais nítidas dessa demonstração foi a escolha de Israel entre as demais nações da terra para ser seu povo particular.

Uma das declarações mais claras do amor (*'ahab*) de Deus para com Israel encontra-se em Oseias 11.1: *Quando Israel era menino, eu o amei, e do Egito chamei o meu filho.* Hans Walter Wolff entendeu essa declaração da seguinte maneira: "O primeiro evento na vida da jovem nação de Israel que merece ser relatado é que o Senhor a ama". [441] A referência não somente demonstra a realização desse amor, tirando o povo do Egito, mas também caracteriza como familiar o relacionamento entre Deus e o povo. Israel é o "filho" de Deus.[442] A palavra traduzida por "filho" pode referir-se a um infante, mas, nesse contexto, provavelmente indica que, do ponto de vista do profeta, Israel podia ser comparado a uma criança que dependia dos pais para orientação e proteção.[443] Referências ao vínculo familiar entre Deus e Israel foram mantidas ao longo da passagem.

O profeta relembrou o povo de que, apesar da obstinação e rebelião deste, Deus o acompanhara, agindo como "pai":

> *Porém eu ensinei Efraim a andar; eu o carreguei nos braços; mas eles não entendiam que era eu quem os curava. Eu os atraí com cordas humanas, com laços de amor; fui aquele que lhes tirou o jugo do pescoço, e me inclinei para alimentá-los* (Os 11.3,4).

Usando uma linguagem familiar, também falou do período quando o povo começara a caminhar com o Senhor. Como pai terno, tinha ensinado o "filho" a andar, carregando o "filho" nos braços quando necessário. A linguagem de ternura continua, apesar das referências a juízo que o povo sofrera (11.6). Até a disciplina que Deus aplicara era entendida como demonstração desse amor.

O tema do amor eletivo de Deus por Israel também recebeu destaque no livro de Deuteronômio. Nessas referências, a ênfase está no critério de

---

[441] Wolff, Hans Walter. *Hosea. A Commentary on the Book of the Prophet Hosea.* Gary Stansell. Philadelphia: Fortress, 1974. p. 197.

[442] Ibid., p. 203.

[443] A palavra hebraica *na'ar* possui um campo semântico amplo. Em Êxodo 2.6, refere-se a Moisés como infante, em 1Samuel 3.1 é usada para falar do menino Samuel, e em 1Reis 3.7 ao jovem rei Salomão. O significado não pode ser determinado aqui com precisão, mas provavelmente o profeta quisesse destacar a dependência de Israel de JAVÉ. V. tb. o comentário de Wolff, op. cit., p. 197.

escolha do povo. O Senhor amou Israel e o escolheu não por ter ele algum mérito, mas simplesmente porque era seu desejo:

> Entretanto, o Senhor se afeiçoou a teus pais e os amou; e escolheu a descendência deles, isto é, a vós, dentre todos os povos, como hoje se vê (Dt 10.15).

> Porque amou vossos pais, não somente escolheu a descendência deles, mas também vos tirou do Egito com sua presença e com sua grande força; para expulsar de diante de vós nações maiores e mais poderosas, para ali vos levar e dar por herança a terra delas, como se vê neste dia (Dt 4.37,38).

Nessa declaração de Oseias, o escritor fala do vínculo entre o amor de Deus e as demonstrações práticas desse amor. Deus amara e escolhera esse povo assim "como se vê neste dia", isto é, como havia ficado demonstrado na vida do povo. O amor aos antepassados e a escolha de seus descendentes fizeram Deus tirá-lo do Egito e conduzi-lo a uma nova terra, expulsando dali seus habitantes, tudo por sua "grande força". À luz de tudo que Deus fizera em favor de Israel e como resposta às demonstrações desse amor, Israel tinha uma obrigação para com Deus: *Por isso, hoje deveis saber e considerar no coração que só o Senhor é Deus, em cima no céu e embaixo na terra; não há nenhum outro* (Dt 4.39).

"Que guarda a aliança e a misericórdia": o amor pactual

Às vezes, as palavras "fidelidade" (*hesed*) e "aliança" (*berit*) aparecem na mesma frase e, em algumas passagens, em paralelo. Vistos em conjunto, a aliança e o amor fiel de Deus podem ser considerados os dois lados da mesma moeda. Ao mencionar a aliança que Deus fizera com Davi, o salmista disse: *Eu o conservarei para sempre no meu amor [hesed], e minha aliança [berit] com ele permanecerá firme* (Sl 89.28 29]). Em outro momento o profeta reconheceu o vínculo entre *hesed* e *berit* quando falou da época em que Deus restauraria a condição favorável de Israel. Em um impulso de indignação, Deus "esconde o rosto" do povo, mas por causa de sua bondade mostraria novamente sua compaixão:

> Pois as montanhas se retirarão, e os montes serão removidos; mas o meu amor não se afastará de ti, nem a minha aliança de paz será removida, diz o Senhor, que se compadece de ti (Is 54.10).

A renovação viria porque Deus guardaria a aliança. Se a escolha de Israel baseou-se no amor eletivo (*'ahab*) de Deus, a manutenção da aliança que Deus fez com Israel dependia do *hesed*. Entendido dessa forma, é possível dizer que o *hesed* foi a obrigação que Deus assumiu quando estabeleceu a aliança com Israel. Glueck chamou esse aspecto de "obrigação pactual"[444] e achou referências a essa obrigação em várias passagens. Por exemplo, ao proclamar a vontade de Deus em perdoar a iniquidade do povo, Miqueias disse:

> *Quem é Deus semelhante a ti, que perdoas a maldade e te esqueces da transgressão do remanescente da tua herança? O SENHOR não retém a sua ira para sempre, porque ele tem prazer na misericórdia. Tornará a ter compaixão de nós; pisará as nossas maldades. Tu lançarás todos os nossos pecados nas profundezas do mar. Mostrarás a fidelidade a Jacó e o amor a Abraão, conforme juraste a nossos pais desde os dias antigos* (7.18-20).

Sobre essa passagem e a "obrigação pactual" assumida por Deus, Glueck comentou: "O relacionamento criado pelo juramento de Deus exigiu a prática de *hesed* e '*emeth*".[445] O SENHOR não somente perdoaria as transgressões porque tinha prazer em mostrar amor, como também suas ações tinham como base sua obrigação pactual assumida com Israel. Outros autores afirmaram a fidelidade de Deus às obrigações da aliança:

> *Saberás que o SENHOR, teu Deus, é que é Deus, o Deus fiel, que guarda a aliança e a misericórdia por até mil gerações para com os que o amam e obedecem aos seus mandamentos* (Dt 7.9).

> *Ó SENHOR, Deus de Israel, não há Deus como tu, em cima no céu nem embaixo na terra, que guardas a aliança fiel para com os teus servos que de todo coração andam na tua presença* (1Rs 8.23).

> *Mas agora, ó nosso Deus, Deus grande, poderoso e temível, fiel à tua aliança e misericordioso, não faças pouco de todo o sofrimento que se abateu sobre nós, nossos reis, nossos príncipes, nossos sacerdotes, nossos profetas, nossos pais e sobre todo o teu povo, desde os dias dos reis da Assíria até o dia de hoje* (Ne 9.32).

"Com amor eterno te amei": o amor eterno de Deus

Uma vez que o SENHOR é um Deus eterno, suas características permanecem para sempre, inclusive seu amor. O profeta Oseias descobriu algo importante sobre a natureza do amor eterno do SENHOR na experiência amarga de seu casamento. Casou-se com uma "mulher adúltera" que o abandonou. Como maneira de demonstrar a profundidade de seu amor por Israel, Deus mandou o profeta receber de volta a esposa infiel:

---

[444] V. GLUECK, *Hesed in the Bible*, p. 87.

[445] Ibid., p. 73.

O Senhor me disse: Vai outra vez, ama aquela mulher amada por outro e adúltera, como o Senhor ama os israelitas, embora eles se desviem atrás de outros deuses e amem uvas-passas (Os 3.1).

A lição que o profeta aprendeu era clara. Ele deveria amar sua esposa com o mesmo tipo de amor que Deus tinha para com seu povo, apesar de sua infidelidade. Aliás, foi assim que Deus amou Israel. Wolff resumiu a lição que o profeta aprendeu, ao expressar: "O amor de Deus é um amor imerecido".[446]

A natureza eterna desse amor foi expressa de maneira singular pelo profeta Jeremias em uma declaração ao povo levado para o exílio:

Naquele tempo, diz o Senhor, serei o Deus de todas as famílias de Israel, e eles serão o meu povo. Assim diz o Senhor: O povo de Israel, que escapou da espada, encontrou favor no deserto, quando buscava descanso. Numa terra distante, o Senhor lhe apareceu, dizendo: Com amor eterno te amei; por isso, com fidelidade te atraí. Eu te reconstruirei, e serás reconstruída, ó virgem de Israel! De novo serás adornada e com teus tamborins sairás dançando com os que se alegram. Ainda plantarás vinhas nos montes de Samaria; os que as plantarem colherão os frutos. Pois haverá um dia em que os vigias gritarão nos montes de Efraim: Levantai-vos, e subamos a Sião, ao Senhor, nosso Deus (Jr 31.1-6).

Em vários momentos de sua história, Israel não foi fiel a sua parte da aliança. Em tais ocasiões, Deus submeteu o povo a uma disciplina. Ele escondeu o rosto do povo (Is 54.8) e retirou sua paz, seu amor leal (*hesed*) e sua compaixão (Jr 16.5). Quando o povo se rebelou contra Deus, sofrendo a disciplina, pediu a Deus que voltasse para restaurá-lo, mostrando-lhe novamente seu amor e salvação (Sl 85.1-7[H1-8]). Por causa de seu compromisso com o povo estabelecido pela aliança, o Senhor mantinha seu amor, *hesed*. Sua obrigação para com Israel foi considerada uma obrigação semelhante ao "contrato" conjugal: *Eu me casarei com você para sempre; eu me casarei com você com justiça e retidão, com amor [hesed] e compaixão. Eu me casarei com você com fidelidade, e você reconhecerá o Senhor* (Os 2.19,20[H20,21], NVI). Apesar da indignação momentânea do Senhor, ele receberia de volta o povo desviado por causa de seu amor eterno: *Por um breve momento te deixei, mas te trarei de volta com grande compaixão* (Is 54.7). Nem a desobediência que levou à destruição de Jerusalém nem o templo foram suficientes para que Deus se esquecesse de seu *hesed: Graças ao grande amor [hesed] do Senhor é que não somos consumidos, pois as suas misericórdias são inesgotáveis. Renovam-se cada manhã; grande é a sua fidelidade!* (Lm 3.22,23, NVI).

---

[446] Wolff, *Hosea*, p. 60.

O DEUS QUE JULGA

Afirmar que o SENHOR é um Deus de amor não significa dizer que não é, ao mesmo tempo, um Deus justo que executa juízo em toda a terra. Ele é justo porque julga com retidão e justiça. Os escritores do AT entenderam que o SENHOR sempre faria o que era reto porque era justo em todos os juízos. O salmista declarou: *O SENHOR reina para sempre; estabeleceu o seu trono para julgar. Ele mesmo julga o mundo com justiça; governa os povos com retidão* (Sl 9.7,8[H8,9], *NVI*).

Nesse salmo, as palavras traduzidas por "julgar" e "justiça" são *shapat* e *tsedeq*, respectivamente. O verbo *shapat* e o substantivo derivado do verbo, *mishpat*, muitas vezes se encontram com *tsadeq*, "ser justo", e *tsedeq*, "justiça", e foram usados em conjunto para descrever a natureza dos julgamentos de Deus. Em seu sentido básico, *shapat* quer dizer "julgar", ou "governar" no sentido de "agir como governante". Foi nesse sentido que a palavra foi usada para falar da responsabilidade de Moisés como "juiz" durante o êxodo (Êx 18.13). Como juiz, Moisés tinha a responsabilidade de tomar decisões e resolver questões entre membros da comunidade (Êx 18.16). É a raiz da palavra "juízes" cujos ministérios incluíram a responsabilidade de agir como governantes.

De qualquer governante sempre se esperou que cumprisse sua responsabilidade com *tsedeq*, "justiça", tomando decisões corretas. A palavra *tsadeq* e seus derivados significam conformidade a uma norma ética ou moral.[447] Quando se referem às ações de Deus, implicam que Deus é justo porque sempre toma decisões conforme o que ele estabeleceu como norma. Por isso, Deuteronômio declara: *Ele é a Rocha! Suas obras são perfeitas, porque todos os seus caminhos são justos* [mishpat]. *Deus é fiel, e nele não há pecado; ele é justo* [tsaddiq] *e reto* (Dt 32.4).

Por ser um Deus justo, os escritores do AT entenderam que, quando a ira de Deus vem sobre os desobedientes, especialmente sobre seu povo, suas ações ainda assim são justas: *Deus é um juiz justo, um Deus que manifesta indignação todos os dias* (Sl 7.11[H12]). As palavras normalmente usadas para expressar a ira e a indignação de Deus são e *za'am*, respectivamente. A palavra '*ap*, que literalmente quer dizer "nariz", expressa a ira de homens e Deus. O termo *za'am* expressa uma ira intensa e inclui a atividade que essa ira gera.[448] Às vezes as duas palavras aparecem na mesma expressão, como em Salmo 69.24[H25]:

---

[447] V. discussão de STIGERS, tsadeq. In: *DITAT*, p. 1261-1266.

[448] WOOD, *za'am*. In: *DITAT*, p. 400.

Derrama tua indignação [za'am] sobre eles, e que o ardor da tua ira ['ap] os alcance. O AT fala dos juízos e julgamentos feitos por Deus de várias maneiras. Vamos considerar aqui somente alguns dos mais importantes.

"Julgará as nações": a universalidade do julgamento

O salmista declarou: *Ele é o Senhor, nosso Deus; seus juízos [mishpat] estão em toda a terra* (Sl 105.7). O cronista afirmou a mesma posição: *Ele é o Senhor, nosso Deus; os seus atos de juízo estão em toda a terra* (1Cr 16.14). Como "o juiz de toda a terra" (Gn 18.25), as decisões que Deus toma não faz acepção de pessoas. Tanto Israel como as nações pagãs vizinhas eram responsáveis diante de Deus e lhes cabia receber a consequência do juízo divino sobre suas atitudes. Quando as nações violaram as normas estabelecidas por Deus, um clamor foi levantado: *Levanta-te, ó Deus, julga a terra, pois todas as nações te pertencem* (Sl 82.8, *NVI*).

Os profetas entenderam o aspecto do juízo de Deus de maneira clara. Amós lançou fortes condenações contra as nações vizinhas pelas várias transgressões que haviam cometido (Am 1.3—2.4). Consideremos a profecia contra a Síria:

> *Assim diz o Senhor: Pelas três transgressões de Damasco, sim, e pela quarta, não retirarei o castigo; pois trilharam Gileade com trilhos de ferro. Por isso atearei fogo à casa de Hazael, e ele destruirá os palácios de Ben-Hadade* (Am 1.3,4).

Em cada instante, o profeta acusou a nação de um crime "contra a humanidade". No caso da Síria, sua transgressão foi trilhar Gileade com trilhos de ferro. Evidentemente os (soldados) sírios fizeram uma demonstração de crueldade que ultrapassara os limites de comportamento humano.[449] Por isso, o profeta avisou a nação do julgamento que estava por vir.

Muitos profetas profetizaram contra nações, grandes e pequenas, prevendo o fim da opressão que dirigiam principalmente contra Israel. Em profecia memorável, Isaías falou do fim da Babilônia, um dos grandes opressores de Israel, dizendo: *Eu mesmo dei ordens aos meus consagrados; sim, já chamei os meus valentes para executarem a minha ira, os que exultam com orgulho* (Is 13.3). Esse profeta viu o fim da Babilônia como império opressor: *Como acabou o opressor! Como cessou a tirania! O Senhor já quebrou a vara dos ímpios, o cetro dos dominadores* (Is 14.4b,5).

---

[449] V. comentários de Anderson, Francis I.; Freedman, David Noel, *Amos*, p. 237. Honeycutt, Roy L. *Amos and His Message: An Expository Commentary* (Nashville: Broadman, 1967), p. 22, entendeu a referência em termos metafóricos.

A universalidade do julgamento de Deus chegou também a Israel e Judá. A sequência dos oráculos do profeta Amós dirigidos contra as nações terminou com oráculos contra Judá e Israel. Usando a mesma fórmula, o profeta disse que, por causa das muitas transgressões de Judá e Israel, as consequências não seriam abrandadas (Am 2.4,6). Essas nações foram tão culpadas como as nações que não conheciam o Senhor e sofreriam o castigo divino.

"Seus pecados causaram sua queda!": julgamento por causa do pecado

Uma das justificativas mais óbvias para o julgamento por parte de Deus foi o pecado tanto de nações quanto de indivíduos. Podemos dizer que se trata de uma afirmação verdadeira especialmente no que se refere a Israel. Na época de Samuel, os filhos do sacerdote Eli ultrajavam o ofício do sacerdócio, exigindo mais e mais dos ofertantes e comportando-se de maneira indigna de um servo de Deus. Por isso, Deus levantou o menino Samuel e enviou a ele uma mensagem de julgamento contra a casa de Eli:

> Então o Senhor disse a Samuel: Estou a ponto de fazer algo em Israel que fará tinir os ouvidos de todo aquele que o souber. Naquele dia, agirei contra Eli, cumprindo tudo o que tenho dito a respeito da família dele, do início ao fim. Porque já lhe disse que julgarei sua família para sempre, pois ele sabia do pecado de seus filhos, que blasfemavam contra Deus, mas não os repreendeu (1Sm 3.11-13).

Aparentemente, o povo não havia aprendido a lição porque os profetas continuavam batendo na mesma tecla, isto é, que o pecado traria consequências merecidas. Jeremias declarou a sua geração: *E pronunciarei contra eles os meus juízos por causa de todas as suas maldades, pois me abandonaram, queimaram incenso a outros deuses e adoraram as obras das suas mãos* (Jr 1.16). Foi isso que levou o profeta Oseias a exortar o povo: *Ó Israel, volta para o Senhor, teu Deus; porque tens caído pela tua maldade* (Os 14.1). Miqueias informou Israel das consequências de seu pecado. E, por causa de sua violência e mentiras, declarou: *Portanto, eu também te enfraquecerei, te ferindo e destruindo por causa dos teus pecados* (Mq 6.13). O profeta Ezequiel ecoou a mesma realidade, dizendo:

> Portanto, diz o Senhor Deus, eu vos julgarei, cada um conforme os seus caminhos, ó casa de Israel. Vinde e convertei-vos de todas as vossas transgressões, para que a maldade não vos leve à perdição (Ez 18.30).

De todos os pecados que o povo de Israel cometeu, talvez o de infidelidade por idolatria tenha sido o mais grave. A gravidade da condição espiritual do povo levou o profeta Jeremias a declarar: *Porque assim diz o* Senhor: *A tua fratura é incurável, e a tua ferida, gravíssima. Não há quem defenda a tua causa; não há remédio nem cura para a tua ferida* (Jr 30.12,13, NVI). À luz de tal condição, o castigo que Deus aplicou foi justificado: *Por que gritas de dor? A tua ferida é incurável. Por ser grande a tua iniquidade e por se terem multiplicado os teus pecados é que te fiz essas coisas* (Jr 30.15). Se a Igreja não aprende algo novo com a proclamação desses profetas, deve pelo menos entender a natureza da lei da "ceifa e semeadura": o que um indivíduo, ou uma nação, semeia também colherá. Oseias deixou isso muito claro quando falou aos israelitas de sua geração: *Porque semeiam vento, colherão tempestade* (Os 8.7a).

"Pois a sua ira só dura um instante": as limitações de julgamento

A ira de Deus tinha um aspecto tanto disciplinar quanto punitivo. O castigo era merecido, mas Deus desejava ensinar o povo por meio de seus juízos. Aliás, em vários momentos, os profetas falam de amplas oportunidades em que Deus espera o arrependimento depois de ter agido com justiça. Por exemplo, o profeta Amós explicou:

> *Castiguei as vossas muitas hortas e vinhas com pragas e ferrugem; vossas figueiras e oliveiras foram devoradas pelo gafanhoto; vós, porém, não vos convertestes a mim, diz o* Senhor (Am 4.9).

O castigo pelo pecado que Deus infligiu ao longo da história de Israel foi amenizado, porém, por sua misericórdia. Por essa misericórdia, a ira de Deus assumia uma natureza temporária. O salmista declarou:

> *O* Senhor *é compassivo e misericordioso; demora para irar-se e é grande em amor. Não acusará perpetuamente, nem conservará sua ira para sempre. Não nos trata de acordo com nossos pecados, nem nos retribui segundo nossas transgressões* (Sl 103.8-10).

Outro salmista foi mais explícito: *Porque sua ira dura só um momento; no seu favor está a vida. O choro pode durar uma noite, mas o cântico de júbilo vem de manhã* (Sl 30.5).

Um dos motivos pela mitigação do castigo foi o "reconhecimento" por parte de Deus da fragilidade do ser humano. Assim expressou o salmista a nossa situação:

> *Tu os arrastas por uma correnteza; eles são como o sono, como a relva que floresce ao amanhecer, que brota e floresce de manhã, mas à tarde murcha e seca. Pois somos consumidos pela tua ira e afligidos pelo teu furor. Colocaste diante de ti nossas maldades, e, à luz do teu rosto, nossos pecados ocultos* (Sl 90.5-8).

O DEUS DE ISRAEL

Em Isaías, o profeta comparou os seres humanos à relva, que logo passa e é destinada ao forno:

> Toda pessoa é como a relva, e toda a sua glória, como a flor do campo.
> Seca a relva e cai a sua flor, quando o vento do Senhor sopra sobre elas. Na verdade, o povo é relva (Is 40.6b,7).

Por isso, ele falou das limitações da ira de Deus: *Não farei litígio para sempre, nem permanecerei irado, porque, se não, o espírito do homem esmoreceria diante de mim, bem como o sopro do homem que eu criei!* (Is 57.16, NVI). Uma das grandes esperanças de Israel era chegar à época em que Deus perdoaria seus pecados, restaurando a nação de forma misericordiosa. Sua esperança baseava-se na natureza amorosa de Deus, que, mesmo disciplinando o povo por suas transgressões, sempre estava pronto para recebê-lo de volta, mediante seu arrependimento: *Pela misericórdia e pela verdade se faz expiação pelo pecado, e pelo temor do Senhor os homens se desviam do mal* (Pv 16.6).

12.

O DEUS QUE PERDOA:
A NECESSIDADE DE PERDÃO

As novas gerações vivem sem pecado. Ou melhor: vivem sem a ideia do que seja pecado. [...] Para mim, pecado é violência.

ZIRALDO ALVES PINTO, CARTUNISTA

Não existe pecado do lado de baixo do equador.

CHICO BUARQUE & RUY GUERRA[450]

O problema do homem e da sua sociedade no mundo, bem como o problema do próprio mundo em si mesmo, é o homem como pecador.

G. E. WRIGHT[451]

Não há ninguém que não peque.

1REIS 8.46B (*NVI*)

Hoje em dia, podemos notar certa confusão sobre a questão de pecado. Na cultura religiosa da América Latina, a definição de pecado e a maneira de resolver o problema do pecado têm origem principalmente no dogma da Igreja Católica Romana, ainda que apenas de forma cultural e como tradição. Em muitos setores da sociedade, esse dogma ainda exerce influência aliado a crendices populares. Em geral, podemos dizer que a doutrina católica do pecado e a implicação do pecado na cultura e na sociedade têm tido maior impacto em termos *individuais*. O indivíduo que peca é responsável pelas consequências e pela resolução destas mediante a orientação da Igreja e a misericórdia de

---

[450] BUARQUE, Chico; GUERRA, Ruy. Não existe pecado ao sul do equador. Intérprete: Ney Matogrosso.

[451] WRIGHT, G. E. *Doutrina bíblica do homem na sociedade.* Trad. Francisco Penha Alves. São Paulo: Aste, 1966. p. 51.

234 O DEUS DE ISRAEL

Deus. A ofensa, segundo esse ponto de vista, é principalmente contra Deus, mesmo quando envolve ofensas contra o próximo. A maneira de resolver o problema do pecado também enfatiza o indivíduo e sua responsabilidade de acertar contas com Deus por meio de um ato de contrição e penitência e, caso inclua ofensa contra o próximo, a reparação dos danos à glória divina ou aos bens do próximo.[452]

Certamente no AT o ser humano é responsável por seus pecados. Ezequiel declarou: [...] *aquele que pecar é que morrerá* (Ez 18.4). No AT, porém, encontramos um vínculo inseparável entre o pecado do indivíduo e o bem--estar da sociedade. Por isso, a questão do pecado no AT é muito séria; pois não é somente o indivíduo que sofre as consequências, como também a sociedade.

Em seu livro *Doutrina bíblica do homem na sociedade*,[453]G. E. Wright pôs em foco tanto o aspecto comunitário quanto o individual. Do ponto de vista dele, tudo que está errado no mundo, na sociedade e no próprio ser humano se deve ao pecado. O ser humano criado à imagem e semelhança de Deus tem liberdade de escolha. O problema do ser humano é que tem a tendência de escolher errado, e suas escolhas erradas atingem não somente a si mesmo, mas também a sociedade em geral. Wright entendeu a questão do pecado do ser humano no contexto do *indivíduo* e da *sociedade*. Aqui, vamos olhar o pecado não somente do ponto de vista individual, mas também do ponto de vista das consequências que o pecado traz para a sociedade e o mundo.

A TERMINOLOGIA DO PECADO NO AT

A melhor maneira de entender o significado do pecado no AT é entender o contexto em que os escritores falaram do pecado. O profeta Isaías entendeu bem a natureza do pecado, ao declarar:

> Ouvi, ó céus, e dá ouvidos, ó terra, porque o Senhor disse: Criei filhos e os fiz crescer, mas eles se rebelaram contra mim. O boi conhece o seu proprietário, e o jumento, o cocho posto pelo dono; mas Israel não tem conhecimento, o meu povo não entende. Ah, nação pecadora,

---

[452] Não é nosso propósito presumir conhecimentos do dogma católico. As informações contidas aqui foram resumidas do *Catecismo da Igreja Católica* disponível nos seguintes sites: <http://www.vatican.va/archive/cathechism_po/index_new/prima-pagina-cic_po.html>;<http://www.vatican.va/archive/cathechism_po/index_new/p3s1cap1_1699-1876_po.html>; <http://www.vatican.va/archive/cathechism_po/index_new/p2s2cap1_1420-1532_po.html>. Acesso em: 12 jan. 2012.

[453] P. 51.

povo carregado de maldade, descendência de malfeitores, filhos que praticam a corrupção! Deixaram o Senhor, desprezaram o Santo de Israel, afastaram-se dele (Is 1.2-4)

A linguagem do profeta nessa passagem revela que a natureza básica do pecado é a falta do verdadeiro conhecimento de Deus; ou seja, a rebelião contra Deus e a corrupção que dela resulta são consequência da falta de conhecimento do Senhor. Podemos dizer que um dos aspectos da revelação de Deus no AT foi levar o povo de Israel a compreender, entender e conhecer pessoalmente o Senhor, a fim de compreender como deviam viver em sua presença. A essência do pecado foi e continua sendo errar esse alvo, escolhendo o caminho que leva o indivíduo e a nação cada vez mais para longe desse objetivo. Portanto, do ponto de vista do AT, o pecado não era apenas quebrar regras de uma religião organizada, mas fundamentalmente escolher o caminho errado ou por falta de conhecimento de quem era Deus, ou por rebeldia declarada contra esse Deus.

Nesse texto, o profeta usa uma séria de palavras-chave que podem nos ajudar a entender melhor o pecado. Ele descreve o povo de Israel como "filhos" que "se rebelaram" contra Deus. A palavra traduzida por "rebelar-se" é *pasha'*. Além de significar rebelar-se também pode ser traduzida por "transgredir." O verbo é a raiz do substantivo *pesha'*, traduzido em vários contextos por "rebelião, transgressão, pecado e crime". No Salmo 5, o verbo descreve a atitude e as ações dos ímpios:

> *Porque não há sinceridade nos lábios deles; no íntimo só pensam em destruição, a garganta deles é um túmulo aberto; com a língua criam inimizades.*
> *Ó Deus, condena-os; que eles caiam por suas próprias tramas; expulsa-os por causa de suas muitas transgressões, pois revoltaram-se contra ti* (Sl 5.9,10).

Além de serem "filhos rebeldes", o profeta chamou Israel de "nação pecadora". A palavra traduzida por "pecadora" é um adjetivo originário do verbo *hata'*, que significa "pecar" ou "errar o alvo". Refere-se ao ato de não alcançar uma meta importante ou desejada. No contexto de Isaías, refere-se à falta do conhecimento de Deus para entender o caminho em que a pessoa deve andar.

Essa palavra é uma das mais usadas para falar de pecado. Em algum sentido, pode ser considerada a palavra principal para pecado.[454] Pelo menos uma vez a palavra se encontra em um contexto que não se refere a pecado. Em Juízes 20.16, vemos o relato da escolha de setecentos homens canhotos que podiam atirar com uma funda "sem errar". Em Provérbios 19.2,

---

[454] Livingston, *hata'*. In: *DITAT*, p. 450-453.

encontramos o significado "teológico" da expressão "errar o alvo" quando o sábio diz que o indivíduo que age sem pensar "erra o caminho". Outras referências tratam de falhas pessoais ou comunitárias (Gn 40.1; Êx 5.16). O uso mais comum, porém, é quando se refere ao pecado ou pecadores. Quando Acã desobedeceu à ordem a respeito do anátema, em Josué 7, o Senhor disse: "Israel pecou". Mais tarde, quando Samuel confrontou as ações de Saul, este confessou seu pecado, dizendo: *Pequei, pois transgredi a ordem do Senhor* (1Sm 15.24). Foi nesse sentido que Isaías usou a palavra. Fez uso da mesma palavra que aparece em Gênesis 13.13 para falar da população de Sodoma e Gomorra. Não seria um exagero dizer que o profeta entendeu que Israel cometeu pecados iguais.

A "nação pecadora" compõe-se de indivíduos "carregados de iniquidade". "Iniquidade" é a tradução da palavra *awon* e descreve uma atividade pervertida ou errada. A forma verbal é pouco usada e pode ser traduzida por "perverter", "cometer um erro", ou "fazer o que é errado".[455] Palavras arábicas cognatas querem dizer "curvar", "torcer" ou "dobrar". Pelo menos duas vezes a forma é usada para descrever o ato de se encurvar ou de se contorcer por motivo de dor ou angústia.[456] Entendida dessa forma, a palavra descreve uma nação que "se torceu" ou que "se perverteu" no que diz respeito a seu relacionamento com Deus. O substantivo pode ser traduzido também pela palavra "culpa". Disso conclui-se que a iniquidade traz a culpa sobre o indivíduo e sobre a nação. O profeta concluiu que a nação inteira é uma raça de malfeitores, corrupta e rebelde, que virou as costas contra Deus e, assim, trouxe destruição e devastação para a nação. Vejamos agora como o AT, em termos gerais, descreve o pecado.

COMO O AT DESCREVE O PECADO

"Não há ninguém que não peque": a universalidade do pecado

O AT diz claramente que não há ninguém que não cometa pecado. Em sua oração por ocasião da dedicação do templo em Jerusalém, Salomão disse: *Quando pecaram contra ti, pois não há ninguém que não peque* (1Rs 8.46). O sábio declarou: *Quem pode dizer: Purifiquei meu coração, estou limpo do meu pecado?* (Pv 20.9). A dimensão universal do pecado destacou-se de maneira expressiva antes do dilúvio. Ao ver a condição da humanidade, lemos que [...] *o Senhor viu que a*

---

[455] V., p. ex., Jó 33.27; 2Samuel 7.14; 1Reis 8.47.

[456] V. Salmo 38.7 e Isaías 21.3.

maldade do homem na terra era grande e que toda a imaginação dos pensamentos de seu coração era continuamente má (Gn 6.5).

A universalidade do pecado expressa-se numa dimensão que pode ser chamada *horizontal*. A dimensão horizontal é identificada por Gerhard von Rad e desenvolvida por David Clines; expressa-se pela *difusão* do pecado no mundo desde o jardim.[457] Clines, seguindo Von Rad, identifica a difusão do pecado como um dos temas dentro do Pentateuco. Do ponto de vista de Clines, o pecado se difundiu entre a raça humana levando o ser humano cada vez mais longe de Deus e de seus propósitos. Deus respondeu à expansão do pecado pelo mundo aplicando castigos cada vez mais severos. O primeiro casal sofreu as consequências de seu pecado, mas o castigo do casal foi mitigado quando Deus o expulsou sem exigir a pena de morte física imediata. Caim experimentou o mesmo castigo depois de matar o irmão Abel, mas sua vida também foi poupada. A atitude de Caim espalhou-se na sociedade e recebeu destaque na atitude de Lameque (Gn 4.23,24). O pecado continuou a se expandir até que *a humanidade toda havia corrompido a sua conduta sobre a terra* (Gn 6.12). Deus respondeu enviando o dilúvio para pôr fim a todos os seres viventes, salvando uma só família. Depois do dilúvio, o pecado continuou, trazendo maldição para uma parte da família de Noé (Gn 9.25). Na obra de Clines, o tema de difusão do pecado termina com a narrativa da construção da torre de Babel e a disseminação dos povos.

Clines reconhece a dificuldade dessa interpretação no sentido de mostrar como a disseminação dos povos após a construção da torre de Babel pode ser considerada um castigo mais severo do que o dilúvio. Aos olhos do leitor, parece que o dilúvio foi muito mais severo do que a disseminação dos povos. Clines respondeu dizendo que o castigo infligido depois do evento da torre de Babel deixou uma marca indelével na humanidade enquanto esta se recuperava do dilúvio.[458]

"Que grande pecado cometeu este povo": a seriedade do pecado

Ninguém questiona que o AT trata do pecado com muita seriedade. A prova disso são os vários julgamentos e castigos aplicados por Deus ao longo da história humana. Trataremos da questão do pecado e do castigo mais adiante.

O tema da difusão do pecado e a expansão da graça traçado por Clines serve para demonstrar a questão da seriedade do pecado. A aplicação de castigos

---

[457] David CLINES descreveu esse aspecto do pecado na obra *The Theme of the Pentateuch* (Sheffield: JSOT, 1978), p. 64-73.

[458] CLINES, p. 69-70.

cada vez mais severos acompanhou a difusão do pecado desde o jardim do Éden até o Sinai. Clines esboça a difusão do pecado apenas até Gênesis 11. Podemos ver a continuação do tema durante toda a história de Israel. Na ocasião da idolatria do povo no deserto do Sinai, 3 mil pessoas morreram à espada, e Deus ameaçou riscar de seu livro todo aquele que pecasse contra ele (Êx 32.33). Quando o povo se rebelou na jornada do Sinai, Deus decretou a morte de toda a geração que saiu do Egito (Nm 14.27-35). Numa ação definitiva, Deus enviou o povo para o exílio na Assíria e depois para a Babilônia como resultado de sua desobediência.

A questão da seriedade do pecado destaca-se principalmente nos livros proféticos. Um dos indivíduos que não mitigou os efeitos do pecado foi o profeta Jeremias. Além de suas mensagens agudas, usou vários símbolos e imagens para comunicar até que ponto o pecado havia manchado a nação. A severidade do pecado destacou-se em sua mensagem inaugural. O profeta comparou o pecado a um crime:

> *Porque o meu povo cometeu dois delitos: eles me abandonaram, a fonte de águas vivas, e cavaram para si cisternas, cisternas furadas, que não retêm água* (Jr 2.13).

A metáfora de água e cisternas expressa bem o problema do povo na época. Como a água é essencial para a vida física, o Senhor era essencial para a vida do povo. Cavar uma "cisterna" seria o mesmo que depender de si mesmo, não de Deus. Era correr o risco de ficar sem "água" porque a cisterna era rachada. Tais crimes deixaram marcas profundas na vida do povo: *Ainda que te laves com soda, e uses muito sabão, a mancha da tua maldade permanece diante de mim, diz o Senhor Deus* (Jr 2.22). Se a imagem da mancha não lavável não foi o suficiente, o profeta usou até outra mais expressiva: *O pecado de Judá está escrito com um estilete de ferro; com ponta de diamante está gravado na tábua do seu coração e nas pontas dos seus altares* (Jr 17.1).

"Eles se revoltaram contra mim": o pecado como rebelião

Não há dúvida quanto à associação que os escritores do AT fizeram entre o pecado e a rebelião. Isaías descreveu a condição do povo assim:

> *Nem as ouviste, nem as conheceste, nem os teus ouvidos foram abertos há muito tempo; porque eu sabia que agiste de modo bem traiçoeiro e eras chamado de transgressor desde o nascimento* (Is 48.8).

O DEUS QUE PERDOA: A NECESSIDADE DE PERDÃO   239

A palavra traduzida por "transgressor" é *pesha*. É usada em contextos seculares no sentido de ser rebelde contra o poder político vigente. Descreve a condição de rebelião de Israel contra Judá após a divisão do império de Salomão (1Rs 12.19), a rebelião de Moabe contra Israel (2Rs 1.1). Nesses contextos *pesha* descreve o ato de livrar-se do controle político de uma nação superior.

Quando a palavra é usada para referir-se à rebelião do povo contra Deus, a ideia é análoga. Israel é descrito como nação que se livra do controle de Deus e das obrigações da aliança e procura seu próprio caminho. Descreve a pessoa ou a nação que rejeita a orientação de Deus para a vida, quer estrangeira (Am 1.3) quer israelita (Am 2.6).

Os escritores do AT entenderam o pecado de rebelião contra Deus como ofensa grave. O livro da aliança advertiu Israel do perigo da rebelião contra o anjo que Deus enviaria para acompanhar o povo pelo deserto: *Dá atenção a ele e atende à sua voz; não sejas rebelde contra ele, porque não perdoará a tua rebeldia, pois nele está o meu nome* (Êx 23.21). Na ocasião da renovação da aliança após a conquista, Josué acusou o povo de não ser capaz de se manter fiel à aliança: *Então Josué disse ao povo: Não podereis cultuar o Senhor, porque ele é Deus santo, é Deus zeloso, que não perdoará a vossa desobediência nem os vossos pecados* (Js 24.19). A seriedade do pecado de rebelião pode ser observada no castigo que Deus determinou contra o povo na voz dos profetas:

> *Mas os transgressores e os pecadores serão destruídos juntos, e os que deixarem o Senhor serão aniquilados* (Is 1.28).

> *Por isso um leão da floresta os matará, um lobo dos desertos os destruirá, um leopardo ficará à espreita contra suas cidades; todo aquele que delas sair será despedaçado. Porque as suas transgressões são muitas, e a sua rebeldia é grande* (Jr 5.6).

> *Portanto, assim diz o Senhor Deus: Visto que fizestes vossa maldade ser lembrada, descobrindo-se vossas transgressões, aparecendo vossos pecados em todos os vossos atos; visto que me viestes à memória, sereis levados prisioneiros* (Ez 21.24).

Jacob reconheceu que, desde o jardim, o pecado consistiu essencialmente em rebelião.[459] A transgressão da proibição que Deus dera ao casal de não comer da árvore do conhecimento do bem e do mal foi exemplo da natureza da rebelião.

---

[459] Cf. Jacob, *Théologie...*, p. 229.

"Não faça ídolos": o pecado de idolatria

Um dos aspectos do pecado no AT é o aspecto *pactual*. Com a palavra "pactual", fazemos referência ao pecado definido pela aliança do Sinai. Em termos gerais, o critério básico da definição de pecado à luz do pacto se encontra nos Dez Mandamentos. No Decálogo, encontramos, em forma sucinta e clara, as orientações divinas fundamentais dirigidas ao povo de Israel.

Essas orientações começam com o reconhecimento da autoridade suprema de JAVÉ como Deus de Israel, o que pode ser denominado o *aspecto teológico* do pecado, uma vez que estava intimamente vinculado à questão do relacionamento entre Deus e o povo. Como autoridade suprema, JAVÉ tem o direito de exigir a lealdade incondicional do povo não somente com respeito às obrigações da aliança, mas a ele mesmo como Deus da aliança. Qualquer desvio dessa orientação básica seria considerado transgressão das condições do pacto.

Uma das transgressões mais graves foi a idolatria. Ao comentar sobre o assunto, Otto Baab disse que "esse pecado é tão proeminente que qualquer um se envergonha diante da riqueza de material".[460] No AT, a idolatria não se resumia a uma questão de cultuar imagens, mas constituía a quebra da aliança, porque o povo estava errando o alvo no que se referia à adoração legítima.[461] Tratava-se de desobedecer a Deus e a seus mandamentos e depositar a confiança em um deus que não era o Senhor. Quando um povo ou indivíduo escolhe como objeto de adoração uma imagem esculpida, está abandonando o Deus verdadeiro, dizendo com isso que ele não é adequado.

Além de ser uma transgressão da aliança, a idolatria foi uma maneira totalmente inadequada de representar Deus. Deuteronômio proibiu a fabricação de imagens com base em como o Senhor se manifestara ao povo quando havia aparecido no monte Sinai:

> *Ficai muito atentos, pois não vistes forma alguma no dia em que o Senhor, vosso Deus, falou convosco do meio do fogo, no Horebe, para não vos corromperdes, fazendo para vós alguma imagem esculpida, na forma de qualquer figura, semelhante a homem ou mulher* (Dt 4.15,16).

A passagem implica a natureza espiritual do Senhor e a impossibilidade de criar uma representação concreta adequada de um Deus que não se manifestou com forma alguma. Aqueles que caíram na tentação de fazer uma representação esculpida de Deus mereceu a zombaria do profeta Isaías:

---

[460] Baab, *The Theology...*, p. 101.

[461] V. descrição da seriedade do pecado de idolatria em Wright, G.E., *Doutrina bíblica*, p. 63-64.

Ele queima a metade no fogo, e com isso prepara a carne para comer; faz um assado e dele se farta; depois se aquece e diz: Ah! Já me aqueci, já experimentei o fogo. Então com o resto faz um deus para si, uma imagem de escultura. Ajoelha-se diante dela, prostra-se e dirige-lhe sua súplica: Livra-me, porque tu és o meu deus. Nada sabem nem entendem, porque seus olhos foram fechados para que não vejam, e o coração, para que não entendam (Is 44.16-18).

"Corromperam-se e cometeram injustiças detestáveis": o pecado como corrupção

Um aspecto do pecado no AT foi a corrupção. A corrupção descreve tanto o estado do indivíduo como pecador quanto seus atos. Quando se refere ao homem, sempre descreve uma condição de decadência moral. Um exemplo disso pode ser visto na descrição do tolo nos Salmos 14 e 53:

O insensato diz no seu coração: Deus não existe. Todos se corrompem e praticam abominações; não há quem faça o bem (Sl 53.1).

Nesse salmo, uma série de frases descreve a natureza e os resultados da corrupção na vida humana, o que leva a pessoa a declarar: "Deus não existe". Em primeiro lugar, os tolos se corromperam. O verbo *sh¹µat*, traduzido por "corromper-se", fala do ato de destruição. É usado para descrever o propósito de Deus em destruir a vida na terra com o dilúvio (Gn 6.17) e a destruição de Sodoma e Gomorra (Gn 19.29). Descreve a corrupção da raça humana antes do dilúvio (Gn 6.11) e a corrupção na época dos juízes (Jz 2.19). No contexto do livro de Deuteronômio, descreve a ameaça que a idolatria significava para o povo (Dt 4.16,25,31).

Segundo, os tolos "praticam abominações". O verbo traduzido por "praticar abominações" pode incluir uma lista de coisas que o Senhor abominou, como idolatria (Dt 7.25), sacrifício humano (Dt 12.31) e impureza ritual (Dt 14.3-8).[462] Descreve alguém que detesta fazer justiça (Mq 3.9). O resultado de tudo isso foi que Deus olhou dos céus para ver se alguém praticava o bem, mas não encontrou ninguém. Tal é a sociedade em que o pecado se espalha de maneira desenfreada.

"Ai de vocês que vivem tranquilos": o pecado ético-social

O *aspecto* ético-social do pecado mostra-se principalmente pela falta de justiça na sociedade e pela imoralidade. No AT, incluía a falta de retidão por

---

[462] Youngblood, *ta'ab*. In: *DITAT*, p. 1652-1653.

242 O DEUS DE ISRAEL

parte dos indivíduos da sociedade e a desobediência às normas estabelecidas por Deus na aliança. A retidão tem a ver com o relacionamento do homem para com Deus. No AT, é Deus quem estabelece as normas éticas para a vida humana e social. Quando o homem não alcançou esse alvo, a sociedade sofreu. Qualquer ação que não estivesse de acordo com os valores e com as normas que Deus exigira do ser humano foi considerada pecado, tanto da parte de Israel como das demais nações. Wright explicou a questão de maneira clara:

> *A perspectiva bíblica a respeito do homem e do mundo está condicionada pelo conhecimento da profunda e anormal desordem que existe dentro de ambos. Tão penetrante é essa desordem que nem a verdadeira vida, nem uma sociedade justa podem ser encontradas entre os reinos deste mundo, nem mesmo o benefício de uma natureza ordenada, visto que esta também foi perturbada [...] O mundo em todos os seus aspectos é decaído, e o todo da criação está desesperadamente necessitado de redenção.*[463]

Wright trata da questão do pecado no âmbito do mundo e da sociedade em termos gerais, tirando o foco unicamente do indivíduo como pecador e mostrando que, do ponto de vista bíblico, é impossível separar o pecado da condição do mundo em que vivemos. Somos culpados pela condição da sociedade, não vítimas da sociedade, porque o ser humano é um ser responsável, criado à imagem e semelhança de Deus, que tem a liberdade de escolher obedecer ou não a Deus. O AT diz claramente que desde o início o ser humano escolheu o mal.

Os profetas clássicos talvez tenham as palavras mais agudas contra a falta de ética e de justiça no AT, e uma das melhores passagens a esse respeito está nos capítulos 1 e 2 de Amós. O livro de Amós começa com uma série de oráculos contra várias nações. São seis nações estrangeiras, além de Israel e Judá. É interessante notar as categorias de pecados cometidos pelas nações estrangeiras. Por exemplo, o oráculo contra Damasco:

> *Assim diz o SENHOR: Pelas três transgressões de Damasco, sim, e pela quarta, não retirarei o castigo; pois trilharam Gileade com trilhos de ferro. Por isso atearei fogo à casa de Hazael, e ele destruirá os palácios de Ben-Hadade. Quebrarei as portas de Damasco; eliminarei o morador do vale de Áven e o que tem o cetro de Bete-Éden; e o povo da Síria será levado cativo para Quir, diz o SENHOR* (Am 1.3-5).

No contexto, "trilhar" pode ser uma referência ao ato de passar sobre corpos humanos em uma batalha como o instrumento usado pelos agricultores

---

[463] WRIGHT, G. E., *Doutrina bíblica*, p. 49.

O DEUS QUE PERDOA: A NECESSIDADE DE PERDÃO   243

para separar os grãos das folhas. Se for assim, o profeta descreve um ato de crueldade extrema usado na guerra. O ponto de vista do profeta, a Síria havia quebrado as regras do comportamento entre as nações. Era injusto tratar vítimas de guerra como fizera Damasco. Portanto, a crueldade na guerra é um aspecto de desvio, de errar o alvo em termos de como tratar outras pessoas, independentemente de ser ou não povo de Deus. Trata-se de transgredir o que Deus estabeleceu como padrão de justiça e comportamento. Todas as nações estrangeiras incluídas na lista de "desgraça" de Amós foram acusadas de crimes semelhantes: Gaza (Am 1.6) e Tiro (Gn 1.9) praticaram a escravidão; Edom (Am 1.11) e Moabe (Am 2.1) se entregaram ao ódio e à fúria; Amom praticou crueldade inacreditável (Am 1.13).

No caso de Israel, o critério de punição seria mais rígido. Israel seria julgado e castigado por ofensas morais que quebravam as normas estabelecidas por Deus:

> Assim diz o Senhor: Pelas três transgressões de Israel, sim, e pela quarta, não retirarei o castigo; pois vendem o justo por prata, e o necessitado, por um par de sandálias. Esmagam a cabeça dos pobres no pó da terra, pervertem o caminho dos oprimidos; um homem e seu pai deitam-se com a mesma moça, profanando assim o meu santo nome (Am 2.6,7).

O texto mostra claramente os aspectos ético-sociais do pecado: a exploração de necessitados e a imoralidade sexual. Quando uma sociedade permite esse tipo de comportamento, sofre as consequências. O pecado não é somente uma questão individual em que não há "vítimas", mas também uma questão das normas éticas e sociais estabelecidas por Deus para a sociedade. O pecado produz efeitos colaterais, como a desintegração da estrutura familiar.

A esta altura, podemos ver que o AT não identificava o pecado em sentido metafísico, mas falava de atos pecaminosos. O pecado no AT tratava de uma ação, mesmo em pensamento. Sempre implicava fazer algo errado. O profeta Oseias resumiu a situação de sua época da seguinte maneira:

> Israelitas, ouvi a palavra do Senhor; pois o Senhor tem uma acusação contra os habitantes da terra; porque não há verdade, nem bondade, nem conhecimento de Deus na terra. Só prevalecem maldição, mentira, assassinato, furto e adultério; há violências e homicídios sobre homicídios (Os 4.1,2).

Do ponto de vista do profeta, a falta de fidelidade, de amor e do conhecimento de Deus produziram efeitos colaterais na sociedade. Oseias entendeu bem a conexão entre atitudes e ação no que se referia ao pecado humano. Os dois andam lado a lado. Na próxima seção, consideraremos as consequências do pecado na vida humana.

AS CONSEQUÊNCIAS DO PECADO

No AT não há dúvida de que o pecado deixou consequências. Amós declarou várias vezes: *Pelas três transgressões de Damasco, sim, e pela quarta, não retirarei o castigo* (Am 1.3ss). Ezequiel foi ainda mais claro: *Aquele que pecar é que morrerá* (Ez 18.4). As consequências do pecado são várias. Vamos mencionar somente algumas.

Separação e quebra de relacionamentos

Ao falar do pecado e suas consequências na vida humana, geralmente a parte que mais enfatizamos é a quebra do relacionamento entre Deus e o homem. A profecia de Isaías apresentou o seguinte aspecto de forma bastante contundente:

> *A mão do Senhor não está encolhida para que não possa salvar; nem o seu ouvido está surdo, para que não possa ouvir; mas as vossas maldades fazem separação entre vós e o vosso Deus; e os vossos pecados esconderam o seu rosto de vós, de modo que não vos ouve* (Is 59.1,2).

Esse texto afirma que Deus é capaz de agir, mas, por causa dos pecados de Israel, a nação se afastou de Deus. O afastamento do ser humano da presença de Deus pode ser visto desde a rebelião do casal no jardim:

> *Ao ouvirem a voz do Senhor Deus, que andava pelo jardim no final da tarde, o homem e sua mulher esconderam-se da presença do Senhor Deus, entre as árvores do jardim. Mas o Senhor Deus chamou o homem, perguntando: Onde estás?*
> *O homem respondeu: Ouvi a tua voz no jardim e tive medo, porque estava nu; por isso me escondi* (Gn 3.8-10).

A alienação que o pecado produz é evidente na vida da sociedade. A própria pessoa pode chegar a sentir-se alienada em relação a si mesma e a outras pessoais a seu redor. Tal alienação começou quando o primeiro casal, ao perceber a presença de Deus, cobriu o próprio corpo com folhas e se escondeu. A condição de alienação foi enfatizada pela pergunta que Deus fez ao casal: "Onde estás?" Deus entendeu que o casal se afastara de sua presença e já não estava onde devia estar. Como consequência, Adão e Eva foram expulsos do jardim e começaram a "peregrinar" no mundo, então amaldiçoado, pelo pecado de ambos (Gn 3.17).

Culpa

O pecado traz culpa real para o ser humano. No AT a culpa não é meramente um sentimento de inquietação, mesmo que a pessoa tenha esse sentimento, mas é algo real que o indivíduo traz sobre si quando transgride as normas estabelecidas por Deus. Trata-se de ser realmente "réu de juízo", culpado por ter cometido uma infração.

Um exemplo disso pode ser visto na resposta que Abimeleque deu a Isaque quando descobriu que a mulher que ele havia tomado como esposa era, na verdade, mulher de Isaque. Ele disse: *Que é isso que nos fizeste? Facilmente alguém do povo poderia ter se deitado com tua mulher, e tu terias trazido culpa sobre nós* (Gn 26.10). Nesse caso, Abimeleque entendeu que suas ações haviam trazido culpa sobre ele e seu povo.

Smith afirmou que o hebraico não tem uma palavra específica para culpa,[464] mas a ideia está contida nas várias maneiras pelas quais a terminologia de pecado é usada. Em Gênesis 26.10, a palavra traduzida por "culpa" é 'asham, que normalmente significa a culpa em si, a ação que produziu a culpa e o sacrifício para tirar a culpa. Quando os irmãos de José tiveram seu primeiro encontro com José no Egito, esses reconheceram sua "culpa" diante da exigência de José para que um deles ficasse na prisão enquanto os outros retornavam. Na Lei mosaica, a pessoa culpada deveria trazer uma oferta para apagar a culpa que sua transgressão havia causado (Lv 5.19). Portanto, o AT não descreve a culpa meramente como um sentimento ruim, mas é a condição de ser réu do juízo de Deus. A pessoa culpada é responsável diante de Deus e da sociedade por suas ações; também cria a necessidade de expiação da culpa a fim de ser liberada. A culpa só pode ser removida mediante um sacrifício de expiação. Veremos o sistema sacrificial mais adiante.

A culpa aparece quando a pessoa reconhece o pecado cometido e que realmente é culpada diante de Deus. É algo que independe das emoções, pois, mesmo não sentindo nada, é culpada diante da lei. Vejamos a situação do "insensato" no Salmo 14:

> Ao regente do coro: de Davi. O insensato diz no seu coração: Deus não existe. Todos se corrompem e praticam abominações; não há quem faça o bem. O Senhor olha do céu para os filhos dos homens, para ver se há alguém que tenha entendimento, que busque a Deus (v. 1,2).

---

[464] V. discussão sobre culpa em *Teologia*, p. 292-294. V. tb. Livingston, 'asham. In: *DITAT*, p. 131-133.

O texto descreve uma pessoa culpada completamente insensível ao pecado. Portanto, é possível que uma pessoa não tenha nenhum sentimento de culpa e não reconheça que está fazendo algo de errado. Isaías acusou o povo de sua época de não poder distinguir entre o bem e o mal: *Ai dos que ao mal chamam bem, e ao bem, mal; que transformam trevas em luz, e luz em trevas, e o amargo em doce, e o doce em amargo!* (Is 5.20). O texto trata de uma situação em que a pessoa pode chegar a tal ponto de rebeldia e ficar confusa quanto ao aspecto moral. A inversão de valores da sociedade — confundir o bem com o mal e o mal com o bem — só confirma essa realidade.

Castigo e sofrimento

Não há dúvida de que o castigo e o sofrimento são consequências do pecado. O indivíduo, ou a nação, que tinham culpa deveriam sofrer as consequências do pecado cometido; isso incluía punição, purificação, correção e restauração. O aspecto punitivo certamente estava incluído, mas, à luz dos propósitos de Deus, a restauração era a meta final.

No livro de Amós, o profeta apresenta várias visões em que Deus se arrependeu de enviar determinados castigos. Em outras visões, no entanto, Deus não se arrependeu, mas executou a sentença:

> O SENHOR me perguntou: *Amós, que vês? Respondi: Um prumo. Então o SENHOR disse: Vê que porei o prumo no meio do meu povo Israel; nunca mais o perdoarei.*
> *Mas os altares de Isaque serão arruinados, e os santuários de Israel, destruídos; eu me levantarei com a espada contra a casa de Jeroboão* (7.8,9).
>
> O SENHOR *Deus me mostrou um cesto de frutos do verão. E disse: Amós, que vês? Eu respondi: um cesto de frutos do verão. Então o* SENHOR *me disse: Chegou o fim do meu povo Israel; nunca mais o perdoarei* (8.1,2).

Qual era o propósito do castigo? No AT, podemos ver tanto o aspecto de punição como o de purificação. Às vezes a purificação exigia a retirada do pecado e do pecador do meio da comunidade, por exemplo, como no caso de Acã (Js 7). Nesse caso, o acampamento era purificado quando o infrator foi eliminado. Depois, o povo podia continuar a conquista com a certeza de que Deus iria acompanhá-lo. Outras leis também mostram a importância da eliminação do infrator da comunidade para que Deus pudesse continuar a abençoar a nação. Considere, por exemplo, Deuteronômio. 19.11-13:

Mas, se alguém odiar o próximo, armar-lhe ciladas, levantar-se contra ele e o ferir do modo que venha a morrer, e refugiar-se em alguma dessas cidades, então os anciãos da sua cidade mandarão tirá-lo de lá e o entregarão nas mãos do vingador do sangue, para que morra. Não olharás para ele com piedade. Tirarás de Israel a culpa do sangue inocente, para que te vá bem.

Deus sempre desejava o retorno do povo para que pudesse restaurá-lo. A restauração, porém, dependeria do reconhecimento do erro por parte do povo. As palavras dos profetas mostraram isso de forma bem clara:

Eu a castigarei pelos dias em que queimava incenso aos baalins, e se adornava com seus anéis e suas joias, e ia atrás dos seus amantes, esquecendo-se de mim, diz o SENHOR. Todavia, eu a atrairei, levarei para o deserto e lhe falarei ao coração (Os 2.13,14).

Desde os dias de vossos pais vos desviastes dos meus decretos e não os guardastes. Voltai para mim, e me voltarei para vós, diz o SENHOR dos exércitos. Mas perguntais: Como devemos voltar? (Ml 3.7).

Morte

O AT deixa bem claro que a morte é uma das consequências do pecado. Ao avisar o homem de não comer da árvore do conhecimento do bem e do mal, Deus disse: [...] *porque no dia em que dela comeres, com certeza morrerás* (Gn 2.17). Falando em outro contexto histórico, o profeta Ezequiel declarou: [...] *aquele que pecar é que morrerá* (Ez 18.4). Infelizmente, a questão não se resolve tão facilmente, porque sabemos que o casal não morreu fisicamente "no dia" em que comeu da árvore. A explicação que, às vezes, se dá é que a morte sofrida pelo casal foi a morte "espiritual", não física. A pergunta que ainda permanece, porém, é se a morte física está vinculada ao pecado.

No jardim, o casal tinha quatro possibilidades de responder à ordem de Deus: 1) comer da árvore da vida; 2) comer da árvore do conhecimento do bem e do mal; 3) comer das duas; ou 4) não comer de nenhuma das duas árvores. O texto não nos informa se o casal comeu da árvore da vida, mas, pelo contexto da narrativa, aparentemente não. Então, qual era a situação do casal? Se o casal tivesse permanecido sem comer do fruto de nenhuma das duas árvores, teria morrido? O ser humano foi criado com vida física eterna? Vejamos essa questão passo a passo.

O texto indica que no jardim o casal necessitava comer. Deus havia dado toda árvore do jardim como alimento (Gn 2.16). O homem deveria lavrar a terra para poder sustentar-se com seu fruto (Gn 2.5,9,15,16). A providência da alimentação no jardim implica a necessidade física do ser humano. Se não tivesse se alimentado, teria sofrido a morte física. Talvez a interpretação mais evidente seja que, ao não escolher a árvore da vida, isso indica que o casal vivia em comunhão com Deus, mas sem vida eterna no sentido físico. Se o casal tivesse sido criado com vida eterna, não haveria a necessidade de colocar a árvore da vida no jardim.

Ao optar pela árvore do conhecimento do bem e do mal, o casal escolheu a morte. De que maneira ambos morreram? O casal morreu apenas espiritualmente, ou a morte física adquiriu uma nova dimensão? À luz de Gênesis 3.22, por implicação, teria sido possível ao casal retornar ao jardim e comer da árvore da vida. Deus proibiu sua volta ao jardim porque, se isso acontecesse e eles tivessem comido da árvore da vida, viveriam eternamente em estado de pecado. À luz disso, podemos sugerir que o casal não possuía vida eterna física no jardim porque não havia comido da árvore da vida. O casal foi expulso do jardim, e a morte em todos os sentidos — física, emocional, psicológico e espiritual — tornou-se parte de sua realidade.

A morte física, então, faz parte das consequências do pecado no jardim? Sim e não. Ao comer do fruto da árvore do conhecimento do bem e do mal, a morte se tornou parte da experiência humana, mas o casal não sofreu a morte física imediatamente. Na realidade, depois da escolha errada do homem, ele e toda a humanidade passaram a morrer mais rapidamente. Assim nos mostram as genealogias até Abraão (Gn 5.1-31). A vida física do ser humano começou a diminuir a partir desse momento, e ele experimentou o que é morrer tanto no sentido espiritual de estar separado de Deus como no sentido físico.

No final da época do AT, os escritores chegaram a entender que Deus faria distinção entre justos e ímpios depois da morte. A crença tradicional era que todos, tanto justos como ímpios, iriam para o *Sheol*, mas, na maioria dos casos, o *Sheol* era entendido como cova. Em alguns momentos, o *Sheol* foi considerado o lugar dos ímpios (Sl 9.17 [H18]) e os retos dominariam sobre eles (Sl 49.14 [H15]). O desejo dos justos era ver os inimigos ir para esse lugar porque era considerado o lugar do mal (Sl 55.15). Por isso, o justo sempre tinha a esperança de que Deus resgatasse sua vida das garras da cova e das sombras do *Sheol*. O profeta Oseias declarou que Deus remiria o povo "do poder do Sheol [sepulcro]" e traria um fim à ameaça que a morte sempre apresentava (Os 13.14). Muitos apontam essa referência e outras como evidências de que o hebreu, aos poucos, começou a crer na possibilidade de ressurreição após a morte, tanto para o ímpio como o justo. Não podemos dizer que o AT tem uma "doutrina" bem desenvolvida sobre a ressurreição, mas existem declarações claras que apontam para essa esperança:

> *Os teus mortos viverão, os seus corpos ressuscitarão; despertai e exultai, vós que habitais no pó. O teu orvalho é orvalho de luz, e a terra dará à luz os seus mortos* (Is 26.19).

> *Muitos dos que dormem no pó da terra ressuscitarão, uns para a vida eterna, e outros para vergonha e desprezo eterno* (Dn 12,2).

A nossa opinião é que o casal, antes do pecado, não possua vida eterna física, mesmo estando em plena comunhão com Deus. O casal não foi criado com imortalidade física. Se o casal já tivesse vida eterna, qual seria o propósito da árvore da vida? Que vantagem ou benefício teriam ambos ao comer da árvore da vida se já possuíssem a vida eterna? Não haveria necessidade de fazê-lo, uma vez que já tivessem na criação aquilo que a árvore da vida oferecia. O que podemos dizer é que o casal possuía imortalidade em potencial. A "aquisição" da vida eterna dependia de que comessem da árvore da vida. Deus ofereceu ao ser humano a oportunidade de adquirir a vida eterna, mas ele optou por outro caminho.

Quando Deus salva e regenera uma pessoa de seu estado de pecado, esta ganha vida espiritual, mas Deus cancela a morte física? Sim e não. Não cancela a morte física, mas passamos a ter a promessa da ressurreição do corpo. Somente nesse sentido a morte física é cancelada. Mesmo assim, é preciso haver a transformação porque o que é corruptível não pode herdar o incorruptível (1Co 15.35-57). A situação no jardim foi inédita e não pode ser repetida. Quando somos regenerados, não voltamos ao jardim, mas recebemos algo ainda melhor. No livro de Apocalipse entendemos que a árvore da vida será acessível a todos. O que foi proibido ao ser humano depois do pecado agora se torna uma realidade. A nossa esperança não é a volta ao jardim, mas o pleno acesso à vida como deveria ter sido anteriormente. A vida eterna em seu sentido pleno só se encontra no Deus eterno.

A QUESTÃO DO PECADO ORIGINAL E MULTIGERACIONAL NO AT

O AT não nos apresenta uma noção clara de pecado original; somente trata da transmissão do pecado de geração a geração. Podemos ver isso logo depois do primeiro pecado registrado em Gênesis. Começando com Adão e Eva, o pecado se espalhou, atingindo primeiramente a família do casal. Gênesis 4 relata um episódio em que um dos filhos do casal, Caim, teve a oportunidade de escolher como agiria na questão de seu relacionamento com Abel, seu irmão. Ele ainda tinha o livre-arbítrio e podia ter escolhido não pecar:

> O Senhor disse a Caim: "Por que você está furioso? Por que se transtornou o seu rosto? Se você fizer o bem, não será aceito? Mas se não o fizer, saiba que o pecado o ameaça à porta; ele deseja conquistá-lo, mas você deve dominá-lo" (Gn 4.6,7, NVI).

Conforme a narrativa, Caim ainda poderia dominar o desejo de pecar. A questão para os leitores modernos, porém, é mais difícil. Podemos dizer que Caim "herdou" uma tendência pecaminosa de seus pais? O texto obviamente não oferece uma resposta. Talvez uma pista se encontre na história trágica da raça humana e sua resposta ao pecado. Simon DeVries escreveu: "Uma vez que o pecado está enraizado no coração, toda a vida humana está sujeita a sua mancha".[465]

O que podemos dizer com certeza é que, quando esteve diante da possibilidade de escolha, Caim escolheu mal. Assim, ele agiu conforme o "padrão" de seus pais. O castigo que os pais sofreram foi repetido na vida do filho: ele perdeu o "apoio" da terra como meio de se sustentar, foi expulso de casa, perdendo a proteção da família, tornou-se um peregrino e temeu a morte. O medo e a alienação dominaram a vida de Caim. Ele experimentou isso não somente da parte de Deus, mas também de sua família e de outras pessoas. O pecado provocou esses resultados na vida do ser humano e na vida das sociedades em que o indivíduo participava. O castigo de Caim só foi amenizado pelo sinal que Deus colocou nele, mas a tendência trágica da raça humana permaneceu.

No capítulo 6 de Gênesis, deparamo-nos com um mundo em que toda a imaginação dos pensamentos humanos era continuamente má. A situação cresceu até o ponto de todos os seres humanos ficarem debaixo da influência do pecado (Gn 6.2). Conforme o texto: [...] os filhos de Deus viram que as filhas dos homens eram bonitas e, dentre todas elas, tomaram as que haviam escolhido (Gn 6.2). Não há consenso sobre a interpretação dessa passagem, mas a implicação é clara. A narrativa retrata uma sociedade totalmente desenfreada em que a violência e a exploração sexual dominavam as relações entre homem e mulher. Por isso, Deus decretou a destruição de toda vida na face da terra, menos da família de Noé.

A intenção do dilúvio era pôr fim à progressão do pecado no mundo. A narrativa sobre Noé, porém, mostra que o pecado sobreviveu ao dilúvio. Cam fez uma desgraça, e Canaã, seu filho, foi amaldiçoado. O pecado que deveria

---

[465] DeVries, Sin, Sinners. In: *IDB*, v. 4, p. 364 (tradução nossa).

O DEUS QUE PERDOA: A NECESSIDADE DE PERDÃO 251

ter sido aniquilado do mundo sobreviveu ao dilúvio e começou a propagar-se. Novamente, a raça humana ficou debaixo do juízo de Deus em razão de seu orgulho e desobediência (Gn 11.1-9).

Por vezes, o AT nos dá a impressão de que as consequências de um pecado cometido podem afetar as gerações seguintes. O segundo mandamento é utilizado às vezes como base para se falar em maldição hereditária. A linguagem do texto, porém, não fala de maldição, mas da influência que a escolha da idolatria tem na vida familiar:

> *Não farás para ti imagem esculpida, nem figura alguma do que há em cima no céu, nem embaixo na terra, ou nas águas debaixo da terra. Não te curvarás diante delas, nem as cultuarás, pois eu, o* SENHOR, *teu Deus, sou Deus zeloso. Eu castigo o pecado dos pais nos filhos até a terceira e quarta geração daqueles que me rejeitam* (Êx 20.4,5).

Alguns detalhes devem ser esclarecidos nessa passagem. Primeiro, é o único mandamento que fala do aspecto "multigeracional" do pecado. Incluiu a terceira e a quarta gerações por causa da importância dessa proibição no que se refere à formação da nação e especialmente dos grupos familiares. Nas palavras de Eugene Merrill: "O pecado de idolatria — e, portanto, do repúdio do domínio único do Senhor sobre seu povo da aliança — teria a mais séria repercussão".[466] Assim, a responsabilidade nacional e familiar de manter o povo dentro das normas religiosas estabelecidas pelo SENHOR é de suma importância. Segundo, a ameaça de "visitar" a iniquidade dos pais nos filhos não significa que os filhos eram responsáveis pelos pecados dos pais. Deuteronômio 24.16 deixou isso bem claro: *Os pais não serão mortos por causa dos filhos, nem os filhos por causa dos pais; cada um morrerá pelo próprio pecado.*[467] Além disso, qualquer "visitação" do pecado teria como foco aqueles que desprezaram o SENHOR e seus mandamentos. Cada um era responsável pelo próprio pecado. Terceiro, no pensamento hebraico do AT, existia a responsabilidade individual que se estendia à própria sociedade — conhecido como "responsabilidade corporativa" ou "coletiva". Dessa forma, a família e a sociedade compartilhavam tanto as maldições quanto as bênçãos.[468] Merrill resumiu a questão da seguinte forma:

> O que um membro fazia ou deixava de fazer tinha repercussões sobre todos os membros associados a ele (cf. Nm 16.25-33; Js 7.24-26). Assim, apesar de o pecado dos pais ser o ato específico que invocaria o julgamento de Deus, os

---

[466] MERRILL, *Teologia...*, p. 328.
[467] Outras referências que afirmam esta posição são Jeremias 31.29,30 e Ezequiel 18.1-4.
[468] V. Deuteronômio 28.

laços familiares tenderiam a estimular as gerações posteriores a ter a mesma propensão e o mesmo comportamento de seus pais, o que levaria às mesma consequências. Devemos também observar que a terceira e a quarta gerações são descritas como aqueles "que me desprezam". Por essa razão, esses descendentes estão sujeitos à ira de Deus não só porque era provável que imitassem a idolatria dos pais, mas porque eles, de fato, passariam a fazer o mesmo. O pecado dos pais, por meio do exemplo, afetaria a descendência deles de modo que, inevitavelmente, esta também cometeria os mesmos pecados.[469]

Outro texto que é citado como prova do pecado original é Salmo 51.5: *Eu nasci em iniquidade, e em pecado minha mãe me concebeu.* No contexto da confissão de Davi, isso provavelmente significa que o pecado e suas consequências sempre acompanham o ser humano. Não há pessoa ou geração isentas dessa influência. Isaías ecoou essa posição ao declarar:

> *Nem as ouviste, nem as conheceste, nem os teus ouvidos foram abertos há muito tempo; porque eu sabia que agiste de modo bem traiçoeiro e eras chamado de transgressor desde o nascimento* (Is 48.8).

À luz dessas passagens, podemos entender que o AT não fala claramente de "pecado original", mas reconhece o fato de que existem, como Merrill descreveu, propensões transmitidas de uma geração a outra e que não existem gerações que não pequem. Não há época na vida humana quando o pecado não exerça sua influência. Simon DeVries resumiu a questão desta forma:

> Assim, o AT contém os elementos de uma doutrina do pecado original. Não teoriza sobre o processo pelo qual a humanidade se corrompeu; somente se sabe — e disso tem certeza, através de experiência dolorosa — que a humanidade toda desde Adão tem sida pecaminosa, que o homem todo é pecaminoso, que a vida inteira do homem é pecaminosa desde o princípio.[470]

---

[469] MERRILL, p. 329.

[470] DeVries, Sin, *Sinners*. In: *IDB*, v. 4, p. 365 (tradução nossa).

13.

O DEUS QUE PERDOA: EXPIAÇÃO NO AT

Quem é Deus semelhante a ti, que perdoas a maldade e te esqueces da transgressão do remanescente da tua herança?

Miqueias 7.18

De acordo com G. E. Wright, "O problema do homem e da sua sociedade no mundo, e o problema do próprio mundo em si mesmo, é o homem como pecador".[471] Se o pecado é o problema principal do ser humano, então é razoável dizer também que a necessidade principal do ser humano é a expiação. A necessidade da expiação é acentuada pela natureza do pecado e as consequências que ele traz para a vida humana. Sabemos que o pecado cria uma condição de alienação no homem não somente em relação a outras pessoas, mas principalmente em relação a Deus. Tal alienação põe o ser humano numa situação que às vezes é chamada "perdição" ou "ruína". Nessa condição, o ser humano não está no lugar onde deveria estar; sua vida é arruinada. Além da alienação, o ser humano é considerado culpado por causa do pecado cometido. Sendo culpado, é réu do juízo de Deus. Finalmente, o texto bíblico trata do pecado e suas consequências com muita seriedade. Cada pessoa é responsável pelos pecados que comete e merece o castigo por seu pecado. Nas palavras do profeta Ezequiel, *aquele que pecar é que morrerá* (18.4).

O AT relata como Deus estabeleceu com o povo uma aliança que dependia da obediência e da observância das cláusulas da lei. O não cumprimento da lei resultaria na quebra da aliança e na interrupção da comunhão entre Deus e o povo. Nesse caso, Deus teria duas opções: voltar atrás quanto à parte que lhe dizia respeito na aliança e desvincular-se completamente de seu povo ou fazer algo para restaurar o relacionamento entre ele e o povo. Sendo fiel a

---

[471] Wright, G. E., *Doutrina bíblica*, p. 51.

254 O DEUS DE ISRAEL

seus compromissos, Deus jamais anularia sua aliança; portanto, a solução era a expiação. Vamos examinar o significado de expiação e o que a expiação no AT diz sobre Deus.

A TERMINOLOGIA DE EXPIAÇÃO NO AT

O que Deus fez com o pecado? O vocabulário de perdão é rico e variado no AT. Consideremos as declarações presentes no Salmo 51:

> Ó Deus, compadece-te de mim, segundo teu amor; apaga minhas transgressões, por tuas grandes misericórdias. Lava-me completamente da minha iniquidade e purifica-me do meu pecado (v. 1,2).

Nessa passagem, há três palavras que descrevem o que Davi esperava de Deus quanto à questão de seu pecado. A primeira era "apagar", que foi usada para descrever o que Deus fez com os habitantes da terra por meio do dilúvio (Gn 7.22,23). Durante o êxodo, Moisés fez intercessão pelo povo e pediu que o nome dele fosse apagado, riscado, do livro que Deus escrevera, em vez de destruir o povo (Êx 32.32). Nesses casos, não há dúvida quanto ao significado da palavra: refere-se à morte de pessoas, eliminando-as do mundo. Quando se refere ao pecado, transmite a ideia de apagar completamente, semelhante ao ato de apagar uma palavra de um rolo com esponja e água. No Salmo 51, o ato de apagar foi comparado ao ato de Deus esconder o rosto do pecado (Sl 51.9[H11]).

O segundo pedido destinava-se a que Deus "lavasse" a culpa. No AT essa palavra normalmente se refere ao ato cerimonial de lavar roupas (Êx 19.10,14; Lv 11.25), inclusive as roupas sacerdotais (Nm 8.7,21; 19.7). O ato de lavar roupas para eliminar a impureza cerimonial dá uma imagem clara do ato de lavar o pecado de sua iniquidade. Foi com esse significado que Davi usou a palavra no Salmo 51.

A terceira palavra nessa série de verbos metafóricos é "purificar". Em seu sentido conotativo refere-se ao ato de limpar normalmente no contexto cerimonial. O verbo é usado para descrever o ato de purificar-se depois de tocar o cadáver de um animal impuro (Lv 11.32), de doenças na pele (Lv 13.6), do altar no Dia da Expiação (Lv 16.19). Em todos esses casos, o efeito da purificação era restaurar a pessoa ou o objeto à condição "original" de ter sido separado para Deus, possibilitando o retorno a seu uso ou ministério de origem.

Além dessas palavras, encontramos outras que descrevem como Deus tratou o pecado. O profeta Miqueias usou uma série de palavras que descrevem bem o que Deus fez com o pecado do povo:

Quem é Deus semelhante a ti, que perdoas a maldade e te esqueces da transgressão do remanescente da tua herança? O Senhor não retém a sua ira para sempre, porque ele tem prazer na misericórdia. Tornará a ter compaixão de nós; pisará as nossas maldades. Tu lançarás todos os nossos pecados nas profundezas do mar (Mq 7.18,19).

Jeremias acrescentou outras imagens e declarou que, quando Deus estabelecesse a nova aliança, ele não mais se lembraria dos pecados de seu povo (Jr 31.34).[472]

Estas palavras descrevem a ação de Deus quando ele perdoa o pecado. No AT o termo técnico que expressa o que Deus faz com o pecado é *kafar*, normalmente traduzido por "expiar", ou "fazer expiação". Não há consenso sobre a origem ou significado original da palavra. Tentativas de vincular a palavra hebraica a uma palavra árabe que quer dizer "cobrir" não são convincentes porque há pouca evidência de que a palavra *kafar* é usada no AT com o sentido de "cobrir".[473]

O verbo *kafar* serve de raiz a pelo menos três substantivos importantes quando se fala da questão de expiação. A primeira é *kofer*, normalmente traduzido por "resgate" e usado em uma variedade de contextos. Quando Jacó estava voltando para Canaã e preparando-se para reencontrar-se com Esaú, ele mandou presentes de animais na frente para "aplacar" ou "apaziguar" a ira de Esaú (Gn 32.21). A palavra *kofer* refere-se ao dinheiro usado para pagar o "resgate" da vida de uma pessoa (Êx 21.30; 30.12; Sl 49.8; Pv 6.35). Em alguns casos, pode referir-se ao pagamento de suborno (1Sm 12.3; Am 5.12). À luz desses usos, Alexander chegou à conclusão de que o verbo *kafar* pode significar "expiar mediante o oferecimento de um substituto".[474]

O verbo *kafar* também serve de raiz dos substantivos *kippur* e *kapporet*. O termo *kippur* é normalmente traduzido por "expiação" e refere-se à expiação conferida mediante a oferta de um sacrifício (Êx 29.36; 30.10,16) e é a palavra usada para se referir ao Dia de Expiação (Lv 23.27,28; 25.9). O substantivo *kappœret*, traduzido por "propiciatório" ou simplesmente "tampa" se refere à tampa de ouro que foi confeccionada para a arca da aliança.[475] No Dia da Expiação, o sumo sacerdote entraria no interior do tabernáculo, no Lugar

---

[472] V. tb. Salmo 25.7 e Isaías 64.9.

[473] O termo *kafar* no sentido de expiar distingue-se da palavra com sentido de "calafetar" ou "revestir-se" em Gênesis 6.14 (Ralph H. Alexander, *kapar*. In: *DITAT*, p. 743-744). Jacob preferiu associar *kafar* a uma palavra acadiana que quer dizer "tirar". O autor notou a associação da palavra hebraica a palavras traduzidas por "apagar", "tirar" e "deixar de lado" (Jacob, p. 236).

[474] Alexander, p. 744.

[475] Zimmerli entendeu que a conexão entre *kafar* e *kapporet* é duvidosa com base na tradução proposta pela *LXX, hilastérion* (Zimmerli, *Old Testament...*, p. 79).

Santíssimo, aspergiria uma porção do sangue de um sacrifício expiatório na tampa da arca para fazer expiação pelo Lugar Santíssimo, por si mesmo, por sua família e pelo povo de Israel (Lv 16.14-17). O propiciatório foi considerado o lugar mais sagrado de Israel porque era o lugar onde o Senhor se encontraria com seu povo (Êx 25.22; 30.6; Nm 7.89).

Às vezes os escritores do AT associaram o ato de expiar (*kafar*) a outros verbos que podem nos ajudar a entender melhor o que acontecia quando Deus expiava o pecado. Em Isaías 6, o profeta reconheceu sua condição diante de Deus e se sentiu como pecador no meio de um povo pecador. Para Isaías estar na presença de JAVÉ e ser preparado para o seu ministério, Deus tinha que fazer algo com a iniquidade do profeta. A expiação do pecado de Isaías foi representada pela imagem de uma brasa viva que lhe tocava os lábios. Ao fazer isso, o serafim anunciava: *Agora isto tocou os teus lábios; a tua culpa foi tirada, e o teu pecado, perdoado* (Is 6.7). A palavra "perdoar" aqui traduz o verbo *kafar*. Nesse contexto, o ato de "tirar" a culpa nos ajuda a entender o ato de "expiar". Ao tirar a culpa do profeta, o pecado fora expiado. Mais tarde, o profeta descreveu como o Senhor usaria o exílio para expiar o pecado de seu povo:

> *Tu os julgaste na medida certa quando os rejeitaste, e os expulsaste com o vento forte, na época do vento oriental. Portanto, a maldade de Jacó será perdoada, e o fruto do perdão do seu pecado será este: ele fará todas as pedras do altar como pedras de cal feitas em pedaços, e os postes-ídolos e os altares de incenso não serão mais levantados* (Jr 27.8-9).

Nestes dois casos, está claro que o ato de expiar estava associado ao ato de eliminar. A esperança da expiação, então, era ter o pecado removido. Era a remoção do pecado pelo ato de expiação que Davi desejava quando pediu: *Tem misericórdia de mim, ó Deus, por teu amor; por tua grande compaixão apaga as minhas transgressões* (Sl 51.1[H3], *NVI*)

EXPIAÇÃO E O SISTEMA SACRIFICIAL

O ato de expiar o pecado foi representado de maneira clara pelo sistema sacrificial estabelecido nas leis da aliança. Por meio dos sacrifícios, podemos ver de forma gráfica a seriedade do pecado na vida humana, isto é, uma vítima "inocente" tinha que morrer. Para expiar o pecado e tirar a culpa que o pecado traz, o indivíduo podia oferecer a Deus um substituto como maneira de "resgatar" sua vida e manter sua posição na comunidade e diante de Deus. O substituto podia ser um animal, e o animal deveria morrer; seu sangue seria derramado nos lados do altar para efetuar o ato de expiação.[476] Além dos sacrifícios de animais, outros sacrifícios e ofertas foram previstos pela lei com o efeito de se manter a comunhão com Deus e se expressar gratidão a Deus. Dumbrell entendeu que o sistema como está apresentado em Levítico 1—7 estabeleceu uma "ordem de prioridades". Primeiro, foi descrito como fazer o holocausto que servia para expiar o pecado. Segundo, as ofertas de cereais podiam ser oferecidas como maneira de expressar a consagração individual. Finalmente, as ofertas pacíficas representavam a "celebração da reconciliação".[477] Vamos considerar o papel do sacrifício e das ofertas estabelecidas por Deus para o perdão.

Sacrifícios expiatórios

O holocausto

No sistema sacrificial hebraico, o sacrifício básico era o holocausto.[478] Levítico 1 oferece uma visão panorâmica desse sacrifício:

> O SENHOR chamou Moisés e, da tenda da revelação, disse-lhe: Fala aos israelitas: Quando algum de vós apresentar uma oferta ao SENHOR, deverá ser do gado, isto é, do rebanho bovino e do rebanho ovino e caprino. Se a sua oferta for holocausto do rebanho bovino, oferecerá um macho sem defeito, à entrada da tenda da revelação, para que seja aprovado pelo SENHOR. Porá a mão sobre a cabeça do holocausto, e este será aceito em favor dele, para sua expiação (Lv 1.1-4).

Quando alguém oferecia um holocausto, o animal inteiro era queimado porque ele todo pertencia ao SENHOR, de modo que não havia a possibilidade de compartilhá-lo com os sacerdotes, à semelhança de outros sacrifícios.[479] Tratava-se de um sacrifício voluntário, isto é, a pessoa trazia de maneira livre e espontânea o animal que seria oferecido ao SENHOR.

---

[476] De acordo com Dumbrell, o ato de oferecer o holocausto não foi meramente um "símbolo" de expiação, um "tipo" baseado no futuro sacrifício de Cristo, mas efetuava a expiação necessária para o ofertante manter a comunhão com Deus e com a comunidade de Israel. Para isso, cita Levítico 4.35 como evidência (DUMBRELL, Faith..., p. 42-43).

[477] Ibid., p. 42-44. Dumbrell notou que essa ordem de prioridades pode ser útil para compreender como o sistema funcionava; no entanto, todos os sacrifícios e ofertas podiam ser oferecidos individualmente.

[478] A palavra hebraica traduzida por "holocausto" é 'olah, derivada do verbo 'alah, que quer dizer "subir".

[479] Zimmerli entendeu que o holocausto serviu também de "tributo" oferecido a JAVÉ (ZIMMERLI, p. 150).

Além do aspecto voluntário, o holocausto era um sacrifício substitutivo. Durante o ato de oferecer o animal para expiação do pecado, o ofertante impunha as mãos na cabeça da vítima sacrificial. O texto não explica por que o ofertante deveria colocar as mãos sobre a cabeça do animal, mas implica uma "identificação" entre o ofertante e o animal sacrificado. Talvez se tratasse de uma oportunidade para que a pessoa confessasse seus pecados. Pelo contexto geral dos sacrifícios, quando a pessoa levava o animal para ser oferecido como holocausto, este era aceito pelo sacerdote em lugar da vida da pessoa.

A oferta pelos pecados

Há uma série de ofertas e sacrifícios que podiam ser oferecidos pelos pecados cometidos involuntariamente (Lv 4.1—5.16). A oferta pelo pecado era obrigatória e oferecida em casos de quebra de comunhão por causa do pecado. Servia para expiar pecados cometidos "por ignorância" ou pela transgressão de leis cerimoniais e podia ser oferecido por todos: reis, sacerdotes e o povo. Não servia para pecados "premeditados", isto é, para ofensas cometidas "conscientemente" (Nm 15.30). No caso de um pecado cometido de maneira insolente, a culpa do pecado ficaria sobre a pessoa (Nm 15.31). A implicação é que não houve sacrifício adequado para a remoção da culpa. Nenhuma parte do sacrifício pelo pecado era comida porque o sangue do animal era oferecido em favor do ofertante.

A oferta pela culpa

A oferta pela culpa servia para pecados desconhecidos ou transgressões, chamados de "pecados por ignorância"; por exemplo, pisar numa cova, tocar um cadáver por engano etc. Caso houvesse ofensa ou prejuízo para outra pessoa, além de fazer uma oferta pela culpa, era necessário fazer a restituição à pessoa ofendida ou prejudicada. Se o prejuízo fosse de natureza material, o ofertante tinha que acrescentar 20% sobre o valor da restituição. Assim, essa oferta era de natureza restituitória.

Sacrifícios e ofertas não expiatórios

Além dos sacrifícios expiatórios, a lei estabelecia sacrifícios e ofertas que não tinham função expiatória, mas que visavam à manutenção ou ao restabelecimento da comunhão com Deus ou com o próximo.

A oferta de cereais

A lei referente à oferta de cereais se encontra em Levítico 2 e 3. A oferta de cereais era uma oferta voluntária e incluía a dedicação das primícias. Quando as pessoas colhiam os primeiros frutos da colheita, o indivíduo deveria levar uma oferta de gratidão ao sacerdote pela colheita. Poderia ser oferecida isoladamente ou como complemento de outro sacrifício. Uma parte da oferta era queimada, e a outra parte era entregue ao sacerdote para seu sustento.

A oferta de comunhão

O sacrifício de comunhão ou pacífico era feito com um animal (Lv 3.1-17). Uma parte do sacrifício era queimada no altar; a outra parte servia de comida a quem o oferecia. O ofertante impunha as mãos na cabeça do animal antes de sacrificá-lo, e este servia para manter a comunhão entre o ofertante e Deus.

O papel do sacerdote e do ofertante

A lei dos sacrifícios também incluía regulamentos para quem oferecia o sacrifício e para quem o recebia das mãos do ofertante.

O papel do ofertante

O papel principal do ofertante era apresentar pessoalmente o sacrifício ou a oferta à porta do tabernáculo. Podia ser um sacrifício pelo indivíduo ou por sua família. O nível econômico do ofertante determinava que tipo de animal deveria ser oferecido. O ofertante impunha as mãos na cabeça do animal, mas não era claro se em todos os casos o ofertante confessava seus pecados no momento de impor as mãos. O próprio ofertante matava o animal na presença do sacerdote que serviria de "substituto".

O papel do sacerdote

Era a responsabilidade do sacerdote manter o fogo aceso no altar, aceitar o animal do ofertante, recolher o sangue do animal sacrificado e usar o sangue da maneira indicada pela lei. Era da competência do sacerdote instruir o povo sobre o procedimento correto de ofertar e de colocar a porção a ser queimada no altar.

O AT relata várias épocas em que os sacerdotes não cumpriram corretamente suas obrigações na questão dos sacrifícios. Os filhos de Eli foram exemplos notáveis de sacerdotes que desrespeitaram a lei dos sacrifícios para benefício próprio (1Sm 2.12-17). O caso deles foi o motivo principal da queda da casa de Eli (1Sm 2.27-34). O profeta Malaquias repreendeu os profetas e o povo por seu desrespeito ao sistema de sacrifícios e disse que Deus não mais aceitaria ofertas (Ml 1.6-10).

O Dia da Expiação

Uma das cerimônias expiatórias mais importantes do calendário litúrgico do Israel antigo era o *Yom Kippur*, o Dia da Expiação (Lv 16). Realizado uma vez por ano, o Dia da Expiação unia dois símbolos poderosos que descrevem o que Deus fez com o pecado da nação de Israel. Nesse dia, o sumo sacerdote fazia expiação por ele mesmo e por sua casa, pelo altar e pelo tabernáculo, e pelo povo.

Antes de fazer os sacrifícios de expiação nesse dia, o sumo sacerdote passava por uma cerimônia de purificação pessoal que incluía um banho cerimonial. Depois de se banhar, ele vestia as roupas sacerdotais (Lv 16.4). O banho e as vestes sagradas simbolizavam a pureza necessária para o sacerdote entrar na presença do Senhor e fazer expiação.

A cerimônia de sacrifício exigia vários animais. O sumo sacerdote oferecia um novilho como oferta por seu próprio pecado e pelo pecado de sua família (Lv 16.6). Um pouco do sangue do novilho era levado para dentro da tenda da revelação, no Lugar Santíssimo, onde estava guardada a arca da aliança. Uma porção do sangue era aspergida na tampa da arca, o propiciatório (*kopporet*) (Lv 16.14). Além do novilho que era oferecido por seu pecado e pelo pecado do sacerdócio, o sacerdote receberia dois bodes da comunidade de Israel. Os dois bodes eram apresentados vivos ao Senhor, e sortes eram lançadas para escolher qual bode seria sacrificado ao Senhor e qual seria levado para fora do acampamento para *azazel* [480] (Lv 16.7-10). O bode separado para o Senhor era sacrificado, e uma porção do sangue era levada para dentro do Lugar Santíssimo e aspergida na tampa da arca para fazer expiação pelo povo e pelo próprio Lugar Santíssimo e pelo tabernáculo (Lv 16.15-17). O sangue do novilho e do bode sacrificado ao Senhor também era usado para purificar o altar (Lv 16.18,19).

Depois de fazer expiação pelo povo, pelo tabernáculo e pelo altar, o sumo sacerdote trazia o bode escolhido para *azazel*, colocaria as mãos em sua cabeça e confessaria seus pecados, bem como os pecados do povo. Em seguida, o bode era levado para fora do acampamento e deixado vivo no deserto, levando todas as iniquidades do povo (Lv 16.20-22). No final da cerimônia, o sumo sacerdote tiraria as roupas sagradas e se banharia de novo (Lv 16.23,24).

---

[480] A palavra *azazel* aparece quatro vezes no AT, todas no capítulo 16 de Levítico. Não há consenso sobre o significado da palavra ou como a palavra deve ser traduzida. Para aqueles que entendem *azazel* como palavra composta das palavras *'ez* (bode) e *'azal* (ir embora), *azazel* significa "bode emissário" ou "bode expiatório". Nesse sentido, entende-se que o bode levava os pecados do povo para fora do acampamento. Outros entendem a palavra *azazel* como nome próprio, *Azazel*. No contexto de Levítico 16, a palavra aparece numa frase em que o nome Senhor também é usada (16.8). Para manter o "equilíbrio" da frase, um bode é para JAVÉ, e outro é para *azazel*. Uma vez que o bode para *azazel* era levado para o deserto, pensa-se que *azazel* era o nome de uma entidade espiritual, possivelmente um demônio (cf. Vaux, *Instituições...*, p. 545).

Apesar das incertezas sobre alguns aspectos do Dia da Expiação, o significado dos sacrifícios e dos ritos cerimoniais estava claro. Os pecados da nação e dos próprios sacerdotes exigiam atos especiais de expiação. Além disso, as consequências dos pecados do povo e dos sacerdotes deixavam o altar impuro e, por isso, inadequado como lugar de realizar a expiação porque, conforme Vaux, o altar era "um instrumento de mediação" entre Deus e o povo.[481] Não seria exagero dizer que, na mentalidade hebraica, as ofensas do povo e dos sacerdotes, ao serem "transferidas" para os animais sacrificados, "acumulavam-se" no altar, deixando o lugar onde a expiação era realizada "contaminado". Por isso, a expiação pelo altar era uma necessidade.

A expiação também era realizada pelos próprios sacerdotes. Os representantes de Deus na comunidade, os intermediários entre o Deus santo e o povo ímpio precisavam da mesma expiação do pecado que se exigia do povo. A lição deve estar clara. Deus não faz acepção de pessoas no que diz respeito ao pecado. Todos necessitam da misericórdia de Deus e de seu perdão.

Finalmente, o bode que era levado para fora do acampamento retrata de maneira gráfica a remoção do pecado do meio do povo. O bode que levava as iniquidades do povo era deixado vivo no deserto e nunca mais voltaria. Morria no deserto, carregando os pecados da nação. O simbolismo era poderoso. Podemos ver que faz parte da natureza de Deus oferecer a seu povo uma maneira de ver o que ele faz com o pecado. Deus desejava que o povo vivesse uma vida santa, separada para seu serviço, mas, quando o pecado deixava seus servos impuros, ele também oferecia uma solução ao dilema. A solução era a expiação.

O SISTEMA SACRIFICIAL E O ARREPENDIMENTO

À luz do papel dos sacrifícios expiatórios no sistema cultual de Israel, podemos dizer que havia a necessidade de arrependimento? Ou, do ponto de vista dos hebreus, os sacrifícios funcionavam sem arrependimento? À luz das agudas críticas dos profetas, especialmente os do século VIII a.C., a resposta é clara. A pregação dos profetas demonstraram uma atitude altamente crítica à maneira pela qual os sacrifícios estavam sendo oferecidos pela comunidade de Israel. Vamos considerar as seguintes declarações:

> *Ainda que me ofereçais sacrifícios com as vossas ofertas de cereais, não me agradarei deles; nem olharei para as ofertas pacíficas de vossos animais de engorda* (Am 5.22).

---

[481] Ibid., p. 452.

262   O DEUS DE ISRAEL

Pois quero misericórdia e não sacrifícios; e o conhecimento de Deus, mais do que os holocaustos (Os 6.6).

O Senhor pergunta: Para que me trazeis tantos sacrifícios? Estou farto dos holocaustos de carneiros e da gordura de animais de engorda. Não me agrado do sangue de novilhos, de cordeiros e de bodes (Is 1.11).

Os profetas evidentemente não confiavam na eficácia do sistema sacrificial quando era praticado por um povo infiel e não sincero. Os profetas entendiam que o propósito do sistema de sacrifícios não era efetuar uma expiação "mágica", sem arrependimento e contrição. Não era o sacrifício em si ou a cerimônia que fariam expiação, mas Deus fazia a obra. Sem misericórdia e justiça, sem o conhecimento de Deus e atitude de arrependimento, os sacrifícios não eram aceitos.

No livro de Levítico há poucas referências em que o ato de confissão e o sacrifício aparecem juntos. Vamos considerar a seguinte:

Quem for culpado numa dessas coisas, deverá confessar aquilo em que tiver pecado. E, como oferta pela culpa, levará ao Senhor uma fêmea de gado ovino ou caprino, uma cordeira ou uma cabrinha, como oferta pelo pecado que cometeu; e o sacerdote fará expiação do pecado em favor dele (Lv 5.5,6).

Não podemos dizer com clareza se o ato de confessar o pecado limitava-se a esse sacrifício ou se a confissão estava implícita em todos os rituais de sacrifício. Outra referência encontra-se na descrição da cerimônia de mandar o bode expiatório para o deserto no Dia da Expiação (Lv 16.20-22). O que podemos dizer é que, em alguns casos, o AT apresenta a necessidade de unir o arrependimento ao sacrifício. Talvez a passagem que mais claramente retrate esse aspecto seja o Salmo 51:

Pois não tens prazer em sacrifícios e não te agradas de holocaustos, do contrário, eu os ofereceria a ti. Sacrifício aceitável para Deus é o espírito quebrantado; ó Deus, tu não desprezarás o coração quebrantado e arrependido (v. 16,17).

Quando se fala de arrependimento no AT, a palavra principal que expressa essa ideia é *shub*,[482] que quer dizer "voltar". Essa é a palavra usada com mais frequência no AT para descrever o arrependimento porque expressa uma

---

[482] A palavra *naham*, muitas vezes traduzida por "arrepender-se", não é usada com frequência para falar de arrependimento de um erro. O termo *naham* normalmente se refere a sentimento de remorso ou mudança de mentalidade. V., p. ex., Jó 42.6.

mudança completa por parte do indivíduo. Arrepender-se, nesse sentido, era um ato mental que envolvia a vontade. Às vezes a palavra é traduzida por "converter-se", não no sentido de ser salvo, mas de mudar o comportamento. Foi nesse sentido que a palavra foi usada em Oseias 14.1: *Ó Israel, volta para o* Senhor, *teu Deus; porque tens caído pela tua maldade.*

Quanto à questão do vínculo entre arrependimento e perdão de Deus, consideremos a oração de Salomão:

> *Quando pecarem contra ti, pois não há ninguém que não peque, e ficares irado com eles e os entregares ao inimigo, que os leve prisioneiros para a sua terra, distante ou próxima; se eles caírem em si [shub], na terra para a qual foram deportados, e se arrependerem [shub] e lá orarem: "Pecamos, praticamos o mal e fomos rebeldes"; e se lá eles se voltarem [shub] para ti de todo o coração e de toda a sua alma, na terra dos inimigos que os levaram como prisioneiros, e orarem voltados para a terra que deste aos seus antepassados, para a cidade que escolheste e para o templo que construí em honra do teu nome, então, desde os céus, o lugar da tua habitação, ouve a sua oração e a sua súplica, e defende a sua causa. Perdoa o teu povo, que pecou contra ti; perdoa todas as transgressões que cometeram contra ti, e faze com que os seus conquistadores tenham misericórdia deles* (1Rs 8.46-50, NVI).

Nessa parte da oração, Salomão previu a época do exílio e pediu a misericórdia de Deus pelo povo caso voltasse para o Senhor. A condição para receber o perdão era a oração feita voltada para a cidade de Jerusalém (v. 48). Talvez houvesse, por inferência, o oferecimento de sacrifícios, mas pelo contexto a oração exigida seria feita fora de Jerusalém e do templo. Portanto, o oferecimento de sacrifícios seria improvável, senão impossível.

Podemos ver situação semelhante nos dias do profeta Jeremias. O profeta enviou uma mensagem por escrito ao povo de Jerusalém antes da queda da cidade, exortando-o a que se arrependesse como condição não somente de perdoar sua iniquidade, mas para evitar a "desgraça" do cativeiro:

> *Talvez, quando os da casa de Judá ouvirem a respeito de todas as catástrofes que pretendo causar-lhes, cada um se converta [shub] do seu mau caminho, e eu perdoarei a sua maldade e o seu pecado* (Jr 36.3).

Qual era então o valor dos sacrifícios, se os pecados podiam e podem ser perdoados por Deus mediante o arrependimento e a oração? Os sacrifícios apenas simbolizavam a expiação, ou exerciam um papel necessário para que houvesse a expiação? Em primeiro lugar, os sacrifícios representavam o preço que a pessoa tinha que pagar por seu pecado. Os escritores do AT entendiam o pecado como algo muito sério e o preço de sua remoção como algo muito caro. Para o infrator entender o alto custo do pecado e suas consequências, o sacrifício era necessário. Segundo, o derramamento de sangue satisfazia o justo requerimento de Deus em exigir a vida de um animal em troca da vida do ofensor. De acordo com Levítico 17.11, a vida do animal estava em seu sangue, e era o sangue que se aceitava para fazer a expiação pelo pecado. Portanto, podemos dizer que ambos — o sacrifício e o arrependimento — eram necessários para que a pessoa recebesse pleno perdão do pecado.

O significado teológico do sistema sacrificial

Deve estar claro que o sistema sacrificial apresentado no AT está carregado de sentido teológico. Vamos resumir aqui alguns dos principais aspectos teológicos.

O aspecto substitutivo

Um dos elementos mais importantes do sistema sacrificial certamente foi o aspecto substitutivo. O animal oferecido pelo ofertante era entendido como algo que servia para substituir a vida do ofertante. O ofertante, consciente de sua condição diante de Deus, trazia seu sacrifício ao sacerdote que estava no tabernáculo ou no templo. O sacerdote, depois de verificar o animal, aprovava o animal como sacrifício "justo", isto é, de acordo com as estipulações da lei. O ofertante matava o animal na presença do sacerdote, que recolhia o sangue do animal. O sangue representava a vida do animal e, por implicação, a vida do ofertante que o oferecia em seu lugar. Assim, o animal morria no lugar do ofertante a morte que este merecia. Se tudo era feito de acordo com a lei, o animal era aceito para expiação pelo pecado do ofertante.

O holocausto foi o símbolo da expiação do pecado pela graça de Deus. É possível dizer que, ao trazer o animal ao sacerdote para ser sacrificado, a pessoa confiava na misericórdia de Deus, que estabelecera a provisão de oferecer um animal para expiação do pecado do ofertante. A lei do livro de Levítico não nos informa a respeito da atitude necessária por parte do ofertante que trazia o sacrifício, mas entende-se que a participação pessoal do ofertante era parte não somente importante, mas necessária para a eficácia do sacrifício. O AT deixa claro que os sacrifícios de expiação não funcionavam independentes da participação espiritual e emocional por parte do ofertante. A participação do ofertante era demonstrada pela imposição das mãos na cabeça do animal oferecido (Lv 1.4). No caso de uma oferta pelo pecado, a lei exigia uma oferta de reparação e a confissão de pecado (Lv 5.5). Na ocasião de um sacrifício de comunhão, a lei especificava que o ofertante traria a oferta "com as próprias mãos" (Lv 7.30). A aceitação do sacrifício por Deus dependeria de duas condições principais: a obediência demonstrada pelo ofertante e o ato de aceitar o sacrifício por parte do sacerdote.

Pergunta-se: É possível dizer que o hebreu entendia o sistema sacrificial principalmente em termos "mecânicos", isto é, que os sacrifícios faziam a obra de expiação somente para o cumprimento legalista da lei? À luz das pregações dos profetas, talvez seja possível dizer que, ao longo da história, a confiança do povo estava depositada sobretudo no sistema, não em Deus. O profeta Amós, ao enfrentar as práticas religiosas do povo de Israel, lamentou sua condição espiritual ao cumprir as exigências da lei dos sacrifícios sem se preocupar com as questões mais sérias da lei, como as de justiça e retidão (Am 5.22-4). Oseias ecoou o mesmo sentimento (Os 6.6). A preocupação desses profetas e de outros não era a abolição do sistema sacrificial, mas a observância que incluía o reconhecimento da necessidade de viver de acordo com as obrigações da aliança, não somente de praticar as cerimônias religiosas.[483]

O aspecto propiciatório

Em algumas traduções da Bíblia em português, a expressão "fazer propiciação" é utilizada para traduzir o verbo hebraico *k¹par*, expiar.[484] O significado básico da palavra "propiciar" é "aplacar" ou "apaziguar". Descreve uma ação que pode incluir um sacrifício por parte de uma pessoa que visa aplacar a ira de outra, inclusive de Deus. Existem poucas referências no AT em que o objetivo de um sacrifício fosse aplacar ou suplicar o favor de Deus. Uma delas encontra-se em 1Samuel 13.12, em que Saul dá uma desculpa a Samuel por ter oferecido sacrifício diante de uma ameaça militar que enfrentara: *Agora os filisteus me atacarão em Gilgal, e eu ainda não busquei o favor do Senhor. Assim me senti pressionado e ofereci o holocausto.* Aqui a intenção de Saul é clara. Por meio do holocausto, ele queria suplicar o favor de Deus antes de entrar no campo de batalha. O profeta Malaquias criticou o povo de sua época por tentar satisfazer a exigência da lei oferecendo animais doentes: *E agora, sacerdotes, tentem apaziguar a Deus para que tenha compaixão de nós! Será que com esse tipo de oferta ele os atenderá?* (Ml 1.9, *NVI*).

---

[483] V., p. ex., Isaías 1.13-17.

[484] V., p. ex., Êxodo 30.32 e Levítico 16.17 na *ARA* ; e Êxodo 30.10 e Levítico 16.11 na *NVI*.

Os sacrifícios exigidos pela lei do AT tinham uma função propiciatória? Serviram para "aplacar" a ira de Deus contra Israel? A questão principal é se o AT ensina se Deus pode ser influenciado pelos sacrifícios oferecidos pelo povo. Smith, citando Vriezen, concluiu que a ideia de aplacar ou apaziguar a ira de Deus por meio de sacrifícios era uma crença mais popular do que bíblica.[485]

A manutenção e o restabelecimento da comunhão

A manutenção e o restabelecimento da comunhão era outro aspecto significativo no sistema sacrificial. Se uma das consequências do pecado era a alienação e a separação do indivíduo de Deus, a única maneira de restaurar essa comunhão era pela expiação do pecado. Por meio de sacrifícios e ofertas, Deus receberia o indivíduo de volta. As ofertas de cereais, ou de animais, também simbolizavam a participação espiritual da pessoa na vida com Deus. Os sacrifícios e ofertas podiam ser considerados um presente para Deus e dramatizavam a participação dinâmica do ofertante na vida com Deus. Por meio de sacrifícios e ofertas de comunhão, o ofertante reconhecia a necessidade de manter sua comunhão com Deus.

O aspecto restituitório

Em alguns casos, além de oferecer um sacrifício pelo pecado e pela culpa, o indivíduo teria que pagar uma restituição à pessoa ofendida por seu pecado (Lv 5.16; 6.5; 24.18; Nm 5.7,8). A restituição era um dever que a pessoa tinha para com o indivíduo e a comunidade. Se alguém ofendesse outra pessoa, tinha que restituir o prejuízo e pagar sua dívida com a sociedade. Disso resulta que a oferta ou o sacrifício não resolviam o caso por completo.

O SISTEMA SACRIFICIAL E A SALVAÇÃO

É possível dizer, à luz do AT, que o sistema sacrificial era o "meio" de salvação para o indivíduo? Em sua teologia, A. R. Crabtree tratou do sistema sacrifical aliado à salvação.[486] Para ele, os sacrifícios representavam parte do plano de salvação para Israel. À luz das declarações do escritores do AT, é difícil defender essa posição porque não existe vínculo explícito entre a expiação e o que o AT diz sobre a salvação. Portanto, devemos ter cautela em falar dos sacrifícios como meio de salvação. Oferecemos, porém, uma

---

[485] SMITH, *Teologia...*, p. 289-290.

[486] CRABTREE, *Teologia...*, p. 196-198.

ressalva. No contexto do AT, quem salva é Deus, e ele pode salvar o indivíduo ou o povo das consequências de seus pecados como e quando quiser, com ou sem sacrifícios.

Como definido neste trabalho, a salvação no AT consistia principalmente em Deus livrar seu povo de várias situações que lhes ameaçavam a vida, ou como indivíduos, ou como uma nação: perigos, doenças, morte, inimigos e calamidades. Certamente os escritores do AT entenderam o pecado como ameaça à vida do povo porque sempre trazia consequências ruins à nação. Uma vez que Deus sempre estava disposto a perdoar e restaurar, o povo confiava na possibilidade de salvação das consequências do pecado por causa do *hesed* de Deus. A isso se vincula a questão da expiação. O sistema sacrificial tratava da eliminação da culpa causada pelo pecado e do restabelecimento da comunhão com Deus, quando a pessoa podia experimentar novamente a alegria da salvação (Sl 51.12). Deus expiava o pecado mediante a obediência do ofertante. Como consequência da expiação, a barreira que separava o indivíduo de Deus era removida para que tivesse a comunhão restabelecida com Deus. A expiação no AT devia ser entendida principalmente como Deus resolvendo a questão do pecado.

Há referências específicas de momentos em que Deus "salvou" o povo do pecado, isto é, das consequências que o pecado havia trazido sobre a nação. Na época dos juízes, o povo reconheceu o erro de sua idolatria e clamou ao Senhor por livramento:

> *Ide e clamai aos deuses que escolhestes! Que eles vos livrem na hora da angústia!*
> *Mas os israelitas disseram ao Senhor: Nós pecamos. Faze tu conosco o que achares melhor, mas te suplicamos que nos livres hoje. Então se desfizeram dos deuses estrangeiros que havia entre eles e voltaram a cultuar o Senhor, que se moveu de compaixão por causa do sofrimento de Israel* (Jz 10.14-16).

A confiança que o povo tinha no poder e na vontade de Deus de perdoar e salvar pode ser vista nas petições que os salmistas apresentaram a Deus: Ó Deus da nossa salvação, ajuda-nos pela glória do teu nome; livra-nos e perdoa nossos pecados, por amor do teu nome (Sl 79.9). Em outro momento, o salmista clamou:

> *Perdoaste a maldade do teu povo; cobriste todos os seus pecados.*
> *Retraíste toda a tua fúria; refreaste o furor da tua ira.*
> *Ó Deus da nossa salvação, restabelece-nos e retira de nós a tua ira.*
> *Permanecerás para sempre irado contra nós? Estenderás tua ira a todas as gerações?*

Não tornarás a vivificar-nos, para que teu povo se alegre em ti?
Senhor, *mostra-nos teu amor e estende-nos tua salvação* (Sl 85.2-7).

Em sua confissão de pecado, Davi entendeu o vínculo entre pecado, perdão e sacrifícios, ao dizer:

Livra-me da culpa dos crimes de sangue, ó Deus, Deus da minha salvação! E a minha língua aclamará à tua justiça.
[...]
Os sacrifícios que agradam a Deus são um espírito quebrantado; um coração quebrantado e contrito, ó Deus, não desprezarás.
[...]
Então te agradarás dos sacrifícios sinceros, das ofertas queimadas e dos holocaustos; e novilhos serão oferecidos sobre o teu altar (Sl 51.14,17,19, *NVI*).

Podemos entender que os sacrifícios não se tratavam de um mecanismo automático para solucionar os problemas que o pecado trouxera à nação de Israel. Esperava-se por parte do ofertante uma demonstração de contrição e de arrependimento antes de dar sua oferta em sacrifício.

14.

O DEUS QUE É DIGNO DE LOUVOR: O CULTO NO AT

O que nós mais desejamos e buscamos é nosso objeto de adoração.

JOHN PIPER[487]

O nível mais alto de adoração bíblica é alcançado quando o homem [...] se apresenta firmemente diante de seu criador, juiz e salvador e responde em contemplação lírica à graça de vida que o sustém na aflição.

SAMUEL TERRIEN[488]

Grande é o Senhor, e ele merece ser louvado na cidade do nosso Deus, no seu santo monte.

SALMO 48.1

O ser humano, por natureza, é um ser religioso. Seu interesse nas coisas espirituais é evidente pelas práticas religiosas que fazem parte das culturas no mundo. O povo de Israel não foi diferente. O que o distinguiu dos demais povos não foi o fato de que praticava a adoração, mas, sim, o objeto e as características dessa adoração.

Definições de adoração e culto há muitas.[489] As mais abrangentes entendem a adoração como qualquer homenagem ou honra que uma pessoa presta a outra.[490] Outras destacam o aspecto piedoso da adoração. De acordo com William Dyrness, "adoração é a resposta que um coração que crê dá a

---

[487] Disponível em: <https://twitter.com/JohnPiperBR/status/247012154971131904>. Acesso em: 22 nov. 2013.

[488] TERRIEN, Samuel. *The Psalms and Their Meaning for Today*. Indianapolis: Bobbs-Merrill, 1952. p. 37.

[489] V., p. ex., as várias definições sugeridas em SHEDD, Russell. *Adoração bíblica*. São Paulo: Vida Nova, 1987. p. 9-12.

[490] V., p. ex., DAVIES, G. Henton, *IDB*, v. 4, p. 879.

Deus".[491] Quando se refere a algo pertencente ao contexto religioso, normalmente a adoração é o ato de reconhecer a grandeza, a majestade e o valor de Deus. Pode ser entendida como expressão externa da convicção interna de que Deus merece a adoração. No AT, o aspecto externo era representado por cultos, festas, sacrifícios realizados em lugares específicos designados para adoração como o templo, os altares etc. Esses aspectos externos, porém, não ocultaram o aspecto interno, isto é, a atitude interior do indivíduo no que diz respeito a seu relacionamento com Deus. Esses dois aspectos do culto de Israel estão evidentes na linguagem que o AT usa para descrever a adoração.[492]

A TERMINOLOGIA DE CULTO NO AT

A terminologia de culto e adoração no AT é rica. De acordo com G. Henton Davies, quando se fala da adoração no AT, dois verbos se destacam: *abad*, que normalmente é traduzido por "servir", e *shahah*, que se traduz por "prostrar-se."[493] Como verbo, *abad* pode referir-se ao ato de servir pessoas ou Deus ou o ato de trabalhar. Por exemplo, depois de criar o ser humano, Deus o colocou no jardim para lavrar ("servir", ±¹*bad*) o solo (Gn 2.15). Nesse sentido, *abad* foi um ato de "serviço" que o homem deu à terra. O verbo é usado para descrever o "serviço" que um indivíduo, servo ou escravo prestava a seu dono ou senhor (Gn 29.15).[494] Quando o verbo é usado no sentido de cultuar ou adorar, descreve um dos propósitos de Deus quando ele tirou o povo de Israel do Egito. Deus conduziria o povo ao deserto a fim de que prestasse culto a ele (Êx 3.12). Foi nesse mesmo sentido que Moisés usou *abad*, ao falar com o faraó sobre o motivo da saída do povo da terra do Egito (Êx 7.16). No livro de Salmos, *abad* pode referir-se ao culto oferecido a ídolos (Sl 97.7; 106.36) e a Deus (Sl 2.11; 100.2; 102.22). Em Isaías, é usado tanto para falar da adoração oferecida por outras nações (Is 19.21) como das nações que não servirão a Deus (Is 60.12).

Em alguns contextos, o verbo *abad* é usado com o verbo *yare*, normalmente traduzido por "temer".[495] Podemos ver seu uso no contexto de Deuteronômio:

---

[491] DYRNESS, *Themes...*, p. 143 (tradução nossa).

[492] Claus Westermann desenvolveu essa ideia de forma mais ampla: "A reação do homem é simplesmente o objetivo do falar e do agir de Deus [...] O homem reage normal e espontaneamente por exclamações de louvor, de agradecimento, por votos, por orações litúrgicas no templo (Saltério)" (WESTERMANN, *Fundamentos...*, p. 36).

[493] DAVIES, G. Henton, *Worship in the Old Testament, IBD.* v. 4, p. 879. A essas duas palavras, Smith acrescentou o verbo *sagad*, que se refere ao ato de se prostrar diante de uma imagem ou de uma pessoa (SMITH, *Teologia...*, p. 302).

[494] KAISER, *abad.* In: *DITAT*, p. 1065-1068.

[495] Cf. Deuteronômio 6.13; 10.12,20; Josué 24.14; 1Samuel 12.14,24.

Ó Israel, o que é que o Senhor, teu Deus, exige de ti agora, exceto que temas o Senhor, teu Deus, que andes em todos os seus caminhos e ames e sirvas o Senhor, teu Deus, de todo o coração e de toda a alma (10.12).

Em seu sentido básico, a palavra refere-se a uma emoção causada por medo. Quando é usada no contexto de culto e adoração, porém, o sentido é de reverência, respeito, piedade ou adoração formal.[496] O vínculo entre o temor a Deus e a adoração pode ser visto claramente na teologia de Deuteronômio. É nesse contexto que Josué exortou o povo de Israel após a conquista da terra a manter-se firme no compromisso de guardar a aliança:

Agora, temei o Senhor e cultuai-o com sinceridade e com verdade; jogai fora os deuses a que vossos pais cultuaram além do Rio e no Egito. Cultuai o Senhor (Js 24.14).

Mais tarde, depois da escolha de Saul como rei, Samuel exortou o povo a manter-se firme em sua convicção de servir e obedecer a Deus. Em seu discurso, Samuel vinculou o bem-estar do povo na terra diretamente à questão de temor, obediência e culto prestado a Deus:

Se temerdes o Senhor, e o servirdes, e atenderdes à sua voz, e não fordes rebeldes às suas ordens, e se tanto vós como o rei que reina sobre vós seguirdes o Senhor, vosso Deus, tudo vos irá bem (1Sm 12.14).

O outro verbo usado para expressar a adoração de Israel no AT é *shahah*, traduzido por "prostrar-se" ou "inclinar-se". A forma básica do verbo refere-se ao ato de um indivíduo inclinar-se ou prostrar-se diante de uma autoridade ou pessoa a quem deseja prestar homenagem. Exemplos incluem a homenagem que Abraão deu aos anjos que visitaram sua casa (Gn 19.1), o respeito que Moisés mostrou ao sogro (Êx 18.7), o ato de reverência de Josué (Js 5.14) e a honra que Rute demonstrou quando Boaz tomou conhecimento dela (Rt 2.10). Nesses casos, o ato de inclinar-se é um sinal de respeito e honra — não adoração no sentido de culto.

Quando *shahah* se refere à adoração que é oferecida a Deus, pode indicar um ato individual ou coletivo. Exemplos de atos individuais de adoração não são frequentes, mas significativos. Quando Abraão levou o filho Isaque ao monte Moriá, falou a seus servos: *Ficai aqui com o jumento; eu e o moço iremos até lá e, depois de adorar, voltaremos* (Gn 22.5). Atos individuais de culto às vezes estavam associados a situações de trama ou aflição: Quando Jó recebeu notícias

---

[496] V. artigo de Andrew Bowling, *yare*. In: *DITAT*, p. 654-657.

272 O DEUS DE ISRAEL

da perda de sua família, *rasgou o manto, rapou a cabeça, prostrou-se no chão, adorou* (Jó 1.20). Da mesma maneira, depois de ouvir que seu filho morrera, Davi *se levantou do chão, lavou-se, pôs óleo aromático e mudou de roupa; então entrou no santuário do SENHOR e adorou* (2Sm 12.20).

A palavra *shahah* também é usada pelos salmistas para convidar a congregação de Israel a participar em atos de adoração. No Salmo 29.2, lemos: *Tributai ao SENHOR a glória devida ao seu nome; adorai o SENHOR na beleza da santidade.* O contexto desse salmo foi certamente um culto realizado na área do templo e provavelmente fazia parte de uma celebração "coletiva" que envolvia todas as pessoas ali reunidas. Outros exemplos se encontram nos Salmos 66, 81, 95, 96, 99 e 132. Quando *shahah* se refere a um ato de adoração, às vezes é usado com o verbo *qadad*, normalmente traduzido por "curvar-se" ou "inclinar-se".

Quando o servo de Isaque soube que Rebeca era parente de *Abraão, ele inclinou-se e adorou o SENHOR* (Gn 24.26). Ao ouvir que o SENHOR "havia visitado" Israel em sua aflição no Egito, o povo se inclinou e adorou o SENHOR (Êx 4.31). Em alguns casos, *shahah* e *qadad* são usados para falar da adoração que pessoas ou o povo fizeram a ídolos e falsos deuses. Ao longo de sua história, Israel foi advertido de não curvar-se nem prestar culto aos falsos deuses dos povos ao redor.[497]

A adoração e o louvor que Israel oferecia ao SENHOR incluíam respostas verbais. Mencionamos aqui somente os verbos mais frequentes que descreveram tais respostas. O verbo *barak* descreve um tipo de resposta que os indivíduos e a congregação de Israel ofereceram a Deus. O termo *barak*, normalmente traduzido por "abençoar", é usado em contextos em que indivíduos "abençoam" o SENHOR, bem como em atos de adoração coletiva. Nos casos em que expressa uma declaração de adoração ou louvor, o verbo parece muitas vezes como particípio passado, traduzido por "bendito" ou "louvado", em português. Podemos ver exemplos como esse em vários textos.

O uso de *barak* como resposta dada a Deus incluiu respostas individuais e coletivas. Quando Moisés contou como JAVÉ agiu para libertar o povo de Israel dos egípcios, seu sogro Jetro declarou: *Bendito seja o SENHOR, que vos livrou da mão dos egípcios e do faraó, sim, que livrou o povo do domínio dos egípcios!* (Êx 18.10). Depois do nascimento de Obede, as mulheres da comunidade disseram a Noemi: *Bendito seja o SENHOR, que hoje não te deixou sem resgatador! Que o seu nome se torne famoso em Israel!* (Rt 4.14). É em Salmos, porém, que o verbo

---

[497] V., p. ex., Êxodo 23.24; Deuteronômio 4.19; 5.9; 2Reis 17.35.

barak aparece mais como exortação de adorar ao Senhor em culto coletivo e individual. Exemplos individuais em Salmos são frequentes[498] e podem ser expressões individuais no contexto da adoração coletiva. No Salmo 26.12, por exemplo, o adorador bendiz o Senhor na companhia da grande congregação. Mais comuns são expressões que se inserem no contexto da adoração coletiva. O aflito bendiz o Senhor por ter ouvido sua súplica quando ele levanta as mãos em direção ao santuário (Sl 28.6). Em outro momento, o adorador apresenta-se diante de Deus no templo, trazendo sacrifícios e bendizendo a Deus por ter ouvido suas súplicas (Sl 66.20).

O louvor é outra resposta que Israel deu ao Senhor. O verbo normalmente traduzido por "louvor" em português é *yadah*. De acordo com Ralph Alexander, esse verbo tem três usos principais no AT: 1) indica o "louvor" (honra, respeito) que uma pessoa dá a outra, como o "louvor" que os irmãos de Judá lhe dariam; 2) pode indicar confissão do pecado, como no Salmo 32.5;[499] 3) pode significar a proclamação dos atributos de Deus, normalmente no contexto de culto público,[500] mas pode incluir súplicas individuais no contexto do culto coletivo.[501] Em Salmo 138.2, a palavra *yadah* é usada com *shahah* e indica que o ato de louvar a Deus pode incluir o ato de prostrar-se em adoração.

Finalmente, consideramos o verbo *halal*, conhecido como a raiz da palavra "aleluia".[502] A palavra tem uma variedade de usos tanto seculares como religiosos.[503] Os usos seculares incluem o reconhecimento de belezas humanas (Gn 12.15; 2Sm 14.25) e o orgulho de um rei por seus armamentos (1Rs 20.11).[504] As ocorrências principais, porém, se encontram em Salmos e na obra do cronista.

Nos livros de Crônicas, o verbo é usado nas descrições das responsabilidades dos levitas. Os levitas tinham como tarefa *ministrarem diante da arca do Senhor, para celebrarem, agradecerem e louvarem* [*halal*] *ao Senhor, Deus de Israel* (1Cr 16.4). Descreve o propósito dos instrumentos musicais que Davi fez para culto público (2Cr 7.6). A maioria dos usos, porém, refere-se a expressões verbais e sonoras que o povo oferecia ao Senhor em cerimônias no templo.

---

[498] Salmos 16.7; 18.46[H47]; 28.6,9; 31.22; 34.1[H2]; 134.1,2,3; 145.1,2,10,21.

[499] V. tb. Levítico 5.5; Esdras 10.1; Neemias 1.6; 9.2,3.

[500] Exemplos em Salmos são frequentes. Mencionamos alguns aqui: 9.1[H2]; 18.49[H50];28.7; 30.4[H5]; 42.5[H6]; 71.22; 75.1[H2]; 89.5[H6]; 92.2; 100.4; 105.1; 106.1; 111.1; 122.4.

[501] V. p. ex., Salmo 28.7.

[502] Hempel, Johannes, Hallelujah. In: *IDB*, v. 2, p. 514.

[503] Cf. Coppes, Leonard J., *halal*. In: *DITAT*, p. 357-359.

[504] Em pelo menos uma ocorrência, na forma *hithpolel*, o verbo significa "agir como louco". V. 1Samuel 21.13.

274 O DEUS DE ISRAEL

Além dos cultos regulares realizados por Israel,[505] "aleluias" foram oferecidas quando Davi trouxe a arca da aliança para Jerusalém (1Cr 16.4) e quando Salomão trouxe a arca para o templo (2Cr 5.13).

À luz do vocabulário de adoração e culto do AT, podemos dizer algumas coisas preliminares sobre a natureza do culto do Israel antigo. Podemos dizer que incluía o ato de prostrar-se diante de Deus em reconhecimento de seu poder e soberania. O ato de inclinar-se diante de Deus não deve ser interpretado em termos meramente "espirituais", isto é, de "prostrar-se" somente em seu coração, sem realizar o ato de prostrar-se com o corpo todo. Adorar é também servir, isto é, obedecer e deixar de lado outros objetos de adoração. Não seria um exagero dizer que a vida toda pode ser um ato contínuo de adoração para aquele que fez um compromisso sincero com Deus. Como diz o *Shemá*: *Amarás o* SENHOR, *teu Deus, de todo o teu coração, com toda a tua alma e com todas as tuas forças* (Dt 6.5). O uso da voz, de instrumentos musicais e gestos com as mãos fazia parte dos atos de culto.

ASPECTOS HISTÓRICOS DO CULTO NO AT

A leitura do AT mostra claramente que o culto que os hebreus prestavam sofreu mudanças ao longo da história, tornando-se mais organizado e completo. É possível reconstruir uma parte dessa história, mas muitos aspectos simplesmente não podem ser reconstruídos. Claus Westermann fez um resumo, dividindo o culto de Israel em seis períodos: 1) o culto como patrimônio da humanidade, 2) o culto patriarcal, 3) o culto em Canaã, 4) o culto da monarquia, 5) o culto após a destruição do templo, 6) o culto na obra do cronista.[506] Nesta parte do trabalho, seguiremos uma ordem cronológica e temática, destacando os aspectos do culto nos vários períodos históricos de Israel.

"E edificou ali um altar ao SENHOR": o culto pré-mosaico

As narrativas bíblicas que tratam do período pré-mosaico não descrevem em detalhes a natureza do culto pré-mosaico. Isso não nos deve surpreender porque, em termos gerais, o propósito dessas narrativas não é tratar especificamente das questões litúrgicas. Qualquer informação sobre culto tem que ser extraída dos relatos dentro de seu contexto histórico e social.

A primeira indicação bíblica clara de que o ser humano praticava atos religiosos se encontra na narrativa de Caim e Abel (Gn 4.3,4). O texto não

---

[505] V., por exemplo, Salmos 111.1; 112.1; 113.1; 116.19; 117.1; 135.1;150.1-6.

[506] WESTERMANN, *Fundamentos...*, p. 207-213. V. tb. ROWLEY, H. H. *Worship in Ancient Israel: Its Form and Meaning*. Eugene, OR: Wipf & Stock, s.d.

oferece nenhuma explicação do motivo das ofertas ou da maneira pela qual os produtos foram preparados e oferecidos. A escolha dos produtos provavelmente foi determinada segundo a ocupação de cada ofertante. O texto identificou as duas ofertas pela mesma palavra original, *minha*. A origem dessa palavra não é bem conhecida, mas o consenso indica que se origina de um verbo que quer dizer "dar". Esse significado pode ser confirmado em textos em que *minha* refere-se a um presente que é oferecido a alguém, como em 1Reis 4.21[H5.1].[507]

Quando se refere a ofertas no livro de Levítico, *minµâ* normalmente se refere a uma oferta de cereais (Lv 2), mas, à luz de Gênesis 4.3,4, *minha* pode significar uma oferta de animais.[508] Nesse sentido, Bruce Waltke concluiu que a diferença entre as duas ofertas não pode ter sido pelo fato de Abel trazer uma oferta de sangue enquanto Caim só trouxe o "fruto da terra", porque, pelo uso da palavra *minha*, o motivo pelas ofertas era oferecer um presente a Deus.[509] Waltke apontou a intenção do escritor bíblico ao estabelecer o contraste entre Caim e Abel não somente no que se referia à qualidade das ofertas, mas também à atitude dos ofertantes. Abel *trouxe da gordura das primeiras crias de suas ovelhas*, indicando que havia trazido uma oferta de qualidade melhor que Caim, que simplesmente trouxera uma oferta. Mais importante, a qualidade das ofertas refletiu o caráter do ofertante. No contexto da narrativa, torna-se óbvio que a atitude de Caim não foi aceita por Deus e, por isso, sua oferta não era aceitável (Gn 4.7). De acordo com Waltke, "o caráter defeituoso de Caim o conduziu a um culto fingido".[510]

A primeira menção de um altar para a oferta de sacrifícios encontra-se em Gênesis 8.20. A ocasião foi a saída de Noé e de sua família da arca após o dilúvio. O motivo do ato de adoração não é mencionado no texto, mas supomos que tenha sido um ato de gratidão. Não há indicação de como os sacrifícios foram preparados, só que animais e aves limpos foram oferecidos (Gn 8.20). O fato de que Deus "sentiu o aroma suave" indica que o sacrifício foi aceito (Gn 8.21).

Evidências da prática de rituais religiosos aparecem com mais frequência nas narrativas patriarcais, mas ainda não é possível descrever de maneira completa a natureza do culto patriarcal.[511] Um elemento que se destaca nessas

---

[507] Cf. Carr, G. Lloyd, *mnh*. In: *DITAT*, p. 853-854.

[508] Cf. 1Samuel 2.12-17m em que as ofertas (*minha*) desprezadas pelos filhos de Eli incluíram animais.

[509] Waltke, Bruce K., Cain and His Offering. *Westminster Theological Journal* 48, 1986, p. 363-372.

[510] Ibid., p. 371.

[511] V. o ensaio de Wenham, *The Religion of the Patriarchs*, p. 161.

narrativas é a construção de altares em lugares onde Deus havia aparecido e comunicado uma revelação. De acordo com Gênesis 12.7, quando Abraão chegou à terra de Canaã, ergueu um altar para celebrar a epifania:

> Então o Senhor apareceu a Abrão e disse: Darei esta terra à tua descendência. E Abrão edificou ali um altar ao Senhor, que lhe aparecera.

O texto não oferece uma explicação extensa sobre a natureza ou o propósito do altar, mas sua conexão com a promessa de Deus não deve ser negligenciada. A terra em que Abraão então viveria ainda estava ocupada pelos cananeus (Gn 12.6), mas em algum ponto no futuro seria dada aos descendentes de Abraão. Portanto, talvez possamos concluir que o altar tivesse servido de "memorial" à promessa, um tipo de símbolo ou marca para indicar a "transferência" da terra dos cananeus aos hebreus. Tal conclusão pode explicar o motivo da construção do segundo altar no lugar conhecido como carvalhos de Manre (Gn 13.18). Após a separação entre Abraão e Ló, Deus reconfirmou a promessa de dar a Abraão e seus descendentes a terra de suas peregrinações (Gn 13.14-17), e, em resposta, Abraão ergueu um altar.

O altar que Abraão levantou em Gênesis 22 tem uma importância especial. Se os primeiros altares comemoraram a aparição de Deus a Abraão e a promessa de entregar a terra a seus descendentes, o altar em Gênesis 22 representa um ato de culto que demonstrou a suprema confiança de Abraão nas promessas de Deus. Obedecendo ao mandamento de Deus de oferecer em holocausto seu filho Isaque, Abraão prosseguiu até o lugar indicado onde ele construiu um altar e começou os preparativos para imolar Isaque (Gn 22.9). Deus interveio e impediu o sacrifício, declarando saber que Abraão lhe temia. O local recebeu o nome Jeová-Jiré, normalmente traduzido por "o Senhor proverá", mas essa tradução esconde o significado do nome que pode indicar o lugar onde Deus se manifestara.[512]

Tudo isso pode indicar a maneira pela qual Abraão viveu depois de sua chegada à terra de Canaã. Os lugares em que Abraão ergueu um altar representaram momentos-chave em sua vida e incluíram pelo menos um memorial de uma epifania (Gn 12.7). Isso não significa que em todos os lugares onde Deus apareceu foi edificado um altar, mas que, às vezes, o lugar de um

---

[512] A palavra "Jiré" que aparece no versículo 14 é a transliteração do hebraico para português da terceira pessoa do *qal* imperfeito do verbo "ver" (*yireh*). O verbo aparece no fim do versículo na terceira pessoa do singular do grau *nifal*, traduzido por "prover" na Almeida 21. A mesma forma se encontra em Êxodo 23.17, traduzida por "compadecer" na Almeida 21 e, em Deuteronômio 16.16, por "aparecer".

O DEUS QUE É DIGNO DE LOUVOR: O CULTO NO AT   277

santuário estava associado a uma manifestação de Deus na história humana. O ato foi repetido por Jacó durante sua fuga de Esaú. Ele viu a escada que subia ao céu, e o SENHOR estava presente.[513] Conforme o texto, no dia seguinte Jacó erigiu uma coluna com a pedra que usara como travesseiro e a ungiu com óleo (Gn 28.18). Na volta para a terra de Canaã, Jacó retornou a Betel, onde construiu um altar para celebrar a epifania (Gn 35.1-7). O que fica claro é que, nesses casos, os altares estavam associados a epifanias em que foram feitas promessas relacionadas à terra e a seus descendentes.

"Eles me farão um santuário": o tabernáculo

A mudança do lugar de culto dos israelitas de santuários relacionados a epifanias para um lugar fixo aconteceu durante a época do êxodo e do estabelecimento da aliança sinaítica. O primeiro santuário fixo foi o tabernáculo levantado no deserto do Sinai. O propósito do tabernáculo foi claramente declarado em Êxodo 25.8: *Eles me farão um santuário para que eu habite no meio deles*. Em comparação aos altares construídos durante a época patriarcal em que Deus apareceu aos antepassados em lugares diversos, aqui Deus se manifestaria ao povo no lugar que ele mesmo designara.

Construído pelo povo durante o período da peregrinação, o tabernáculo era um tipo de santuário necessariamente móvel porque havia sido projetado para ser levado com o povo durante a jornada até Canaã. Sem dúvida, o povo associou a presença de Deus com o monte Sinai, e essa tradição continuou até o período do NT.[514] A partir da "construção" do tabernáculo, porém, o SENHOR demonstrou de forma visível não somente sua capacidade, mas sua vontade de habitar no meio do povo e de acompanhá-lo em sua jornada até a terra que ele prometera dar-lhe.

Se o tabernáculo representou a presença real de JAVÉ no meio do povo, os móveis que acompanharam o tabernáculo serviram ao mesmo propósito.[515] Dois desses móveis se destacam: o altar do holocausto e a arca da aliança. O altar do holocausto foi colocado em frente da porta da tenda da revelação para servir como o lugar em que os sacrifícios de expiação eram queimados. A natureza essencial do altar pode ser entendida pela necessidade que o povo tinha de manter intacto seu relacionamento com JAVÉ. Em sua descrição do significado teológico do tabernáculo e função, Dennis Ol-

---

[513] É impossível determinar, na base do texto, se JAVÉ estava em cima da escada, como sugere a versão *Almeida*, ou se ele estava ao lado de Jacó, como traduzido na *NVI* e no *TANAK*.

[514] V., p. ex., Deuteronômio 33.2; Juízes 5.5; Neemias 9.13; Atos 7.30.

[515] Vaux disse que o altar era um sinal da presença divina (VAUX, *Instituições...*, p. 451).

son fez a seguinte pergunta: Como é que um Deus santo habita no meio de um povo pecador?[516] Como veremos, a expiação do pecado do povo se tornou um aspecto essencial do culto de Israel porque o Deus santo habitava no meio de um povo pecador. O altar do holocausto e as cerimônias pelas quais os sacrifícios vivos eram oferecidos a Deus representavam o justo requerimento de Deus para que o povo permanecesse em santidade e garantisse a permanência de Deus em seu meio.

O outro "móvel" essencial do tabernáculo era a arca da aliança. De acordo com Êxodo 25, a arca foi o primeiro móvel construído. Feito de madeira de acácia e revestido de ouro, a arca teve várias funções na história de Israel. Além de representar a presença de Deus no meio do povo (Nm 10.35,36), o "testemunho" da aliança foi colocado dentro da arca (Êx 25.16-21). Como símbolo da presença de Deus e arquivo do testemunho da aliança, a arca era o lugar no qual a expiação pelo pecado era feita no Dia da Expiação (Lv 16). Assim, o altar do holocausto e a arca de aliança "cooperaram" para o povo guardar na mente o preço que o pecado exigia e a misericórdia de Deus em aceitar o sacrifício de um substituto em lugar do transgressor.

"O local que o Senhor escolher": o templo

O tabernáculo teve um bom uso até que foi edificado o templo de Salomão. O templo repetiu a planta básica do tabernáculo e serviu ao mesmo propósito, isto é, representar a presença de Deus no meio do povo. Além de representar a presença de Deus, serviu para centralizar o culto de Israel numa terra em que lugares "não autorizados" eram utilizados no culto pagão. Como foi Deus quem escolheu o lugar da construção do templo (Dt 12.5), isso significou que Israel deveria se limitar a cultuar legitimamente Deus em apenas um lugar. A designação de um só lugar autorizado para realizar o culto visou regulamentar o culto quanto a sua forma e combater a ameaça de sincretismo, em busca de lugares "populares" para realizar atos de adoração. Outros lugares, normalmente designados "lugares sagrados", "altos" ou "altares idólatras" foram visitados para oferecer sacrifícios mesmo depois da época da conquista da terra. Essa prática foi severamente condenada e um dos motivos principais do juízo de Deus (2Rs 17.9-18). Um dos motivos principais pela censura dos reis de Israel e de Judá foi a aprovação, mesmo implicitamente, do uso dos altares nos lugares altos ou colinas (1Rs 13.33; 2Rs 21.3).

---

[516] Olson, Exodus, *Theological Biblical Commentary*, p. 39.

O papel do templo e o que o templo representava para Israel não devem ser subestimados. Existem várias razões para isso. Em primeiro lugar, foi considerado o lugar onde Deus estava na terra. Na ocasião da dedicação do templo de Salomão, enquanto os sacerdotes levavam a arca da aliança dentro do edifício, a nuvem encheu o lugar e os sacerdotes não podiam desempenhar o seu serviço, porque a glória do SENHOR enchia todo o templo (1Rs 8.11). O templo foi o lugar onde o SENHOR pôs seu nome (Dt 12.5,11,21; 14.23;16.2,11; 26.2; 1Rs 9.3) e aonde o povo se dirigia para ter um encontro com Deus.

Os salmistas também expressaram a teologia da presença de Deus no templo:

> SENHOR, eu amo a tua habitação e o lugar onde a tua glória reside (Sl 26.8).

> Ó SENHOR dos Exércitos, como os teus tabernáculos são amáveis! (Sl 84.1).

> Aleluia! Louvai o nome do SENHOR! Louvai-o, servos do SENHOR,
> vós que servis na casa do SENHOR, nos átrios da casa do nosso Deus (Sl 135.1,2).

Sendo o lugar onde Deus habitava, o templo foi considerado sagrado. O salmista escreveu: *Há um rio cujas correntes alegram a cidade de Deus, o lugar santo das moradas do altíssimo* (Sl 46.4). O acesso ao templo era restrito aos sacerdotes e levitas (1Cr 23.28-32; 28.13,21; 2Cr 23.6). Por causa da santidade do templo, havia um requerimento moral e ético para que os adoradores entrassem na área do templo. De acordo com o Salmo 15, que pode ser considerado uma liturgia de introdução, ao aproximar-se da área do templo para a participação no culto, o adorador perguntaria: *Senhor, quem habitará no teu santuário? Quem poderá morar no teu santo monte* (Sl 15.1, NVI)? A resposta do sacerdote seria: *Aquele que é íntegro em sua conduta e pratica o que é justo, que de coração fala a verdade* (Sl 15.2).

Em segundo lugar, uma vez que o templo era considerado a habitação do SENHOR na terra, vários salmos expressam o desejo de ir até esse local, de estar na casa de Deus, de "viver" na casa de Deus, de contemplar sua glória e de ter comunhão íntima com Deus. O desejo de aproximar-se de Deus foi um motivo forte para participar das festas realizadas em Jerusalém. Helmer Ringgren chamou a nossa atenção a estas passagens:[517]

> Alegrei-me com os que me disseram:
> Vamos à casa do SENHOR (Sl 122.1, NVI).

---

[517] RINGGREN, *The Faith of the Psalmists*, p. 3.

> *Uma coisa pedi ao Senhor; é o que procuro: Que eu possa viver na casa do Senhor todos os dias da minha vida, Para contemplar a bondade do Senhor e buscar sua orientação no seu templo* (Sl 27.4, NVI).

Comentando sobre essas passagens, Ringgren disse que o desejo de "viver na casa do Senhor todos os dias da minha vida" não pode ser interpretado literalmente porque ninguém morava no templo. Para ele, se trata de uma expressão da riqueza espiritual que o peregrino tinha quando participava no culto e encontrava uma expressão visual da santidade de Deus.[518]

Um terceiro aspecto do papel do templo foi proposto por Vaux. De acordo com Vaux, por ser o lugar de Deus na terra, o templo era um símbolo visível da eleição de Israel.[519] Porque Deus escolheu Jerusalém (Sl 132.13) e o templo foi construído nessa cidade, Deus ofereceu sua proteção à cidade em tempos de guerra. Certamente o salmista tinha a proteção de Deus em mente quando escreveu: *Do seu santuário te envie socorro e te sustente desde Sião* (Sl 20.2[H3]. O compromisso que o Senhor tinha com a cidade e seu templo provavelmente motivou o rei Ezequias a procurar a face de Deus quando o rei Senaqueribe e o exército assírio ameaçaram a cidade (2Rs 19.14). Nos dias de Jeremias, a confiança que Israel tinha na proteção do Senhor tornou-se um laço para o povo. Evidentemente, a população de Jerusalém imaginava que, enquanto o templo estivesse na cidade, Deus não deixaria que nada acontecesse a Jerusalém. Foi essa atitude que o profeta Jeremias condenou em seu sermão do templo:

> *Assim diz o Senhor dos Exércitos, o Deus de Israel: Endireitai os vossos caminhos e as vossas ações, e vos farei habitar neste lugar. Não confieis em palavras falsas, dizendo: Este é o templo do Senhor, templo do Senhor, templo do Senhor* (Jr 7.3,4).

O compromisso do Senhor com Jerusalém e com o templo permaneceu até a reedificação do segundo templo, nos dias de Zorobabel. Em sua mensagem sobre o templo de Zorobabel, Ageu fez alusão à retirada da glória (presença) de Deus do templo na época de Ezequiel (Ez 10.1-22) ao anunciar: *A glória deste novo templo será maior que a do primeiro* (Ag 2.9).

O templo em Jerusalém deu ao povo de Israel um lugar autorizado para realizar sua adoração na companhia de outras pessoas congregadas no local e sob a supervisão de sacerdotes e levitas. Tratava-se de um lugar separado exclusivamente para fins cultuais com o propósito de ser o lugar onde o povo

---

[518] Ibid.

[519] Vaux, *Instituições...*, p. 366.

podia focalizar a atenção unicamente em Deus. Os cultos no templo consistiram em uma maneira de fazer distinção entre o culto legítimo prestado ao Senhor e os atos e objetos de adoração presentes nos povos pagãos ao redor.

"Três vezes por ano celebrarão": o calendário litúrgico hebraico

O culto de Israel também foi determinado pelo calendário. O consenso de opinião acadêmica é que os dias de festa no Israel antigo estavam vinculados ao calendário agrícola. De acordo com Brueggemann, as festas hebraicas não representavam uma novidade em Israel, mas foram adaptações de festas que faziam parte do calendário agrícola.[520] Conforme essa ideia, as festas dos pães sem fermento, da Páscoa, dos primeiros frutos, dos tabernáculos etc., originalmente eram festas agrícolas vinculadas às colheitas, organizadas em torno das atividades agrícolas dos hebreus. Quando a aliança foi estabelecida, essas festas receberam uma ênfase religiosa e se tornaram mais do que um simples momento para se alegrar por causa de uma boa safra. Tratava-se de uma oportunidade para agradecer a Deus pela colheita. A ênfase nas festas estava no compromisso de o povo estar presente para cultuar a Deus.[521]

A festa da Páscoa e dos pães sem fermento era realizada no início do ano do calendário agrícola, que correspondia à primeira safra de grãos. Recebeu uma nova ênfase depois do êxodo e se tornou uma festa em comemoração à libertação dos hebreus da escravidão. A igreja posteriormente deu uma nova ênfase à festa da Páscoa, comemorando a ressurreição de Jesus Cristo. A festa dos primeiros frutos (semanas, primícias ou segas) acontecia depois da colheita do trigo, e uma parte da safra era oferecida ao Senhor em gratidão pelas bênçãos da colheita. A festa das primícias coincide com o dia de Pentecostes. A última festa principal era a festa dos tabernáculos ou "cabanas" ou "tendas" (que traduzem a palavra hebraica *sukkah* melhor que tabernáculos[522]) e que coincidia com a última colheita do final de ano, a colheita das uvas e das azeitonas (azeite de oliva). O nome "tabernáculos" provavelmente se refere às barracas ou tendas de ramos que eram erguidas nos campos durante a época da colheita.[523] Além dessas festas principais, Vaux nos chamou a atenção para

---

[520] Brueggemann, *Worship*..., p. 12. V. tb. Vaux, *Instituições*..., p. 506-511, 521-542.

[521] Ibid., p. 13.

[522] As traduções em português variam de versão para versão. Por exemplo, em Levítico 23.34, a *ARA* e a *ARC* usam a palavra "tabernáculos" enquanto a *NVI* usa "cabanas". Em Neemias 8.14, porém, a *ARA* e a *ARC* preferem "cabanas", ao passo que a *NVI* usa "tendas".

[523] Vaux, *Instituições*, p. 537.

282   O DEUS DE ISRAEL

as festas que ele identificou como "posteriores". O autor incluiu as festas do Dia de Expiação,[524] Purim[525] e Hanucá[526] nesta categoria.[527]

Qual foi o significado das festas para o culto de Israel? Em termos gerais, podemos identificar alguns significados principais. Em primeiro lugar, as festas ofereciam ao povo oportunidades para apresentar-se diante de Deus. Se a adoração é o reconhecimento em atos e atitudes de que Deus merece honra e adoração, então haveria a necessidade de demonstrar de forma prática em momentos específicos durante o ano. Outro aspecto que nem sempre é reconhecido é que o SENHOR, como soberano criador do universo, tem o direito de organizar a agenda de seu povo. Nesse sentido, as festas podem ser entendidas como *pars pro toto*,[528] isto é, dias específicos que devem ser observados como o reconhecimento da soberania do SENHOR sobre o calendário e a vida diária. Finalmente, celebrar periodicamente a graça e a misericórdia de Deus por meio das festas foi o meio de Israel relembrar o que o SENHOR fizera (Dt 26). As festas deram uma oportunidade para que o povo expressasse sua gratidão pela providência de Deus durante o ano. Apresentar-se diante de Deus no templo, com os primeiros frutos da terra, era uma maneira prática de demonstrar essa gratidão.

"Lembra-te do dia de sábado": o sábado como pars pro toto

O calendário hebraico incluiu um dia da semana que nós conhecemos como o sábado.[529] Ainda não há consenso sobre a questão da raiz da palavra, mas há consenso sobre seu significado. O verbo *shabat*, quando é usado no contexto da observância semanal, significa "descansar", mas o sentido básico é de "interromper" ou "dar cabo de".[530] Entre acadêmicos, havia tentativas de associar o sábado hebraico a dias análogos na Mesopotâmia,[531] mas essa associação é complicada e não fecunda por falta de evidência concreta.[532]

---

[524] O Dia da Expiação foi tratado anteriormente.

[525] Purim é o nome dado a uma festa que comemora a vitória dos judeus sobre seus adversários no livro de Ester. Não há indicação de que esta festa foi celebrada antes durante a história de Israel registrada no AT.

[526] Por não ser uma festa no AT, não será tratada aqui.

[527] VAUX, *Instituições...*, p. 543-553.

[528] Parte por todo.

[529] *Shabat*, no hebraico.

[530] HAMILTON, Victor P. *shabat*. In: *DITAT*, p. 1521. V. tb. MORGENSTERN, *Julian, Sabbath*. In: *IDB*, v. 4, p. 135-141.

[531] MORGENSERN adotou essa posição. V. *IDB*, v. 4, p. 135.

[532] V. explicação em VAUX, *Instituições...*, p. 513-516.

O DEUS QUE É DIGNO DE LOUVOR: O CULTO NO AT   283

Como Hamilton sugeriu, o mais importante é o significado *teológico*, não a etimologia.[533] Segundo os Dez Mandamentos, o sábado era e ainda é o dia da semana em que o hebreu deveria parar todas as atividades para refletir principalmente na criação (Êx 20.11) e na libertação que Deus operara na passagem pelo mar (Dt 5.15). Entendido assim, o sábado era o dia designado para a reflexão "teológica" sobre aquilo que Deus fez quando criou o mundo e libertou o povo do Egito.

Hamilton identificou mais dois significados *teológicos*: o seu aspecto "social ou humanitário" e o sábado como sinal da aliança.[534] O aspecto social visava ao descanso físico tanto para seres humanos como animais (Êx 20.10; Dt 5.14). Como sinal da aliança, a lei do sábado faz parte do Decálogo, e sua observância era esperada para que Israel mantivesse seu vínculo com o SENHOR como o Deus da aliança (Êx 31.16; Dt 5.12). O profeta Jeremias reconheceu a importância da observância do sábado como uma condição para a cidade de Jerusalém permanecer e prosperar (Jr 17.19-27). Essa referência levou J. A. Thompson a concluir que a observância do sábado era tão importante como as demais proibições no Decálogo (não furtar, não matar, não adulterar, ou dar falso testemunho), porque fazia parte da lei da aliança. Para ele, "a obediência à lei da aliança foi obediência ao SENHOR".[535] Ele entendeu a lei do sábado como *pars pro toto*, em que a observância ao sábado representava a obediência a toda a lei.[536]

O significado do sábado como sinal entre o SENHOR e Israel tornou-se um elemento-chave durante o exílio na Babilônia. Na ocasião da reunião dos anciãos na casa de Ezequiel, o profeta proferiu esta mensagem: *Também lhes dei os meus sábados, para servirem de sinal entre mim e eles; a fim de que soubessem que eu sou o SENHOR que os santifica* (Ez 20.12). O profeta comunicou que, do ponto de vista de Deus, a falta da observância dos sábados, aliado à idolatria e à infidelidade, tornou-se o motivo para o exílio (Ez 20.23,24). Na época da restauração, o sábado seria um dos dias-chave para culto em Jerusalém (Ez 46.1,4,12).

Como as festas podem ser interpretadas como evidência da soberania de Deus sobre o calendário hebraico, o sábado pode ser interpretado como

---

[533] HAMILTON, p. 1522.

[534] Ibid. Vaux também reconheceu o aspecto humanitário (VAUX, *Instituições...*, p. 517-518).

[535] THOMPSON, J. A. *The Book of Jeremiah*. Grand Rapids: Eerdmans, 1980. p. 69.

[536] Ibid., p. 69-70. V. tb. discussão sobre o papel do sábado na época de Neemias em WRIGHT, Jacob L. *Rebuilding Identity: The Nehemiah-Memoir and Its Earliest Readers*. Berlin: Walter de Gruyter, 2004. p. 231, nota 31.

O DEUS DE ISRAEL

pars pro toto quando se fala da semana hebraica. Normalmente designado a "lei do sábado", o quarto mandamento do Decálogo trata dos setes dias da semana: *Seis dias trabalharás e farás o teu trabalho* (Êx 20.9). Apesar de o sétimo dia ser o ponto focal do mandamento, incluía também uma orientação sobre os demais dias.

"Quando alguém trouxer um animal": os sacrifícios

O significado dos sacrifícios já foi apresentado em outra parte deste trabalho. Aqui, vamos destacar o papel dos sacrifícios no culto que Israel prestava a Deus. Brueggemann notou que o culto em Israel sempre envolveu algo de valor *material* oferecido ao Senhor.[537] Como o ponto central do culto no AT era o reconhecimento e a celebração da presença do Deus santo no meio do povo, os sacrifícios tinham um papel-chave no culto de Israel porque representavam a maneira pela qual a expiação era concedida. Em termos gerais, os sacrifícios envolviam tanto o ofertante como o sacerdote. Para quem precisava oferecer um holocausto, o ofertante trazia um animal sem mancha para ser queimado. O animal seria oferecido em lugar do ofertante, e era um sacrifício irrevogável (Lv 1.1-4). Em outros casos, havia sacrifícios que eram ofertas de comunhão, ofertas pacíficas etc. Nesses casos, o adorador separava uma parte do sacrifício para o sacerdote e, às vezes, dependendo do tipo de sacrifício, o próprio adorador participava com o sacerdote numa refeição de comunhão na presença de Deus, no tabernáculo ou no templo.

Os sacrifícios e as ofertas serviam a três propósitos principais: expiação, comunhão e celebração.[538] Os sacrifícios de expiação visavam preservar a santidade do povo, eliminando a culpa de seu pecado. As ofertas de comunhão visavam o reconhecimento de que o indivíduo fazia parte de um povo separado para Deus e que a vida na presença de Deus envolvia a pessoa toda — coração, alma e forças. As ofertas de gratidão punham o ofertante diante do Senhor como aquele que é o autor da vida e que supre as necessidades de seu povo. Como disse Brueggmann, ofertar algo ao Senhor "vincula o ofertante ao Senhor".[539]

Para o leitor moderno que talvez pense que as práticas de culto no AT não têm aplicação na vida moderna, as cerimônias e os rituais hebraicos podem servir para refletir sobre que resposta oferece a Deus. No AT, as festas,

---

[537] Brueggmann, *Worship*..., p. 20.

[538] Vaux e Brueggmann classificaram os sacrifícios como: dom (presente), comunhão e expiação (Vaux, *Instituições*..., p. 489-491; Brueggmann, *Worship*..., p. 20-21).

[539] Brueggmann, *Worship*..., p. 20.

os dias e os sacrifícios serviam para levar o indivíduo para mais perto de Deus em reconhecimento de seu poder e autoridade sobre a vida. Ao final deste capítulo, ofereceremos alguns linhas mestras que vinculam o culto de Israel à Igreja.

SALMOS E O CULTO NO AT

Dificilmente podemos tratar a questão de culto e adoração no AT sem considerar o papel do livro de Salmos. O fato de o Saltério fazer parte do culto realizado no Israel antigo é evidente tanto pelos títulos de alguns salmos quanto pela linguagem de adoração de que os salmistas fizeram uso. Isso também é evidente no uso da linguagem do Saltério por compositores clássicos e contemporâneos. Muitos exemplos podem ser citados, mas talvez a letra de Francisco de Assis seja suficiente aqui:

> Vós, criaturas de Deus Pai, todos erguei a voz, cantai:
> Aleluia! Aleluia![540]

A letra do hino baseia-se no Salmo 150 e demonstra como o livro de Salmos influencia até hoje a adoração da Igreja cristã.

O estudo do livro e sua relação com o culto hebraico têm uma longa história, e não há espaço aqui para traçá-la adequadamente. Em termos acadêmicos, a questão foi tratada no século passado principalmente por Hermann Gunkel[541] e Sigmund Mowinckel.[542] O ponto focal do trabalho de Gunkel foi o estudo do gênero literário dos salmos. Sua identificação literária ainda é usada em obras mais recentes.[543] O trabalho de Mowinckel deu ênfase à situação de vida em que os salmos foram escritos e usados. Especificamente, tentou vincular alguns salmos a cerimônias religiosas babilônicas de entronização em que a deidade era "colocada" anualmente no trono. A influência de Mowinckel ainda permanece, mas algumas de suas conclusões já foram questionadas em obras mais recentes, especialmente suas ideias sobre a influência babilônica nos salmos.[544] Mais recentemente, avaliações do papel

---

[540] Francisco de Assis. Trad. Isaac Nicolau Salum et al. Vós, criaturas de Deus Pai. In: *Hinário para o culto cristão*. Rio de Janeiro: Juerp, 1990. Número 224.

[541] *Einleitung in die Psalmem*. Göttingen; Vandenhoeck & Ruprecht, 1933. Referências a esta obra serão feitas da tradução em inglês, 4ª edição.

[542] *Psalmenstudien*. Kristiania: J. Dybwad, 1923.

[543] V., p. ex., Otto Eissfeldt, *The Old Testament: An Introduction*.

[544] V. análise de Gunkel, *Introduction...*, p. 66-81, e Vaux, *Instituições...*, p. 540-542.

dos salmos à teologia do AT foram oferecidas por Gerhard von Rad[545] e Hans-Joachim Kraus.[546] Além de estudos técnicos e acadêmicos, obras populares e devocionais se multiplicaram.

Nesta parte, vamos considerar o que os salmos podem revelar sobre a natureza do culto no Israel antigo. Existem várias maneiras de apresentar o conteúdo teológico dos salmos e seu vínculo com o culto de Israel. Escolhemos seguir aqui uma organização literária e temática, embora o limite de espaço não permita uma exposição completa dos vários gêneros literários identificados no Saltério. Trataremos de três gêneros que representam algumas das características principais da vida cultual de Israel: os hinos, as lamentações e os salmos de ação de graças. Comecemos pelos hinos.

Os hinos: o culto teocêntrico

Os hinos no livro de Salmos não são a maioria, mas certamente estão entre os mais influentes, tanto em termos de uso no culto quanto por seu papel em uma TAT.[547] Um hino é uma composição lírica que expressa a adoração do adorador dirigida ao Senhor. Além da adoração, Gunkel incluiu nessa expressão entusiasmo, reverência, louvor e exultação.[548] Esses elementos são evidentes nos vários hinos do Saltério. Mencionamos aqui somente alguns exemplos, começando pelo Salmo 100.

O Salmo 100 é reconhecido como hino de louvor e convite à adoração a Deus.[549] Esse salmo destaca-se tanto pela simplicidade de linguagem como pela profundidade de suas expressões teológicas. Comentando sobre o conteúdo deste salmo, John I. Durham disse que "a combinação de mandamento e testemunho que aparece [...] está entre as mais impressionantes e notáveis do Saltério".[550] O salmo é um convite para entrar na presença do Senhor com a única intenção de adorá-lo. A linguagem conduzia os adoradores até os átrios do templo em Jerusalém, onde podiam contemplar a grandeza de Deus e oferecer-lhe uma resposta.

---

[545] Von Rad, TAT, p. 345-395.

[546] *Theologie der Psalmen*. Neukirchen-Vluyn: Neukirchener Verlagsgesellschaft, 1979. As referências à obra de Kraus são feitas aqui da edição em inglês.

[547] Em sua introdução ao livro de Salmos, Gunkel começou pelos hinos (*Introduction...*, p. 22-65).

[548] Ibid., p. 47.

[549] Parte deste capítulo apareceu em outras publicações pelo autor. V. <http://www.revistatheos.com.br/Artigos%20Anteriores/Artigo_01_05.pdf> e Landon Jones, Salmo 100 e a teologia de culto. *Revista Teológica*: Faculdade Teológica Batista de São Paulo, São Paulo, ano 4, n. 5, 2008. p. 30-39.

[550] Durham, Psalms, p. 373.

O ponto focal do salmo está no versículo 3. Depois de oferecer um convite universal para "todos os habitantes da terra", o salmista conduz os adoradores à presença de Deus (v. 2). Na presença de Deus, diz: *Sabei que o Senhor é Deus! Foi ele quem nos fez, e dele somos; somos seu povo e rebanho que ele pastoreia* (100.3). Nesse versículo, o salmista exortou os adoradores a reconhecerem que o Senhor é o Deus de Israel e que Israel pertence a ele.

Na base dessas duas expressões de louvor e adoração, podemos ver claramente que o culto de Israel representado nos salmos era *teocêntrico*. Tudo que se fazia e falava tinha como centro a crença de que somente o Senhor é Deus e não há outro. O elemento teocêntrico é apresentado de maneira verbal e estrutural no Salmo 100.

Universalmente classificado como hino, o Salmo 8 destaca-se pela repetição do refrão que se encontra nos versículos 1 e 9[H2 e 10]: *Ó Senhor, nosso Senhor, como teu nome é magnífico em toda a terra!* O refrão envolve o salmo. Assim, o conteúdo do salmo está relacionado à introdução e à conclusão. Na introdução, o leitor imediatamente encontra o *Senhor*, cujo nome ou presença domina a criação. À luz do poder e da soberania de Deus, o salmista reflete sobre sua posição diante do Deus supremo:

> *Quando contemplo os teus céus, obra dos teus dedos, a lua e as estrelas que estabeleceste, que é o homem, para que te lembres dele? E o filho do homem, para que o visites?* (Sl 8.3,4[H4,5]).

O salmista conclui que, mesmo sendo "pequeno" diante da criação, recebe de Deus uma responsabilidade para com a terra e seus habitantes. Mesmo não podendo entender sua posição por completo, termina sua reflexão chamando atenção novamente para a majestade de Deus, o criador do universo.

A teocentricidade da adoração de Israel está implícita nos hinos que oferecem um convite universal para adorar o Senhor. O Salmo 96 declara:

> *Cantai um cântico novo ao Senhor, cantai ao Senhor, todos os moradores da terra.* [...] *Porque o Senhor é grande e digno de ser louvado, mais temível do que todos os deuses* (Sl 96.1,4).

A soberania do Senhor sobre tudo que existe é reconhecida pelos salmistas, especialmente em frases como:

> *Porque o Senhor altíssimo é tremendo, é o grande Rei sobre toda a terra* (Sl 47.2[H3])

> *Pois sei que o Senhor é grande e que o nosso Senhor está acima de todos os deuses* (Sl 135.5).

> *Grande é o Senhor e digno de ser louvado; a sua grandeza é incompreensível* (Sl 145.3).

As características e ações de JAVÉ na linguagem dos hinos também refletem a teocentricidade dos salmistas. Ele é louvado porque é o Deus eterno, e seu reino é eterno (Sl 9.7; 29.10; 102.12; 146.10). O poder e a glória de Deus são alvos de louvor (Sl 63.2[H3]), bem como sua misericórdia, compaixão, fidelidade e o seu amor (Sl 138.2; 145.8). Porque o amor (*hesed*) de JAVÉ dura para sempre, essa característica se tornou o refrão do Salmo 136.

As lamentações: petição e confissão

De acordo com Gunkel, as lamentações ou "cânticos individuais de queixa" "formam o "material básico" do Saltério".[551] As lamentações podem ser consideradas expressões individuais ou coletivas de angústia, aflição, doença ou perda na vida humana. No AT, as lamentações são identificadas principalmente por sua estrutura e por seu conteúdo.

Certamente não existia uma fórmula única a ser seguida pelos salmistas quando escreviam lamentações, mas existem elementos na estrutura das lamentações que podem ser identificados. Normalmente, as lamentações começam por uma invocação. Em alguns casos, a invocação é simplesmente o nome "SENHOR", que aparece no início do salmo.[552] Em outros, a invocação é mais longa e pode incluir um pedido por parte do salmista.[553] Queixas e reclamações dirigidas a Deus faziam parte das lamentações. Os salmistas reclamavam da opressão dos inimigos (Sl 3.1[H2], das obras dos ímpios (Sl 5.5[H6] e de doença acompanhada pelo desânimo (Sl 6.2,3[H3,4]). No Salmo 38, o salmista reconheceu que sua doença era consequência de seu pecado (Sl 38.3-5).[554] As queixas levavam os salmistas a suplicar a Deus que atuasse para resolver o problema. Em alguns momentos, pediam a salvação de Deus e a derrota dos inimigos (Sl 3.7[H8]; 7.6[H7]). Em outros, o salmista pedia a orientação de Deus por causa dos inimigos (Sl 5.8[H9]) ou salvação de uma doença fatal (Sl 6.4[H5]). Finalmente, as lamentações podem incluir confissões de fé em Deus. É frequente encontrar expressões de confiança no poder de Deus para agir em favor do salmista e de livrá-lo do perigo que enfrentava.[555]

---

[551] GUNKEL, *Introduction...*, p. 122.

[552] V. Salmos 3.1[H2]; 6.1[H2]; 7.1[H2].

[553] V. Salmos 4.1[H2]; 5.1[H2]; 10.1.

[554] O sofrimento (físico?) também é apresentado como consequência do pecado no Salmo 32.3-5.

[555] V. outros exemplos em Salmos 3.8[H9]; 7.17[H18]; 28.7,8; 35.27,28; 56.10,11[H11,12]; 57.7-11[H8-12]; 63.11[H12]; 64.10[H11]; 69.34-36[H35-37]; 70.4[H5]; 71.22-24; 86.10-12; 109.30,31; 130.7,8; 140.12,13[H13,14].

A fim de ilustrar como forma e linguagem "cooperam" nos salmos de lamentação, consideremos o Salmo 13:

> *Até quando, SENHOR? Tu te esquecerás de mim para sempre? Até quando esconderás o rosto de mim?*
> *Até quando relutarei dia após dia, com tristeza em meu coração? Até quando o meu inimigo se exaltará sobre mim?*
> *Atenta para mim, ó SENHOR, meu Deus, e responde-me. Ilumina meus olhos para que eu não durma o sono da morte,*
> *para que meu inimigo não diga: Prevaleci contra ele, e meus adversários não se alegrem com a minha derrota.*
> *Mas eu confio na tua misericórdia; meu coração se alegra na tua salvação.*
> *Cantarei ao SENHOR, porque ele me tem feito muito bem.*

Nesse Salmo, podemos ver os quatro elementos mencionados que compõem a estrutura "genérica" das lamentações. O salmista invocou o SENHOR e apresentou sua queixa diante de Deus (v. 1,2). Depois, suplicou ao SENHOR que respondesse à sua queixa, desejando que seus olhos fossem iluminados (v. 3). A lamentação termina com a declaração que expressa a confiança do salmista no amor e na salvação que ainda lhe seriam demonstrados (v. 13.5). Por esse motivo, cantaria ao SENHOR por todo o bem recebido (v. 13.6).

Quando consideramos o papel da lamentação no culto público, surge a questão do uso do "eu" nestes salmos. As lamentações devem ser interpretadas como expressões individuais por parte do adorador ou devem ser entendidas como expressões coletivas em que o "eu" se refere à nação de Israel? No século passado, o consenso de opinião acadêmico foi que o "eu" se referia à nação, não ao indivíduo. Estudos mais recentes, porém, mostram razões para o uso pessoal das lamentações que podem ser classificadas como individuais.[556] Sobre esse aspecto, Ringgren ofereceu um argumento que buscava o equilíbrio e o meio-termo. Conforme o autor, em várias lamentações há uma falta de definição clara por parte do salmista a respeito do motivo de queixa, isto é, o salmista não identifica a natureza específica do problema enfrentado. Por isso, nesses casos, a tese que respalda o indivíduo perde força. O autor não negou o uso pessoal das lamentações, mas concluiu que, como forma literária específica, as lamentações podem apresentar de maneira estereotípica as queixas individuais.[557]

---

[556] Cf. EISSFELDT, *The Old Testament...*, p. 115. Em sua discussão, Eissfeldt usou o termo "lamentações individuais", indicando sua posição segundo a qual essa forma foi usada por um israelita como expressão pessoal.

[557] RINGGREN, *The Faith...*, p. 61.

290   O DEUS DE ISRAEL

Ringgren também encontrou um elemento teocêntrico nas lamentações. Ele disse: "É Deus — não o homem — o foco de interesse do salmista".[558] Segundo o autor, há vários casos de teocentricidade nas lamentações. Quando o salmista pede socorro a Deus, por exemplo, baseia seu pedido na possibilidade de que outros se decepcionem com Deus se este não age para salvá-lo: *Não fiquem frustrados por minha causa os que esperam em ti, ó* SENHOR, *Deus dos Exércitos; não passem vexame por minha causa os que te buscam, ó Deus de Israel* (Sl 69.6[H7]). Comenta Ringgren: "Aqui o salmista se preocupou principalmente pela glória de Deus e de maneira secundária por sua própria salvação". Aspectos teocêntricos podem ser vistos no Salmo 79, quando o salmista apela por ajuda e perdão do SENHOR com base na glória do nome do SENHOR: *Ó Deus da nossa salvação, ajuda-nos pela glória do teu nome; livra-nos e perdoa nossos pecados, por amor do teu nome* (Sl 79.9).[559]

Ringgren identificou o que o leitor dos salmos pode ver mediante uma leitura cuidadosa. No caso do Salmo 57, o elemento teocêntrico é evidente na queixa que o salmista apresentou diante de Deus: *Misericórdia, ó Deus; misericórdia, pois em ti a minha alma se refugia. Eu me refugiarei à sombra das tuas asas, até que passe o perigo* (Sl 57.1, NVI). Estando o salmista em tempo de perigo, ele procurou a salvação no único Deus capaz de salvar, confiante que Deus agiria em seu favor, cumprindo seu propósito na vida do salmista:

> *Clamarei ao Deus altíssimo, ao Deus que tudo executa por mim.*
> *Ele enviará seu auxílio do céu e me salvará. Envergonhará meu opressor.*
> *Deus enviará sua misericórdia e sua verdade* (Sl 57.2,3).

O elemento teocêntrico nessa lamentação recebeu ainda mais destaque no refrão que se repete duas vezes. Confiante na salvação que Deus enviaria, o salmista expressou seu louvor: *Sê exaltado, ó Deus, acima dos céus! Sobre toda a terra esteja a tua glória* (Sl 57.5).

À luz da linguagem individual que se encontra em muitas lamentações e do fato de que algumas são claramente coletivas,[560] dificilmente podemos negar o uso pessoal das lamentações chamadas individuais, mesmo no contexto cultual. A presença de linguagem "estereotípica" nessas composições não anula o elemento pessoal; aliás, possibilita o uso em situações comuns na vida dos seres humanos. Quando a linguagem "genérica" de lamentações e

---

[558] Ibid., p. 27.

[559] Ibid., p. 29.

[560] V., p. ex., o Salmo 79. Eissfeldt identificou alguns exemplos no Saltério: 44; 50; 74; 79; 80; 83; 89. (EISSFELDT, *The Old Testament*..., p. 112). Compare com a classificação e descrição de GUNKEL, *Introduction*..., p. 82-98.

seu elemento teocêntrico eram unidos, o adorador encontrava um veículo que podia ser apropriado em várias situações da vida. Como expressa o Salmo 31:

> Ó SENHOR, mas eu confio em ti e digo: Tu és o meu Deus.
>
> Meus dias estão nas tuas mãos; livra-me das mãos dos meus inimigos e dos que me perseguem.
>
> Faze o teu rosto resplandecer sobre o teu servo; salva-me por tua bondade (Sl 31.14-16).

Ação de graças: louvor e atividade

Um dos elementos do culto de Israel era agradecer a Deus por sua bondade e salvação na vida do indivíduo e da nação. Os salmos de ação de graças consistiram em um meio linguístico para o israelita expressar isso. A ação de graças como parte da atividade cultual antecipa o estabelecimento do culto regulamentado pela aliança do Sinai. Talvez tenha servido de motivação a Caim e especialmente a Abel no sentido de ofertar os frutos de seu trabalho (Gn 4.3,4). A ação de graças certamente estava implícita no sacrifício que Noé ofereceu depois de sair da arca (Gn 8.20).

Salmos classificados como de ação de graças combinam os aspectos de louvor e atividade por parte do adorador e podem envolver atividades coletivas e individuais.[561] As expressões "ação de graças" ou "gratidão" são usadas para traduzir a palavra hebraica *todah*, que pode se referir aos sacrifícios de ação de graças.[562] Assim, é bem provável que a ação de graças no contexto cultual de Israel incluísse a atividade de oferecer sacrifícios ao SENHOR.

O Salmo 116 é um exemplo de salmo de ação de graças. Começa pelo reconhecimento por parte do salmista de que Deus ouvira sua súplica. A situação específica do salmista não é identificada além de dizer: *Os laços da morte me cercaram; as angústias do Sheol se apoderaram de mim; sofri tribulação e tristeza* (116.3). Como resposta à misericórdia que o SENHOR lhe mostrara, o salmista declara suas intenções:

> Tomarei o cálice da salvação e invocarei o nome do SENHOR.
>
> Cumprirei meus votos ao SENHOR, na presença de todo o seu povo.
>
> A vida dos seus seguidores é preciosa aos olhos do SENHOR.
>
> SENHOR, sou teu servo; sou teu servo, filho da tua serva; tu me livraste das minhas cadeias.
>
> Eu te oferecerei sacrifícios de ação de graças e invocarei o nome do SENHOR.
>
> Cumprirei meus votos ao SENHOR, na presença de todo o seu povo,

---

[561] Eissfeldt dividiu salmos de ação de graças em cânticos coletivos e individuais (EISSFELDT, *The Old Testament...*, p. 120-124).

[562] V., p. ex., Levítico 7.12,13,15; 22.29; 2Crônicas 29.31; 33.16.

292   O DEUS DE ISRAEL

nos átrios da casa do Senhor, no meio de ti, ó Jerusalém! Aleluia! (Sl 116.13-19).

A linguagem do salmista não nos permite saber se ele ofereceu ação de graças antes de ter seu pedido atendido, ou se agradece na plena confiança de que o Senhor, ao ouvir sua súplica (116.1), responderia a ela. O que se destaca, entre outras coisas, é o elemento teocêntrico do salmo.

Duas características principais podem ser vistas nesses salmos. A primeira é a *teocentricidade* demonstrada principalmente pela repetição do nome Senhor. Comentando sobre a linguagem empregada nesses salmos, Gunkel disse: "Senhor é uma palavra indispensável na introdução".[563] O uso "obrigatório" do nome Senhor pode ser visto na introdução de vários salmos de ação de graças.[564] Foi ao Senhor que o salmista ofereceu gratidão porque foi dele que o adorador recebeu uma resposta. A segunda característica é a *ação* que o salmista executa como resposta à súplica. As respostas podiam ser simples, como um cântico (Sl 18.49; 30.12; 66.17), ou um ato de culto público (118.26), ou sacrifícios e ofertas na presença de Deus no templo (116.13-17).

Além dos salmos designados como de ação de graças, podemos ver evidências de gratidão que fazem parte de vários gêneros de salmos, especialmente as lamentações. O Salmo 26 é um exemplo de como a lamentação, a ação de graças e o culto se uniram em Israel. Nessa lamentação, o adorador participa em um culto na área do templo. Ele pede uma justificação, pois sua vida é exemplar (26.3-5). O salmista declara sua inocência e aproxima-se do altar cantando hinos de gratidão (*todah*). No Salmo 42, o adorador relembra quando podia acompanhar a multidão em direção a Jerusalém para cultuar ao Senhor; suas memórias tornam-se um desejo ardente de retornar aos átrios do Senhor:

> *Assim como a corça anseia pelas águas correntes, também minha alma anseia por ti, ó Deus!*
> *Minha alma tem sede de Deus, do Deus vivo; quando irei e verei a face de Deus?*
> *[...]*
> *Derramo a minha alma dentro de mim, ao lembrar-me de como eu guiava a multidão em procissão à casa de Deus, com gritos de alegria e louvor, multidão em festa* (Sl 42.1,2,4).

---

[563] Gunkel, *Introduction...*, p. 201.
[564] V., p. ex., Salmos 18.1; 30.1[H2]; 34.1[H2]; 40.1[H2]; 41.1[H2]; 92.1[H2]; 100.1; 107.1; 118.1.

Tudo isso indica que, para o hebreu, o culto era uma atividade que envolvia todo o ser. Não seria exagero dizer que, para o hebreu piedoso, viver era cultuar, e cultuar era viver.

O CULTO NO AT E A IGREJA

O que a igreja pode aprender do culto antigo em Israel? Deve ser óbvio que muitas das práticas de culto no Israel antigo não são repetidas na igreja contemporânea, nem devem ser. Isso não quer dizer, porém, que a igreja pode simplesmente dispensar o conteúdo cultual do AT. Nesta parte, vamos apresentar brevemente algumas aplicações que podem ser tiradas do tratamento teológico do culto em Israel.

Em primeiro lugar, o culto era uma expressão pública do reconhecimento da presença de Deus no meio de seu povo. A alegria de Israel no culto estava na certeza da presença de Deus. Para o hebreu, adorar a Deus era entrar em sua presença. Os elementos físicos — o tabernáculo, o altar, a arca — simbolizavam essa presença. Hoje, a igreja conta com a presença de Deus em Jesus Cristo por meio do Espírito Santo que dá testemunho juntamente com o nosso espírito de que somos filhos de Deus.

Segundo, o AT nos ensina que os sacrifícios e as ofertas eram essenciais no culto a Deus. Como atos que operavam a expiação e mantinham a comunhão, os sacrifícios e as ofertas ensinavam a necessidade de manter vivo o vínculo com Deus. Os sacrifícios abriam o caminho para a reconciliação com Deus. Os que sacrificavam, praticavam a humildade e a obediência que Deus exige. No ato de sacrificar, a pessoa reconhecia que a expiação do pecado só se encontra em Deus. A expiação do crente também depende de um sacrifício — o próprio Deus se sacrificou para nos salvar, como escreveu o autor bíblico: *Sem derramamento de sangue não há remissão* (Hb 9.22, *NVI*).

Terceiro, o culto de Israel dava muita ênfase à necessidade de santificação e purificação. Os sacerdotes e levitas tinham que manter suas vestes e vida limpa de qualquer contaminação. O crente hoje que deseja participar plenamente das bênçãos de Deus no culto deve se interessar pela questão da pureza e da santificação.

Quarto, o culto em Israel era uma celebração alegre. O salmista disse: *Alegrei-me quando me disseram: Vamos à casa do Senhor* (Sl 122.1). Havia cânticos, orações, leituras, música e até danças. Tudo isso nos ensina que viver na presença de Deus deve nos proporcionar uma alegria que o mundo não conhece.

A vida do cristão deve ser caracterizada por essa alegria, mesmo quando passa por dificuldades.

Quinto, o culto em Israel estava regulamentado pelo calendário. Nos dias de festa religiosa, todos tinham a obrigação de participar do culto. Fazia parte dos deveres do israelita. No NT, a carta de Hebreus relembra os membros da igreja de que não deviam abandonar a congregação, isto é, os cultos em comunidade. A adoração conjunta é uma premissa na Igreja cristã.

Finalmente, o culto em Israel era um culto de participação. O povo tinha que participar. O hebreu não entrava nos átrios do Senhor para ser apenas um espectador. Ele participava individual e coletivamente. A participação do crente em Cristo na adoração ao Senhor não deve ter um padrão inferior. A nova vida em Cristo exige a nossa participação.

15.

O DEUS QUE DECLARA SER BOM: A ÉTICA E A MORALIDADE NO AT

Vivemos um período em que as referências para julgar e avaliar, as coordenadas para situar parecem ter enfraquecido ou se dissolvido.[565]

LUCIANO ZAJDSZNAJDER

O que é ética para você pode não ser para mim. A ética é abstrata.[566]

SENADOR LOBÃO FILHO

Ele mostrou a você, ó homem, o que é bom e o que o SENHOR *exige: Pratique a justiça, ame a fidelidade e ande humildemente com o seu Deus*

MIQUEIAS 6.8

Hoje em dia, as questões da ética e da conduta humana são cada vez mais importantes. As prateleiras de livrarias e bibliotecas estão carregadas de livros que tratam de família, sexualidade, meio ambiente, bioética e demais assuntos que podem ser agrupados sob o título "ética". O motivo aparente dessa produção literária é a preocupação com a situação em que o mundo e as sociedades se encontram. O alvo é chegar a uma solução para os problemas, ou pelo menos a uma definição adequada.

Definir ética e moralidade hoje em dia pode ser um desafio. Em um mundo influenciado pelo pós-modernismo, as questões da ética e da moralidade são consideradas, às vezes, assuntos vinculados ao relativismo cultural. De acordo com Harry Gensler, o relativismo cultural:

---

[565] *Ser ético no Brasil*. 3. ed. Rio de Janeiro: Gryphus, 1999. p. 12.

[566] Disponível em: <http://www.estadao.com.br/noticias/nacional,o-que-e-etica-para-voce-pode-nao-ser-para-mim-a-etica-e-abstrata-diz-lobao-filho,1060902,0.htm>. Acesso em: 26 fev. 2014.

> [...] defende que o bem e o mal são relativos a cada cultura. O "bem" coincide com o que é "socialmente aprovado" numa dada cultura. Os princípios morais descrevem convenções sociais e devem estar baseados nas normas da sociedade.[567]

A ideia de relativismo cultural na formulação dos princípios éticos e na resolução de dilemas morais deve ser um problema para aqueles que aceitam o valor das Escrituras como fator principal para o estabelecimento de normas que regrem o comportamento ético e moral. Em termos gerais, aceitar a Bíblia como guia para a formulação de princípios éticos é dizer que existe uma autoridade "supracultural" válida em qualquer época ou cultura para o estabelecimento de normas morais.

O problema para a igreja é acentuado quando consideramos as formulações morais e éticas no AT. Nesta teologia entendemos que, para a Igreja, o AT é somente parte do registro da revelação divina e, por isso, tem que ser interpretado com essa perspectiva. A questão principal é: Até que ponto o AT deve ser utilizado para estabelecer a ética e a prática moral da Igreja? Nesta parte do trabalho, vamos tentar responder a essa questão.

A ÉTICA E A VIDA MORAL NO AT

A ética, no sentido abrangente, é uma disciplina que procura descrever os costumes e as normas de conduta que orientam nossas respostas às situações da vida. Normalmente diz respeito àquilo que devemos fazer em situações que exigem uma decisão moral. O que nos aconteceria se tivéssemos de depender apenas do AT para tomar decisões éticas?

No AT, o agente da ética é sempre o ser humano. É o indivíduo que deve pôr em prática a ética estipulada pelo texto bíblico. A história da revelação nos mostra que Deus usou o ser humano porque foi criado à imagem e semelhança de Deus. Como visto anteriormente, uma das implicações da criação do ser humano é que ele é o representante de Deus na terra portanto, tem uma responsabilidade para com seu próximo, com sua comunidade e com o mundo. Assim, somente o ser humano tem a capacidade de implantar um sistema de ética no mundo.

No AT não é possível falar de um "sistema" de ética implantada na sociedade hebraica. O que podemos dizer é que no AT encontramos linhas mestras que nos permitem identificar os elementos gerais do pensamento ético dos hebreus. Vamos começar pelas características de uma ética do AT.

---

[567] GENSLER, Harry. *Ethics: A Contemporary Introduction*. London: Routledge, 1998. p. 11.

AS CARACTERÍSTICAS BÁSICAS DE UMA ÉTICA HEBRAICA

Uma ética teocêntrica

Reconhecemos, como é o caso de todo o estudo teológico do AT, que não encontramos no AT uma descrição organizada e sistemática da ética hebraica. O que encontramos são orientações de natureza religiosa provenientes dos encontros entre o SENHOR e o povo em vários contextos. Por isso, podemos dizer, em termos gerais, que a ética hebraica é *teocêntrica*, isto é, centrada na pessoa e na natureza de Deus. De acordo com Christopher Wright, no AT "a ética é fundamentalmente *teológica*".[568] Toda a vida hebraica era entendida como algo sujeito à soberania de Deus. Essa posição é claramente vista em passagens confessionais como o *Shema'*:

> Ouve, ó Israel: O SENHOR, nosso Deus, é o único SENHOR.
> Amarás o SENHOR, teu Deus, de todo o teu coração, com toda a tua alma e com todas as tuas forças (Dt 6.4,5).

A base da ética hebraica era o reconhecimento de que Deus é supremo na vida humana e, por isso, o comportamento humano deveria estar em conformidade com sua vontade. No *Shema'*, essa conformidade deveria ser demonstrada principalmente na expressão do amor a Deus.

Uma ética definida pela aliança

Além disso, a ética hebraica estava *definida pela aliança*. A vida individual e comunitária do povo de Israel no AT estava organizada no contexto de um relacionamento estabelecido pela aliança e definida pela *Torá*. O povo eleito, que aceitara a aliança com Deus, recebeu leis que orientavam a vida da comunidade. Essa orientação, definida principalmente pela lei, tinha base no amor que devia motivar a obediência às leis.

Uma vida separada

Uma terceira característica da ética hebraica pode ser vista no requerimento do povo em *manter-se santificado com a separação* dos demais povos. A aliança estabelecia um relacionamento santo entre Israel e o SENHOR:

> Agora, portanto, se ouvirdes atentamente a minha voz e guardardes a minha aliança, sereis minha propriedade exclusiva dentre todos os povos, porque toda a terra é minha; mas vós sereis para mim reino de sacerdotes e nação santa (Êx 19.5,6a).

---

[568] *OT Ethics...*, p. 23. V. tb. ROUTLEDGE, *Old Testament...*, p. 239.

A santificação do povo no AT era primeiramente a separação do povo para um Deus santo. Portanto, tratava-se de uma santificação *derivada*, ou seja, resultado de um relacionamento com o Deus santo, não como produto de "autossantificação" por cumprimento de leis. Em termos cronológicos, o povo tornou-se santo quando aceitou as condições propostas pelo Senhor na aliança, ou seja, antes de cumprir as leis. A separação que a santificação exigia pode ser vista na maneira pela qual as leis da *Torá* estavam formuladas:

> *E não imitareis os costumes dos povos que expulso da vossa presença, porque eles praticaram todas essas coisas, e tive repugnância deles. Mas eu vos digo: Herdareis a terra deles. Eu a darei a vós como propriedade; uma terra que dá leite e mel. Eu sou o Senhor vosso Deus, que vos separei dos outros povos* (Lv 20.23,24).

Uma ética responsável

Uma característica da ética hebraica consistia nas *responsabilidades sociais* que o hebreu assumia como membro da comunidade da aliança. A vida orientada de acordo com a aliança implicava uma ética marcada pela responsabilidade que o indivíduo tinha para com seu próximo e o serviço que devia à sociedade em termos gerais. Essa dupla responsabilidade ética está claramente apresentada nas páginas do AT; por exemplo, a lei exigia uma atitude de respeito mútuo entre as pessoas:

> *Não te vingarás nem guardarás ódio contra gente do teu povo; pelo contrário, amarás o teu próximo como a ti mesmo. Eu sou o Senhor* (Lv 19.18).

> *Se vires extraviado o boi ou a ovelha do teu próximo, não serás omisso em relação a eles; tu os reconduzirás sem falta ao teu próximo. E se teu próximo não morar perto de ti, ou não o conheceres, tu os levarás para tua casa e ficarão contigo até que ele venha procurá-los; então os devolverás* (Dt 22.1,2).

Essas leis falam da responsabilidade ética que a aliança impôs sobre o indivíduo e que deveria ser obedecida em espírito de amor.

A ética do AT implica também uma atitude de serviço. O indivíduo deve procurar o bem-estar do próximo e do mundo em que vive. Foi isso que Deus exigiu de Israel na aliança (Êx 19.5,6). O chamado para entrar em aliança, que incluía um chamado para ser nação santa e sacerdotal, exigia serviço. Não se tratava, porém, de serviço apenas aos irmãos israelitas. A ética do AT também focava o serviço aos gentios.

O DEUS QUE DECLARA SER BOM: A ÉTICA E A MORALIDADE NO AT 299

Eu, o Senhor, te chamei em justiça; tomei-te pela mão e guardei-te; eu te fiz mediador da aliança com o povo e luz para as nações; para abrir os olhos dos cegos, para tirar da prisão os presos e do cárcere os que habitam em trevas (Is 42.6,7).

A passagem refere-se a uma das declarações dos profetas quanto ao serviço que o povo israelita devia prestar. O povo da aliança fora chamado para ser servo, não somente do próximo, do irmão, mas das nações em redor.

Uma ética realista

Podemos dizer que o AT tinha uma visão realista da ética por causa da natureza pecaminosa do ser humano. O AT descreve o pecado como "errar o alvo", isto é, não cumprir o propósito de Deus. Pecar é rebelião contra os desígnios de Deus e a escolha de outro caminho para viver. A compreensão da natureza do pecado tem implicações claras para a ética e para a moralidade. Uma vez que o pecado era uma condição humana universal, haveria erro, violência e injustiça na vida humana. O "remédio" para esse mal foram os sacrifícios de expiação, que serviam para eliminar a culpa do pecado e restaurar o relacionamento correto do homem com Deus e seu compromisso de praticar a ética exigida por esse relacionamento.

Uma ética do reino

Finalmente, o alvo da ética no AT era o reino de Deus. Isso não quer dizer que pelas ações éticas os hebreus instaurariam o reino de Deus, mas que o reino de Deus fora caracterizado, entre outras coisas, por uma vida ética que refletia a vontade de Deus. Deus esperava uma vida ética de seu povo como "reino de sacerdotes e nação santa". Israel deveria ter uma vida diferente em meio às nações, uma vida que refletisse os valores divinos codificados nas leis.

Uma ética do reino também visava ao futuro de Israel. O interesse no bem-estar dos demais povos do mundo pode ser visto em vários momentos da história do povo de Israel, começando pelo chamado de Abraão: *Abençoarei os que te abençoarem e amaldiçoarei quem te amaldiçoar; e todas as famílias da terra serão abençoadas por meio de ti* (Gn 12.3).

Apesar do fato de que essa passagem não trata especificamente do estabelecimento do reino de Deus, aponta para o alvo ao qual Deus chamou Abraão. O interesse de Deus quando chamou Abraão ia muito além de sua família e da própria nação de Israel. Deus tinha como objetivo estabelecer um povo que seria um instrumento de transmissão de suas bênçãos para o mundo. Podemos ver isso na visão do profeta Isaías. O profeta entendeu que não somente a nação de Israel, como também todas as nações, receberiam os benefícios de uma ética implantada nos últimos dias:

> *Ele julgará entre as nações e será juiz entre muitos povos; e estes converterão as suas espadas em lâminas de arado, e as suas lanças, em foices; uma nação não levantará espada contra outra nação, nem aprenderão mais a guerra* (Is 2.4).

A ÉTICA À LUZ DA TORÁ

O Decálogo

A importância do Decálogo para a ética já foi tratada. Nas palavras de Hans Reifler, "O Decálogo é a *moldura* do bem".[569] O fato de o Decálogo anteceder as demais leis, tanto no livro de Êxodo como no livro de Deuteronômio, enfatiza sua importância na formação da aliança. À luz de sua posição, podemos dizer que toda a ética do AT baseava-se nos Dez Mandamentos porque trata tanto do relacionamento entre o indivíduo e a nação com Deus quanto com o próximo. Em termos de estrutura, normalmente se reconhece que o Decálogo se divide em duas partes principais: 1) os quatro primeiros mandamentos, designados "verticais", porque tratam da responsabilidade para com Deus, e 2) os últimos seis mandamentos, designados "horizontais", porque tratam da responsabilidade para com o próximo.[570]

Os mandamentos "verticais"

A base de uma ética elaborada à luz do Decálogo está no reconhecimento de que somente o Senhor é Deus: *Não terás outros deuses diante de mim* (Êx 20.3, NVI). O Senhor tirou o povo da servidão do Egito com o propósito de formar uma nação santa e sacerdotal que reconheceria a soberania divina em tudo, inclusive no que se referia ao direito de orientar a vida dos hebreus nos detalhes.

O segundo mandamento proíbe a criação de imagens. A adoração a Deus deve ser pura, baseada na pessoa de Deus, não em imagens que os homens possam fazer. A ética do AT está enraizada no reconhecimento da natureza espiritual de Deus e, por isso, a necessidade de adorá-lo de forma pura. O Deus verdadeiro é quem deve ser adorado, não um deus de fabricação humana.

---

[569] *A ética dos Dez Mandamentos*. São Paulo: Vida Nova, 2007. p. 42.

[570] V., p. ex., Von Rad, *Teologia...*, p. 189. Autores mais recentes também seguem essa divisão. Cf. House, *Teologia...*, p. 140, e Merrill, *Teologia*, p. 330-331.

O terceiro mandamento fala da necessidade de levar a sério o compromisso com Deus; por isso, proíbe o uso indevido do nome de Deus. Tomar o nome de Deus em vão significa, entre outras coisas, dizer que se assumirá um compromisso, mas não cumpri-lo. No contexto da formação da aliança, significava chamar-se o povo de Senhor, mas não viver de acordo com suas orientações e não levar a sério as responsabilidades impostas pela aliança.

O quarto mandamento, às vezes chamado de lei do sábado, reflete o direito que tem o Senhor de impor limitações e obrigações sobre o uso do tempo. Portanto, não dizia respeito ao sábado somente, mas também aos outros seis dias, ou seja, as atividades realizadas nos demais dias deviam respeitar a autoridade de JAVÉ. Deus tinha o direito de orientar a vida de seu povo todos os dias.

Esses quatro mandamentos refletem a responsabilidade do indivíduo em reconhecer a soberania de Deus, adorá-lo e reverenciá-lo, levando a sério seu compromisso com ele todos os dias da vida. Formam a base para os mandamentos posteriores.

Os mandamentos "horizontais"

Os demais mandamentos falam da responsabilidade para com o próximo, começando pela estrutura familiar. A família era considerada a base da sociedade, e, por isso, o bem-estar da sociedade estava relacionado com o bem-estar da família. Honrar pai e mãe significava levar a sério a responsabilidade para com a família e reconhecer que existia uma hierarquia de autoridade. Está implícito neste mandamento o reconhecimento de ordem e autoridade na sociedade. Merrill entendeu a autoridade familiar como representação da autoridade divina. Ao tratar da posição dos pais na sociedade, escreveu: "Na hierarquia da criação, eles representavam a autoridade divina e, portanto, deviam ser reverenciados como se o Senhor estivesse sendo avaliado através da atitude deles".[571] O indivíduo que não respeitava as autoridades familiares dificilmente respeitaria outras autoridades, quer Deus, quer autoridades estabelecidas por ele.

Alguns dizem que o sexto mandamento implica a santidade da vida humana, mas talvez seja melhor dizer que afirma o valor da vida humana. Na visão dos autores do AT, a posição do ser humano entre os demais seres viventes sempre foi reconhecida. O homem foi criado à imagem de Deus e ocupa uma posição um pouco abaixo de *elohim* (Sl 8.5[H7]). Por isso, o

---

[571] Merrill, *Teologia*, p. 334.

Decálogo exigiu que a vida humana fosse respeitada. Sua posição entre os demais seres criados, porém, não impediu uma decisão por parte de Deus de exigir a pena de morte em casos específicos. Não há contradição em Deus dizer *Não matarás* e, em outras situações, mandar matar. Uma vez que Deus é o autor da vida, ele tem o direito de tirar a vida. Se ele a dá, tem o direito de tirá-la. Às vezes, delegou esse direito a seu povo porque uma das características da ética hebraica era que o ser humano pusesse em prática as decisões tomadas por Deus.[572]

A proteção da pureza sexual da família e principalmente a pureza do casamento é o tema do sétimo mandamento: *Não adulterarás*. Esse mandamento está vinculado à preservação da estrutura da integridade familiar e, por implicação, da sociedade. Uma sociedade dificilmente perseveraria na integridade se seus membros não fossem íntegros no que diz respeito ao compromisso conjugal. A infidelidade conjugal pode ser tanto a causa de infidelidade na sociedade como um reflexo das atitudes da sociedade.

O oitavo mandamento, *Não furtarás*, defende o direito de possuir propriedade. O mandamento não se limita ao crime de furto, mas estende-se ao direito de o indivíduo ter posses protegidas pela sociedade.

O mandamento *Não dirás falso testemunho* trata da obrigação de falar a verdade e tinha como objetivo principal o testemunho no tribunal. O indivíduo não devia dizer alguma coisa falsa dentro do tribunal que prejudicasse outra pessoa. No sentido mais amplo, impunha a obrigatoriedade de falar a verdade em todos os contextos da vida. Uma sociedade não pode funcionar corretamente quando a mentira e a falsidade fazem parte da vida cotidiana.

Finalmente, *Não cobiçarás* trata da proibição de desejos ilícitos ou imoderados. Não proíbe o desejo de adquirir coisas, mas de querer aquilo que não se pode possuir. É primeiramente um pecado do coração que pode levar o indivíduo a cometer um pecado ainda mais sério. A cobiça imoderada pode levar a pessoa até o ponto de roubar ou matar para conseguir o que deseja.

O livro da aliança

O livro da aliança se encontra em Êxodo 20.18—23.33. Trata-se de um conjunto de leis que abarcam vários aspectos da vida de Israel, inclusive dos

---

[572] Um argumento em favor de matar em nome de Deus pode ser visto em CAVANAUGH, William T. *Killing in the Name of God*. In: BRAATEN, Carl E.; SEITZ, Christopher R. *I Am the Lord Your God: Christian Reflections on the Ten Commandments*. Grand Rapids: Eerdmans, 2005. p. 127-147.

aspectos éticos e morais. Vamos identificar somente alguns dos aspectos relevantes para ter uma melhor compreensão da ética do AT.

O tratamento de escravos e/ou servos

Estas leis parecem estranhas à Igreja moderna, numa época em que a questão da escravidão humana é, no mínimo, considerada um erro; portanto, isso pode nos levar a perguntar: Por que a lei permitiu a escravidão? O texto não responde. À luz da situação social e cultural em que os hebreus viviam, entendemos que a preocupação da lei não era a moralidade da escravidão em si, mas, sim, o tratamento dos chamados escravos ou servos.[573]

De acordo com o livro da aliança, um hebreu podia ser vendido, mas somente por um período de seis anos. Depois de seis anos, ele ganhava a liberdade, a não ser que quisesse continuar como escravo. Nesse caso, seria uma livre decisão do escravo entregar-se pelo resto da vida a seu senhor. É opinião de Vaux que, nesses casos, podemos pensar que seria melhor para o indivíduo entregar-se a seu amo do que tentar uma vida fora da proteção da família à qual servia como escravo.[574]

O que podemos dizer a respeito dessa lei e a questão da ética do AT? Em primeiro lugar, o fato de o livro da aliança ter uma lei que tratasse especificamente da situação de um escravo já indicava uma posição mais branda com relação às demais culturas da época. Em segundo, a lei fora escrita para regulamentar o relacionamento entre escravo e dono. Nesse caso, o escravo tinha voz quanto ao futuro. Ele podia exercer vontade própria, pelo menos quanto a continuar ou não como servo de uma casa.

Leis acerca de propriedade

Numa sociedade estabelecida com práticas justas, o indivíduo não somente tinha o direito de ter propriedade, como também o direito de que sua propriedade estivesse protegida pela sociedade. O Decálogo proibiu o roubo e, assim, estabeleceu a base das leis que protegiam os direitos de propriedade. Segundo essas leis, além de a propriedade estar protegida, o ladrão teria que devolver o que roubara, às vezes em dobro.[575]

---

[573] Alan Cole entendeu o uso da palavra `ebed, normalmente traduzida por "servo" ou "escravo", como referência a um "trabalhador contratado". Para Vaux, a palavra pode designar um escravo no sentido comum da palavra, ou uma pessoa sujeita a outra, como os sujeitos ao rei. Sobre a questão de escravos, v. VAUX, Instituições..., p. 105-116.

[574] Ibid.

[575] P. ex., v. Êxodo 22.4.

A responsabilidade social

Uma das funções da sociedade era dar aos cidadãos a oportunidade de viver em um contexto social protegido. O indivíduo que vivia em comunidade com outras pessoas tinha a esperança de desfrutar qualquer benefício da vida comunitária. As viúvas e os órfãos recebiam proteção porque estavam entre as pessoas mais vulneráveis da sociedade (Êx 22.22,23). Os estrangeiros também podiam desfrutar dos benefícios da sociedade (Êx 22.21).

O exercício da justiça

O propósito de Deus em estabelecer a nação de Israel era criar uma sociedade justa. No AT a justiça era compreendida principalmente pela prática de atos de justiça. O exercício da justiça incluía a proteção contra o falso testemunho (Êx 23.1); a devolução de uma propriedade até mesmo para um inimigo (Êx 23.4); a esperança de que a justiça seria feita sem acepção de pessoas e independente de posição social (Êx 23.2,3,6); a rejeição de suborno como maneira de fazer negócios (Êx 23.8).

O código de santidade

Código de santidade é o título dado à coletânea de leis que se encontram em Levítico 17—26. O título vem do refrão que se repete várias vezes nesses capítulos: *Sereis santos, porque eu, o* Senhor *vosso Deus, sou santo* (Lv 19.2, passim). Indica que a santidade é o tema mais importante no código e forma a base das demais orientações. Uma vez que a santificação foi principalmente entendida no AT como separação de Deus e das demais nações que viviam ao redor de Israel, Deus esperava de seu povo uma vida "diferenciada", isto é, que não seguisse o padrão dos povos pagãos.

As exigências de Deus que aparecem nesse código refletem as obrigações que se encontram em outros pontos da *Torá*. Uma vez que o Senhor é Deus santo, seu povo deveria zelar pela proteção da estrutura familiar (Lv 19.3). Por isso, qualquer relação sexual que ameaçasse essa estrutura foi proibida (Lv 18.1-30; 20.9-21). Na colheita, o proprietário deveria deixar uma porção para os desfavorecidos da comunidade que não tinham terrenos para plantar (Lv 19.9,10). Algumas proibições do Decálogo são repetidas, como para não furtar, não mentir e não enganar uns aos outros (cf. Lv 19.11). O tratamento justo de um diarista incluía o pagamento de seu salário no fim da jornada de trabalho. Reter o salário era proibido (Lv 19.13). O "espírito" dessas leis pode ser resumido na declaração de Levítico 19.18: *Não procurem* vingança, nem guardem rancor contra alguém do seu povo, mas ame cada um o seu próximo como a si mesmo. Eu sou o Senhor (NVI).

A ÉTICA NOS PROFETAS

O profeta Miqueias destacou-se entre os demais quanto à questão da ética quando disse:

> Ó homem, ele te declarou o que é bom. Por acaso o Senhor exige de ti alguma coisa além disto: que pratiques a justiça, ames a misericórdia e andes em humildade com o teu Deus? (Mq 6.8).

Esta passagem expressa a "essência" da ética nos profetas do AT porque indica que as noções éticas procedem de Deus. Implica a necessidade de conhecer Deus e de ter comunhão com ele para viver uma vida ética.

A base teológica principal da ética nos profetas era a obediência à aliança. Os profetas chamaram o povo de Israel de volta à vida moral como havia sido estipulada pelas leis da aliança, exigindo sua obediência. Isso incluía, por exemplo, deixar a idolatria. Muitas proclamações proféticas eram contrárias à idolatria porque a ética hebraica baseava-se no reconhecimento da soberania de Deus e na prática da adoração exclusiva e pura. O desejo dos profetas era que Israel se voltasse para Deus e cumprisse as obrigações éticas da aliança. À luz do AT, era impossível viver uma vida moral separado de Deus.

Os profetas chamaram o povo de volta a uma vida regida pelos princípios de justiça, misericórdia e amor fiel (hesed). Exortaram Israel a estabelecer uma sociedade justa baseada no conhecimento, na vontade de Deus e na obediência a essa vontade. Essa vida seria demonstrada principalmente pela prática, entre outras coisas, da justiça e da retidão (Am 5.24). A necessidade de proclamar essa mensagem pode ser vista claramente na situação da sociedade durante os ministérios dos profetas Oseias, Amós e Miqueias:

> Assim diz o Senhor: Pelas três transgressões de Israel, sim, e pela quarta, não retirarei o castigo; pois vendem o justo por prata, e o necessitado, por um par de sandálias (Am 2.6).

> Ouvi isto, vós que esmagais os necessitados e destruís os pobres da terra, dizendo: Quando passará a lua nova, para vendermos o cereal? E o sábado, para expormos o trigo, diminuindo a medida e aumentando o preço, e tirando proveito com balanças adulteradas, para comprarmos os pobres por prata e os necessitados por um par de sandálias, e para vendermos o refugo do trigo? (Am 8.4,6).

306 O DEUS DE ISRAEL

Ai daqueles que maquinam maldade e planejam o mal deitados na cama! Quando raia o dia, o executam, pois têm poder para isso. Eles cobiçam campos e tomam posse deles; cobiçam casas e as tomam; assim fazem violência a um homem e à sua casa, a uma pessoa e à sua herança (Mq 2.1,2).

A justiça econômica foi um dos pontos principais da pregação dos profetas. Os profetas condenaram a exploração econômica, especificamente a venda de produtos com medidas erradas. Na época desses profetas, os grandes latifundiários exploravam as classes econômicas menos favorecidas, acumulando terras e mais terras e, assim, despojando pessoas de sua herança. Os profetas condenaram esse tipo de exploração sabendo que uma sociedade não podia funcionar nessa base.

Os profetas também pregaram acerca de uma política justa. Isaías e Miqueias falaram de príncipes e chefes de Israel que punham o seu próprio bem-estar acima do bem-estar de pessoas desfavorecidas:

Eu disse: Ouvi, peço-vos, ó chefes de Jacó, e vós, ó príncipes da casa de Israel: Não sois conhecedores da justiça? Vós, que detestais o bem e amais o mal, que arrancais a pele deles e a carne dos seus ossos (Mq 3.1,2).

Os teus príncipes são rebeldes e companheiros de ladrões; cada um deles ama o suborno e anda atrás de presentes. Não fazem justiça ao órfão, e a causa da viúva não chega diante deles (Is 1.23).

Quando os governantes estabelecem e mantêm políticas que exploram a população, não há como manter uma sociedade justa. Quando os líderes de uma nação praticam tais coisas, que esperança pode haver para a sociedade? Por isso, os profetas chamaram os líderes políticos a uma vida ética orientada pela aliança, fazendo o que é justo diante de Deus.

A ÉTICA À LUZ DE SALMOS

O livro de Salmos normalmente não é o primeiro livro do AT quando alguém procura saber algo sobre ética e moralidade hebraica. Sendo uma coletânea de poesias hebraicas associadas principalmente ao culto de Israel, questões de moralidade cedem lugar a questões de natureza cultual. Uma leitura cuidadosa dos salmos, porém, mostra uma preocupação profunda com a qualidade moral da vida.

Salmos de Torá

Em seu trabalho seminal sobre o livro de Salmos, Hermann Gunkel classificou os salmos de acordo com sua forma literária. Uma das formas que Gunkel

O DEUS QUE DECLARA SER BOM: A ÉTICA E A MORALIDADE NO AT   307

identificou são "liturgias da *Torá*".[576] Uma liturgia da *Torá* pode ser definida como um salmo que oferece instrução para o adorador que desejava entrar em Jerusalém e participar do culto. O que se destaca nesses salmos é a pergunta do adorador que deseja entrar na cidade para cultuar: *Senhor, quem habitará no teu santuário? Quem poderá morar no teu santo monte* (Sl 15.1; 24.3, *NVI*)? Os salmos não indicam quem faz a pergunta, mas é provável que se refira ao pedido formal de uma pessoa laica, ou representante do povo, que desejava ser orientada antes de passar pelos portões de Jerusalém para cultuar.[577] A instrução (*torá*), provavelmente dada pelo sacerdote, seguia o pedido do suplicante.

No Salmo 15, a resposta dada pelo sacerdote podia ser uma lista básica das qualidades da vida que a fé de Israel exigia de todo que desejava entrar na presença de Deus. A primeira qualificação exigida era a integridade. A palavra traduzida por "integridade" é *metom* e refere-se ao estado de completude. No contexto da ética hebraica, significa alguém cuja vida era considerada irrepreensível.[578] No contexto do Salmo 15, a condição de ser íntegro foi demonstrada pela conduta do suplicante: *Aquele que vive com integridade, pratica a justiça e fala a verdade de coração* (15.2). A segunda condição procede da primeira. Aquele que desejava entrar na presença do Senhor *não difama com a língua, nem faz o mal ao próximo, nem calunia seu amigo* (15.3). Essa pessoa devia saber quando falar e quando ficar calada. Segundo a terceira condição, o suplicante devia ser capaz de discernir o que devia ser desprezado e o que devia ser honrado. Essa pessoa sempre avaliava o bem e o mal segundo o critério do próprio Senhor. Em quarto lugar, a pessoa íntegra *não volta atrás, mesmo quando jura com prejuízo* (15.4b) Essa pessoa era constante, não fazia um juramento para depois se arrepender. E, em último lugar, o suplicante era íntegro quanto ao uso do dinheiro e seguia as orientações da *Torá* a esse respeito.[579]

À luz desses salmos, entendemos que os princípios éticos dos hebreus visavam orientar não somente a vida do indivíduo diante de Deus (Sl 15.4; 24.4), mas também sua vida na própria sociedade. Sua conduta como membro da comunidade deveria ser guiada por sua integridade e demonstrada pelo tratamento que dava ao próximo. Sua devoção ao Senhor servia de norteador para tudo que fazia.

---

[576] Gunkel, *Introduction...*, p. 313.

[577] Kraus identificou o Salmo 15 como "liturgia do portão", segundo a qual são apresentadas as condições para entrar pelo portão de Jerusalém a quem pede permissão para participar do culto (Kraus, *Theology...*, p. 85).

[578] V., p. ex., Salmos 18.23(H24); 37.16; 101.2,6; 119.1,80.

[579] Êxodo 22.25; 23.8; Levítico 25.37; Deuteronômio 16.19.

Salmos e o necessitado[580]

O necessitado aparece em Salmos como o "pobre", o "fraco", o "órfão" e o "oprimido." Muitas vezes, trata-se de uma vítima da opressão e do abuso. Em Salmos, os ímpios perseguem o pobre e frustram-lhes os planos (10.2; 14.6). O ímpio faz emboscada para caçar o fraco e espera como leão para apanhar o pobre com sua rede na hora da necessidade (10.9). Eles *arrancam a espada e preparam o arco para atacar o pobre e o necessitado, para matar os que andam em retidão* (37.14). Uma vez que o ímpio *perseguiu até à morte o aflito e necessitado* (109.16), o salmista pede que seja considerado culpado, que sua vida seja tirada e que ele fique sem família, sem descendentes e bens materiais (109.7-14).

Na Bíblia, o necessitado recebe uma consideração especial. O Senhor é chamado "Pai de órfãos e juiz de viúvas" e alguém que faz com que o solitário viva em família (Sl 68.5,6). Ele ouve o necessitado (69.33) e provê às suas necessidades (68.10; 132.15; 140.12; 146.7). Por causa da opressão que muitas vezes o pobre experimenta, o Senhor defenderá o pobre do ímpio opressor (10.17,18; 12.5; 35.10; 72.4,12,13; 78.42; 82.3; 107.41; 109.31) e será refúgio para que o necessitado escape de seus perseguidores (9.9; 10.14). O Senhor não se esquece dos oprimidos (9.18; 10.12) e fará justiça e defenderá todos os oprimidos (103.6). O Deus soberano não está distante a ponto de não poder auxiliar os que têm necessidade. Ele

> Do pó levanta o pobre, e da miséria ergue o necessitado,
> para fazê-lo sentar-se com os príncipes, sim, com os príncipes do seu povo.
> Ele faz com que a mulher estéril viva em família e, alegre, seja mãe de filhos. Aleluia!
> (Sl 113.7-9).

Pelo fato de Deus considerar os necessitados, os líderes do povo tinham a obrigação de fazer justiça ao pobre, aos órfãos, aos aflitos e ao desamparado (82.1,3), e aquele que se interessava pelo necessitado seria abençoado por Deus (41.1). Kraus observou:

> Os "pobres" são aqueles cujas aflições os levam a depender somente do Senhor. Isso reflete sua atitude interior. Essas pessoas que buscam refúgio no Senhor sofrem perseguição e zombaria. São oprimidas e abusadas. São vítimas de injustiça. Elas lutam com a morte, com a acusação do pecado e com os poderes malignos. Em tudo, dependem totalmente de Deus e esperam por seu julgamento, auxílio e uma vida melhor. Os "pobres" são

---

[580] Kraus, *Theology...*, p. 150-154.

aqueles que aguardam, que nada têm de si mesmos e que esperam receber tudo do Senhor.[581]

Salmos sapienciais

Os salmos sapienciais são aqueles que contêm orientações para a vida humana. Não existe apenas uma maneira de classificar quais salmos são sapienciais, mas, em termos gerais, esses salmos fazem referência à sabedoria ou incluem um provérbio ou ditado. Gunkel citou vários salmos que podem ser classificados como sapienciais.[582] Neles e em outros, é possível localizar várias orientações sobre questões morais e éticas.

Dos salmos chamados sapienciais, o Salmo 1 destaca-se tanto por sua linguagem como por seu lugar no livro. Sua posição no cânon levou J. Clinton McCann a classificá-lo como um salmo da *Torá*:

> Como introdução ao Saltério, o Salmo 1 anuncia que a *torá* do Senhor, a instrução de Deus, aplica-se a todas as coisas! É um convite para estar aberto à instrução de Deus e usar o conteúdo do restante do Saltério como fonte da instrução divina.[583]

O elemento que predomina nesse salmo é o contraste entre a pessoa que segue uma vida longe das orientações de Deus e a pessoa que baseia sua vida na *torá* de Deus. O salmo declara abertamente que existe uma distinção óbvia entre a qualidade de vida da pessoa justa e a da pessoa ímpia. Podemos dizer que, à luz desse salmo, o futuro do justo está garantido porque o justo orientou a própria vida de acordo com a *Torá*, ao passo que o futuro do ímpio é de derrota porque não deu ouvidos à instrução do Senhor. Assim, esse salmo reflete uma das características da ética hebraica, uma ética centrada em Deus.

Quando o justo contempla a vida do ímpio, pode sentir a tentação de cobiçar aquilo que o ímpio tem e o jeito de este viver. O Salmo 37 é um alerta contra essa tentação e repete um dos temas do Salmo 1 quando compara o ímpio a uma planta que logo desaparece (37.1,2,35,36). Alguns dos destaques do salmo mostram os benefícios da vida do justo em comparação à do ímpio. O justo dependia do Senhor que vindicaria sua maneira de viver (37.5,6,32,33). O ímpio, porém, dependia de seus próprios esforços e inclinação para a

---

[581] Kraus, *Theology*..., p. 152 (tradução nossa).

[582] P. ex., Salmos 1; 37; 49; 73; 112; 128.

[583] McCann, *Theological Introduction*..., p. 40.

violência como meio de resolver questões da vida (37.14). O Salmo 37 repete o que o Salmo 1 diz sobre o destino tanto do ímpio quanto do justo. O ímpio não tem futuro (37.10,17,20,28,34,38), mas o Senhor protegerá o caminho do justo (37.23,24,28,37,39,40).

A ÉTICA EM PROVÉRBIOS

O papel da literatura sapiencial do AT em uma TAT nem sempre é reconhecido. Sua contribuição para a TAT será investigada adiante. Aqui, vamos destacar brevemente sua contribuição à nossa compreensão da ética e da moralidade hebraicas.

Não há dúvida de que a literatura sapiencial do AT preocupa-se com a maneira em que o indivíduo vive como membro da comunidade israelita. O sábio escreveu: *Fazer justiça e juízo é mais aceitável ao Senhor do que sacrifício* (Pv 21.3). O livro de Provérbios preserva várias orientações sobre a maneira pela qual o fiel deve viver. Vamos considerar alguns temas éticos principais que se encontram nesse livro.

A vida familiar

Os sábios de Israel preocupavam-se com a manutenção da integridade e estabilidade da família. À luz de Provérbios, a vida familiar podia ser preservada por meio do temor a Deus, da disciplina e da fidelidade. É melhor viver num lar onde há paz do que num lar onde há festas constantes; é melhor viver num lar em que há amor, respeito mútuo e prazeres simples do que num lar onde existem confusão e atividades exageradas (17.1). A qualidade da vida familiar é mais importante do que as coisas que os pais dão aos filhos.

Um dos princípios que se destaca em Provérbios é a mutualidade que deve existir entre pais e filhos. A responsabilidade de manter a integridade da família foi dada tanto à mulher como ao marido. Os dois tinham a responsabilidade de disciplinar os filhos (1.8; 6.20). Os filhos eram vistos como a "recompensa" de uma vida bem vivida, e os pais deviam ser o orgulho de seus filhos (17.6). Os filhos deviam respeitar os pais e dar ouvidos a suas palavras (1.8; 6.20; 23.22). Os pais tinham a responsabilidade de disciplinar os filhos (23.13) porque a disciplina era vista como maneira de amar o filho (13.24) e de proteger-lhe a vida (19.18). Pais que não disciplinam os filhos não demonstram amor por eles (13.24). A disciplina corretamente aplicada serviu para orientar a vida do filho durante toda a vida (22.6; 29.15,17) porque a disciplina agia para ensinar o filho no caminho em que devia andar (22.15; 23.13,14).

As esposas receberam atenção em Provérbios. A sociedade hebraica refletia, em termos gerais, a ideia de que era responsabilidade da mulher manter a casa.[584] Uma esposa de bom caráter contribuía para a estabilidade e felicidade do lar, mas a insensata podia trazer desgraça, desarmonia e até destruição (12.4; 14.1; 21.9; 25.24; 27.15,16). Uma das marcas da mulher, esposa e mãe sábia era a maneira pela qual administrava o lar. O papel da mulher na sociedade não podia ser subestimado. Ela podia ou edificar ou destruir o lar, de acordo com sua atitude (14.1). A mulher virtuosa contribuía para a sociedade e o lar ao desenvolver seus dons e suas habilidades para manter o funcionamento da família. O marido tinha confiança total em suas decisões e ações (Pv 31.10-31).

Pureza sexual e fidelidade conjugal

As questões de pureza sexual e fidelidade conjugal andam de mãos dadas no livro. Por isso, o perigo de adultério recebe destaque. A adúltera é vista não somente como infiel ao marido, mas também por quebrar a aliança feita com Deus (2.17). O homem que se deixa ser seduzido por uma adúltera é o que despreza a disciplina (5.20,23). O marido é orientado a "ficar em casa"; e o homem que cai na tentação de ser infiel à esposa é comparado a uma ave *que vagueia longe do ninho* (27.8). Esse homem é como aquele que coloca fogo no peito e que tenta andar sobre brasas (6.27,28). A exortação para manter uma vida pura não foi dada somente aos maridos. Os jovens solteiros também deviam evitar o caminho da impureza sexual. Do jovem que se deixava cair em tentação sexual, é dito que lhe falta juízo (7.7) e que caminha em direção à morte (7.26,27). A mulher imoral é comparada a um poço estreito e a um assaltante (23.27,28). Uma das consequências da imoralidade é a tendência da prática da infidelidade aumentar na sociedade. Por isso, a ética de Provérbios estabelece o direito de desfrutar os prazeres de relações íntimas somente dentro do âmbito e compromisso do casamento (5.15-20).

O trabalho

O livro de Provérbios reconhece a importância do trabalho e seus benefícios. O valor do trabalho honesto recebe destaque; há benefícios para a pessoa que trabalha (10.5; 12.11). Muitas vezes, esse valor é demonstrado pela comparação do indivíduo diligente em seu trabalho em contraposição

---

[584] V. discussão de Vaux sobre a situação da mulher hebraica em *Instituições...*, p. 62-63.

ao preguiçoso. Por exemplo, as mãos do preguiçoso conduzem à pobreza, mas a diligência produz riquezas (10.4). Os diligentes dominam os preguiçosos (12.24). O preguiçoso quer, mas não alcança o que deseja; o diligente é satisfeito (13.4). O trabalho traz recompensa, mas a preguiça não (14.23). A preguiça, além de não produzir nada, pode conduzir à destruição (18.9). A falta de ação é receita para a falta de produção, e a falta de vontade para trabalhar é a marca registrada do preguiçoso (6.6-11; 24.30-34; 26.13-16).

A ética do trabalho em Provérbios indica que é melhor ganhar dinheiro por meios honestos (13.11), e quem não investe não recebe. Para receber um salário, é preciso haver trabalhado (14.4; 19.15,24). O preguiçoso não tinha porque não trabalhava (20.4,13; 21.25,26). Esperava-se que o homem provesse às suas necessidades e às de sua família por meio do trabalho honesto. Eram tais necessidades que serviam para motivar o homem ao trabalho. O homem trabalha porque precisa trabalhar (16.26) e deve prover às necessidades antes de satisfazer seu conforto. O livro de Provérbios indica que existe uma "sequência" para o trabalho. Primeiro, providenciar os meios de construir; depois, a construção. Ou seja, é preciso ter certeza de possuir os meios para completar um projeto antes de iniciá-lo. Isso quer dizer que a melhor receita para uma vida bem-sucedida é ter uma fonte confiável de renda (24.27; 27.23,27).

Dinheiro e riquezas

Se o trabalho produz a renda necessária para o sustento da família, então devemos considerar como usar o dinheiro fruto do trabalho. O diligente é quem ganha dinheiro, não o preguiçoso (10.4). O dinheiro representa o fruto do trabalho honesto (10.4; 11.18), e as riquezas podem ser uma demonstração da bênção de Deus (10.22). É melhor acumular riquezas aos poucos do que com desonestidade (13.11), pois a retidão e a justiça são recompensadas (13.21). O justo tem a promessa de sustento (10.3), mas aquele que procura uma vida de excessos corre o risco de ficar pobre (21.17).

O livro faz uma distinção entre rico e pobre. Em seu resumo sobre a condição do rico e do pobre, Norman Whybray disse:

> O retrato do rico apresentado aqui não é nada agradável: ele tem segurança (10.15), poder (22.7) e popularidade (14.20); mas é arrogante (18.23) e convencido (28.11). Do outro lado, a condição do pobre é lastimável e deve ser

evitada a todo custo: ele não tem proteção contra a ruína completa, sua situação não é melhor que a do escravo; não tem amigos e está sujeito à humilhação.[585]

Por isso, a melhor vida é a que procura o "meio-termo", isto é, um ponto mediano entre a pobreza e a riqueza:

Melhor é ter pouco com o temor do Senhor do que ter um grande tesouro acompanhado de inquietação (15.16).

Melhor é o pouco com justiça do que grandes rendas com injustiça (16.8).

Peço-te que não me negues duas coisas antes de morrer: Afasta de mim a falsidade e a mentira; não me dês nem a pobreza nem a riqueza: dá-me apenas o pão de cada dia (30.7,8).

Um dos temas de que o livro trata é a questão de ser fiador. Aquele que é fiador de outro pode correr o risco de ficar preso pela responsabilidade financeira assumida e perder o que tem se a outra pessoa não pagar a própria dívida (22.26,27). A orientação do sábio é que o fiador se livre o mais rápido possível dessa obrigação (6.1-5). Da mesma maneira, aquele que toma dinheiro emprestado torna-se servo de quem lhe empresta (22.7).

No livro de Provérbios, a generosidade é recompensada. Aquele que dá com generosidade não sente falta de nada, mas aquele que retém pode passar necessidade (11.24,25). A ganância e a avareza podem perturbar a casa daquele que corre atrás de riquezas (15.27). O indivíduo que corre atrás de riquezas e que não abre a mão para outros pode acabar na pobreza (28.22).

Em última análise, é a própria sabedoria que supera as riquezas (3.13,14; 8.18). A confiança nas riquezas é perigosa porque as riquezas não permanecem para sempre e podem até enganar quem nelas confia (11.28; 23.4,5). As riquezas podem dar a impressão de ser uma muralha de proteção (18.11), mas, no dia da ira, o dinheiro não salvará ninguém, e sim ter uma vida reta (11.4). Não é o pobre que teme o sequestro, mas o rico (13.8)! Não é pela riqueza que o homem se torna sábio, porque até o pobre pode ser sábio o suficiente para sondar as intenções e os motivos do rico (28.11). O que o homem deve procurar é ter um bom nome e ser respeitado (22.1). É melhor ser íntegro e pobre do que ser rico e perverso (28.6). Aliás, é o Senhor que é criador tanto do pobre como do rico (22.2).

---

[585] Poverty, *Wealth, and Point of View in Proverbs. Expository Times*, 100, 1988-1989, p. 334 (tradução nossa).

Integridade, honestidade, moderação e justiça

No AT a vida ética e moral implica tanto a teoria quanto a prática. Esperava-se que cada membro da sociedade israelita conduzisse seus negócios e relacionamentos com integridade, honestidade, moderação e justiça.

Duas marcas de uma pessoa que tem uma vida disciplinada são a integridade e a honestidade. A integridade serve de guia para o justo, mas a desonestidade pode levar uma pessoa à destruição (11.3-6). A honestidade deve ser a marca dos trabalhadores e comerciantes. Defraudar o consumidor usando medidas falsas é visto como falta de ética e algo que o Senhor detesta (11.1; 20.10). Aceitar suborno é considerada uma prática do ímpio (17.23), e quem ganha dinheiro por meios desonestos é desprezado (20.17; 21.6).

A vida íntegra e honesta resulta em justiça, tanto na vida cotidiana como nos tribunais. Em questões de propriedade, por exemplo, é considerado furto mudar as marcas que estabelecem os limites de uma propriedade particular (22.28; 23.10,11). A honestidade também devia ser aplicada no contexto do sistema judiciário. O sistema judicial é encarregado da tarefa de executar justiça, mas não contribuir para a injustiça. Por isso, é injustiça inocentar intencionalmente o culpado e condenar o inocente (17.15; 18.5; 24.23-25). Uma testemunha que mente deve ser punida porque zomba do sistema judicial. A testemunha mentirosa é tão perigosa como a espada ou o bastão e fere não somente o indivíduo, mas também é uma ameaça à integridade do próprio sistema judicial (19.9,28; 20.28; 25.18). À luz de Provérbios, quando a justiça é aplicada com integridade e consistência, é uma "alegria" para os justos, mas um "terror" para os malfeitores (21.15).

No livro de Provérbios, a moderação é vista como o fruto de uma vida disciplinada e orientada pela *torá* de Deus (28.7). Uma vida de moderação reflete a disciplina que age para proteger a vida do sábio (25.28). Ser levado pelo excesso é uma das marcas do insensato. Por isso, o sábio exorta seus leitores e discípulos à moderação nas práticas comuns da vida. Numa sociedade em que o vinho é bebida comum, o livro aconselha as pessoas a que evitem bebidas alcoólicas porque sua tendência é seguir na direção de uma vida descontrolada (20.1). A bebida alcoólica certamente não é para quem deseja ser um bom governante ou administrador (31.4,5). Em uma passagem notável, o sábio usa a ironia para descrever os efeitos de álcool na vida de quem abusa de seu conteúdo. Ela terá "ais", "pesares", "queixas", "feridas" e "olhos vermelhos". A bebida alcoólica é comparada a uma cobra que morde sua vítima. A pessoa que se deixa levar pelos efeitos do álcool perde a sensibilidade. O bêbado não tem sossego e, quando finalmente consegue dormir, acorda desejando voltar ao vício (23.29-35). A moderação também é aplicada à comida. Aparentemente, quando se convidava para uma festa ou outra ocasião festiva, era costume que as pessoas aproveitassem ao máximo a generosidade do anfitrião. A regra prática do sábio nessas ocasiões era a moderação porque o convidado nunca sabia o que estava realmente na mente do anfitrião (23.1-3,6-8).

A ÉTICA NO AT E A IGREJA

No início do capítulo, fizemos a seguinte pergunta: Até que ponto o AT deve ser utilizado para estabelecer a ética e a prática moral da Igreja? Depois de um exame panorâmico da questão, podemos dar algumas respostas.

Em primeiro lugar, devemos reconhecer que a ética formulada à luz do AT é uma ética parcial, pois o NT ocupa posição fundamental na vida da Igreja. A ética do AT é parcial porque o AT é revelação parcial de Deus. Em sua teologia, Smith fez duas observações importantes a respeito da questão da ética no AT. A primeira é que devemos reconhecer a natureza histórica e cultural do AT. Por isso, a ética reflete o *milieu* cultural do Oriente Médio. A segunda observação é que a ética do AT encontra seu cumprimento em Cristo, especialmente no Sermão da Montanha.[586]

Essas duas observações devem nos mostrar a necessidade de ter cuidado quando a Igreja tenta estabelecer práticas éticas *somente* à luz do AT. Pensemos em um exemplo. Em alguns textos do AT, encontramos o que pode ser descrito como "desigualdade" no tratamento que as pessoas recebiam. Veja o seguinte texto:

> *Não cobrarás juros do teu irmão; nem de dinheiro, nem de comida, nem de qualquer outra coisa que se empresta a juros. Poderás cobrar juros do estrangeiro; mas não cobrarás do teu irmão, para que o* SENHOR, *teu Deus, te abençoe em tudo o que fizeres, na terra que vais possuir* (Dt 23.19,20).

Nesse texto, encontramos o que pode ser chamado um "padrão duplo", em que o hebreu recebe tratamento diferenciado do estrangeiro na questão dos juros financeiros. Duas coisas devem ser observadas. A primeira é que não se trata aqui da legalidade de cobrar juros, mas de como o israelita devia tratar o irmão que passasse por dificuldades. A lei sobre o uso do dinheiro proibia a cobrança de juros quando a questão era de necessidade. De acordo com Levítico 25.35-37:

---

[586] SMITH, *Teologia...*, p. 341-342.

> *Se teu irmão empobrecer e ficar em dívida para contigo, tu o sustentarás. Ele viverá contigo como estrangeiro e peregrino. Não receberás dele juros nem lucro, mas temerás o teu Deus, para que teu irmão viva contigo. Não lhe emprestarás teu dinheiro a juros, nem os teus víveres visando lucro.*

A lei visava proteger a vida e a família de um irmão em necessidade da cobrança abusiva de juros exatamente por causa de sua necessidade. O hebreu não tinha o direito de lucrar quando o irmão precisava de ajuda financeira. Comentando sobre esse aspecto da ética hebraica, Wright disse: "A lei dava ênfase *à parentela e estrutura familial da sociedade* como fator principal na prevenção da pobreza e na restauração de pessoas da pobreza".[587] Então, uma lei aparentemente desigual e injusta não visava sancionar a desigualdade, mas, sim, estabelecer uma sociedade mais justa.

Qualquer tratamento da ética no AT cedo ou tarde teria que lidar com a questão da guerra e especialmente da conquista da terra de Canaã.[588] Não há espaço aqui para um tratamento adequado, mas três observações podem ser feitas. A primeira é a natureza histórica da conquista. Aconteceu em uma época específica por motivos também específicos, e não existe no texto do AT uma tentativa de "normalizar" a conquista da terra de Canaã, ou as demais guerras, como forma costumeira de Israel viver. As orientações sobre a guerra e o tratamento das pessoas foram dados em caráter temporário. A segunda observação é a questão da soberania moral de Deus. Como juiz de toda a terra, Deus tem não somente o direito, como também a responsabilidade de exercer seu juízo sobre povos e nações em razão de sua iniquidade. Qualquer pai ou mãe, mesmo amando o filho, aplicaria disciplina e até castigo a fim de orientá-lo sobre a melhor maneira de viver. Não devemos pensar que Deus nos ama menos. Finalmente, O mesmo Deus que "castigou" as nações prometeu fazer a mesma coisa a seu povo, o que realmente aconteceu.[589] O profeta Amós anunciou: *De todas as famílias da terra, escolhi somente a vós; portanto, eu vos punirei por todas as vossas maldades* (Am 3.2). Assim, não podemos criticar o Deus do AT de "parcialidade" na questão do julgamento: *Pois o Senhor, vosso Deus, é o Deus dos deuses e o Senhor dos senhores; o Deus grande, poderoso e terrível, que não faz discriminação de pessoas nem aceita suborno* (Dt 10.17).

Sem diminuir as dificuldades que o estudo da ética do AT pode apresentar no contexto da Igreja, é impossível negar a contribuição que o AT dá à

---

[587] Wright, *OT Ethics...*, p. 173.

[588] Tratamento recente da questão está em Wright, *OT Ethics*, p. 472-479.

[589] Ibid., p. 476-477.

Igreja quanto à noção de ética e moralidade. As noções de pureza individual e comunitária, justiça, honestidade, compaixão e sinceridade perpassam o texto do AT, oferecendo orientações sábias que servem para ter uma vida com êxito num mundo em que as sociedades muitas vezes praticam injustiças e crueldades. Para terminar, citamos novamente a exortação clara de Deus proferida pelo profeta Miqueias:

> *Ó homem, ele te declarou o que é bom. Por acaso o Senhor exige de ti alguma coisa além disto: que pratiques a justiça, ames a misericórdia e andes em humildade com o teu Deus? (6.8).*

16.

O DEUS QUE DÁ SABEDORIA: TEOLOGIA NA LITERATURA SAPIENCIAL

Ensina-me a discernir e a entender, pois creio nos teus mandamentos.

Salmo 119.66

Pois o Senhor dá a sabedoria; o conhecimento e o entendimento procedem da sua boca

Provérbios 2.6

Se algum de vós tem falta de sabedoria, peça a Deus, que a concede livremente a todos sem criticar, e lhe será dada.

Tiago 1.5

O que significa ser sábio? Uma pesquisa feita na internet hoje em dia revela uma variedade enorme de ditados e opiniões sobre o assunto. Em tudo que se encontra, a maioria se refere à maneira em que uma pessoa vive e conduz os afazeres cotidianos. Nesse sentido, o AT oferece uma contribuição ímpar.

O lugar da literatura hebraica sapiencial na teologia do AT tem sido assunto de debate. G. E. Wright, escrevendo em meados do século XX, disse:

> É a literatura sapiencial que oferece a maior dificuldade a qualquer tentativa em delinear um debate da fé bíblica, porque ela não se enquadra no tipo de fé demonstrado nas literaturas históricas e proféticas. Nela não existe nenhuma referência explícita à doutrina da História, da eleição e do pacto, ou ao desenvolvimento.[590]

Ainda reconhecemos os desafios que a literatura sapiencial apresenta para quem deseja escrever uma teologia do AT. Além disso, os eruditos

---

[590] Wright, G. E., *O Deus que age*, p. 118.

fixam a literatura sapiencial fora do nexo da história.[591]Aos poucos, porém, essas dificuldades estão sendo abordadas pelos teólogos. Na segunda metade do século XX, assistimos a uma nova ênfase no papel da literatura sapiencial na elaboração de uma TAT. Conforme Walter Kaiser, essa tendência começou a mudar em meados do século XX com a publicação de vários livros e artigos importantes.[592] John Day e outros comentaram: "A recuperação da sabedoria israelita no estudo do AT tem sido um dos avanços mais significativos no último terço do século XX."[593] Do ponto de vista deles, um dos motivos pelo eclipse da sabedoria como tema legítimo na TAT foi o interesse na questão do centro teológico do AT. Como a literatura sapiencial não trata dos temas mais evidentes da TAT, o culto ou a aliança, por exemplo, ficou à margem das discussões sobre o conteúdo teológico do AT. Em defesa de seu lugar numa TAT, declaram:

> O AT contém literatura sapiencial como parte de seu testemunho à religião, para não dizer à fé, do Israel antigo, e sua importância simplesmente não pode ser avaliada proporcionalmente à sua compatibilidade com uma declaração genérica do tema da teologia do AT.[594]

Nesta parte do trabalho, vamos investigar o que é a sabedoria bíblica à luz do AT e o lugar que ocupa a literatura sapiencial na elaboração de uma teologia do AT.

SABEDORIA NO ORIENTE MÉDIO ANTIGO

A literatura sapiencial não se restringe a Israel e ao AT. Essa forma literária tem uma longa história nas culturas antigas do Oriente Médio. Hoje os especialistas que estudam a sabedoria do Oriente Médio antigo reconhecem que existem conexões entre as várias coletâneas de literatura sapiencial e o texto bíblico.[595] Exemplos mostram que, em alguns pontos, a sabedoria de

---

[591] BIRCH et al., *Introduction...*, p. 374.

[592] Wisdom Theology and the Centre of Old Testament Theology, *Evangelical Quarterly*, 50, 1978, p. 132-146.

[593] DAY, John; GORDON, Robert P.; WILLIAMSON, H. G. M. (Eds.). *Wisdom in Ancient Israel*. Cambridge: Cambridge, 1995. p. 1.

[594] Ibid. (tradução nossa).

[595] Exemplos incluem BLANK, Sheldon H. Wisdom. In: *IDB*, v. 4, p. 852-861; DAY, GORDON e WILLIAMSON, *Wisdom in Ancient Israel*; SCHMIDT, Werner H. *A fé do Antigo Testamento*. São Leopoldo: Sinodal, 2004; CRENSHAW, James L. *Old Testament Wisdom: An Introduction*. 3. ed. Louisville: Westminster John Knox, 2010; BARTHOLOMEW, Craig G; O'DOWD, Ryan P. *Old Testament Wisdom Literature: A Theological Introduction*. Downers Grove: InterVarsity, 2011.

Israel reflete ou a influência dessa literatura ou que as várias composições têm um ponto de partida em comum. Entre as culturas vizinhas de Israel que têm abundância de obras sapienciais, o Egito e a Mesopotâmia se destacam. Por falta de espaço aqui para uma exposição completa das várias obras sapienciais de ambas as culturas, vamos mencionar somente alguns exemplos de destaque.

Da Mesopotâmia, há várias obras sapienciais que incluem o que geralmente se conhece por *Os conselhos de sabedoria*[596] e a *Teodiceia babilônica*. *Os conselhos de sabedoria* contêm "uma coletânea de exortações morais"[597] com alguns paralelos no livro bíblico de Provérbios. Consideraremos o seguinte trecho:

> *Não frequente o tribunal,*
> *Não se tarde no lugar onde há disputas,*
> *Porque numa disputa você será chamado para testemunhar,*
> *Então você será a testemunha deles* (linhas 31-34).[598]

Agora, no livro de Provérbios:

> *Não vás apressadamente ao tribunal; caso contrário, o que farás mais tarde, quando teu próximo te colocar em apuros?*
> *Defende tua causa diretamente com teu próximo e não reveles o segredo de outro;*
> *pois quem o ouvir te desprezará, e tua infâmia permanecerá* (Pv 25.8-10).

Essas semelhanças não nos devem surpreender porque refletem situações da vida semelhantes em muitas culturas, tanto antigas quanto modernas. De acordo com Lambert, as semelhantes podem refletir uma tradição em comum nas duas obras.[599]

Outra obra que procede da Babilônia é conhecida como *Teodiceia babilônica*, que é muitas vezes comparada ao livro de Jó. Escrito em forma de conversa ou debate entre alguém que está sofrendo e seu "amigo", o sofredor relata as calamidades que lhe sobrevieram, enquanto o amigo dá conselhos "ortodoxos". Nas primeiras linhas, o sofredor expõe sua situação diante do amigo:

---

[596] W. G. Lambert concluiu que o uso da palavra "sabedoria" para descrever a literatura babilônica é uma designação errada, pelo menos em comparação com a literatura hebraica, porque a "sabedoria" babilônica normalmente se referia à prática de artes ocultas e mágicas (LAMBERT, W. G. *Babylonian Wisdom Literature*. Oxford: Oxford, 1963. p. 1.).

[597] Ibid., p. 96.

[598] LAMBERT, W. G. *Babylonian Moral Teaching*. In: THOMAS, D. Winton (Ed.). *Documents from Old Testament Times*. New York: Harper, 1961. p. 105 (tradução nossa).

[599] Ibid.

322   O DEUS DE ISRAEL

> Estou acabado. A angústia me sobreveio.
> Fui o filho mais novo; a sorte levou meu pai;
> Minha mãe que me carregou partiu para a Terra Sem Retorno;
> Meu pai e minha mãe me deixaram sem guardião (linhas 8-11).[600]

Um dos aspectos característicos dessa obra é seu modo de tratar a questão da futilidade em uma vida de piedade. O sofredor reconhece que por vezes o piedoso sofre, não o ímpio:

> Aqueles que negligenciam o deus andam no caminho da prosperidade,
> Enquanto aqueles que oram à deusa são pobres e desposados (linhas 70-71).[601]

Lambert não encontra nenhuma conexão direta entre essa obra e o livro bíblico de Jó. O autor atribui as semelhanças à "herança intelectual" que os dois autores tinham em comum. Os dois estavam lidando com o dilema milenar do sofrimento do justo num mundo em que todos procuram por justiça. O autor enfatiza, porém, a diferença entre as duas obras quanto à resposta oferecida para o tema. Conclui, à luz do livro de Jó, que o justo não tem o direito de reclamar contra o que faz o Deus soberano. Na *Teodiceia* a questão termina ambígua, e não se encontra nenhuma tentativa de resolver o tema.[602]

Do Egito, conhece-se uma obra que apresenta semelhanças marcantes com o livro de Provérbios. Conhecida como *As instruções* (ou *Os ensinamentos) de Amenemope*, esse tratado se divide em trinta "capítulos" e provavelmente foi escrito na segunda metade do segundo milênio a.C. (cerca de 1300 a.C.). O texto é importante porque mostra, entre outras coisas, que a forma literária proverbial ultrapassou as fronteira do Oriente Médio antigo. Mostra também o interesse dos antigos pelas questões morais. Nas palavras de J. M. Plumley, "moralidade importa, e a fonte de moralidade verdadeira é a religião".[603]

As semelhanças de *As instruções* e a sabedoria bíblica são mais óbvias em Provérbios 22 e 23. Veja algumas das comparações:

> *Inclina teu ouvido e ouve as palavras dos sábios; aplica o teu coração ao meu conhecimento* (Pv 22.17).
> *Incline seus ouvidos, ouça o que está dito* (As instruções 1.1).

---

[600] Ibid., p. 98 (tradução nossa).

[601] Ibid., p. 100 (tradução nossa).

[602] Ibid., p. 97-98.

[603] PLUMLEY, J. M. *The Teaching of Amenemope*. In: THOMAS, D. Winton (Ed.). *Documents from Old Testament Times*. New York: Harper, 1961. p. 174.

Não removas os marcos antigos que teus pais fixaram (Pv 22.28).
Não mude os marcos aos limites da terra arável (*As instruções* 6.1).
Por que desejarias as riquezas, que nada são? Elas fazem asas para si e, à semelhança da águia, voam para o céu (Pv 23.5).
Não incline seu coração às riquezas [...]
Elas fazem para si asas como o ganso e voam para o céu (As *intruções* 7.1,15,16).

De modo resumido, *As instruções* ensinam que o principal a ser atingido é o desejo de ter uma vida equilibrada e tranquila.[604] Nisso, não há discrepância com o texto bíblico, que às vezes aponta os benefícios de uma vida tranquila: *Melhor é um bocado seco com tranquilidade, do que a casa cheia de banquetes e contendas* (Pv 17.1). A diferença está na fonte e na base de vida para a pessoa que desejava tal tranquilidade. A seguir, consideraremos a sabedoria do AT e resumiremos o conteúdo dos livros de Provérbios, Eclesiastes e Jó como maneira de esclarecer as vantagens da sabedoria baseada no "temor do SENHOR".

A SABEDORIA DO AT

O vocabulário da sabedoria

No AT a palavra "sabedoria", *hokma* no hebraico, é uma noção abrangente e não pode ser definida facilmente.[605] Entre outras coisas, implica a capacidade de viver bem e inclui a capacidade que o artesão tem no exercício do seu trabalho. Êxodo 28.3 fala de homens capazes, literalmente "cheios do espírito de *hokma* (sabedoria)", que podiam confeccionar vestes para Arão. [606] A maioria das referências de *hokma*, porém, refere-se a uma qualidade de vida demonstrada na maneira de viver de uma pessoa. Desse modo, a sabedoria tem uma qualidade "intangível", mas é evidenciada pela forma de viver do indivíduo, tanto na vida particular quanto na vida pública.

Por exemplo, depois de pedir sabedoria a Deus, Salomão foi provado quanto à capacidade de tomar uma decisão sábia. Na ocasião em que duas prostitutas alegaram ser mãe da mesma criança, o veredicto do rei foi conhecido como sábio: *Todo o Israel ouviu a sentença do rei e passou a respeitá-lo, porque viu que ele tinha a sabedoria de Deus para julgar* (1Rs 3.28). Além da capacidade de

---

[604] V. comentário de PLUMLEY, p. 174.

[605] V. observação de Knierrim, segundo a qual *hokma* corresponde à palavra "espiritualidade" (KNIERIM, *The Task...*, p. 283).

[606] Outras referências em que *hokma* se refere à capacidade de um artesão incluem Êxodo 31.3,6; 35.26,31; 35; 36.1,2; 1Reis 7.14; 1Crônicas 28.21.

tomar decisões corretas, a habilidade de falar bem e de ensinar corretamente foi atribuída à sabedoria (1Rs 10.8,24; Pv 31.26).

Em pelo menos uma referência, a sabedoria encontra-se em paralelo com o conhecimento de Deus. Em sua lamentação, Agur confessou: *não aprendi a sabedoria, nem tenho o conhecimento do Santo* (Pv 30.3). Em vários momentos, a sabedoria e o entendimento aparecem juntos no texto, indicando a associação direta entre os dois. Jó entendeu que a sabedoria e o entendimento eram a recompensa da idade (Jó 12.12). O filho que inclinasse o coração à instrução receberia sabedoria e discernimento (Pv 2.2). A sabedoria é qualidade evidente na vida de uma pessoa inteligente, isto é, alguém prudente e entendido (Pv 10.13).

Um aspecto importante sobre a maneira de a sabedoria ser adquirida no AT é que se trata de uma dádiva de Deus. Mesmo sendo uma qualidade recebida por intermediários, a sabedoria vem de Deus, que "a todos dá livremente". Podemos ver vários exemplos disso ao longo da história de Israel. Em suas instruções a Moisés sobre a confecção do tabernáculo e dos objetos relacionados ao culto, Deus disse: *Falarás a todos os homens hábeis, a quem eu tenha enchido com espírito de sabedoria* [hokma] (Êx 28,3; NVI, "dei habilidade"). Isso indica que a habilidade de confeccionar os objetos necessários provinha do SENHOR (Êx 28.3). Na ocasião da "consagração" de Josué como líder do povo, viu-se que ele *estava cheio do Espírito de sabedoria, porque Moisés tinha imposto as suas mãos sobre ele* (Dt 34.9, NVI). Disso se entende que "Espírito de sabedoria" era uma dádiva de Deus concedida por intermédio de Moisés. Salomão, depois de receber o trono de Israel após a morte de Davi, entendeu o tamanho do desafio de ser rei e orou a Deus, pedindo a ele sabedoria para reinar:

> *Teu servo está no meio do teu povo escolhido, povo grande, que nem se pode contar, nem numerar, de tão grande que é. Dá a teu servo entendimento para julgar o teu povo, para discernir com sabedoria entre o bem e o mal; pois quem poderia julgar este teu povo tão numeroso?* (1Rs 3.8,9).

Seu discernimento foi provado quando o rei resolveu o caso da maternidade de uma criança, já mencionado, e todo o povo viu que a sabedoria de Deus "estava nele" para fazer justiça (1Rs 3.28, NVI). O historiador concluiu: *O SENHOR deu sabedoria a Salomão, como lhe havia prometido* (1Rs 5.12). Sua fama como sábio estendeu-se além das fronteiras de Israel: *Todo o mundo procurava visitar Salomão para ouvir a sabedoria que Deus lhe havia concedido* (1Rs 10.24). Essa mesma dádiva foi a chave do êxito que Daniel e seus amigos tiveram na corte do rei da

Babilônia. Deus havia concedido aos quatro jovens "sabedoria e inteligência" para conhecerem todos os aspectos relacionados à cultura e à ciência (Dn 1.17).

À luz desses exemplos, concluímos que pelo menos dois aspectos de sabedoria bíblica se destacam. O primeiro diz respeito à origem da sabedoria. Nos casos citados, Deus era a origem e o emissor da sabedoria. O segundo é que a sabedoria recebida de Deus capacitava o indivíduo a lidar com as várias situações da vida e a demonstrar êxito em tudo o que fazia, mesmo em situações adversas. Tremper Longman resumiu a sabedoria da seguinte forma:

> A sabedoria é a habilidade de saber viver. É o conhecimento prático que ajuda alguém saber como falar nas diversas situações. A sabedoria abrange a capacidade de evitar problemas e o jeito de lidar com eles quando surgem. Sabedoria inclui também a habilidade de interpretar a fala e a escrita de outras pessoas no sentido de reagir corretamente àquilo que nos dizem.[607]

O sábio

A Bíblia nos fornece evidências de que pessoas chamadas "sábios" exerceram uma função importante nas culturas do Oriente Médio antigo. Evidentemente, era comum que reis e monarcas mantivessem conselheiros políticos e religiosos em seus governos. No caso da sociedade egípcia, durante o segundo milênio a.C., os sábios e magos formavam um tipo de "concílio" para aconselhar os reis em questões importantes. Um exemplo pode ser achado na narrativa de José, em Gênesis. Depois de sonhar sobre as vacas gordas e magras, o faraó não entendeu o sonho e chamou todos os magos e sábios do Egito para pedir uma explicação (Gn 41.8). Na época de Moises, o faraó chamou os sábios e feiticeiros, bem como os magos na disputa contra Moisés (Êx 7.11). O livro de Ester relata: *era costume do rei tratar dos seus negócios na presença de todos os que conheciam a lei e o direito* (Et 1.13).

Uma das questões que ainda está sendo discutida entre especialistas que estudam a literatura sapiencial do AT é a posição do sábio na sociedade hebraica: Havia um grupo específico de pessoas conhecidas como "os sábios" (*hakamim*) que exerciam uma função específica na sociedade israelita ou na corte real? A resposta dada muitas vezes é que, à luz do contexto do Oriente Médio antigo e da disseminação da sabedoria e de suas formas características que ultrapassavam as fronteiras nacionais, certamente os hebreus e especialmente a corte dos reis mantinham "sábios" que serviam de conselheiros

---

[607] Longman III, Tremper. *How to Read Proverbs*. Downers Grove: InterVarsity, 2002. p. 14-15 (tradução nossa).

326 O DEUS DE ISRAEL

sobre diversos assuntos. Os argumentos normalmente apresentados incluem: a) o fato de haver sábios e "magos" em outras nações; b) a tradição literária que exigiria uma categoria "profissional" de pessoas encarregadas da preservação das tradições sapienciais; c) a qualidade artística dessa literatura que daria evidências de tal classe de indivíduos.[608]

Apesar do "prestígio" que os sábios das nações vizinhas de Israel tinham, essa categoria em Israel não recebeu destaque. Não existem referências claras e específicas de uma "categoria" israelita de sábios. Aliás, foram os profetas, não os sábios, que se destacaram como conselheiros dos reis. O profeta Natã e o vidente Gade foram reconhecidos como aqueles que influenciaram as decisões do rei Davi (1Sm 22.5; 2Sm 7.1-17; 12.1-25; 24.11-19). O profeta Isaías teve acesso à corte de Acaz (Is 7.1-25) e Ezequias (2Rs 19.2—20.19). Às vezes, os profetas criticaram os "sábios" por não conhecerem bem os desígnios de Deus. Isaías anunciou que o Senhor atrapalharia *os sinais de falsos profetas e fa*[ria] *de tolos os adivinhadores, que derruba*[ria] *o conhecimento dos sábios e o transforma*[ria] *em loucura* (Is 44.25, NVI). A crítica de Jeremias foi ainda mais severa: *Os sábios são envergonhados, espantados e presos; rejeitaram a palavra do Senhor. Que sabedoria é esta que eles têm?* (Jr 8.9). Esse profeta reconheceu que os sábios estavam presentes na sociedade, mas nem sempre davam conselhos que refletiam a vontade de Deus (Jr 9.12). Quando os adversários planejavam a morte do profeta, um dos argumentos apresentados foi que a sabedoria dos sábios não pereceria, mesmo com a morte de Jeremias (Jr 18.18).

Na opinião de Crenshaw, apesar das críticas dos profetas, ainda seria possível afirmar a presença de sábios legítimos em Israel. Exemplo disso é o papel de Aitofel como conselheiro tanto de Davi quanto de Absalão (2Sm 16.23). Outra evidência foi o trabalho dos "servos de Ezequias", que compilaram os provérbios de Salomão (Pv 25.1).[609]

Se uma categoria de sábios existia em Israel, à luz do texto bíblico fica claro que a sabedoria não estava limitada a uma classe específica de indivíduos. Mesmo podendo identificar pessoas que tinham sabedoria em maior grau, como Salomão e Daniel, a literatura sapiencial indica que a sabedoria divina estava disponível a todas as pessoas; todas foram exortadas a buscar e adquirir sabedoria. Veremos isso claramente na literatura sapiencial do AT.

---

[608] V. Crenshaw, *Wisdom*..., p. 24-25. É interessante notar que, nas *Instituições de Israel*, Roland de Vaux não incluiu uma parte específica que tratou dos sábios. Escrevendo sobre a educação em Israel, De Vaux colocou os sábios ao lado dos profetas, dizendo que os sábios também "ensinavam a arte de viver bem e cuja influência aumentou a partir do Exílio". Cf. Vaux, *Instituições*..., p. 74.

[609] Ibid., p. 25.

A LITERATURA SAPIENCIAL DO AT

A literatura sapiencial do AT normalmente diz respeito aos livros de Provérbios, Eclesiastes, Jó e alguns salmos. Especialistas dessa área também chamam a nossa atenção para os livros de Sabedoria e Eclesiástico, que fazem parte dos livros conhecidos como "apócrifos" ou "deuterocanônicos". Nesta obra, limitaremos a discutir os livros de sabedoria encontrados no cânon hebraico.

Provérbios: o caminho da sabedoria

Em sua introdução à literatura sapiencial, Bartholomew e O'Dowd comentam que o livro de Provérbios está passando por "tempos difíceis".[610] Nem sempre esse livro recebeu o "respeito" que merece. Um escritor chegou a dizer que "apesar de o livro não atingir cumes de inspiração, Provérbios é um bom livro".[611] O que pretendemos mostrar aqui é que o livro não é somente um "bom livro", como também que tem uma posição importante na fé de Israel, e, portanto, na teologia do AT.

O livro divide-se em várias exortações, discursos e coletâneas de provérbios. Após a introdução que comunica o propósito geral do livro (1.1-7), o leitor encontra uma sequência de falas — principalmente dirigidas aos jovens — sobre a melhor maneira de viver e os perigos a serem evitados (1.8—9.18). Em termos gerais, esses discursos apresentam os fundamentos para viver uma vida íntegra e bem-sucedida. O texto aconselha o indivíduo a evitar os perigos das más companhias (1.10-19) e encoraja as pessoas a buscar diligentemente a sabedoria e seus benefícios (2.1-22). Há orientações sobre o temor do Senhor (3.1-12), admoestações e exortações sobre os perigos do adultério, sobre a tolice (5.1-23; 6.20-35; 7.1-27), o dinheiro e a preguiça (6.1-19). Um discurso marcante nessa sequência é a "personificação" da sabedoria como uma figura feminina (8.1-36). Nesse discurso, podemos ver claramente o que pode ser chamado de "democratização da sabedoria". A ela tem acesso todo que desejar, independentemente de posição social. A Dama Sábia posiciona-se em pontos estratégicos para anunciar publicamente que a sabedoria está disponível a todos. Descrita como alguém que chama — ela *se coloca nos lugares mais altos, à beira do caminho, nos cruzamentos das estradas, perto das portas, à entrada da cidade e à entrada das portas* [...] (8.2,3) —, é oferecida a todos que passam perto de sua porta e promete prudência, discernimento e conhecimento (8.5-9), verdade também reconhecida por

---

[610] Bartholomew e O'Dowd, *Wisdom…*, p. 73-74.

[611] Blank, Wisdom, p. 936.

328 O DEUS DE ISRAEL

Von Rad. Aqui vemos algo oposto à sabedoria pessoal, esotérica e disponível somente aos "entendidos".[612]

O vínculo entre a sabedoria bíblica e a criação tem sido reconhecido nas obras recentes sobre a sabedoria.[613] Às vezes, relacionada a uma "casa" (9.1), a própria criação reflete a sabedoria divina pela maneira em que o mundo e tudo que nele há foi estabelecido. "Criada" pelo SENHOR antes da criação do universo, a Dama Sábia estava ao lado de Deus na criação como seu "arquiteto" (8.22,30). Através da sabedoria, Deus formou os céus e marcou os limites dos mares (8.27-29). Como a sabedoria fez parte da criação do mundo, é compreensível que essa mesma sabedoria seja necessária para que o ser humano viva bem no mundo criado por Deus. Portanto, a sabedoria de Deus pode ser vista na criação e está disponível a todos que tomam o tempo necessário de olhar e contemplar o universo que Deus criou.[614] Por isso, a Dama Sábia disse:

> *Agora, filhos, ouvi-me, pois os que guardam os meus caminhos são felizes.*
> *Ouvi a correção e sede sábios. Não a rejeiteis.*
> *Feliz é o homem que me dá ouvidos e que a cada dia fica vigiando diante das minhas entradas, esperando junto ao portal de entrada.*
> *Pois aquele que me achar achará a vida e alcançará o favor do SENHOR* (Pv 8.32-35).

Como viver no mundo criado pela sabedoria de Deus é o tema da divisão maior do livro. O conteúdo desta parte está nos capítulos 10—29 e se caracteriza por ter uma forma literária chamada "provérbio", tradução da palavra hebraica *mashal*. O significado da palavra não é inteiramente claro, e a raiz aparece no AT em dois sentidos básicos A primeira vincula o provérbio ao verbo que quer dizer "ser como" ou "ser comparável a". Assim, um provérbio pode ser uma breve composição literária que compara uma coisa com outra.[615] Outro uso da raiz é "governar". Às vezes tratada como palavra distinta,[616] Crenshaw chamou a nossa atenção para o fato de que os dois usos são apropriados quando consideramos o propósito do livro. A

---

[612] RAD, Gerhard von. *Wisdom in Israel*. Trad. James D. Martin. London: SCM, 1972. p. 158.

[613] V., p. ex., Von Rad, *Wisdom...*, p. 144-176; CRENSHAW, *Wisdom...*, p. 85-88; BARTHOLOMEW e O'DOWD, *Wisdom...*, p. 86-91.

[614] V. o capítulo 1 sobre o papel das coisas criadas na revelação.

[615] Sobre a questão da etimologia da palavra *mashal*, v. HAMILTON, Victor P., *mashal*. In: *DITAT*, p. 889-890.

[616] V., p. ex., o tratamento do verbo *mashal*: "falar em provérbios" e "governar, dominar, reinar" (Ibid., p. 889-892).

implicação é que o provérbio pode ser um instrumento pelo qual o indivíduo "governa" ou "domina" a vida.[617]

A organização dessa parte do livro apresenta um desafio para muitos porque parece não existir um eixo organizador. Do ponto de vista de Bartholomew e O'Dowd, a "organização aleatória" aparente pode ser um reflexo da natureza da própria vida em que os eventos podem acontecer sem aviso prévio e quase nunca em uma sequência lógica. Nas palavras de Raymond C. van Leeuwen: "Os provérbios são diversos e contraditórios porque a vida humana é contraditória e diversa".[618]

Mesmo não tendo um esquema norteador, os provérbios servem a um propósito claro, isto é, apontam para a maneira sábia de viver e advertem contra a tolice e a insensatez. Os ditados nesse trecho usam muito a forma de paralelismo chamado antitético, em que um contraste é feito entre duas posturas de vida, normalmente a do sábio e a do tolo. Por exemplo:

Aquele que colhe no verão é um filho sensato, mas o que dorme na colheita é um filho que envergonha (10.5).

Os sábios entesouram o conhecimento, mas a boca do insensato é uma destruição repentina (10.14).

Praticar a maldade é diversão para o insensato, mas a conduta sábia é o prazer do homem que tem entendimento (10.23).

Uma expressão que aparece várias vezes ao longo dessa divisão é "o temor do Senhor".[619] Na opinião de alguns especialistas, é o "temor do Senhor" que serve de tema organizador do livro.[620] A expressão foi introduzida ao leitor do livro em 1.7 e aparece em diversos momentos até o último capítulo (31.30). Crenshaw concluiu que "temer ao Senhor" em Provérbios se refere principalmente à prática da religião, pelo menos em termos do relacionamento que o fiel tem com Deus.[621] Não existe, porém, uma definição clara no livro sobre a natureza do temor ao Senhor, além das várias associações e contrastes que encontramos. O filho que inclina os ouvidos à sabedoria e instrução entendia

---

[617] Crenshaw, *Wisdom...*, p. 62.

[618] Leeuwen, Raymond C. van. *In Praise of Proverbs.* In: Zuidervaart, Lambert; Luttikhuizen, Henry (Eds.). *Pledges of Jubilee: Essays on the Arts and Culture, In Honor of Calvin G. Seerveld.* Grand Rapids: Eerdmans, 1995. p. 308-327, apud Bartholomew e O'Dowd, *Wisdom...*, p. 92.

[619] Cf. Provérbios 10.27; 14.27; 15.16,33; 16.6; 19.23; 22.4; 23.17.

[620] Bartholomew e O'Dowd, *Wisdom...*, p. 80-82.

[621] Crenshaw, *Wisdom...*, p. 85.

330   O DEUS DE ISRAEL

o que significava temer ao Senhor (2.1-5). Temer ao Senhor era abandonar a autoconfiança e apartar-se do mal (3.7). Era odiar o mal (8.13), andar em retidão (14.2) e deixar o coração aberto às instruções de Deus (28.14).

O livro termina com as palavras de Agur, com as instruções ao rei Lemuel e com a descrição da mulher chamada virtuosa (30.1—31.31). A organização reflete sobretudo os primeiros nove capítulos do livro, cujas observações se encontram em discursos mais longos e giram em torno de um tema identificável. As palavras de Agur incluem uma reflexão sobre mistérios da vida, nos quais evidentemente a sabedoria não é capaz de penetrar totalmente:

> Há três coisas maravilhosas demais para mim; sim, quatro que não entendo: o caminho da águia no ar, o caminho da cobra no penhasco, o caminho do navio no mar e o caminho do homem com uma virgem (30.18,19).

As instruções que a mãe do rei Lemuel passou para o filho visavam à preparação do rei para exercer seu domínio com prudência, evitando aquilo que podia trazer prejuízos a seu reino, como, por exemplo, o abuso de bebidas (31.1-9). Finalmente, no mundo em que o homem parece dominar, encontramos a descrição de uma mulher que é exemplo de sabedoria (31.10-31). Trabalhadora (31.13-17) e administradora capaz (31.18), a mulher sábia e virtuosa cuidava da família (31.21), mas não se esquecia dos pobres e necessitados (31.20). Em muitos aspectos, exemplificava todas as características que se encontram no livro a ponto de receber elogios de seus filhos (31.28) e especialmente de seu marido (31.28-29), que reconhecia nela o fruto de uma vida bem vivida no temor do Senhor (31.30).

Eclesiastes: as limitações da sabedoria humana

A literatura sapiencial do AT preocupa-se com os aspectos práticos da vida humana e de como é vivida. Essa ênfase destaca-se de maneira especial no livro de Eclesiastes. Atribuído a Salomão,[622] o autor é conhecido pela palavra *qohelet*, traduzida por "pregador" ou "mestre", e não se sabe se era um nome próprio, pseudônimo ou título.[623]

---

[622] Opiniões quanto à autoria do livro são muito variadas, por isso foge ao escopo deste trabalho. V. tratamentos em LaSor; Hubbard; Bush, *Introdução*, p. 543-545, e Dillard; Longman, *Introdução...*, p. 237-240.

[623] De acordo com Jack P. Lewis, *qohelet* é um particípio masculino do verbo denominativo *qahal*, que quer dizer "convocar reunião" ou "reunir-se" (*qahal*. In: *DITAT*, p. 1325-1327). Portanto, o *qohelet* pode ser entendido como um orador que falava nas assembleias. A designação "pregador" veio da *Vulgata*.

O DEUS QUE DÁ SABEDORIA: TEOLOGIA NA LITERATURA SAPIENCIAL   331

Ao iniciar a leitura do livro, o leitor é surpreendido por uma expressão que só se encontra neste livro: "Vaidades de vaidades" (1.2).[624] A palavra hebraica traduzida por "vaidade" é *hebel*, que em seu sentido básico se refere a vapor ou sopro. Jó declarou que a a vida é "um sopro" (7.7) e, quando o salmista considerou a brevidade da própria vida, escreveu: *Deste aos meus dias o comprimento de alguns palmos; o tempo da minha vida é como nada diante de ti. Na verdade, todo homem, por mais firme que esteja, é apenas um sopro* (Sl 39.5).[625] Isaías usou a palavra para descrever a incapacidade e futilidade de depender dos egípcios (Is 30.7), e Jeremias considerou todos os ídolos e as pessoas que neles confiavam falsos e sem valor (cf. Jr 10.1-5).

É no livro de Eclesiastes, porém, que a palavra aparece com mais frequência.[626] O *qohelet* escolhe *hebel* como palavra-chave para descrever suas tentativas de investigar a vida e seus mistérios.[627] Em termos gerais, ele descobre que a vida humana é uma ilusão (1.2) porque, depois de uma vida inteira de trabalho, o que o ser humano produz não permanece (1.3).[628] Ao observar o mundo natural, o *qohelet* descobre que a vida humana reflete os mesmos ciclos da natureza. Como o sol se levanta e se põe, e o como o vento vai e vem, assim acontece com o ser humano. Uma geração passa, e outra se levanta, e a única coisa que permanece é o próprio mundo (1.4-7). Não haverá memória das coisas que o ser humano faz (1.11). Por isso, Dumbrell sugere que o *qohelet* fica obcecado pela procura de qualquer coisa que possa oferecer garantia de vida após a morte, ou pelo menos na memória humana.[629]

As investigações realizadas pelo escritor leva-o a procurar sentido na multiplicidade das experiências humanas, tanto em coisas que podem ser consideradas nobres quanto nas chamadas banais. Quando a leviandade e os prazeres físicos não podem oferecer respostas adequadas, o escritor conclui que tudo é "ilusão" (2.1). Descobre que o mesmo destino espera tanto o justo como o ímpio (2.12-26) e que nos planos de Deus existe um tempo para todas as coisas (3.1-8). A inutilidade das ações humanas tem destaque pelo fato de que a injustiça prevalece, apesar dos esforços humanos (3.16,17; 5.8).

---

[624] A *Almeida 21* diz: *Que grande ilusão! Que grande ilusão!* A NVI: *Que grande inutilidade!*

[625] A ARA e a ARC traduziram *hebel* por "vaidade".

[626] Cf. 1.2,14; 2.1,11,15,17,19,21,23,26; 3.19; 4.4,7s,16; 5.9; 6.2,9,11; 7.6; 8.10,14; 11.8,10; 12.8.

[627] BARTHOLOMEW e O'DOWD optaram pela tradução "enigma" e "enigmática" porque, na opinião deles, refletia melhor a natureza das pesquisas do *qohelet* (*Wisdom...*, p. 194).

[628] DUMBRELL sugeriu "permanência" como a melhor maneira de entender a palavra traduzida por "vantagem", "ganho" ou "proveito" (*yitron*). V. DUMBRELL, *Faith...*, p. 286.

[629] Ibid.

O fim da vida é o mesmo para todos, e não há certeza do destino final, nem para os homens, nem para os animais (3.18-21; 8.10—9.18).

Apesar do tom sombrio de suas reflexões, o *qohelet* reconhece que uma vida de sabedoria é a melhor saída para uma vida insensata. Seu argumento é simples e baseado em observações. Diante da inutilidade aparente da vida humana em que todos experimentam as mesmas coisas (9.2), é a vida de sabedoria que produz os melhores resultados — apesar das limitações da sabedoria humana:

> *Observei ainda e vi que debaixo do sol a corrida não é dos ligeiros, a batalha não é dos fortes; o pão não é dos sábios, a riqueza não é dos prudentes, o favor não é dos inteligentes; mas todos dependem do tempo e do acaso* (Ec 9.11).

É melhor manter uma vida equilibrada e orientada pela fé e pela obediência (5.1-7; 7.1-10) porque o ser humano não é totalmente capaz de penetrar os grandes mistérios da vida (6.12). Por isso, é melhor procurar um relacionamento com Deus desde cedo (11.9—12.1) e manter seu relacionamento até a hora da morte:

> *Antes que se rompa o cordão de prata, ou se quebre o copo de ouro, ou se despedace o cântaro junto à fonte, ou se desfaça a roda junto à cisterna, e o pó volte à terra como era, e o espírito volte a Deus, que o deu* (Ec 12.6,7).

Na conclusão, o *qohelet* resume a vida do ponto de vista do temor a Deus e da obediência que esse temor deve produzir: *Agora que já se disse tudo, aqui está a conclusão: Teme a Deus e obedece aos seus mandamentos; porque este é o propósito do homem* (12.13).

Jó: uma teodiceia bíblica[630]

O livro de Jó é incluído na literatura sapiencial do AT porque trata, entre outras coisas, de um tema milenar: o sofrimento do justo. Conhecido como uma teodiceia por lidar com a questão dos motivos para o sofrimento humano, essa "forma" literária foi encontrada em exemplos da literatura sapiencial de outras culturas do Oriente Médio antigo.[631] Uma das características do livro de Jó é sua posição em relação às formulações sapienciais "tradicionais" sobre os motivos para o sofrimento, que se encontram no livro de Provérbios. Em

---

[630] V. comentário sobre o uso do termo "teodiceia" para se referir ao livro em Bartholomew e O'Dowd, *Wisdom...*, p. 158-165.

[631] O exemplo mais notável e já citado é a obra babilônica conhecida como *Teodiceia babilônica*.

Provérbios, encontramos uma postura "ortodoxa", na qual, em termos gerais, a questão da justiça de Deus e a resposta humana são temas relativamente simples. Em poucas palavras, Provérbios apresenta um mundo em que tanto o justo como o ímpio recebem o que merece: o justo ganha uma vida de paz e prosperidade, e o ímpio experimenta a reprovação de Deus: *Pois os justos habitarão na terra, e os íntegros nela permanecerão; mas os ímpios serão eliminados da terra, e dela os infiéis serão arrancados* (Pv 2.21,22, NVI). No livro de Jó, porém, essa ordem é altamente questionada, resultando no que alguns chamaram de "teodiceia de protesto".[632] O protesto implica ser contra a maneira tradicional de entender os motivos do sofrimento humano.

A estrutura do livro apresenta uma forma de três ciclos de discursos e diálogos entre as personagens que aparecem ao longo do livro. Os diálogos aparecem entre dois textos em prosa, por vezes chamados "prólogo" e "epílogo". O prólogo (1.1—2.13) serve principalmente para estabelecer o cenário dos discursos, e o epílogo (42.7-17) traz o fechamento.

É no prólogo que aprendemos que Jó era *um homem íntegro e correto, que temia a Deus e se desviava do mal* (1.1). A importância dessa descrição não pode ser subestimada para compreender o livro, especialmente os diálogos dos amigos de Jó. Do ponto de vista dos colegas, todos os problemas que Jó experimentava só tinham uma explicação: Jó havia pecado e ainda não havia reconhecido seu erro. Essa conclusão refletia o que era geralmente aceito pelos povos do Oriente Médio antigo, isto é, Deus recompensaria o indivíduo de acordo com suas ações.

Nos diálogos, cada um dos amigos, de uma forma ou de outra, ataca "erros" doutrinários nas falas de Jó. Elifaz foi o primeiro a abordar a questão principal do diálogo: o sofrimento humano é consequência do pecado. Elifaz entendeu a questão assim: *Pelo que tenho visto, quem planta o pecado e semeia o mal, haverá de colher isso. Eles morrem pelo sopro de Deus; são destruídos pela rajada da sua ira* (4.8,9). Bildade, o "tradicionalista", deu sua contribuição, dizendo:

> *Pergunta à geração anterior, e considera o que seus pais aprenderam. Quando ainda está em flor e nem mesmo foi cortado, seca-se antes de qualquer outra planta. Assim são os caminhos de todos os que se esquecem de Deus; a esperança do ímpio se acabará* (8.8,12,13).

Para Bildade, as respostas de Jó estavam erradas porque não eram de acordo com a "sabedoria tradicional" dos antepassados. Se Jó consultasse a

---

[632] BIRCH et al., *Introduction...*, p. 393.

sabedoria tradicional, entenderia melhor o seu erro. Zofar fechou o primeiro ciclo dos diálogos dizendo que Deus é capaz de reconhecer quando alguém está errado: *Pois ele conhece os homens falsos; assim, quando vê a maldade, não atentará para ela?* (11.11). Em outras palavras, se Jó conseguisse uma audiência com Deus, o que ele tanta queria, Deus lhe mostraria claramente seu erro.

Em face dessas observações, Jó deu uma resposta. Birch e outros notaram que Jó aceitou a posição ortodoxa no que dizia respeito ao sofrimento do ímpio.[633] Ele não protestou contra isso. Seu protesto referia-se ao fato de sofrer sem saber o motivo. O que ele queria era uma apresentação de evidências de que havia pecado: *Ensinai-me, e eu me calarei; mostrai-me onde errei* (6.24). Em todo o processo, porém, mantinha a própria inocência:

> Mudai de parecer, peço-vos, não sejais injustos; sim, mudai, pois a minha causa é justa.
> Há maldade na minha língua? Será que a minha boca não saberia identificar coisas más?
> (Jó 6.29,30).

Jó considerou vãos, mentirosos e falsos os "conselhos" de seus amigos (13.4; 21.34) e se considerou tão sábio como eles (13.1,2). Continuou insistindo que agira com retidão:

> [...] os meus lábios não falarão maldade, nem a minha língua pronunciará engano.
> Longe de mim eu vos dar razão; até que eu morra, nunca me afastarei da minha integridade. Eu me apegarei à minha justiça e não a largarei; o meu coração não reprova nenhum dia da minha vida (27.4-6).

A reposta que Jó tanto desejava finalmente veio (38.1—41.34), mas não foi a resposta que ele imaginava receber. Na realidade, Deus não respondeu a seu pedido de receber a chance para expor sua queixa diante de Deus (13.13-19; 31.35). A resposta que Deus ofereceu foi uma afirmação de seu poder sobre todo o universo, não uma explicação da razão do sofrimento. O que impressiona é que, ao ouvir essa resposta, Jó disse: *Menosprezo a mim mesmo e me arrependo no pó e na cinza* (42.6).

A resposta que os leitores desejam sobre a questão dos motivos para o sofrimento humano é, na melhor das hipóteses, elusiva. Chegamos ao fim do livro sem uma explicação clara. A observação de Dumbrell é relevante aqui:

> O sentido da vida não pode ser entendido dentro dos limites humanos, mas somente dentro da estrutura de uma visão de Deus que procura justificação

---

[633] Ibid., p. 398.

O DEUS QUE DÁ SABEDORIA: TEOLOGIA NA LITERATURA SAPIENCIAL   335

dos enigmas atuais da existência humana numa vida que ainda está por vir. Dizendo tudo isso, o problema real do livro de Jó foi deixado sem resposta [...][634]

Uma coisa pode ser afirmada. O Jó que encontramos no fim do livro não é a mesma pessoa que aparece no início da narrativa. A experiência de sofrer sem saber os motivos, o diálogo com os amigos e finalmente a fala de Deus levaram Jó a aceitar os fatos. Se a experiência de Jó nos ensina alguma coisa sobre o ser humano é que existem limites à nossa capacidade de compreender as coisas mais profundas do universo e da experiência humana. Nas palavras de Jó: *Mas onde se achará a sabedoria? E onde está o lugar do entendimento? O homem não sabe quanto vale a sabedoria; ela não se encontra na terra dos viventes* (28.12,13).

TEOLOGIA NA LITERATURA SAPIENCIAL DO AT

O que a literatura sapiencial do AT nos diz sobre Deus? Vamos esboçar alguns pontos principais.

O Senhor é a fonte de sabedoria

Uma das afirmações básicas que se encontra na literatura sapiencial do AT é que a verdadeira sabedoria tem um ponto de partida. É fundamentalmente *teocêntrica*, e, pelo fato de a fé israelita ter sido uma fé monoteísta, a verdadeira sabedoria só existe em JAVÉ.

Por isso, é da competência do Senhor dar a sabedoria àquele que a procura. Ao longo da história, foi concedida a pessoas específicas, como Salomão (1Rs 5.12), Daniel e seus amigos (Dn 1.17), entre outros, mas não estava limitada a alguns indivíduos. A democratização da sabedoria pode ser vista nos discursos em que a Dama Sábia convida as pessoas humildes, os "simples", a comer de sua mesa:

> *A sabedoria já edificou sua casa, já ergueu suas sete colunas;*
> *já sacrificou seus animais, preparou seu vinho e arrumou a mesa.*
> *Já enviou suas criadas a clamar dos pontos altos da cidade, dizendo:*
> *Quem é simples, volte-se para cá. E ela diz aos insensatos:*
> *Vinde, comei da minha refeição e bebei do vinho que tenho preparado* (Pv 9.1-5).

Reconhecer que o Senhor é a fonte da sabedoria não significa dizer, ao mesmo tempo, que a aquisição dessa sabedoria é automática ou que se dá por osmose. Compete ao indivíduo adotar a posição adequada para receber o que

---

[634] Dumbrell, *Faith...*, p. 259.

somente o Senhor pode dar-lhe. Tese fundamental na literatura sapiencial do AT é que: *o temor do SENHOR é o princípio da sabedoria* (Pv 1.7; 9.10); além disso, o indivíduo deve estar atento à sabedoria e inclinar o coração para o entendimento (Pv 2.2). Coração e mente receptivos são indispensáveis para a sabedoria que Deus deseja encontrar na vida humana.

O princípio de "caráter-consequência"[635]

Os sábios declararam de formas variadas que a sabedoria traria benefícios a quem não somente a adquirisse, como também a praticasse. De igual modo, quem vivesse de maneira perversa sofreria as consequências de seus atos. Essa característica se vê claramente no livro de Provérbios. Algumas menções:

> *Porque os corretos habitarão a terra, e os íntegros permanecerão nela.*
> *Mas os ímpios serão exterminados e os enganadores serão eliminados da terra* (Pv 2.21,22).

> *Honra o SENHOR com teus bens e com as primícias de toda a tua renda;*
> *assim os teus celeiros se encherão com fartura, e os teus lagares transbordarão de vinho* (3.9,10).

> *O perverso, o homem mau, anda com a perversidade na boca, pisca os olhos, faz sinais com os pés e acena com os dedos. Seu coração está cheio de maldade, maquina o mal o tempo todo, semeia inimizade. Por isso, sua destruição virá de repente; será destruído de uma hora para outra, sem chance de cura* (6.12-15).

> O trabalho do justo conduz à vida, mas a renda do ímpio, ao pecado (10.16).

Essas referências podem ser multiplicadas ao longo do livro e talvez seja possível chegar à conclusão de que a teologia de Provérbios ensina, de maneira simples, que o justo está sempre protegido contra o mal em razão de sua justiça, e o ímpio sempre será castigado por causa de seus atos. Entender o livro de Provérbios dessa forma seria um erro, pois não reconhece que a sabedoria é bem mais complexa e não pode ser reduzida a uma questão de causa e efeito.

Os sábios, entre outras coisas, procuravam conhecer e comunicar princípios que orientassem a vida individual. Como quaisquer seres humanos,

---

[635] A frase é de Raymond C. Van LEEUWEN em Wealth and Poverty: System and Contradiction in Proverbs, *Hebrew Studies*, 33, 1992, p. 32. É usada por BARTHOLOMEW e O'DOWD, p. 270. Von Rad chamou essa característica de "relacionamento ato-consequência" (Von RAD, *Wisdom*, p. 124-137).

tomavam decisões grandes e pequenas todos os dias, mas era essencial que sempre tomassem a melhor decisão. Não se tratava de apenas buscar "produzir" os melhores resultados, e sim chegar à melhor conclusão que uma vida orientada pelo temor do Senhor podia obter, por não se apoiar no entendimento meramente humano. Nesse caso, sabiam discernir que a sabedoria não podia ser tratada como "receita culinária" para garantir o sucesso na vida e evitar o desastre.[636] Pelo contrário, os preceitos sábios serviriam de princípios gerais para nortear a vida e formar uma base sólida e confiável para as decisões mais importantes.

O princípio caráter-consequência evidente em Provérbios é mitigado pelas conclusões dos autores de Jó e Eclesiastes. Oferecem uma visão mais além; isto é, apresentam a posição que às vezes indica que não é o caráter da pessoa que determina os resultados, e sim fatores que turvam a compreensão humana. De acordo com Bartholomew e O'Dowd, esses livros não somente destacam as exceções ao princípio caráter-consequência, como também criaram nuanças que "nos alertam inequivocamente para o fato de que a sabedoria envolve mais do que agir sabiamente; significa a profunda transformação do nosso ser".[637]

Essas nuances podem ser vistas nas declarações de Jó e nos questionamentos do *qohelet*. Em meio ao sofrimento, Jó pediu uma explicação além das respostas tradicionais oferecida por seus amigos:

> *Agora, por favor, olhai para mim, pois certamente não mentirei na vossa presença.*
> *Mudai de parecer, peço-vos, não sejais injustos; sim, mudai, pois a minha causa é justa.*
> *Há maldade na minha língua? Será que a minha boca não saberia identificar coisas más?*
> (6.28-30).

Por sua vez, o *qohelet* observou seu mundo e chegou à conclusão de que nem sempre a vida tem uma explicação "lógica" e que o geralmente aceito pela maioria nem sempre serve para explicar o que se vê ao redor:

> *Dediquei o coração a refletir a respeito de tudo isso e cheguei à conclusão de que os justos e os sábios e o que eles fazem estão nas mãos de Deus. Se é amor ou se é ódio, ninguém sabe o que os aguarda. Tudo acontece igualmente a todos: ao justo e ao ímpio, ao bom e ao mau, ao puro e ao impuro, ao que oferece sacrifícios e ao que não os oferece, ao bom e ao pecador, ao que faz juramentos e ao que não faz* (Ec 9.1,2).

---

[636] V. comemtários de Leeuwen, p. 32.

[637] Bartholomew e O'Dowd, *Wisdom...*, p. 273-274 (tradução nossa).

338   O DEUS DE ISRAEL

As exceções, porém, não podem alterar ou anular o fim da questão. Mesmo não recebendo uma resposta totalmente adequada a sua queixa, Jó resolveu aceitar parte do que podia ser conhecido sobre o motivo de seu sofrimento (Jó 42.1-6). O *qœhelet* chegou à conclusão de que, apesar da incapacidade humana de desvendar completamente os mistérios da vida, a responsabilidade principal do ser humano é temer a Deus e guardar seus mandamentos. Aliás, a sabedoria envolve principalmente a procura de Deus e a formação do nosso caráter à luz de sua orientação.[638]

A sabedoria e a criação[639]

Finalmente, consideremos o que a literatura sapiencial pode nos dizer sobre o conhecimento de Deus e a criação. A conexão entre a sabedoria e a criação é evidente pelas várias referências, especialmente em Provérbios e Jó:

> *Pela sabedoria, o* SENHOR *fundou a terra; pelo entendimento estabeleceu o céu* (Pv 3.19).

> *Onde estavas tu, quando eu lançava os fundamentos da terra? Conta-me, se tens entendimento* (Jó 38.4).

Nessas referências, podemos ver pelo menos duas implicações. A primeira é que a criação é de natureza boa porque foi o resultado da obra de um Deus bom. Gênesis 1 declara em vários momentos que tudo que Deus criou era bom (Gn 1.4,10,12,18,21,25,31). Provérbios reforça essa noção pelo fato de que o universo foi criado pela sabedoria desse bom Deus. Deus colocou a árvore da vida no jardim para dela o casal comer. Quando o casal tomou outra decisão, Deus o expulsou do jardim e impediu o retorno a essa árvore. A perda de acesso à árvore da vida no jardim foi amenizada, pelo menos em parte, pela declaração do sábio de que a própria sabedoria é um tipo de "árvore de vida": *A sabedoria é árvore que dá vida a quem a abraça; quem a ela se apega será abençoado* (Pv 3.18, *NVI*).[640] Outra conexão pode ser vista em Provérbios 8. Nesse discurso sobre a sabedoria, esta é descrita como o "braço direito" de Deus quando a criou (8.22-31, "ao seu lado"). O sábio reconhece que a obra era unicamente de Deus (8.22,27,28,31), mas que a sabedoria fornece o plano mestre da obra (8.30).

Uma segunda implicação é que a presença da sabedoria de Deus na criação não é garantia de que o ser humano a encontrará facilmente. O aspecto oculto da sabedoria tem sua expressão principalmente em Jó 28. Nessa poesia, o

---

[638] BARTHOLOMEW e O'DOWD, *Wisdom...*, p. 275.

[639] Cf. VON RAD, *Wisdom*, p. 144-157, e BARTHOLOMEW e O'DOWD, p. 261-270.

[640] V. outras referências à árvore da vida em Provérbios: 3.18; 11.30; 13.12; 15.4.

O DEUS QUE DÁ SABEDORIA: TEOLOGIA NA LITERATURA SAPIENCIAL   339

homem é aquele capaz de minar as profundezas da terra em busca de minério, dando fim à escuridão e retirando cobre, ouro e pedras preciosas. Com toda a sua capacidade, porém, a sabedoria ainda ilude seus olhos:

> *O homem estende a mão contra o rochedo e revolve os montes desde as raízes.*
> *Faz sulcos nas pedras; seus olhos descobrem todas as coisas preciosas.*
> *Tapa os veios de água para que não gotejem; tira para a claridade o que estava escondido.*
> *Mas onde se achará a sabedoria? E onde está o lugar do entendimento?* (Jó 28.9-12).

A incapacidade do ser humano em face dos mistérios da criação se torna ainda mais evidente no questionamento de Deus em Jó 38—40. O que Jó mais desejava era a chance de apresentar sua queixa diante de Deus, que certamente daria uma resposta, e Jó saberia o motivo de todo o seu sofrimento. Em sua resposta, porém, Deus põe Jó em seu devido lugar, dizendo-lhe que, se ele não podia entender as coisas da própria criação, como poderia entender a questão do sofrimento humano? Há muitas coisas que não podem ser compreendidas pelos homens. O *qohelet*, depois de investigar todas as coisas debaixo do céu (1.13), chegou à seguinte conclusão:

> *Tudo isso examinei segundo a sabedoria e disse: Serei sábio, mas a sabedoria ficou longe de mim. Tudo o que já se foi é incompreensível e muito profundo; quem o poderá entender?* (Ec 7.23,24).

Se a literatura sapiencial não nos ensina nada mais sobre a nossa situação no mundo, pelo menos devemos entender que, ainda que criados à imagem de JAVÉ, somos limitados e dependentes do nosso criador para tudo. As nossas limitações, porém, não diminuem a atenção que esse Deus nos dispensa:

> *Quando contemplo os teus céus, obra dos teus dedos, a lua e as estrelas que estabeleceste,*
> *que é o homem, para que te lembres dele? E o filho do homem, para que o visites?*
> *Tu o fizeste um pouco menor que os anjos e o coroaste de glória e honra.*
> *Deste-lhe domínio sobre as obras das tuas mãos; tudo puseste debaixo de seus pés:*
> *todas as ovelhas e os bois, assim como os animais selvagens,*
> *as aves do céu, os peixes do mar e tudo o que percorre as veredas dos mares.*
> *Ó SENHOR, nosso Senhor, como teu nome é magnífico em toda a terra!* (Sl 8.3-9).

17.

EPÍLOGO: DO AT PARA O NT[641]

Porque escrever uma TAT? Existe uma razão adequada para a Igreja estudar as declarações hebraicas escritas há séculos que descrevem a vida e a fé do povo antigo de Israel? O valor do AT é meramente histórico, ou essas Escrituras contêm princípios que a Igreja deve aproveitar e aplicar na prática de sua fé hoje em dia? Com a vinda de Jesus, o AT ainda tem validade ou autoridade sobre a Igreja? Nesta parte do trabalho, vamos considerar algumas respostas a essas perguntas e oferecer algumas linhas mestras que podem ajudar-nos a lidar com as dificuldades que a leitura do AT pode apresentar.

As respostas a estas e a outras perguntas semelhantes nem sempre são evidentes, mas se encontram, pelo menos em parte, no próprio texto bíblico. Vamos começar pelo aspecto *canônico* do AT. Pelo aspecto canônico, queremos dizer que, pela "definição" aceita pela Igreja, a Bíblia é composta de duas partes: o AT e o NT. Portanto, a igreja, desde sua formação, aceitou as Escrituras do AT como produto de origem divina. A declaração mais clara desse ponto de vista encontra-se em 2Timóteo 3.16: *Toda a Escritura é inspirada por Deus e útil para o ensino, para a repreensão, para a correção e para a instrução na justiça, para que o homem de Deus seja apto e plenamente preparado para toda boa obra* (NVI). Com a palavra "Escrituras" entendemos que Paulo se referia somente ao AT. Nessa afirmação, Paulo não somente reconheceu a origem sobrenatural do AT, mas também entendeu que, como Escritura de origem divina, esta tinha um papel essencial na preparação dos cristãos da Igreja do NT e sua liderança.

A aceitação da autoridade do AT é confirmada no uso de citações do AT pelos escritores do NT na apresentação de seus argumentos históricos e

---

[641] O conteúdo desta parte já apareceu em material preparado para o curso de Educação a Distância oferecido pela Faculdade Teológica Batista de São Paulo. A permissão para usar este material nesta publicação foi gentilmente concedida pelo diretor da faculdade, doutor Lourenço Stelia Rega. Disponível em: <http://www2.teologica.br>. Acesso em: 7 nov. 2014.

342 O DEUS DE ISRAEL

teológicos.[642] Em termos históricos, os evangelistas afirmaram que a vinda de Jesus foi o cumprimento das várias profecias messiânicas do AT. Argumentos teológicos foram apresentados pelo apóstolo Paulo, especialmente sua defesa da justificação pela fé em Romanos. A supremacia de Cristo foi argumentada pelo autor da carta aos Hebreus. Tudo isso mostra como os primeiros líderes da Igreja cristã e os "arquitetos" da fé entenderam o papel do AT.

O aspecto canônico tem como base os vínculos *teológicos* que existem entre o AT e o NT. Teólogos do AT já reconheceram tais vínculos, e vários esquemas já foram elaborados para explicar a natureza dos vínculos. Apresentamos aqui somente alguns dos temas mais evidentes.

Um dos vínculos que unem o AT e o NT é *o próprio Deus*. Até hoje existem pessoas que querem fazer separação entre o Deus do AT e o Deus do NT. Para elas, a descrição de Deus no AT, seus atos e atitudes não representam o retrato de Deus que apresenta o NT. A evidência, porém, mostra exatamente o contrário. O Deus que é apresentado no AT é o mesmo Deus e Pai do Senhor Jesus Cristo. Uma das declarações mais claras está em João 10.30. Na ocasião de uma discussão com a liderança judaica, Jesus disse: *Eu e o Pai somos um* (Jo 10.30). O próprio Jesus demonstrou o vínculo entre a revelação de Deus no AT e a continuação dessa revelação no NT.

Há várias maneiras de descrever o Deus da Bíblia para mostrar a continuidade da revelação entre o AT e o NT. Uma das maneiras mais óbvias é que esse Deus é *o Deus das alianças*. No AT, Deus fez várias alianças ao longo da história: com Noé e a terra (Gn 9.9,10), com Abraão (Gn 15.18) e com Davi (Sl 89.3). Entre todas essas alianças, uma que se destaca é a aliança que Deus fez com o povo no deserto do Sinai na ocasião do êxodo (Êx 19.5; 24.7). A aliança que Deus propôs no deserto foi aceita pelo povo, mas infelizmente o povo não cumpriu sua parte. Deus, porém, foi fiel à aliança e, por meio do profeta Jeremias, falou da época em que uma nova aliança seria estabelecida, uma aliança que o povo seria capaz de cumprir porque o próprio Deus poria as leis no coração das pessoas (Jr 31.31-34). A nova aliança entrou em vigor

---

[642] A questão de como os escritores do NT usaram o AT é ainda tema de debate. Não há espaço aqui para apresentar tais argumentos. Exemplos de pesquisas nesta área são muitos e inclui: F. F. Bruce, *New Testament Development of Old Testament Themes* (Grand Rapids: Eerdmans, 1968). Henry M. Shires, *Finding the Old Testament in the New* (Philadelphia: Westminster, 1974); G. K. Beale e D. A. Carson (Eds.), *Commentary on the New Testament use of the Old Testament* (Grands Rapids: Baker, 2007). Stanley N. Gundry et al. (Eds.). *Three Views on the New Testament Use of the Old Testament* (Grand Rapids: Zondervan, 2008).

com a vinda de Jesus, que se ofereceu como sacrifício em favor de todos os que creem nele (Lc 22.20; Hb 12.24).

O Deus que faz alianças também é *o Deus que salva* seu povo.[643] O povo de Israel viu a salvação de Deus de forma maravilhosa na experiência do êxodo. Deus "ouviu" os gemidos do povo de Israel no Egito e *lembrou-se da sua aliança com Abraão, com Isaque e com Jacó* (Êx 2.24). A libertação do povo de Israel por meio do êxodo foi uma grande demonstração histórica da salvação que o Deus da Bíblia é capaz de fazer. O livramento dos egípcios tornou-se o padrão da ação salvadora de Deus no AT.

Em termos gerais, o tema da salvação que Deus opera no meio de seu povo permeia a Bíblia toda.[644] Depois de passar pelo mar, os israelitas cantaram: *O Senhor é a minha força e a minha canção; ele é a minha salvação; ele é meu Deus e eu o louvarei* (Êx 15.2, NVI). Quando Davi refletiu sobre a maneira pela qual Deus operou em sua vida, declarou: *O Senhor é a minha rocha, a minha fortaleza e o meu libertador; o meu Deus, o meu rochedo, em quem me refugio; o meu escudo, a força da minha salvação e a minha torre de proteção* (Sl 18.2). Esse Deus que trouxe salvação ao povo ao longo da história demonstrou a plenitude de sua obra na pessoa de Jesus. Após o nascimento de Jesus, Simeão, homem justo e piedoso, tomou o menino Jesus nos braços e declarou:

> *Senhor, agora podes deixar ir em paz o teu servo, segundo a tua palavra; pois os meus olhos já viram a tua salvação, a qual preparaste diante de todos os povos; luz para revelação aos gentios, e para a glória do teu povo Israel* (Lc 2.29-32).

Como é o próprio Deus que salva o povo, o meio para a salvação tem sido sempre o mesmo. A salvação que Deus opera na história é o produto de seu amor incondicional. Os salvos de todas as épocas da história são aqueles que confiam no poder redentor de Deus. O salmista declarou: *Mas eu confio na tua misericórdia; meu coração se alegra na tua salvação* (Sl 13.5). O apóstolo Paulo refletiu o mesmo pensamento quando escreveu: *Pois vocês são salvos pela graça, por meio da fé, e isto não vem de vocês, é dom de Deus* (Ef 2.8).

A salvação de Deus está intimamente ligada ao povo que ele chamou para ser seu. Em toda a época da história, *Deus tem um povo*. George Knight reconheceu esse vínculo e escreveu: "Os escritores do AT reconheceram a identidade essencial entre o Israel antigo e a Igreja que veio a existir por meio de

---

[643] Cf. Bruce, F. F. *The Books and the Parchments*. Westwood, NJ; Fleming H. Revell, 1963. p. 85.

[644] Uma obra relativamente recente em que a salvação é apresentada como narrativa central da Bíblia é a de Christopher Wright, *Salvation Belongs to Our God*, op. cit.

Jesus".[645] No início, o povo era toda a raça humana criada à imagem de Deus (Gn 1.27).[646] Quando a raça desobedeceu e o pecado se espalhou pelo mundo, Deus agiu primeiramente pelo julgamento (Gn 6.5-7), mas depois chamou Abrão para ser o veículo pelo qual sua bênção alcançaria todas as famílias da terra (Gn 12.3). As promessas feitas a Abraão finalmente se cumpriram por meio do povo de Israel. Na ocasião do êxodo e do estabelecimento da aliança com o povo, Deus disse: *Agora, se me obedecerem fielmente e guardarem a minha aliança, vocês serão o meu tesouro pessoal dentre todas as nações. Embora toda a terra seja minha, vocês serão para mim um reino de sacerdotes e uma nação santa* (Êx 19.5,6, NVI). Deus, em sua sabedoria, escolheu um povo para ser seu instrumento aqui na terra, uma nação sacerdotal, isto é, um povo que seria intermediário entre Deus e o mundo, mostrando a este como viver na presença de Deus. A escolha do povo de Israel não foi feita por mérito, mas tinha como base o livre-arbítrio de Deus:

> *O Senhor não se agradou de vós nem vos escolheu porque fôsseis mais numerosos do que todos os outros povos, pois éreis menos numerosos do que qualquer outro povo; mas o Senhor vos tirou com mão forte e vos resgatou da casa da escravidão, da mão do faraó, rei do Egito, porque vos amou e quis manter o juramento que havia feito a vossos pais* (Dt 7.7,8).

No NT, Deus também tem um povo. O povo de Deus no NT, porém, não é meramente uma continuidade dos descendentes de Abraão, mas incluiu: [...] *todo aquele que crê; primeiro do judeu e também do grego* (Rm 1.16). Em outro lugar o apóstolo Paulo escreveu: *Estejam certos, portanto, de que os que são da fé, estes é que são filhos de Abraão* (Gl 3.7, NVI). O NT, então, reconhece que o povo de Deus são todos os que creem em Jesus, tanto judeus como gentios. Pedro, escrevendo aos crentes da sua época, disse que somos geração eleita, sacerdócio real, nação santa, povo exclusivo de Deus, para anunciar as grandezas daquele que nos chamou das trevas para sua maravilhosa luz (cf. 1Pe 2.9).

Finalmente, podemos dizer que os dois Testamentos estão ligados pelo desejo de Deus em alcançar todas as nações da terra pela bênção da salvação. O Deus da Bíblia é *Deus "missionário"*. Em toda a história, sempre tem sido seu desejo alcançar o povo que ele criou a sua imagem, mas que logo se desviou. Após a transgressão no jardim, Deus veio à procura do casal e perguntou: *Onde estás?* (Gn 3.9). Em seguida, chamou Abraão e prometeu abençoar

---

[645] Knight, *A Christian Theology*..., p. 349 (tradução nossa).

[646] V. discussão sobre a "composição" histórica do povo de Deus em House, *Teologia*..., p. 690-694.

"todas as nações da terra" por meio dele. Essa promessa foi transmitida a seus filhos (Gn 26.4; 28.14) e tornou-se parte da visão missionária do AT. O salmista refletiu a mesma visão, ao declarar: *Que Deus se compadeça de nós e nos abençoe; e faça resplandecer seu rosto sobre nós, para que se conheçam seu caminho na terra e sua salvação entre todas as nações* (Sl 67.1,2).

O NT aceitou e ampliou a visão missionária do AT. A vinda de Jesus foi interpretada como demonstração do desejo de Deus em alcançar todas as nações da terra. Ele foi chamado *luz para revelação aos gentios, e para a glória do teu povo Israel* (Lc 2.32). Na comissão que deu a seus discípulos, Jesus indicou que o alvo era o mundo inteiro (Mt 28.19; Lc 24.47). O sucesso da obra missionária da Igreja pode ser visto na visão que o apóstolo João teve:

> *Depois dessas coisas, vi uma grande multidão, que ninguém podia contar, de todas as nações, tribos, povos e línguas, em pé diante do trono e na presença do Cordeiro, todos vestidos com túnicas brancas e segurando palmas nas mãos* (Ap 7.9).

De Gênesis a Apocalipse, a missão de Deus era resgatar sua criação e levar-nos para estar com ele eternamente.

Portanto, os dois Testamentos formam uma só história que mostra o único Deus, criador dos céus e da terra, agindo em nosso meio, às vezes despercebido, às vezes por meio de grandes atos de salvação e juízo. Nem sempre o povo que Deus criou entendeu a profundidade de seu amor; às vezes adotou medidas extremas para tentar apagar esse amor. Apesar disso, seu amor para com a criação nunca diminui, e ele continua oferecendo sua mão para nos salvar. Como disse o profeta: *O Senhor lhe apareceu no passado, dizendo: Eu a amei com amor eterno; com amor leal a atraí* (Jr 31.3). O Deus da Bíblia é o Deus que salva "todo aquele que nele crê".

BIBLIOGRAFIA

ALEXANDER, Ralph H. *kapar*. In: HARRIS, R. Laird; ARCHER, Gleason L.; WALTKE, Bruce K. (Eds.). *Dicionário internacional de teologia do Antigo Testamento*. Trad. Márcio Loureiro Redondo, Luiz A. T. Sayão e Carlos Osvaldo C. Pinto. São Paulo: Vida Nova, 1998. p. 743-744.

ANDERSON, Francis I.; FREEDMAN, David Noel. *Amos. The Anchor Bible*. New York: Doubleday, 1989. v. 24A.

BAAB, Otto. *The Theology of the Old Testament*. Nashville: Abingdon, 1949.

BALENTINE, Samuel E. *The Hidden God: The Hiding of the Face of God in the OT*. London: Oxford, 1983.

BARTHOLOMEW, Craig G; O'DOWD, Ryan P. *Old Testament Wisdom Literature: A Theological Introduction*. Downers Grove: InterVarsity, 2011.

BEALE, G. K.; CARSON, D. A. (Eds.). *Commentary on the New Testament Use of the Old Testament*. Grand Rapids: Baker, 2007.

BIRCH, Bruce C., et al. *A Theological Introduction to the Old Testament*. Nashville: Abingdon, 1999.

BLACKWOOD, Andrew W. *Ezekiel: Prophecy of Hope*. Grand Rapids: Baker, 1965.

BLEDSOE, David Allen. *Movimento neopentecostal brasileiro: um estudo de caso*. São Paulo: Hagnos, 2012.

BLANK, Sheldon H. Wisdom. In: BUTTRICK, George Arthur et al. (Eds.). *Interpreter's Dictionary of the Bible*. Nashville: Abingdon, 1962. v. 4, p. 852-861.

BONFATTI, Paulo. *A expressão popular do sagrado: uma análise psicoantropológica da Igreja Universal do Reino de Deus*. Paulinas: São Paulo, 2000.

BOTTERWECK, G. Johannes; RINGGREN, Helmer (Eds.). *Theological Dictionary of the Old Testament*. Grand Rapids: Eerdmans, 1975.

BOWLING, Andrew. *yare*. In: HARRIS, R. Laird; ARCHER, Gleason L.; WALTKE, Bruce K. (Eds.). *Dicionário internacional de teologia do Antigo Testamento*. Trad. Márcio Loureiro Redondo, Luiz A. T. Sayão e Carlos Osvaldo C. Pinto. São Paulo: Vida Nova, 1998. p. 654-657.

BRAATEN, Carl E.; SEITZ, Christopher R. *I Am the Lord Your God: Christian Reflections on the Ten Commandments*. Grand Rapids: Eerdmans, 2005.

BRIGHT, John. *História de Israel*. 7. edição. Trad. Luiz Alexandre Solano Rossi e Eliane Cavalhere Solano Rossi. São Paulo: Paulus, 2003.

_____. *Jeremiah. The Anchor Bible*. Garden City, NY: Doubleday, 1965. v. 21.

_____. *The Authority of the Old Testament*. Grand Rapids: Baker, 1975.

_____. *The Kingdom of God*. Nashville: Abingdon, 1953.

BROWN, Michael L. *brk*. In: VANGEMEREN, Willem A. (Ed.). *The New International Dictionary of Old Testament Theology and Exegesis*. Grand Rapids: Zondervan, 1997. v. 1, p. 757-767.

BRUCE, F. F. *The Books and the Parchments*. Ed. rev. Westwood, NJ: Fleming H. Revell, 1963.

_____. *New Testament Development of Old Testament Themes*. Grand Rapids: Eerdmans, 1968.

BRUEGGEMANN, Walter. *Theology of the Old Testament: Testimony, Dispute, Advocacy*. Minneapolis: Fortress, 1997.

_____. *Worship in Ancient Israel: An Essential Guide*. Nashville: Abingdon, 2005.

BUBER, Martin. *Kingship of God*. London: SCM, 1967.

BULLMORE, Michael A. The Four Most Important Biblical Passages for a Christian Environmentalism. *Trinity Journal*, n. 19, 1998.

CAMPBELL, Antony F.; O'BRIAN, Mark A. *Rethinking the Pentateuch: Prolegomena to the Theology of Ancient Israel*. Louisville: Westminster John Knox, 2005.

CHAFER, Lewis Sperry. *Teologia sistemática*. São Paulo: Hagnos, 2003. v. 5 e 6.

CHAPMAN, Gary. *Amor é um verbo*. Trad. Emirson Justino. São Paulo: Mundo Cristão, 2009.

CHILDS, Brevard S. *Old Testament Theology in a Canonical Context*. Philadelphia: Fortress, 1985.

CHOMSKY, Noam. The Case Against B. F. Skinner. *The New York Review of Books*, 30 dez., 1971.

CLINES, David. *The Theme of the Pentateuch*. Sheffield: JSOT, 1978.

COELHO FILHO, Isaltino Gomes. *Teologia dos Salmos: Princípios para hoje e sempre*. Rio de Janeiro: Juerp, 2000.

COPPES, Leonard J. *halal*. In: HARRIS, R. Laird; ARCHER, Gleason L.; WALTKE, Bruce K. (Eds.). *Dicionário internacional de teologia do Antigo Testamento*. Trad. Márcio Loureiro Redondo, Luiz A. T. Sayão e Carlos Osvaldo C. Pinto. São Paulo: Vida Nova, 1998. p. 357-359.

CRABTREE, A. R. *Teologia do Velho Testamento*. Rio de Janeiro: Juerp, 1980.

CRENSHAW, James L. *Old Testament Wisdom: An Introduction.* 3. ed. Louisville: Westminster John Knox, 2010.

DAHOOD, Mitchell. Psalms III: 101-150. *The Anchor Bible.* New York: Doubleday, 1970. v. 17A.

DAVIDSON, A. B. *The Theology of the Old Testament.* Edinburgh: T&T Clark, 1955.

DAVIES, G. Henton. Worship in the Old Testament. In: BUTTRICK, George Arthur et al. (Eds.). *The Interpreter's Dictionary of the Bible.* Nashville: Abingdon, 1962. v. 4, p. 879-883.

DAVIES, John A. *A Royal Priesthood: Literary and Intertextual Perspectives on an Image of Israel in Exodus 19.6.* London: T&T Clark, 2004.

DAY, John.; GORDON, Robert P.; WILLIAMSON, H. G. M. (Eds.). *Wisdom in Ancient Israel.* Cambridge: Cambridge, 1995.

DELL, Katharine. Scribes, Sages, and Seers in First Temple Israel. In: PERDUE, Leo G. *Scribes, Sages and Seers: The Sage in the Eastern Mediterranean World.* Göttingen: Vandenhoeck & Ruprecht, 2008. p. 125-144.

DELL, Katharine J.; BAKER, Margaret (Eds.). *Wisdom: The Collected Articles of Norman Whybray.* Hants, England: Ashgate, 2005.

DeVRIES, Simon J. Sin, Sinners. In: BUTTRICK, George Arthur et al. (Eds.). *The Interpreter's Dictionary of the Bible.* Nashville: Abingdon, 1962. v. 4. p. 361-376.

DILLARD, Raymond B.; LONGMAN III, Tremper. *Introdução ao Antigo Testamento.* Trad. Sueli da Silva Saraiva. São Paulo: Vida Nova, 2006.

DORSEY, David A. The Law of Moses and the Christian: A Compromise. *JETS,* v. 34, n. 3 (September 1991), p. 321-334.

DUMBRELL, William J. *Creation and Covenant: An Old Testament Covenantal Theology.* Exetor, Devon: Paternoster, 1984.

_____. The Content and Significance of the Books of Samuel: Their Place and Purpose Within the Former Prophets. *JETS,* v. 33, n. 1 (March 1990), p. 49-62.

_____. *The Faith of Israel: A Theological Survey of the Old Testament.* Grand Rapids: Baker, 2002.

DURHAM, John I. Psalms. *Broadman Bible Commentary.* Nashville: Broadman, 1971. v. 4.

DYRNESS, William. *Themes in Old Testament Theology.* Downers Grove, IL: InterVarsity, 1977.

EATON, J. H. *Psalms.* London: SCM, 1967.

EICHRODT, Walther. *Teologia do Antigo Testamento.* Trad. Cláudio J. A. Rodrigues. São Paulo: Hagnos, 2004.

EISSFELDT, Otto. *The Old Testament: An Introduction*. Trad. Peter. A. Achroyd. New York: Harper & Row, 1965.

ERICKSON, Millard J. *Christian Theology*. Grand Rapids: Baker, 1992.

_____. *Introdução à teologia sistemática*. Trad. Lucy Yamakami. São Paulo: Vida Nova, 2008.

FRETHEIM, Terence E. *The Pentateuch: Interpreting Biblical Texts*. Nashville: Abingdon, 1996.

GAMMIE, John G. *Holiness in Israel*. Overtures to Biblical Theology. Minneapolis: Fortress, 1989.

GARR, W. Randall. *In His Own Image and Likeness: Humanity, Divinity, and Monotheism*. Leiden: Brill, 2003.

GENSLER, Harry J. *Ethics: A Contemporary Introduction*. London: Routledge, 1998.

GENTRY, Peter J.; WELLUM, Stephen J. *Kingdom Through Covenant: A Biblical-Theological Understanding of the Covenants*. Wheaton, IL: Crossway, 2012.

GERSTENBERGER, Erhard (Org.). *Deus no Antigo Testamento*. São Paulo: Aste, 1981.

_____. Psalms, Part 1, With an Introduction to Cultic Poetry. In: *The Forms of Old Testament Literature*. Grand Rapids: Eerdmans, 1988. v. 14.

GILCHRIST, Paul R. *yasar*. In: HARRIS, R. Laird; ARCHER, Gleason L.; WALTKE, Bruce K. (Eds.). *Dicionário internacional de teologia do Antigo Testamento*. Trad. Márcio Loureiro Redondo, Luiz A. T. Sayão e Carlos Osvaldo C. Pinto. São Paulo: Vida Nova, 1998. p. 632-633.

GLUECK, Nelson. *Hesed in the Bible*. Eugene, OR: Wipf & Stock, 2011.

GOLDSWORTHY, Graeme. *Gospel and Kingdom*. Milton Keynes, England: Paternoster, 1981.

_____. The Kingdom of God as Hermeneutic Grid. *Southern Baptist Journal of Theology*, ano 12, 2008, p. 4-15.

GRAY, John. *Ba'al*. In: BUTTRICK, George Arthur et al. (Eds.). *The Interpreter's Dictionary of the Bible*. Nashville: Abingdon, 1962. v. 1, p. 328-329.

GUNKEL, Hermann. *Introduction to Psalms: The Genres of the Religious Lyric of Israel*, Trad. James D. Mogalski. Macon, GA: Mercer, 1998.

HAMILTON, Victor P. *mashal*. In: HARRIS, R. Laird; ARCHER, Gleason L.; WALTKE, Bruce K. (Ed.). *Dicionário internacional de teologia do Antigo Testamento*. Trad. Márcio Loureiro Redondo, Luiz A. T. Sayão e Carlos Osvaldo C. Pinto. São Paulo: Vida Nova, 1998. p. 889-890.

_____. *shabat*. In: HARRIS, R. Laird; ARCHER, Gleason L.; WALTKE, Bruce K. (Eds.). *Dicionário internacional de teologia do Antigo Testamento*. Trad. Márcio Loureiro Redondo, Luiz A. T. Sayão e Carlos Osvaldo C. Pinto. São Paulo: Vida Nova, 1998. p. 1521.

HARLAND, P. J. *The Value of Human Life: A Study of the Story of the Flood (Genesis 6—9).* Leiden: Brill, 1996.

HARRELSON, W. J. Blessings and Cursings. In: BUTTRICK, George Arthur et al. (Eds.). *The Interpreter's Dictionary of the Bible.* Nashville: Abingdon, 1962. v. 1, p. 446-449.

_____. Law in the OT. In: BUTTRICK, George Arthur et al. (Eds.). *The Interpreter's Dictionary of the Bible.* Nashville: Abingdon, 1962. v. 3, p. 77-89.

HARRIS, R. Laird; ARCHER, Gleason L.; WALTKE, Bruce K. (Eds.). *Dicionário internacional de teologia do Antigo Testamento.* Trad. Márcio Loureiro Redondo, Luiz A. T. Sayão e Carlos Osvaldo C. Pinto. São Paulo: Vida Nova, 1998.

HARRIS, R. Laird. *sha'al.* In: HARRIS, R. Laird; ARCHER, Gleason L.; WALTKE, Bruce K. (Eds.). *Dicionário internacional de teologia do Antigo Testamento.* Trad. Márcio Loureiro Redondo, Luiz A. T. Sayão e Carlos Osvaldo C. Pinto. São Paulo: Vida Nova, 1998. p. 1501-1505.

HASEL, Gerhard F. *Teologia do Antigo e Novo Testamento: questões básicas no debate atual.* Trad. Luís M. Sander e Jussara Marindir P. S. Arias. São Paulo: Academia Cristã: Loyola, 2008.

HEMPEL, Johannes. Hallelujah. In: BUTTRICK, George Arthur et al. (Eds.). *The Interpreter's Dictionary of the Bible.* Nashville: Abingdon, 1962. v. 2, p. 514.

HILL, Andrew E.; WALTON, J. H. *Panorama do Antigo Testamento.* Trad. Lailah de Noronha. São Paulo: Vida, 2006.

HINÁRIO para o culto cristão. Rio de Janeiro: Juerp, 1990.

HOLLADAY, William L. *A Concise Hebrew and Aramaic Lexicon of the Old Testament.* Grand Rapids: Eerdmans, 1971.

HONEYCUTT, Roy L. *Amos and His Message: An Expository Commentary.* Nashville: Broadman, 1967.

HOUSE, Paul. *Teologia do Antigo Testamento.* Trad. Márcio Redondo e Sueli Saraiva. São Paulo: Vida, 2005.

JACOB, Edmund. *Théologie de L'ancien Testament.* Neuchâtel, Suíça: Delachaux & Niestlé, 1955.

KAISER, Walter C., Jr. *abad.* In: HARRIS, R. Laird; ARCHER, Gleason L.; WALTKE, Bruce K. (Eds.). *Dicionário internacional de teologia do Antigo Testamento.* Trad. Márcio Loureiro Redondo, Luiz A. T. Sayão e Carlos Osvaldo C. Pinto. São Paulo: Vida Nova, 1998. p. 1065-1068.

_____. *Teologia do Antigo Testamento.* Trad. Gordon Chown. São Paulo: Vida Nova, 1980.

_____. Wisdom Theology and the Centre of Old Testament Theology. *Evangelical Quarterly,* n. 50 (1978), p. 132-146.

KEIL, Johann Carl Friedrich; DELITZSCH, Franz. *Biblical Commentary on the Old Testament*. Grand Rapids: Eerdmans, 1959. v. 1.

KEOWN, Gerald L.; SCALISE, Pamela J.; SMOTHERS, Thomas G. Jeremiah 26—52. Nashville: Thomas Nelson, 1995. v. 27. In: Word Biblical Commentary.

KIDNER, Derek. *Salmos 73-150: introdução e comentário*. Trad. Gordon Chown. São Paulo: Vida Nova/Mundo Cristão, 1992.

KIRKPATRICK, A. F. The First Book of Samuel. *Cambridge Bible for Schools and Colleges*. Cambridge: University Press, 1899.

KLINTOWITZ, Jaime. Um povo que acredita. *Veja*, São Paulo, n. 1.731, p. 124-129, 19 dez. 2001.

KNIERIM, Rolf P. *The Task of Old Testament Theology: Substance, Method, and Cases*. Grand Rapids: Eerdmans, 1995.

KNIGHT, George A. F. *A Christian Theology of the Old Testament*. Richmond, VA: John Knox, 1959.

KOCH, Klaus. *The Prophets: The Assirian Period*. Trad. Margaret Kohl. Philadelphia: Fortress, 1982.

KÖHLER, Ludwig. *Old Testament Theology*. Trad. A. S. Todd. Philadelphia: Westminster, 1957.

KOSMALA, H. *gabhar*. *Theological Dictionary of the Old Testament*. Grand Rapids: Eerdmans. p. 367-382.

KRAUS, Hans-Joachim. *Theology of the Psalms*. Trad. Keith Crim. Minneapolis: Fortress, 1992.

LAMBERT, W. G. *Babylonian Wisdom Literature*. Oxford: Oxford, 1963.

LASOR, William S. et al. *Introdução ao Antigo Testamento*. Trad. Lucy Yamakami. São Paulo: Vida Nova, 2002.

LEEUWEN, Raymond C. van. In Praise of Proverbs. In: ZUIDERVAART, Lambert; LUTTIKHUIZEN, Henry (Eds.). *Pledges of Jubilee: Essays in Honor of Calvin G. Seerveld*. Grand Rapids: Eerdmans, 1995.

_____. Wealth and Poverty: System and Contradiction in Proverbs. *Hebrew Studies* v. 33 (1992), p. 25-36.

LEUPOLD, H. C. *Exposition of Genesis*. Grand Rapids: Baker, 1942. v. 1.

LIVINGSTON, G. Herbert. *hata*. In: HARRIS, R. Laird; ARCHER, Gleason L.; WALTKE, Bruce K. (Eds.). *Dicionário internacional de teologia do Antigo Testamento*. Trad. Márcio Loureiro Redondo, Luiz A. T. Sayão e Carlos Osvaldo C. Pinto. São Paulo: Vida Nova, 1998. p. 450-453.

_____.*'asham*. In: HARRIS, R. Laird; ARCHER, Gleason L.; WALTKE, Bruce K. (Eds.). *Dicionário internacional de teologia do Antigo Testamento*. Trad.

Márcio Loureiro Redondo, Luiz A. T. Sayão e Carlos Osvaldo C. Pinto. São Paulo: Vida Nova, 1998. p.131-133.

LONGMAN III, Tremper. *How to Read Proverbs*. Downers Grove: InterVarsity, 2002.

MATHEWS, K. A. *Genesis 1—11.26*. In: *The New American Commentary*. Nashville: Broadman & Holman, 1996.

McCANN, J. Clinton. *A Theological Introduction to the Book of Psalms*: The Psalms as Torah. Nashville: Abingdon, 1993.

MENDELSOHN, I. Dream. In: BUTTRICK, George Arthur et al. (Eds.). *The Interpreter's Dictionary of the Bible*. Nashville: Abingdon, 1962. v. 1, p. 868-869.

MENDENHALL, George. Covenant. In: BUTTRICK, George Arthur et al. (Eds.). *The Interpreter's Dictionary of the Bible*. Nashville: Abingdon, 1962. v. 1, p. 714-723.

MERRILL, Eugene H. *Teologia do Antigo Testamento*. Trad. Helena Aranha e Regina Aranha. São Paulo: Shedd, 2009.

MILLARD, A. R.; WISEMAN, D. J. (Eds.). *Essays of the Patriarchal Narratives*. Winona Lake, IN: Eisenbrauns, 1983.

MILLER, Patrick. *The Religion of Ancient Israel*. Louisville: Westminster John Knox, 2000.

MITCHELL, Christopher Wright. *The Meaning of BRK "To Bless" in the Old Testament*. Atlanta: Scholars, 1987.

MORGENSTERN, Julian. Sabbath. In: BUTTRICK, George Arthur et al. (Eds.). *The Interpreter's Dictionary of the Bible*. Nashville: Abingdon, 1962. v. 4, p. 135-141.

MUILENBURG, James. Holiness. In: BUTTRICK, George Arthur et al. (Eds.). *The Interpreter's Dictionary of the Bible*. Nashville: Abingdon, 1962. v. 2, p. 616-625.

NAUDÉ, Jacobus A. *qds*. In: *The New International Dictionary of Old Testament Theology and Exegesis*. Grand Rapids: Zondervan, 1997. v. 3.

NORTH, Christopher R. The Servant of the Lord. In: BUTTRICK, George Arthur et al. (Eds.). *The Interpreter's Dictionary of the Bible*. Nashville: Abingdon, 1962. v. 4, p. 292-294.

OLSON, Dennis T. Exodus. *Theological Biblical Commentary*. Louisville: Westminster John Knox, 2009.

PATTERSON, Richard D. Victory at Sea: Prose and Poetry in Exodus 14—15. *Bibliotheca Sacra* 161 (January-March 2004), p. 42-54.

PEÑA, Juan L. Ruiz de la. *Teologia da criação*. Trad. José A. Ceschin. São Paulo: Loyola, 1989.

PREUSS, Horst Dietrich. *Old Testament Theology*. Trad. Leo G. Perdue. Louisville: Westminster John Knox, 1995. 2 v.

PRITCHARD, James B. (Ed.) *Ancient Near Eastern Texts Relating to the Old Testament*. New Jersey: Princeton, 1969.

RAD, Gerhard von. *Genesis: A Commentary*. Ed. rev. Trad. John ·H. Marks. Philadelphia: Westminster, 1972 (The Old Testament Library).

_____. *Teologia do Antigo Testamento*. 2. ed. Trad. Francisco Catão. São Paulo: Aste/Targumim, 2006. 2 v.

_____. *Wisdom in Israel*. Trad. James D. Martin. London: SCM, 1972.

REIFLER, Hans Ulrich. *A ética dos Dez Mandamentos*. São Paulo: Vida Nova, 2007.

RICHARDSON, Alan. Salvation. In: BUTTRICK, George Arthur et al. (Eds.). *The Interpreter's Dictionary of the Bible*. Nashville: Abingdon, 1962. v. 4, p. 168-181.

ROWLEY, H. H. *A fé em Israel*. Trad. Alexandre Macintyre. São Paulo: Teológica, 2003.

_____. *Worship in Ancient Israel: Its Form and Meaning*. Eugene, OR: Wipf & Stock, 2010.

RINGGREN, Helmer. *The Faith of the Psalmists*. London: SCM, 1963.

ROUTLEDGE, Robin. *Hesed* as Obligation: A Re-examination. *Tyndale Bulletin*, 1995. v. 46, p. 179-196.

_____. *Old Testament Theology: A Thematic Approach*. Downers Grove: InterVarsity, 2008.

SAKENFELD, Katharine Doob. *The Meaning of Hesed in the Hebrew Bible: A New Inquiry*. Eugene, OR: Wipf & Stock, 1978.

SANDERS, J. N. The Word. In: BUTTRICK, George Arthur et al. (Eds.). *The Interpreter's Dictionary of the Bible*. Nashville: Abingdon, 1962. v. 4, p. 868-872.

SCHMIDT, Werner H. *A fé do Antigo Testamento*. Trad. Vilmar Schneider. São Leopoldo: Sinodal, 2004.

SEITZ, Christopher R. *Word Without End: The Old Testament as Abiding Theological Witness*. Grand Rapids: Eerdmans, 1998.

SHIRES, Henry M. *Finding the Old Testament in the New*. Philadelphia: Westminster, 1974.

SILVA, Dionísio Oliveira da. *O comércio do sagrado: aspectos e implicações para a espiritualidade da experiência religiosa*. Londrina: Descoberta, 2004.

SKINNER, B. F. *O mito da liberdade*. Trad. Leonardo Goulart e Maria Lúcia Ferreira Goulart. Rio de Janeiro: Bloch, 1973.

SMART, James D. *The Old Testament in Dialogue with Modern Man*. Philadelphia: Westminster, 1964.

SMICK, Elmer B. *berith*. In: HARRIS, R. Laird; ARCHER, Gleason L.; WALTKE, Bruce K. (Eds.). *Dicionário internacional de teologia do Antigo Testamento*. Trad. Márcio Loureiro Redondo, Luiz A. T. Sayão e Carlos Osvaldo C. Pinto. São Paulo: Vida Nova, 1998. p. 214-218.

SMITH, Ralph L. *Teologia do Antigo Testamento: história, método e mensagem*. Trad. Hans Udo Fuchs e Lucy Yamakami. São Paulo: Vida Nova, 2001.

_____. The Use and Influence of the Psalms. *Southwestern Journal of Theology* 27 (Fall 1984), 5-16.

STENDAHL, Krister. Biblical Theology, Contemporary. In: BUTTRICK, George Arthur et al. (Eds.). *The Interpreter's Dictionary of the Bible*. Nashville: Abingdon, 1962. v. 1, p. 418-432.

STIGERS, Harold G. *tsadeq*. In: HARRIS, R. Laird; ARCHER, Gleason L.; WALTKE, Bruce K. (Eds.). *Dicionário internacional de teologia do Antigo Testamento*. Trad. Márcio Loureiro Redondo, Luiz A. T. Sayão e Carlos Osvaldo C. Pinto. São Paulo: Vida Nova, 1998. p. 1261-1266.

TANAK: *The Holy Scriptures*. Philadelphia: Jewish Publication Society, 1988.

TEPEDINO, Ana Maria. Macho e fêmea os criou: criação e gênero. In: MÜLLER, Ivo. (Org.). *Perspectivas para uma nova teologia da criação*. São Paulo: Vozes, 2003. p. 152-166.

TERRIEN, Samuel. *The Elusive Presence: The Heart of Biblical Theology*. New York: Harper & Row, 1978.

_____. *The Psalms and Their Meaning for Today*. Indianapolis: Bobbs-Merrill, 1952.

THOMAS, D. Winton (Ed.). *Documents from Old Testament Times*. New York: Harper, 1961.

THOMPSON, J. A. *Deuteronômio: introdução e comentário*. Trad. Carlos Osvaldo Pinto. São Paulo: Vida Nova: Mundo Cristão, 1991.

_____. *The Ancient Near Eastern Treatises and the Old Testament*. London: Tyndale, 1963.

_____. *The Book of Jeremiah*. Grand Rapids: Eerdmans, 1980.

THOMSON, James G. S. S. *The Old Testament View of Revelation*. Grand Rapids: Eerdmans, 1960.

UNGER, Merril F. *Arqueologia do Velho Testamento*. Trad. Yolanda M. Krievin. São Paulo: Imprensa Batista Regular, 1980.

VAUX, Roland de. *Instituições de Israel no Antigo Testamento*. Trad. Daniel de Oliveira. São Paulo: Teológica, 2003.

_____. *The Early History of Israel*. Trad. David Smith. Philadelphia: Westminster, 1978.

Waltke, Bruce K. Cain and His Offering. *Westminster Theological Journal*, v. 48, 1986, p. 363-372.

_____. *Old Testament Theology: An Exegetical, Canonical and Thematic Approach*. Grand Rapids: Zondervan, 2006.

_____. *napash*. In: Harris, R. Laird; Archer, Gleason L.; Waltke, Bruce K. (Eds.) *Dicionário internacional de teologia do Antigo Testamento*. Trad. Márcio Loureiro Redondo, Luiz A. T. Sayão e Carlos Osvaldo C. Pinto. São Paulo: Vida Nova, 1998. p. 981-986.

Weinfeld, Moshe. *berith*. In: Botterweck, Johannes; Ringgren, Helmer. (Eds.).*Theological Dictionary of the Old Testament*. Trad. John T. Willis. Grand Rapids: Eerdmans, 1975.

_____. *The Covenant of Grant in the Old Testament and in the Ancient Near East*. In: Greenspahn, Frederrick E. (Ed.). *Essential Papers on Israel and the Ancient Near East*. New York: New York University, 1991.

Weiser, Artur. *The Psalms*. Trad. Herbert Hartwell. Philadelphia: Westminster, 1962.

Wenham, G. J. *The Religion of the Patriarchs*. In: Millard, A. R.; Wiseman, D. J. (Eds.). *Essays on the Patriarchal Narratives*. Winona Lake, IN: Eisenbrauns, 1983.

Westermann, Claus. *Elements of Old Testament Theology*. Trad. Douglas W. Stott. Atlanta: John Knox, 1982.

_____. *Genesis 12—36: A Commentary*. Trad. John J. Scullion, S. J. Minneapolis: Augsburg, 1985.

_____. *Fundamentos da teologia do Antigo Testamento*. Trad. Frederico Dattler. São Paulo: Academia Cristã, 2005.

_____. *Prophetic Oracles of Salvation in the Old Testament*. Trad. Keith Crim. Louisville: Westminster: John Knox, 1991.

_____. *What Does the Old Testament Say About God?* Ed. Friedmann W. Golka. Atlanta: John Knox, 1979.

Whybray, Norman. Poverty, Wealth and Point of View in Proverbs. *Expository Times*, v. 100, June 1989, p. 15-19.

Wiseman, Donald J. *yashar*. In: Harris, R. Laird; Archer, Gleason L.; Waltke, Bruce K. (Eds.). *Dicionário internacional de teologia do Antigo Testamento*. Trad. Márcio Loureiro Redondo, Luiz A. T. Sayão e Carlos Osvaldo C. Pinto. São Paulo: Vida Nova, 1998. p. 929-933.

Wolff, Hans Walter. *Antropologia do Antigo Testamento*. Trad. Antonio Steffen. São Paulo: Loyola, 1978.

BIBLIOGRAFIA 357

_____. *Hosea. A Commentary on the Book of the Prophet Hosea.* In: Hermeneia — *A Critical and Historical Commentary on the Bible.* Philadelphia: Fortress, 1974.

WOOD, Leon J. *za'am.* In: HARRIS, R. Laird; ARCHER, Gleason L.; WALTKE, Bruce K. (Eds.). *Dicionário internacional de teologia do Antigo Testamento.* Trad. Márcio Loureiro Redondo, Luiz A. T. Sayão e Carlos Osvaldo C. Pinto. São Paulo: Vida Nova, 1998. p. 400.

WRIGHT, Christopher J. H. *Old Testament Ethics for the People of God.* Downers Grove: InterVarsity, 2004.

_____. *Salvation Belongs to Our God: Celebrating the Bible's Central Story.* Downers Grove: InterVarsity, 2007.

_____. *The Mission of God: Unlocking the Bible's Grand Narrative.* Downers Grove: InterVarsity, 2006.

WRIGHT, G. E. *Doutrina bíblica do homem na sociedade.* Trad. Francisco Penha Alves. São Paulo: Aste, 1966.

_____. *O Deus que age.* Trad. Sumio Takatsu. São Paulo: Aste, 1967.

_____. The Old Testament Basis for the Christian Mission. In: ANDERSON, Gerald (Ed.). *The Theology of the Christian Mission.* Nashville: Abingdon, 1961.

WRIGHT, Jacob L. *Rebuilding Identity: The Nehemiah-Memoir and its Earliest Readers.* Berlin: Walter de Gruyter, 2004.

WRIGHT, N. T. Creation and Covenant. Disponível em: <http://www.ntwrightpage.com/Wright_Creation_Covenant.htm#_ftnref1>. Acesso em: 14 out. 2014.

YOUNG, Edward J. *The Book of Isaiah.* In: *The New International Commentary of the Old Testament.* Grand Rapids: Eerdmans, 1972. v. 3.

YOUNGBLOOD, Ronald F. *ta 'ab.* In: HARRIS, R. Laird; ARCHER, Gleason L.; WALTKE, Bruce K. (Eds.). *Dicionário internacional de teologia do Antigo Testamento.* Trad. Márcio Loureiro Redondo, Luiz A. T. Sayão e Carlos Osvaldo C. Pinto. São Paulo: Vida Nova, 1998. p. 1652-1653.

ZAJDSZNAJDER, Luciano. *Ser ético no Brasil.* 3. ed. Rio de Janeiro: Gryphus, 1999.

ZIMMERLI, Walther. *Old Testament Theology in Outline.* Trad. David E. Green. Atlanta: John Knox, 1978.

Sua opinião é importante para nós.
Por gentileza, envie seus
comentários
pelo e-mail
editorial@hagnos.com.br

Visite nosso site: www.hagnos.com.br

Livro impresso em papel Chambril Avena 70g/m² da *International Paper*. Os papeis da *International Paper* são produzidos a partir de plantações de eucalipto certificado. Esta obra foi impressa na Imprensa da Fé. São Paulo, Brasil. Inverno de 2015